O CAMPO
E A CIDADE

RAYMOND WILLIAMS

O CAMPO E A CIDADE

Na história e na literatura

Tradução
Paulo Henriques Britto

COMPANHIA DE BOLSO

Grafia atualizada segundo o Acordo Ortográfico da Língua Portuguesa de 1990, que entrou em vigor no Brasil em 2009.

Título original
The Country and The City

Capa
Jeff Fisher

Preparação
Mário Vilela

Índice onomástico
Gabriela Morandini

Revisão
Renato Potenza Rodrigues
Juliane Kaori

Atualização ortográfica
Verba Editorial

Dados Internacionais de Catalogação na Publicação (CIP)
(Câmara Brasileira do Livro, SP, Brasil)

Williams, Raymond
O campo e a cidade : na história e na literatura / Raymond Williams ; tradução Paulo Henriques Britto. — 1ª ed. — São Paulo : Companhia de Bolso, 2011.

Título original: The country and The City.
ISBN 978-85-359-1796-3

1. Literatura inglesa — História e crítica 2. Vida rural na literatura 3. Vida urbana na literatura I. Título.

10-14102 CDD-820.9

Índice para catálogo sistemático:
1. Literatura inglesa : História e crítica 820.9

EDITORA SCHWARCZ LTDA.
Rua Bandeira Paulista, 702, cj. 32
04532-002 — São Paulo — SP
Telefone: (11) 3707-3500
www.companhiadasletras.com.br
www.blogdacompanhia.com.br

Para os trabalhadores rurais que foram meus avós:

James Bird
Mary Ann Lewis
Joseph Williams
Margaret Williams

SUMÁRIO

AGRADECIMENTOS

Versões anteriores deste livro foram publicadas em *Stand*, *The Listener*, *The Critical Quarterly*, *Eighteenth Century Studies* e *Novel*; nas introduções ao segundo volume do *Pelican book of English prose*, à edição Penguin de *Dombey and Son* e à reedição da MacGibbon and Kee de *Hodge and his masters*; e nas palestras publicadas sob o título *The English novel from Dickens to Lawrence*.

Após a publicação de alguns desses trabalhos, tive, em diversas circunstâncias, oportunidade de colaborar com outras pessoas em projetos relacionados aos assuntos em questão, inclusive em muitas pesquisas aprofundadas. Tendo em mente esse processo de aprendizagem recíproca, devo mencionar especialmente G. T. Cavaliero, J. P. Parrinder e Adrian Poole. Também tive a feliz oportunidade de trocar ideias com T. F. Eagleton, H. H. Erskine-Hill, S. C. Heath, M. D. Long, Charles Swann, John Fekete e muitos outros colegas e alunos.

A ajuda que me foi proporcionada por minha mulher na preparação do livro foi fundamental e insubstituível. Também agradeço particularmente a Merryn Williams, autora de *Thomas Hardy and rural England*, que teve a bondade de ler os originais e as provas.

Cabe-me também fazer os seguintes agradecimentos pela utilização de material protegido por *copyright*: a Faber & Faber e Harcourt Brace Jovanovich, Inc., por trechos de poemas publicados em *Collected poems 1909-1962*, de T. S. Eliot. © 1936 by Harcourt Brace Jovanovich, Inc. e © 1963, 1964 by T. S. Eliot; The Trustees of the Hardy Estate, The Macmillan Company of Canada, St. Martin's Press. Inc. e Macmillan, London and Basingstoke, por trechos extraídos de *Tess of the d'Urbervilles* de

Thomas Hardy; e The Trustees of the Hardy Estate, The Macmillan Company of Canada, The Macmillan Company, New York, e Macmillan, London and Basingstoke, por um excerto de *Collected poems* de Thomas Hardy.

R. W.

1. CAMPO E CIDADE

"Campo" e "cidade" são palavras muito poderosas, e isso não é de estranhar, se aquilatarmos o quanto elas representam na vivência das comunidades humanas. O termo inglês *country* pode significar tanto "país" quanto "campo"; *the country* pode ser toda a sociedade ou só sua parte rural. Na longa história das comunidades humanas, sempre esteve bem evidente essa ligação entre a terra da qual todos nós, direta ou indiretamente, extraímos nossa subsistência, e as realizações da sociedade humana. E uma dessas realizações é a cidade: a capital, a cidade grande, uma forma distinta de civilização.

Em torno das comunidades existentes, historicamente bastante variadas, cristalizaram-se e generalizaram-se atitudes emocionais poderosas. O campo passou a ser associado a uma forma natural de vida — de paz, inocência e virtudes simples. À cidade associou-se a ideia de centro de realizações — de saber, comunicações, luz. Também constelaram-se poderosas associações negativas: a cidade como lugar de barulho, mundanidade e ambição; o campo como lugar de atraso, ignorância e limitação. O contraste entre campo e cidade, enquanto formas de vida fundamentais, remonta à Antiguidade clássica.

A realidade histórica, porém, é surpreendentemente variada. A "forma de vida campestre" engloba as mais diversas práticas — de caçadores, pastores, fazendeiros e empresários agroindustriais —, e sua organização varia da tribo ao feudo, do camponês e pequeno arrendatário à comuna rural, dos latifúndios e *plantations* às grandes empresas agroindustriais capitalistas e fazendas estatais. Também a cidade aparece sob numerosas formas: capital do Estado, centro administrativo, centro religioso, centro comercial, porto e armazém, base militar, polo industrial. O que há em comum entre as cidades antigas e medievais e as metrópoles e conurbações modernas é o nome e, em parte, a função — mas não há em absoluto uma relação de identidade. Além disso, em nosso próprio mundo, entre os tradicionais extremos de campo e cidade existe uma ampla gama de concentrações humanas: subúrbio, cidade-dormitório, favela, complexo industrial. Mesmo o conceito de aldeia, aparentemente simples, revela ao longo da história uma grande diversificação — seja de tamanho e natureza, seja, internamente, quanto ao fato de as comunidades serem dispersas ou nucleadas, e isso tanto na Grã-Bretanha como em qualquer outro lugar.

Apesar de todas essas diferenças, persistem certas imagens e associações; e o objetivo deste livro é descrevê-las e analisá-las, vê-las conectadas à experiência historicamente variada. Por motivos de ordem prática, a maioria dos exemplos que utilizei é da literatura inglesa, ainda que meus interesses sejam muito mais amplos. De qualquer modo, deve ficar claro que a experiência inglesa é especialmente significativa, na medida em que uma das transformações decisivas nas relações entre campo e cidade ocorreu na Inglaterra muito cedo, e num grau tão acentuado que, sob certos aspectos, não encontra paralelo. A Revolução Industrial não transformou só a cidade e o campo: ela baseou-se num capitalismo agrário altamente desenvolvido, tendo ocorrido muito cedo o desaparecimento do campesinato tradicional. Na fase imperialista da história da Inglaterra, a natureza da economia rural, na Grã-Bretanha e em suas colônias, foi, mais uma vez, transformada muito cedo: a importância da agricultura doméstica tornou-se quase nula, com apenas 4% dos homens economicamente ativos trabalhando na agricultura — isso numa sociedade que, em toda a longa história das comunidades humanas, já havia se tornado a primeira de população predominantemente urbana. Como boa parte dos principais processos de desenvolvimento subsequentes — e mais, o próprio conceito generalizado de "desenvolvimento" — vem se dando nessa direção, a experiência inglesa continua sendo excepcionalmente importante: é não apenas sintomática como também, sob certos aspectos, reveladora; e por sua intensidade será sempre memorável, independentemente do que possa vir a suceder. Pois o fato fundamental é que, com todas essas experiências transformadoras, as atitudes inglesas em relação ao campo e às concepções da vida rural persistiram com um poder extraordinário, de modo que, mesmo depois de a sociedade tornar-se predominantemente urbana, a literatura, durante uma geração, continuou basicamente rural; e mesmo no século XX, numa terra urbana e industrializada, é extraordinário como ainda persistem formas de antigas ideias e experiências. Tudo isso dá à experiência e à interpretação inglesas do campo e da cidade uma importância permanente, ainda que não exclusiva, é claro.

Essa importância pode ser formulada, e terá de ser avaliada, enquanto problema geral. Vale dizer logo de início, porém, que, para mim, a questão sempre foi pessoal, desde que me tenho por gente. Isso porque, numa Grã-Bretanha predominantemente urbana e industrializada, quis o acaso que eu nascesse numa aldeia remota, uma antiquíssima povoação do interior, na fronteira entre a Inglaterra e o País de Gales. A trinta quilômetros da aldeia, no final de uma linha de ônibus, havia, de um lado, uma antiga cidade com uma catedral; do outro, uma antiga cidade de fronteira que era um centro comercial; mas a apenas alguns quilômetros dali surgiam as primeiras cidades e aldeias da grande região produtora de carvão e aço do sul de Gales. Antes de ter lido qualquer descrição ou interpretação das mudanças e variações das comunidades e formas de vida, eu as vi concretamente, em ação, com uma clareza inesquecível. Meus estudos levaram-me a uma outra cidade, construída ao redor de uma universidade, e desde então, vivendo, viajando e trabalhando, tive oportunidade e necessidade de visitar muitas cidades grandes, de diferentes tipos, e de olhar para a frente e para trás, no espaço e no tempo, conhecendo e tentando conhecer essa relação, enquanto experiência e enquanto problema. Já escrevi a esse respeito de diversas maneiras, mas ao mesmo tempo venho coletando, ao longo dos anos, o material necessário para escrever sobre o assunto explicitamente, com uma abordagem de história social, literária e intelectual.

O resultado é este livro; ainda que frequente e necessariamente ele adote procedimentos impessoais de exposição e análise, há sempre, por trás de tudo, um ímpeto, um engajamento pessoal. E, como a relação entre campo e cidade é não apenas um problema objetivo e matéria de história como também, para milhões de pessoas hoje e no passado, uma vivência direta e intensa, não julgo necessário justificar esta causa pessoal, ainda que faça questão de mencioná-la.

Assim, logo de saída, antes mesmo de iniciar a argumentação, devo dizer que para mim a vida rural tem diversos significados. São os olmos, os pilriteiros, o cavalo branco no campo que vejo pela janela enquanto escrevo. São os homens na tarde de novembro, voltando para casa depois da poda, as mãos enfiadas nos bolsos dos casacos cáqui; e as mulheres de lenço na cabeça, paradas às portas das casas, esperando pelo ônibus azul que as levará para o campo, onde trabalharão na colheita durante o horário escolar. É o trator descendo a estrada, deixando a marca denteada dos pneus na lama; é a luz acesa na madrugada, na criação de porcos do outro lado da estrada, no momento de um parto; o caminhão lerdo na curva fechada, repleto de carneiros amontoados na carroceria; o cheiro forte do melaço na forragem. É a terra estéril, de argila saibrosa, não muito longe daqui, que está sendo loteada para a construção de casas, ao preço de 12 mil libras o acre.

Como já disse antes, nasci numa aldeia e até hoje moro numa aldeia. Mas nasci ao pé das Black Mountains, na divisa de Gales, onde os prados são de um verde vivo que contrasta com o vermelho da terra arada, e as árvores mais próximas de minha janela são carvalhos e azevinhos. Agora vivo na planície, num promontório de argila saibrosa, perto de diques e comportas, na terra negra da região de Fens, sob os amplos céus de East Anglia.

Esse contraste físico é uma presença constante para mim, mas não é o único contraste. No seio daquela aldeia nas Black Mountains, como também nesta, há um contraste profundo impregnado de inúmeros sentimentos: contraste entre o que parece natureza virgem — a presença física das árvores, aves, paisagens em movimento — e uma agricultura ativa, que na verdade produz boa parte da natureza. Ambos os tipos de sebe — ali sobre uma plataforma, aqui brotando do chão plano ou ladeando uma vala, juntamente com os carvalhos e azevinhos, os olmos e pilriteiros que as acompanham, tudo isso foi visto, plantado e cultivado pelo homem. No final da trilha perto da casa de minha infância existe agora uma ampla rodovia, pela qual passam caminhões em alta velocidade. Contudo, aquele caminho também foi aberto, pavimentado e usado por veículos: só está ali há duas gerações, desde o tempo em que um jovem construtor casou-se com a filha de um fazendeiro e recebeu um pedaço de terra para lá construir sua casa, e depois sua oficina, juntamente com o caminho, e depois as casas vizinhas, e depois oficinas sucessivamente convertidas em casas; a primeira dessas oficinas veio a ser a primeira casa de meus pais. No campo onde vejo o olmo e o cavalo branco, atrás da minha casa atual, existem tênues vestígios de uma construção do século IX, e trinta centímetros abaixo da grama jaz uma estrada de pedras, que oferece resistência às estacas que agora estão sendo cravadas para uma cerca de arame.

Assim, essa vida campestre tem muitos significados: em termos de sentimentos e de atividades; no espaço e no tempo. As pedras da estrada soterrada são mais velhas que a universidade, à qual se chega por uma trilha de cavalo, oito quilômetros de sebes ralas de pilriteiros, passando pelo campo aberto, varrido pelo vento, e pelo bosque de Starvegoose. De certa forma, os trinta centímetros de terra que cobrem equivalem a um milênio. Mas aquele caminho na aldeia das Black Mountains, agora tão diferente tanto da rodovia quanto da alameda que ainda guardo na memória, é recente: remonta à época em que meu pai, aos doze anos de idade, foi trabalhar na fazenda. Guardo comigo as referências dadas pelo fazendeiro quando meu pai foi embora: um texto escrito em letra trêmula e arredondada, atestando que ele era honesto e trabalhador. E ele partiu para ser cabineiro da estrada de ferro — aquela linha quádrupla atravessando o vale, estrada velha, ferrovia de mina; estrada nova, ferrovia de passageiros; os cortes e terraplenos que lembram contrafortes; familiares, assentados há cem anos. Quando nasci, meu pai era sinaleiro, na cabine do vale; integrava uma rede que se estendia a lugares conhecidos, Newport e Hereford, mais ao longe, Londres; ele, porém, continuava um aldeão, com seus jardins e suas abelhas, levando frutas e legumes ao mercado, de bicicleta — uma outra rede, da qual ele participava com sua bicicleta, até um mercado onde os fazendeiros chegavam em carros e os comerciantes em caminhões: o século em que vivemos. Como seu pai, ele nascera para aquela terra, porém — como seu pai — não podia viver dela. Joseph, meu avô, foi lavrador até a meia-idade; então, perdeu o emprego e a casa, e foi trabalhar na estrada que ia para os Midlands e outras cidades, cortando galhos e limpando a pista. Um tio morava em Londres, outro em Birmingham; nos feriados e nas visitas, nossa família, nos relacionamentos mais diretos, passava do campo para a cidade. Éramos uma família dispersa — ao longo da estrada, da ferrovia, e agora em cartas e textos impressos. Eram essas as diferentes comunicações e conexões entre campo e cidade, passando por lugares e comunidades intermediários, empregos e residências intermediários ou temporários.

Assim, essa vida campestre tinha seus significados, mas eles mudavam, tanto em si próprios quanto em relação a outros. No sudoeste, à noite, víamos o brilho dos altos-fornos da região industrial do sul de Gales, do outro lado da serra negra de Brynarw. Agora, no leste, à noite, acima do campo dos olmos e do cavalo branco, vejo o brilho que vem de Cambridge: um branco de laivos alaranjados; e no outono, aqui, os restolhais são queimados, e o fogo por vezes chega às sebes; uma noite, quando vi esse fogo pela primeira vez, pensei tratar-se de um estranho incêndio acidental. A minha própria rede, que inclui este lugar onde escrevo junto à janela, compreende Cambridge, Londres e, mais além, os lugares assinalados por selos e carimbos diferentes, as cidades distantes: Roma, Moscou, Nova York.

As luzes da cidade. Saio de casa no escuro, antes de deitar-me, e olho para aquele brilho no céu: olho para a cidade pensando no Jude de Hardy,* contemplando a distante Christminster, atingível e inatingível. Ou penso em Wordsworth, vindo do campo para Londres e dizendo, na ponte de Westminster:

Nada há na terra de maior beldade:
Só um insensível para contemplar
Vista tão límpida sem se empolgar:
Como se fosse um traje, esta cidade
Ostenta da manhã a claridade,
O silêncio e a beleza sem par;
Torres e cúpulas se elevam no ar
Em luminosa e suave majestade.[1]**

É bem verdade que se trata de uma visão da cidade antes da azáfama e do barulho do dia de trabalho, porém não há como não reconhecer esse sentimento, e eu próprio o experimentei muitas e muitas vezes: os grandes prédios da civilização; os pontos de encontro; as bibliotecas e teatros, as torres e cúpulas; e — muitas vezes ainda mais emocionante — as casas, as ruas, a tensão e o entusiasmo de estar no meio de tanta gente, com tantas metas diferentes. Já me vi em muitas cidades e experimentei essa sensação — nas diferenças físicas entre Estocolmo, Florença, Paris e Milão, esta qualidade identificável e comovente: o centro, a atividade, a luz. Como todo mundo, também já senti o caos dos metrôs e engarrafamentos de trânsito; a monotonia de casas idênticas enfileiradas; a pressão agressiva de multidões de desconhecidos. Mas isso só se configura como experiência, como uma experiência adulta, quando passa a incluir também o movimento dinâmico,

* Referência a *Jude the Obscure* [Judas, o Obscuro], romance de Thomas Hardy. (N. E.)

** Earth has not anything to show more fair:/ Dull would he be of soul who could pass by/ A sight so touching in its majesty:/ This city now doth, like a garment, wear/ The beauty of the morning; silent, bare,/ Ships, towers, domes, theatres and temples lie/ Open unto the fields, and to the sky;/ All bright and glittering in the smokeless air.

nesses centros de realizações concretizadas, realizações muitas vezes magníficas. H. G. Wells comentou certa vez, ao sair de uma reunião política em que se discutiam as transformações sociais, que aquela grande cidade a seu redor já dava a medida do obstáculo, do quanto seria preciso mudar para que houvesse transformações. Também já experimentei esse sentimento, ao levantar os olhos para contemplar grandes edifícios onde o poder tem sua sede, porém não digo: "Eis a cidade, o grande monumento burguês, estrutura imponente desta civilização ainda precária" — ou não digo apenas isso; digo também: "Foi isto que os homens construíram, muitas vezes de modo magnífico; portanto, não é verdade que tudo é possível?". De fato, essa sensação de ilimitadas possibilidades, de encontro e movimento, é um fator permanente do sentimento que me inspiram as cidades: um sentimento tão permanente quanto aqueles outros que experimento quando, do alto de uma montanha, contemplo a grande colcha de retalhos multicolorida dos campos que gerações de pessoas de meu sangue limparam e demarcaram com sebes; ou os lugares conhecidos, as fazendas isoladas, o aglomerado de casinhas em torno de um castelo ou uma igreja, a linha do rio, do bosque, da vereda, do caminho; linhas recebidas e linhas traçadas. Assim, ainda que o campo e a cidade guardem essa importância profunda, cada um a seu modo, meus sentimentos já estão comprometidos antes mesmo que tenha início qualquer argumentação.

Mas, além disso, de modo específico, eu vim de uma aldeia para uma cidade: para ser ensinado, aprender; entregar fatos pessoais, incidentes de uma família, a um registro geral; aprender dados, conexões, perspectivas diferentes. Se os muros das faculdades eram como os dos parques que contornávamos quando crianças, sem poder entrar, agora havia um portão, uma entrada e, no final, uma biblioteca: um registro direto, que cabia a mim aprender a usar. Relembro agora, com ironia, que foi apenas depois de chegar à faculdade que conheci, através de gente citadina, dos acadêmicos, uma versão influente do que realmente representava a vida campestre, a literatura campestre: uma história cultural preparada e convincente. Li também coisas correlatas, em livros eruditos e em obras escritas por homens que saíram de escolas particulares para ir trabalhar numa fazenda, e por outros que foram criados em aldeias e agora são escritores do campo — todo um conjunto de livros, periódicos, notícias em jornais: a vida campestre. E me vejo fazendo a mesma pergunta, por causa da história: onde me situo em relação a esses escritores — num outro campo ou nesta cidade que dá valor às coisas? Trata-se de um problema difícil e irônico em sua persistência cultural.

Cambridge, porém, não era apenas isso. Ambivalência, decerto: uma universidade de estudiosos e professores, mas também de instrutores particulares e burocratas do ensino, preparando-se para ocupar cargos mais elevados; um mundo de homens que ampliavam o conhecimento humano e iluminavam a natureza e as vidas dos outros; um mundo de outros homens reunidos por solidariedade de classe, repetindo seus paradigmas legitimadores dentro dos muros da universidade, numa atitude ociosa e arrogante de observação e consumo. Para a minha família, a universidade era algo de estrangeiro, fosse Cambridge ou Bolonha. No entanto, havia também a Cambridge da Stourbridge Fair, que já fora o principal mercado do país: "esta feira admirável, a qual acorre gente de todas as partes da Inglaterra",[2] como comentou Defoe na década de 1720; "um admirável aglomerado de gente" que também serviu de modelo para a Feira das Vaidades de Bunyan.* Muito depois, quando voltei na condição de membro do conselho de uma faculdade, constatei que, em virtude (ou na ausência) de um cargo intelectual, eu me tornara de certo modo, e contra a minha vontade, integrante de uma espécie de senhorio coletivo e perpétuo; e pediram-me delicadamente que passasse a frequentar os almoços dos arrendatários, para os quais nunca tive estômago. Lembrei-me do que escrevera Arthur Young sobre a Universidade de Cambridge:

* Em *The pilgrim's progress* — narrativa alegórica da peregrinação da alma a caminho da Cidade Eterna —, de John Bunyan (1628-88), a Feira das Vaidades (*Vanity Fair*) é um local onde se vende toda sorte de "vaidades": casas, honrarias, reinos etc. (N. E.)

> sua renda anual é de 1600 libras, e por um xelim e seis *pence* um membro pode participar de um jantar do tipo que um cavalheiro com renda anual de mil libras, se for prudente, não poderá oferecer com frequência.[3]

Defoe já percorrera uma das estradas:

> margeando os Fenns, até Huntingdon, onde se entronca com a grande estrada do norte; deste lado, há por toda parte agradáveis terras cultivadas, como acima, decoradas com diversas mansões de cavalheiros.[4]

Young, em 1791, havia percorrido outra:

> Tomando a estrada que leva de Cambridge a St. Neot's, veem-se seis ou sete milhas do que espero ser o que há de pior em matéria de lavoura na Grã-Bretanha. [...] Parece haver uma certa coincidência entre o estado da lavoura na proximidade dos venerandos pináculos de Cambridge e o fato de que a agricultura é totalmente ignorada nesta universidade.[5]

É por essa estrada que agora volto em meu carro, da universidade para casa. Agora os campos são bem cultivados. Porém, na próxima aldeia em direção ao oeste, Cobbett viu, em 1822, algo

> que em muito assemelha-se a uma aldeia do mesmo tamanho da Picardia, onde vi mulheres puxando grades pela terra para nela afundar os grãos. Sem dúvida, esta aldeia não lembra nada de inglês, a não ser certos burgos podres* da Cornualha e de Devonshire, sobre os quais a Providência

* *Rotten boroughs*: distritos eleitorais com muito poucos eleitores, porém com o direito de eleger um parlamentar; foram abolidos com a reforma de 1832. (N. T.)

> parece ter pronunciado uma merecida maldição. A terra por aqui parece ser muito ruim. O campo está nu. As poucas árvores enfezadas que se veem, e até mesmo as sebes de espinheiros, estão cobertas de um musgo amarelo. Tudo é árido e agreste; e, justamente na parte mais inóspita desta paisagem tão inóspita, vê-se, quase oportunamente, a "Forca de Caxton", um braço simpático oferecido ao viandante. Ela foi recentemente repintada e recebeu um letreiro bem legível, em benefício, creio eu, daqueles que não conseguem suportar a ideia de um alqueire de trigo valer quatro xelins.[6]

Também isto é diferente agora, mas sempre que penso nas relações entre campo e cidade, e entre berço e instrução, constato que se trata de uma história ativa e contínua: as relações não são apenas de ideias e experiências, mas também de aluguéis e juros, situação e poder — um sistema mais amplo.

Assim, é este o lugar em que me encontro, e ao preparar-me para o trabalho verifico que terei de resolver passo a passo experiências e questões que, antes, moviam-se à velocidade da luz. A vida do campo e da cidade é móvel e presente: move-se ao longo do tempo, através da história de uma família e um povo; move-se em sentimentos e ideias, através de uma rede de relacionamentos e decisões.

Um cão está latindo — latido de cão acorrentado — atrás do celeiro de amianto. Presente e passado; aqui e muitos lugares. Quando há perguntas a formular, empurro minha cadeira para trás, olho para meus papéis e sinto a mudança.

2. UM PROBLEMA DE PERSPECTIVA

O problema inicial é de perspectiva. Alguns anos atrás, mandaram-me um livro para resenhar: um livro sobre o campo, escrito numa linguagem que me é familiar, que deveria me proporcionar prazer. Porém nele, à frente da experiência, havia uma fórmula:

> Uma forma de vida que chegou a nós dos tempos de Virgílio subitamente extingue-se.

Os detalhes certamente eram curiosos. Desde os tempos de Virgílio? Aqui? Uma forma de vida campestre?

Contudo, em suas linhas gerais, essa posição já era bem familiar, é claro. Era expressa numa frase memorável do mesmo livro:

> Toda uma cultura que havia preservado sua continuidade desde a mais remota antiguidade havia agora recebido o golpe fatal.[1]

Segundo o livro, tal acontecera nos últimos cinquenta anos: mais ou menos a partir da Primeira Guerra Mundial. Mas isso levantava um problema. Lembrei-me de uma frase lida numa obra de grande influência: *Culture and environment*,[2] de Leavis e Thompson, publicada em 1932. A "comunidade orgânica" da "Velha Inglaterra" havia desaparecido; "esta mudança é muitíssimo recente". Essa posição fundamentava-se basicamente nas obras de George Sturt, publicadas entre 1907 e 1923. Em *Change in the village*,[3] obra de 1911, Sturt afirmava que a Inglaterra rural "está morrendo agora". Assim, sua morte seria recentíssima.

Aí, porém, uma espécie de escada rolante entrava em movimento. Sturt identificava essa extinção com dois períodos: o do cercamento das propriedades rurais [*enclosure*] a partir de 1861 e o da construção de residências no campo depois de 1900. Mas isso nos leva diretamente ao período dos romances de Thomas Hardy, escritos entre 1871 e 1896 e referindo-se à Inglaterra rural das décadas que se seguiram a 1830. E não haviam os críticos afirmado que em Hardy encontrávamos o relato da grande mudança crucial sofrida pela vida campestre: a perturbação e destruição do que foi definido por um escritor como "o ritmo antiquíssimo da agricultura e das estações"? E também foi essa a época de Richard Jefferies, o qual, da década de 1870, contemplando o "velho matuto", afirmou que o interior da Inglaterra havia sofrido mais mudanças nos últimos cinquenta anos — isto é, a partir da década de 1820 — do que em qualquer período anterior. E George Eliot, em *The mill on the Floss* (1860) e *Felix Holt* (1866), não estava também examinando a velha Inglaterra rural da década de 1820 e do início do decênio seguinte?

Mas agora a escada rolante movia-se sem parar. Pois as décadas de 1820 e 1830 foram a época dos últimos anos de vida de Cobbett que, em contato direto com a Inglaterra rural de seu tempo, relembrava os tempos mais felizes da Inglaterra rural de sua infância, durante as décadas de 70 e 80 do século XVIII. Em sua *Memoir*, escrita durante a década de 1820, Thomas Bewick relembrava os tempos mais felizes da aldeia onde passara a infância, na década de 1770. A mudança decisiva — argumentavam Bewick e Cobbett — havia ocorrido durante suas vidas. John Clare, em 1809, também olhava para trás —

Oh, doce Éden dessa idade d'ouro[4]*

— para uma época que tudo indica tratar-se dos anos 90 do século XVIII, embora o mesmo autor tenha escrito, numa outra

* Oh, happy Eden of those golden years.

retrospectiva de um mundo rural desaparecido, a respeito das "pastagens de outrora, há muito desaparecidas".

E a escada rolante continuava a se mover. Pois os anos da infância de Cobbett e de Bewick foram também os do poema "The village" de Crabbe (1783) —

Pois a verdade, ainda que expressa em poesia,
É que campeia nas aldeias a agonia[5]*

— e de "The deserted village" de Goldsmith (1769) —

Neste exato momento julgo ver
*As virtudes do campo a morrer.***

E a aritmética nos levaria a concluir que em suas evocações da doce Auburn —

aldeia a mais formosa,
Terra salubre, alegre, frutuosa;
Lá a primavera mais cedo chegava,
E o cálido verão mais se quedava;
Recantos de inocência, de lazer,
Onde, menino, eu só via prazer[6]***

— Goldsmith nos faz retroceder até a década de 1750.

À medida que nos alongamos nesta viagem no tempo, torna-se claro que está em jogo algo mais que aritmética e, eviden-

* No longer truth, though shown in verse, disdain,/ But own the Village Life a life of pain.

** E'en now, methinks, as pondering here I stand/ I see the rural virtues leave the land.

*** loveliest village of the plain,/ Where health and plenty cheer'd the labouring swain,/ Where smiling spring its earliest visit paid,/ And parting summer's lingering blooms delay'd;/ Dear lovely bowers of innocence and ease,/ Seats of my youth, when every sport could please.

temente, algo mais que história. Sem dúvida, para nos defendermos de relatos sentimentalizados e intelectualizados da "Velha Inglaterra", precisamos do mais aguçado ceticismo. Ao menos algumas dessas testemunhas, porém, escreviam sobre suas vivências pessoais. O que é necessário investigar, nesses casos, não é a veracidade histórica, e sim a perspectiva histórica. De fato, o fenômeno que chamei de "escada rolante" talvez venha a ser uma pista importante para a verdadeira história dos fatos, mas somente depois de começarmos a ver a regularidade que há nele.

Talvez valha a pena pegar a escada rolante mais uma vez, já que até agora tudo que fizemos foi deslocar a "Velha Inglaterra" e seus antiquíssimos ritmos agrícolas do início do século XX para meados do século XVIII. Quando pensamos em "nosso maduro e realizado século XVIII", sentimos que talvez não tenhamos nos afastado muito das posições tradicionais. E se retrocedermos até Philip Massinger, no início da década de 1620, em *The city madam* e *A new way to pay old debts*? Nesse momento, o novo comercialismo está destruindo a velha estrutura rural e suas virtudes. É a época dos cercamentos e anexações de sir Giles Overreach. Aqui temos a corrupção de uma civilização rural mais antiga:

> *Teu pai*
> *Era um honesto fazendeiro, humilde,*
> *Por ninguém chamado de "senhor". Dize,*
> *Foi dele que herdaste teu orgulho?*[7]*

Não sabemos, mas podemos recuar até o *Chrestoleros* de Bastard, de 1598, no qual se faz a mesma queixa; ou, se nos disserem que a mudança ocorreu na virada do século, até a *Utopia* de Thomas More, de 1516, em que uma outra velha ordem está sendo destruída:

* Your father was/ An honest country farmer, goodman Humble,/ By his neighbours ne'er called Master. Did your pride/ Descend from him?

> Pois nos pontos do reino onde se produz a lã mais fina e portanto mais cara, lá os nobres e fidalgos, até mesmo certos abades, certamente santos, não contentes com as rendas e benefícios de suas terras, tal como faziam seus antepassados e predecessores de suas terras, não contentes em viver no ócio e em meio aos prazeres, sem nenhum proveito, e até com muito prejuízo, para o Estado, nada deixam da terra para a lavoura, porém tudo demarcam para servir de pastagem; derrubam casas; demolem aldeias, nada deixando em pé senão a igreja, para servir de estábulo para carneiros. E, como se já não fossem desperdiçadas tantas terras em bosques, reservas de caça, prados e parques, esta boa gente transforma todas as terras de morada e de lavra em desolação e aridez.[8]

Só que, é claro, vamos acabar chegando à Idade Média, uma das sociedades mais orgânicas de que se tem notícia. À década de 1370, por exemplo, em que o Pedro Lavrador [*Piers Plowman*] de Langland vê a insatisfação dos camponeses, que se recusam a comer os legumes da véspera e fazem questão de carne fresca, que culpam Deus e maldizem o rei, mas que antes não se queixavam, quando era a Fome que determinava os Estatutos. Será necessário recuar para antes da Peste Negra, até o início das Leis da Caça, ou para o tempo da Magna Carta, em que Inocêncio III escreve:

> o servo serve, aterrorizado por ameaças, enfraquecido pelas corveias, ferido por surras, despojado de seus bens?[9]

Ou será que encontraremos o ritmo antiquíssimo no Domesday,* em que de cada cinco homens quatro são vilões, *bordars*, *cotters*** ou escravos? Ou no mundo livre dos saxões, antes do

* Documento contendo o levantamento geral da economia inglesa, realizado por ordem de Guilherme, o Conquistador, em 1086. (N. T.)

** *Bordar* é o arrendatário que ocupa um chalé e cultiva alguns acres de terra segundo a vontade de seu senhor, ao qual deve algumas obrigações; *cotter* é o vilão situado socialmente entre os escravos e os *bordars*. (N. E.)

saque e da imposição do jugo dos normandos? Ou no mundo céltico, antes de os saxões subirem os rios? No mundo ibérico, antes da chegada dos celtas e sua barbárie dourada? Até onde nos levará essa escada rolante?

Uma resposta óbvia: ao Éden; mais adiante teremos de voltar a esse jardim tão conhecido. Mas primeiro devemos saltar da escada rolante e refletir sobre o sentido geral de seu movimento. Será apenas o velho hábito de usar o passado, os "bons tempos de antigamente", como desculpa para criticar o presente? Sem dúvida, algo do gênero está em jogo, mas isso não resolve todas as dificuldades. Os pontos de aparente imobilidade, as sucessivas Velhas Inglaterras às quais nos remetem com confiança, mas que logo começam a retroceder, têm uma certa importância, desde que encaradas de modo objetivo. Obviamente, todos se localizavam nas infâncias dos autores citados, o que é sem dúvida relevante. Pode-se afirmar que a nostalgia é universal e persistente; só as nostalgias dos outros incomodam. Pode-se argumentar de modo convincente que as lembranças da infância têm uma importância permanente. Mais uma vez, porém, o que parecia ser uma única escada rolante, um perpétuo recuo em direção ao passado, revela-se, após um pouco de reflexão, um movimento mais complicado: a Velha Inglaterra, a estabilidade, as virtudes campestres — na verdade, todas essas coisas têm significados diferentes em épocas diferentes, colocando em questão valores bem diversos. Teremos de realizar uma análise precisa de cada tipo de retrospecção à medida que forem surgindo. Veremos as sucessivas etapas da crítica fundamentada na retrospecção: a religiosa, a humanística, a política, a cultural. Cada uma dessas etapas por si só merece uma análise. E então, sobre cada uma dessas questões — que, no entanto, nos levam por fim a uma grande questão central — há uma outra consideração diferente a fazer.

As testemunhas que citamos levantam questões de perspectiva e fatos históricos, porém também levantam questões de perspectiva e fatos literários. As coisas que elas dizem não são todas ditas em uma mesma modalidade de discurso. Enquanto fatos, variam de falas de peças teatrais e trechos de romances a argumentações de ensaios e anotações de diários. Quando os fatos em questão são poemas, são também — o que talvez seja de importância crucial — poemas de tipos diferentes. Só poderemos analisar essas importantes estruturas de sentimentos se fizermos tais discriminações críticas desde o início. E então o primeiro problema de definição — um persistente problema de forma — é a questão do bucólico, daquilo que se entende por bucólico.

3. BUCÓLICO E ANTIBUCÓLICO

I

Pois a verdade, ainda que expressa em poesia,
*É que campeia nas aldeias a agonia.**

Esse dístico de Crabbe, que abre o segundo livro de *The village*, é uma introdução significativa ao caráter do problema geral. Por que o poeta parece desculpar-se por estar escrevendo poesia? A quem se dirige a ênfase dada à verdade? Temos de partir destas perguntas para ler o poema de Crabbe, "The village".[1]

Tal qual manda a Verdade, eu retrato os campos,
*E não como cantam os poetas em seus cantos.***

Mais uma vez, a verdade opõe-se à poesia. Independentemente do que mais tarde venhamos a perguntar a respeito da Inglaterra de Crabbe, já está claro que o contraste que ele tem em mente não é entre a Inglaterra de outrora e a do presente, e sim entre formas verdadeiras e formas falsas de escrever. De modo mais geral, o contraste que ele ressalta é entre uma tradição de poesia bucólica e suas próprias intenções realistas. Sem dúvida, Crabbe aceita que alguma vez, no passado, tenha existido uma realidade na qual se fundamentou aquilo que ele entendia como bucolismo, mas isso teria sido na Antiguidade clássica, não na Inglaterra que ele conhecia nem numa Inglaterra de um passado ainda recente:

* No longer truth, though shown in verse, disdain,/ But own the Village Life a life of pain.

** By such examples taught, I paint the Cot,/ As Truth will paint it, and as Bards will not.

Já dista o dia em que, com versos musicais,
Bardos rústicos cantavam os campos natais:
Versos não mais se fazem hoje, em que pastores
Celebrem suas terras e ninfas, seus amores. *

Toda uma tradição literária, a do bucolismo neoclássico, está sendo formalmente rejeitada: "ecos mecânicos do canto mantuano". ** Ou, como escreveu Crabbe originariamente, antes que Samuel Johnson emendasse seus versos:

Na Mântua mais bela, onde a paz imperava,
Títiro o orgulho dos pastores bem cantava;
Porém devem os modernos imitar seu canto
Para sempre escravizados por seu encanto?
Da Natura e da Verdade se distancia
Quem a Virgílio imita, ou segue a Fantasia. ***

Johnson enfraqueceu esse trecho modificando o último verso para "quem a Virgílio segue, em vez da Fantasia".[2]**** Teria sido melhor se Crabbe não tivesse precisado, como precisou, da ajuda de Johnson.

"Uma forma de vida que chegou a nós dos tempos de Virgílio." Mas, se o que está em questão é a continuidade da agricultura estabelecida, então a tradição é muito mais antiga. A referência literária, para o que se supõe ser um fato social, é que é a estrutura verdadeiramente significativa. Trata-se de um bom exemplo da confusão envolvendo toda a questão do "bucólico".

* Fled are those times, when in harmonious strains/ The rustic poet praised his native plains:/ No shepherds now, in smooth alternate verse,/ Their country's beauty or their nymphs' rehearse.

** Referência a Mântua, cidade italiana onde nasceu Virgílio.

*** In fairer scenes, where peaceful pleasures spring,/ Tityrus the pride of Mantuan swains might sing;/ But, charmed by him, or smitten with his views,/ Shall modern poets court the Mantuan muse?/ From Truth and Nature shall we widely stray,/ Where Fancy leads, or Virgil led the way.

**** Where Virgil, not where Fancy, leads the way.

Pois, se recuarmos na história da literatura à cata de textos significativos sobre a vida campestre, haveremos de retroceder a um período muito anterior ao de Virgílio: ao século IX a.C., época de *Os trabalhos e os dias*, de Hesíodo. E o que vamos encontrar nessa obra, numa estrutura muito específica de costumes e crenças, é uma epopeia da lavoura, no sentido mais amplo do termo: a prática da agricultura e do comércio no contexto de uma forma de vida em que a prudência e o esforço são considerados as virtudes fundamentais. Essas recomendações são feitas dentro da estrutura mítica da caixa de Pandora, da qual saíram todos os males, inclusive o trabalho árduo, e da influente cronologia das cinco idades, a primeira delas a de ouro, em que

> distantes e livres do mal e da dor [...] [os homens mortais] dispunham de todas as coisas boas, pois a terra frutuosa por si própria gerava-lhes frutos, com abundância e generosidade.[3]

Veremos como foi duradoura a influência desse mito da Idade do Ouro, mas para Hesíodo, no início da história da literatura campestre, trata-se de um tempo já muito distante. Três outras eras o sucederam, e é o caráter da "idade do ferro", na qual o próprio Hesíodo se encontra, que determina sua recomendação da agricultura prática, da justiça social e da sociabilidade. Tais práticas podem libertar uma comunidade industriosa da "vida de dor".

Os poetas bucólicos gregos vieram muito depois, cerca de seis séculos mais tarde. É no mundo helenístico do século III a.C. que o "bucólico", no sentido mais estrito, se configura como forma literária. Sua paisagem não é a Beócia de Hesíodo, e sim a Sicília de Teócrito e Moscos, as ilhas gregas e o Egito; o centro literário do movimento é Alexandria. Assim, o "bucólico" já tem uma base diferente: o décimo idílio de Teócrito tem o plantio e a colheita como pano de fundo, mas trata-se de uma exceção; o trabalho normal é o pastoreio de cabras, carneiros e vacas. Dessa maneira, a divisão do ano que encontramos em Hesíodo, em períodos de arar, cuidar dos vinhedos, cuidar dos porcos, carneiros e cabras, já sofreu alterações profundas. É geralmente aceito que o bucolismo literário teve origem em concursos de canto em comunidades locais de camponeses; porém, tal como ele aparece em Teócrito, embora essa forma seja com frequência mantida, já é bem evidente um certo grau de elaboração e artifício, particularmente na utilização de dialetos literários. Ao mesmo tempo, o contexto de trabalho dos *Idílios* é reconhecível e, por vezes, enfatizado. Assim, eis a primeira aparição da figura esguia de Lícidas:

> Era pastor de cabras, como qualquer um certamente perceberia, pois acima de tudo parecia mesmo o que era. Tinha nos ombros uma pele de cabra, de pelos longos e grossos, cheirando a coalho de leite fresco, e cobria o peito com uma velha túnica cingida com um cinto largo; na mão direita trazia um bastão torto de oliveira brava.[4]

Os Cantores Rústicos do Idílio IX só começam a cantar depois que

> colocam os bezerros debaixo das vacas e põem os touros para pastar com as novilhas.

O divã de peles claras no qual se deita Dafne, à margem do riacho de águas frescas, foi feito a partir de um rebanho que uma tempestade fez despencar de uma ribanceira. É este o "lazer" do vaqueiro, e o sonho de riqueza do pastor de cabras é

> muitas ovelhas e muitas cabras, e velocinos sob minha cabeça e meus pés. E em minha lareira de troncos de carvalho fervem pudins, e em tempo de inverno bolotas secas são assadas.[5]

Lobos, raposas, gafanhotos e besouros fazem parte dessa experiência tanto quanto bálsamos, estevas, maçãs e mel. No Idílio IV, o vaqueiro que vai ao festival deixa touros e bezerros magros, pois "apaixonou-se pela maldita vitória". Dentro do belo desenvolvimento das canções pastorais, essa atmosfera de comunidade simples, convivendo sempre com a possibilidade da miséria, desfrutando as delícias do verão e da fertilidade com um prazer acentuado pela consciência do que ocasionam o inverno, a esterilidade e os imprevistos, é uma presença muito intensa:

> como a primavera é mais doce que o inverno, como a maçã é mais doce que o abrunho; como o velo da ovelha é mais espesso que o de seu cordeiro.[6]

Naturalmente, à medida que a tradição se desenvolvia, tornava-se possível extrair, pelo prazer evidente que proporcionavam, as invocações do verão: de Hesíodo —

> *Quando florescerem as alcachofras-bravas, e a cigarra*
> *cantar estridente de um galho* [...]
> [...] *Ah, dai-me então*
> *a sombra de uma rocha, com vinho de Bíblis ao lado*
> *e pão bom e leite de cabra coalhado;*[7]

— ou de Teócrito:

> *Lá todos os luxos e delícias:*
> *Cotovias e tentilhões cantando no ar;*
> *Abelhas pardas esvoaçando sobre o poço;*
> *Torcazes a arrulhar; por toda parte o odor*
> *Do estio opulento e frutas a amadurecer:*
> *Peras a nossos pés, maçãs ao lado*
> *Em abundância; empilhadas ao redor*
> *Dos ramos, carregados de ameixas*
> *Para nosso deleite.*[8]

Em épocas muito posteriores, isso poderia ser erroneamente entendido como a essência, a única essência, do bucolismo. Porém, quando passamos de Teócrito para Virgílio, dois séculos depois, no século I a.C., encontramos uma forma de bucólico que, em sua elaboração literária, mantém-se em contato com os trabalhos das diferentes estações e com as verdadeiras condições sociais da vida rural. As *Bucólicas* de Virgílio são, num certo sentido, mais idealizadas, assim como são mais elaboradas, do que os idílios de Teócrito; mas as perturbações ocorridas na vida rural de sua Itália natal muitas vezes se intrometem na Arcádia distante e poética de sua obra. Assim, na Bucólica I, a conhecida invocação de Melibeu —

Velho feliz, aqui entre rios conhecidos
E fontes sagradas terás sombra fresca.
Ali, como outrora, a sebe do campo vizinho,
Onde abelhas de Hibla bebem das flores dos salgueiros,
Teu sono embalará com suaves sussurros; e ao pé
Do rochedo o desparrador cantará ao vento;
E ao mesmo tempo as roucas pombas, que tu amas,
E mais as rolas gemerão no alto dos olmeiros

— contrasta explicitamente com a situação do próprio Melibeu, pequeno agricultor expulso de suas terras:

Enquanto nós iremos para a África sedenta,
A Cítia, o veloz Oaxes, onde é tanta a greda,
E até a longínqua terra dos bretões.
Em que dia remoto hei de rever, talvez, a pátria,
Minha choupana recoberta de grama?
Hei de rever espigas a brotar em meus domínios?
Pertencerão a um soldado ímpio minhas terras tão cuidadas?
A um bárbaro estas searas? Eis aonde levou
A discórdia, pobres de nós...
Não canto mais.[9]

Mais uma vez, na Bucólica IX, o canto do pastor está diretamente relacionado às esperanças e temores do pequeno agricultor ameaçado de ter suas terras confiscadas:

Ó Lícidas, termos vivido para ver
Um forasteiro dono destas terras (coisa que jamais temíamos),
Ouvi-lo dizer: "Tudo isto é meu; migrai, colonos!".
Vencidos, tristes estamos, pois a sorte tudo muda,
E são dele (maldito seja!) estes cabritos que ora levo.[10]

A própria poesia poderia tentar proteger a terra e os que sempre a cultivaram, mas a pressão da violência e com as sequelas da guerra, quando os ex-combatentes foram recolonizados através de confiscos em grande escala,

valem tanto os nossos versos,
Lícidas, ante as armas de Marte, quanto — como dizem —
As pombas da Caônia diante de uma águia.[11]

E lembramos que o próprio Virgílio era filho de um pequeno proprietário cujas terras estavam ameaçadas justamente de um tal confisco.

Assim, no bucolismo virgiliano, o contraste se dá entre os prazeres da vida rural e a ameaça da perda e da evicção. Esse contraste, por sua vez, vai desenvolver-se como um outro contraste, já presente na literatura anterior, em tempo de guerra ou convulsão cívica, em que a paz da vida campestre se contrapõe às perturbações ocasionadas pela guerra, a guerra civil e o caos político da cidade. Tudo depende do modo como esse contraste é estabelecido. Pode ser um fato presente, como nas Bucólicas I e IX. Pode ser uma retrospecção vívida, como nas tristes recordações de Melibeu. Ou pode dar margem ao esboço de um sistema de ideias mais amplo: uma visão do passado ou do futuro. Em algumas passagens das *Geórgicas*[12] — por exemplo, no final do Livro II — aparece aquele toque de idealização, de retrospectiva prolongada, que viria a tornar-se tão característico. A paisagem bucólica de Teócrito fora imediata e próxima: encontrava-se junto aos muros da cidade. A Idade do Ouro de Hesíodo fora uma lembrança mítica, que contrastava com a idade de ferro dos homens modernos, na qual o trabalho é não só necessário como louvável. Em alguns trechos de Virgílio ocorre uma transmutação, na qual a paisagem torna-se mais distante, transforma-se na própria Arcádia, e a Idade do Ouro é encarada como algo que existe lá no presente, ao mesmo tempo evocada e celebrada pelo poder da poesia:

> Para eles, distantes do clamor das armas, a terra, perenemente justa, por si só gera uma existência descuidada. [...] Por vontade própria, as árvores e os campos geram alimentos, e ele os colhe. Sua paz é garantida, seu sustento é certo.

Entre o deleite natural com a fertilidade do solo e essa invocação mágica de uma terra em que a lavoura é desnecessária, há somente um pequeno passo. Mas um passo que às vezes é dado, se bem que apenas em passagens isoladas, no complexo movimento das *Geórgicas*: a longa e detalhada descrição e celebração do ciclo anual de trabalho do lavrador; de seus instrumentos de trabalho, seus métodos, seus riscos, seus inimigos, suas artes e seus labores infindáveis. O que cabe enfatizar não é só o surgimento do tom de idealização, mas também o fato de que ele não é abstraído a partir da totalidade da vida do lavrador. Ao mesmo tempo, no entanto, o toque idílico surge em outro contexto: o do futuro, uma restauração, um segundo advento da Idade do Ouro, que chega a ser politicamente iminente, como se lê na Bucólica IV:

> *Cheias de leite, voltarão as cabras*
> *Sozinhas ao aprisco; o boi não temerá o grande leão.* [...]
> [...] *Uvas vermelhas penderão dos silvados silvestres*
> *E a dura casca do carvalho suará mel como orvalho.* [...]
> [...] *Não sofrerá a terra o corte da enxada, nem a vinha o da foice;*
> *E o lavrador robusto por fim livrará seus bois do jugo.*[13]

Essa mágica visão utópica é uma profecia: "Tais séculos fiai, ó fusos". E dessa forma inclui, na celebração, a consciência de um presente muito diverso, em relação ao qual a restauração futura será uma libertação.

Assim, mesmo nesses desenvolvimentos do bucolismo clássico e outras formas de literatura rural, que introduzem tons e imagens de um tipo ideal, há quase invariavelmente uma tensão entre outros tipos de experiência: entre verão e inverno; entre deleite e perda; entre colheita e trabalho; entre cantar e viajar; entre passado ou futuro e presente. A realização — se cabe o termo — da adaptação renascentista dessas modalidades clássicas consiste em eliminar, passo a passo, essas tensões vitais, até nada restar de adversidade, e as imagens escolhidas aparecem por si sós: não se trata de um mundo vivo, e sim de um mundo edulcorado. Assim, a evocação que faz Melibeu da vida que será obrigado a abandonar torna-se "fonte" de mil relatos adocicados de um mundo rural só de paz e delícias. Mais extraordinário ainda: o famoso segundo epodo de Horácio[14] — o *Beatus ille*, tido como a origem incontestável de inúmeros poemas que traçam um quadro risonho do campo como refúgio — era normalmente considerado sem sua tensão crucial. A celebração dos rebanhos, do mel, das frutas e dos riachos límpidos, distantes da guerra, da cidade e da usura insensível, em Horácio aparecia como as reflexões sentimentais de um usurário que pensava em tornar-se fazendeiro, cobrava tudo que lhe deviam e então, no clímax do poema, emprestava todo o dinheiro novamente. A excisão dessa ironia — a princípio consciente, depois convencional — é um fato ainda mais importante do que a continuidade de nome e temática.[15]

Todas as tradições são seletivas, e a tradição bucólica o é tanto quanto qualquer outra. Aonde vão os poetas, os estudiosos vão atrás, e vez após vez as perguntas referentes à poesia "bucólica" ou à poesia da "fuga para o campo" dos séculos XVI, XVII e XVIII são deixadas de lado, e tudo é simplesmente explicado pela referência às fontes. Não devemos examinar, com Crabbe e outros, como era de fato o campo na época: essa seria uma atitude utilitarista e materialista, talvez até mesmo uma atitude de camponês. Em vez disso, lembremos que esse poema é baseado em Horácio — o Epodo II — ou Virgílio — a Bucólica IV; que entre os grandes nomes mais remotos avultam os de Teócrito e Hesíodo — a própria Idade do Ouro, numa outra acepção.

É hora de pôr fim a esse blefe. A prática acadêmica de procurar influências tornou-se tão habitual que se faz constantemente necessário utilizar um corretivo como esta passagem de Coleridge, dirigida àqueles

> que parecem ser da opinião de que todo pensamento e imagem possível é tradicional; que não concebem a existência de fontes no mundo, sejam elas grandes ou pequenas; e que, portanto, gostariam de atribuir a cada riacho que veem fluir a origem numa perfuração feita em algum tanque alheio.[16]
>
> (Prefácio a *Christabel*)

Isso faz-se mais necessário ainda quando as supostas fontes, os tanques alheios, foram tão alteradas e simplificadas que ninguém mais é capaz de ver o que aconteceu, de lá para cá, com a água.

II

> Por conseguinte, devemos utilizar um pouco de ilusão para tornar deleitável uma pastoral; e tal consiste em exibir apenas o melhor aspecto da vida do pastor, ocultando-lhe as misérias.

No momento em que Pope podia afirmar tal coisa, a "tradição" já fora alterada. "Pois a verdade, ainda que expressa em poesia." A prolongada polêmica crítica, ocorrida nos séculos XVII e XVIII, a respeito do caráter da poesia bucólica tinha ao menos isso como ponto de consenso. O que se discutia era basicamente se um tal idílio, a pastoral deleitável, deveria sempre ser localizada na Idade do Ouro, conforme apregoavam Rapin e os neoclassicistas, ou se na ideia permanente, até atemporal, da tranquilidade da vida campestre, tal como afirmavam Fontenelle e outros. No primeiro caso, como se tratava da Idade do Ouro, havia de fato paz e inocência. No segundo, podia ainda assim haver uma concepção de paz e inocência, uma ilusão literária convencional em cenários nativos e contemporâneos:

> expondo à vista apenas a tranquilidade da vida do pastor, e disfarçando ou ocultando o que nela há de mesquinho, e também mostrando apenas sua inocência, e escondendo suas misérias.[17]

É com isso em mente que podemos compreender Crabbe:

> *Mas quando vejo, em tão aprazível lugar,*
> *Os lavradores míseros a trabalhar,*
> *E o sol do meio-dia com luz desmedida*
> *A fustigar-lhes as frontes desprotegidas,*
> *E outros, fracos de ânimo e entendimento,*
> *Apenas a expressar seu descontentamento:*
> *Como ousar esconder uma tal realidade*
> *Em versos fáceis de orgulho e falsidade?*[18]*

A questão de "como ousar?" exprime a indignação sentida num desses momentos de crise de perspectiva, em que hábitos, instituições e experiências entram em choque. Quem são os que ousam, a quem Crabbe se dirige?

> *Não zombes da pobreza, da comida parca,*
> *Se só conheces a abundância, a mesa farta;*
> *Não chames de frugal o que é miserável,*
> *Nem elogies o que sabes imprestável.*
> *Mas crês que a vida do pastor é sem cuidados,*
> *Tal como cantas em sonetos lapidados?*

* But when amid such pleasing scenes I trace/ The poor laborious natives of the place,/ And see the mid-day sun, with fervid ray,/ On their bare heads and dewy temples play;/ While some, with feebler heads and fainter hearts,/ Deplore their fortune, yet sustain their parts:/ Then shall I dare these real ills to hide/ In tinsel trappings of poetic pride?

Pois vai! e vê se dentro das choupanas frias
Existe aquela paz que tanto elogias.[19]*

São muitos, estes que aspiram à simplicidade. Podemos estabelecer uma linha direta a partir de Virgílio, no fim da qual, como nos "augustanos" ingleses,** a écloga já se transformou numa forma altamente artificial e abstraída: suas simplicidades são absolutamente superficiais. Contudo, a linha parte também das *Geórgicas*, e em Poliziano e Alamanni, por exemplo, no final do século XV e início do XVI, há também inspiração além de imitação: os versos do *Rusticus* de Poliziano são latinos, mas a rotina anual de trabalho que ele descreve é a do camponês toscano; *La coltivazione* de Alamanni é uma versão italiana moderna das descrições do trabalho agrícola das *Geórgicas*.

No entanto, o "bucólico", com seu significado originariamente preciso, estava sofrendo nesse mesmo período uma transformação extraordinária. Seu componente mais sério era uma atenção intensa e renovada voltada para a beleza natural, porém trata-se agora da natureza da observação — a do cientista ou do turista —, e não a do camponês que trabalha. Assim, o componente descritivo do bucolismo original podia ser isolado, e toda uma tradição de "poesia da natureza", vigorosa e com seu caminho autônomo, pôde surgir e encontrar uma direção principal, que seguiu durante séculos, chegando até nós. O outro componente básico era muito diferente: o bucólico tornou-se teatral e romântico, nos sentidos estritos dos termos. O romance pastoril, de Boccaccio à *Arcadia* de Sannazzaro (*c.* 1500), era uma forma nova, na qual a écloga e a descrição da natureza eram

* Oh trifle not with wants you cannot feel,/ Nor mock the misery of a stinted meal;/ Homely, not wholesome, plain, not plenteous, such/ As you who praise would never deign to touch./ Ye gentle souls, who dream of rural ease,/ Whom the smooth stream and smoother sonnet please;/ Go! if the peaceful cot your praises share,/ Go look within, and ask if peace be there.

** Isto é, os escritores do neoclassicismo inglês, principalmente do início do século XVIII. (N. T.)

incorporadas ao mundo essencialmente diverso do amor romântico idealizado. A base nominal consistia no fato de os pastores, na literatura bucólica, cantarem canções de amor; mas os pastores e ninfas que começam a aparecer agora são meros fantoches em um entretenimento aristocrático. O drama pastoril, a partir da *Aminta* de Tasso (1572), é também a criação de uma corte principesca, na qual o pastor nada mais é que uma máscara idealizada, um disfarce palaciano: uma figura tradicionalmente associada à inocência, através da qual, paradoxalmente, elabora-se uma intriga. Esse jogo delicado, que permaneceu como forma de entretenimento aristocrático até a época de Maria Antonieta e deixou, como legado físico, milhares de figuras de porcelana pintada, evidentemente tem mais a ver com os interesses da corte do que com a vida rural, em qualquer de seus aspectos possíveis.

Mas nem sempre as pessoas se davam conta disso. Pope confundiu o jogo com a realidade em seu ensaio sobre o bucólico, no qual recomenda descrições

> não [...] dos pastores tais como são agora, mas como se pode conceber que tenham sido, no tempo em que a profissão atraía os melhores homens.[20]

De tanto os cortesãos bancarem pastores, acabou-se por concluir que os pastores originariamente eram aristocratas.

Mas a simplicidade não estava apenas nesses trajes fantasiosos. Um outro interesse importante da época veio manifestar-se através do bucólico: o hábito medieval e pós-medieval da alegoria. Em 1589, Puttenham argumentava que a écloga tinha

> não a intenção de imitar ou representar a feição rústica de amar ou se exprimir, e sim, sob o véu de gente rude de fala rude, insinuar e esboçar assuntos elevados.[21]

Adiante, Puttenham afirma ser esse o caso de Virgílio: temos aí precisamente o processo de adaptação cultural seletiva. Como

Hesíodo, Virgílio podia levantar as questões mais sérias da vida e de seus objetivos no mesmo mundo em que os trabalhos da lavoura e da canção pastoril ainda existiam em sua forma autêntica. O que aconteceu na transformação aristocrática foi a redução dessas atividades primárias a formas, fossem elas o "véu" da alegoria ou os trajes fantasiosos dos entretenimentos palacianos. Trata-se de uma mudança significativa, porém foi tão avassaladora — embora os impulsos que a causaram aparentemente estejam mortos há tanto tempo — que o significado moderno comum do bucólico, no discurso crítico de escritores do século XX, é derivado dessas formas, e não da substância original nem de seus sucessores mais importantes. Assim, afirma-se que "bucólico" refere-se à matéria simples, a qual incorpora ou implica verdades genéricas: até mesmo um romance proletário moderno, situado num cenário industrial, pode ser considerado bucólico nesse sentido! Mas, ainda que, como procedimento crítico para compreender um autor como Spenser, essa abordagem seja razoável, estendê-la gera um absurdo, um absurdo revelador. Como em tantas outras áreas do pensamento literário inglês, houve uma petrificação efetiva e voluntária no ponto de transição histórica significativa, o da transição do mundo feudal para o burguês. Se o bucólico não passa de um disfarce ou alegoria, a questão levantada por Crabbe é irrelevante; Crabbe não passa de um ruído desagradável. Contudo, essa questão pede uma resposta se o que se quer é reconhecer e compreender a realidade de uma transição importante.

Pois o bucolismo das cortes e casas aristocráticas não foi, em última análise, a tendência realmente importante. Isolado no tempo e em *status*, suas modalidades e realidades são facilmente compreensíveis. O que é muito mais significativo é a transformação interna desse tipo de modalidade artificial em direção a (e em defesa de) um novo tipo de sociedade: o capitalismo agrário. O neobucólico como entretenimento palaciano é uma coisa; o neobucólico em sua nova localização, a mansão senhorial e a propriedade rural, é algo bem diverso. Devemos acompanhar o desenvolvimento das formas artificiais da écloga e do idílio, porém só chegaremos à transição decisiva quando essas formas forem relocalizadas, no contexto de uma nova ideologia, na mansão senhorial.

III

Com frequência os poetas emprestam suas vozes aos príncipes, os quais estão em condição de pagar-lhes, ou retrucar. O que foi emprestado aos pastores, e a que taxas de juros, é bem mais relevante. Não é fácil esquecer que a *Arcadia* de Sidney, que dá continuidade à tradição do neobucolismo inglês, foi escrita num parque para cuja criação toda uma aldeia foi cercada e expropriada, sendo todos os moradores expulsos. O jogo elegante estava bem próximo de uma realidade visível da vida rural — e a violência estava por trás da elegância.

Havia, naturalmente, outras metáforas pastoris. O bom pastor era uma figura sempre disponível para representar Cristo, o pastor amoroso, com o qual se podia contrastar a corrupção da igreja. Há exemplos ingleses nas éclogas de maio, julho e setembro de *The shepherd's calendar*, de Spenser. Em termos mais gerais, por meio de uma associação que parece óbvia, podia-se fazer com que a vida do pastor representasse a vida da natureza e os sentimentos naturais. Essa convenção foi muito desgastada no final do século XVI e início do XVII, mas em alguns poemas mais curtos há um frescor só raramente encontrado nas figuras e convenções elaboradas do teatro e do romance; ainda é uma terra conhecida e não apenas a Arcádia:

Era o alegre mês de maio,
Ao romper da madrugada,
Caminhava eu no bosque,
Vendo a mata enfeitada.[22] *

* In the merry month of May,/ In a morn by break of day,/ Forth I walk'd by the wood-side,/ When as May was in his pride.

Mas esses versos de Nicholas Breton, em que os amantes no bosque de repente passam a ser Fílida e Córidon, são menos característicos do que as fontes de cristal, os vales esturricados e os pássaros a cantar madrigais, tão comuns no cenário neobucólico. A metáfora vigora, em termos de atmosfera, na ambiguidade consciente de Marlowe:

cinto de palha e botões de hera
Com fechos de âmbar e coral.[23] *

Mas há um fator de interesse mais permanente no modo como a metáfora neobucólica tenta se autenticar na natureza observada. O jogo palaciano e a hipérbole de sentimentos revertem, com algumas perdas e alguns ganhos, ao passeio no campo. É nesse ponto — mais aqui do que no momento em que a convenção neobucólica era um artifício totalmente literário — que começam as dificuldades de investigação.

Sem dúvida, já havia surgido uma espécie de antibucolismo. O pastor trabalhador, já presente no *Secunda pastorum* do ciclo de autos sacramentais de Towneley tanto em sentido figurado quanto em seu papel concreto em Belém, surgiu novamente na canção de inverno do *Love's labour's lost* de Shakespeare. No entanto, a contrapartida normal era a de Raleigh em oposição a Marlowe, a implacável intrusão do tempo naquele eterno maio neobucólico:

Mas o Tempo faz a rês voltar ao redil,
Torna as pedras geladas e enfurece o rio.[24] **

Se os prazeres não tivessem idade, nem a velhice necessidades, o sonho bucólico seria convincente.

O que é interessante, pois, é constatar que se vai além do amor romântico, do maio perpétuo do neobucolismo, chegan-

* belt of straw and ivy-buds/ With coral clasps and amber studs.

** But Time drives flocks from field to fold,/ When rivers rage and rocks grow cold.

do-se a um modo de vida considerado em sua totalidade: uma nova metáfora, no interior da Inglaterra, para o velho ideal campestre. Não as ninfas e pastores do romance neopastoril, com seu amor palaciano nos parques e jardins; porém a tranquilidade, a inocência, a abundância simples do interior: o refúgio metafórico, mas também real. Naturalmente, havia imagens tradicionais bem à mão: a Idade do Ouro e o Paraíso. É interessante constatar que Michael Drayton, em seu poema "To the Virginian voyage", localiza ambos numa colônia:

> Virgínia,
> *Único éden terrestre.*
>
> *Onde a natura se compraz*
> *Em abundar em carne e peixe,*
> *E o solo que é o mais fecundo*
> *De todo o mundo*
> *Três safras mais,*
> *E tudo mais que se deseje* [...]
>
> [...] *Para quem a lei natural*
> *Da Idade do Ouro ainda vigora,*
> *E nada mais há que fazer*
> *Que se proteger*
> *Da fúria hibernal*
> *Que em pouco tempo vai-se embora.*[25] *

Esse tipo de visão termina por tornar-se um lugar-comum. Encontramos uma manifestação sua particularmente pura num poema anônimo do final do século XVII:

* *Virgínia,*/ Earth's only paradise.// Where nature hath in store/ Fowl, venison, and fish,/ And the fruitfull'st soil/ Without your toil/ Three harvests more,/ All greater than your wish [...] // [...] To whom the Golden Age/ Still nature's laws doth give,/ No other cares attend,/ But them to defend/ From winter's rage/ That long there doth not live.

Como era belo o mundo sem a corrupção
Que trouxe à Humanidade a feia Ambição.
Feliz o camponês, que na terra florida
Encontra tudo que há de pleno e bom na vida;
E tudo que lhe vem, vem puro e sem mistura,
Tal como sai do grande ventre da Natura.
Longe do tumulto, de todas coisas más,
Contente se o rebanho cresce um pouco mais,
Tranquilo ele vive, sob as asas da Paz.
Não pesam em sua mente o Medo nem a Guerra,
E ambição alguma em seu peito se encerra,
Tem seu rebanho, seu bastão e sua flauta;
Nada mais quer neste mundo, e nada lhe falta.[26]*

Temos aqui a visão simples da abundância natural reintegrada a uma atitude moral com implicações sociais: transferida de suas fontes clássicas para a "terra florida". E a vida rural, tal como é tradicionalmente considerada, é aqui uma alternativa inocente à ambição, ao tumulto e à guerra. São inúmeros os poemas que propõem essa perspectiva, por vezes onírica, por vezes entusiástica. É o que vemos nestes versos de Charles Cotton, com o título bem apropriado de "The retirement" [O refúgio]:

Quão doce é tudo aqui, meu Deus!
Que belo o campo aos olhos meus!
Aqui tudo é salubridade!
Senhor, que cedo nos deitamos!

* How beautiful the World at first was made/ Ere Mankind by Ambition was betray'd./ The happy Swain in these enamell'd Fields/ Possesses all the Good that Plenty yields;/ Pure without mixture, as it first did come,/ From the great Treasury of Nature's Womb./ Free from Disturbance here he lives at ease/ Contented with a little Flock's encrease,/ And covered with the gentle wings of Peace./ No Fears, no Storms of War his Thoughts molest,/ Ambition is a stranger to his Breast;/ His Sheep, his Crook, and Pipe, are all his Store,/ He needs not, neither does he covet more.

Que sonhos sonhamos!
*Que paz! Quanta unanimidade!**

Trata-se de uma manifestação daquela vontade persistente de escapar do que é visto como o mundo, ou — o que é mais interessante ainda — como os outros. Esse poema, que nos versos citados está na primeira pessoa do plural, termina no singular:

Senhor! se os homens me deixassem em paz,
Eu só comigo, e ninguém mais,
*Teria a felicidade.***

Encontramos o mesmo sentimento em "The wish", de Abraham Cowley, num contraste explícito com "esta grande *colmeia, a cidade*":

Quando, fontes, *quando será*
Que hei de em vós a mim mesmo encontrar?
Ó campos*!* *Ó* bosques*!*, *dizei, dizei,*
Quando teu rendeiro serei?[27] ***

É interessante ver de que modo se insere — em algo que, levado às últimas consequências, é apenas um devaneio não localizado no espaço — um outro sentimento referente às experiências e desejos de uma sociedade específica.

Cowley vê o eu realizado como um "rendeiro". Isso é em parte a integração de relações sociais e econômicas concretas àquela visão natural, como se vê no "Pastorall Hymne" de J. Hall:

* Good God! how sweet are all things here!/ How beautiful the Fields appear! How cleanly do we feed anel lie!/ Lord what good hours do we keep!/ How quietly we sleep!/ What peace! What unanimity!

** Lord! would men let me alone,/ What an over-happy one/ Should I think my self to be.

*** Oh, *Fountains*, when in you shall I/ My self, eas'd of unpeaceful thoughts, espy?/ Oh *Fields*! Oh *Woods*! when, shall I be made/ The happy Tenant of your shade?

Deus, de quem cada árvore recebe o sustento,
E a ele paga folhas como arrendamento.[28]*

Richard Lovelace escreveu um poema estranho, "*Elinda's glove*" [A luva de Elinda], no qual os galanteios românticos se compõem exclusivamente de imagens deste tipo:

Fazenda de neve, com cinco moradias!
Avisa que eu aqui estive, bom rendeiro,
Com intento de pagar a alva senhoria:
Mas ela foi colher amor em seu canteiro,
Deixando-te exposta a qualquer posseiro.

Porém não fiques triste, refúgio de arminho,
Tua senhora branca há de voltar; senão
Que locatário iria, em espaço tão mesquinho,
De entrada tão estreita, entrar sem aflição,
Sem medo de uma inevitável evicção?

Assim, deixo contigo este meu pagamento:
Um beijo em cada casa. [...][29]**

Aqui, através da elaboração do conceito, por um momento vemos mais da realidade da vida rural no século XVII do que encontramos nos poemas que pintam o campo como um refúgio. No entanto, em alguns poemas escritos em época posterior, temos uma localização cada vez mais precisa: trata-se da

* Great Lord, from whom each Tree receaves,/ Then pays againe as rent, his leaves.

** Thou snowy Farme with thy five Tenements!/ Tell thy white Mistris here was one/ That call'd to pay his dayly Rents:/ But she a gathering Flowers and Hearts is gone,/ And thou left void to rude Possession. // But grieve not pretty *Ermin* Cabinet,/ Thy Alabaster Lady will come home;/ If not, what Tenant can there fit/ The slender turnings of thy narrow Roome,/ But must ejected be by his owne doome? // Then give me leave to leave my Rent with thee;/ Five kisses, one unto a place.[...]

terra do pequeno proprietário independente. Escreve Nahum Tate:

Concedei-me, ó Céus!, se for possível,
*Uma fazenda não grande, e sim desprezível.**

E Pomfret:

Uma propriedade a mim me bastaria
De bom tamanho, mas não grande em demasia:
Renda bastante para uma vida sem cuidados,
Para mim e meus amigos mais necessitados.
E os pobres, que se queixam do destino avaro,
Em mim podiam sempre encontrar amparo.[30]**

E Pope, numa tradução categórica de Horácio:

Feliz aquele que só quer do mundo
O que o torrão em que nasceu encerra,
Que se contenta em respirar bem fundo
O ar de sua terra;

Que tira de seu próprio campo o pão,
E lã e leite do rebanho terno;
Das árvores tem sombra no verão
E fogo no inverno.[31]***

* Grant me, indulgent Heaven! a rural seat/ Rather contemptible than great.

** I'd have a clear and competent estate/ That I might live genteely but not great:/ As much as I could moderately spend:/ A little more, sometimes, t'oblige a friend./ Nor should the sons of poverty repine/ Too much at fortune, they should taste of mine.

*** Happy the man whose wish and care/ A few paternal acres bound/ Content to breathe his native air/ In his own ground. // Whose herds with milk, whose fields with bread,/ Whose flocks supply him with attire;/ Whose trees in summer yield him shade,/ In winter fire.

A abundância espontânea da natureza, essa imagem mítica ou utópica, agora começa a adquirir, de modo significativo, uma dimensão social: uma propriedade "de bom tamanho", com criadagem suficiente — como vemos em Matthew Green:

Uma fazenda a vinte milhas da cidade,
Pequena, salubre, e de minha propriedade:
Duas criadas, que só conheçam a roça,
E um empregado, em quem confiar se possa,
Mais dois meninos, para manejar o arado
E debulhar o trigo em meadas empilhado. [...]*

Quando a realidade econômica reaparece, ela é mais uma vez incorporada à visão natural:

E uma casinha humilde, mas bem situada,
Em localidade que seja frequentada [...]
Por rendeiros alados, que vivem em bandos
E pagam a renda devida com seus cantos.[32]**

O que vemos ocorrer nesse processo interessante é a conversão do bucolismo convencional em um sonho localizado, e, em seguida, no final do século XVII e início do XVIII, cada vez mais em algo que pode ser apresentado como uma descrição e, portanto, uma idealização da realidade da vida campestre na Inglaterra e suas relações sociais e econômicas. Era contra isso, bem como contra o simplismo convencional do neobucolismo literário, que Crabbe protestava em seu poema.

* A farm some twenty miles from town/ Small, tight, salubrious and my own:/ Two maids, that never saw the town,/ A serving man not quite a clown,/ A boy to help to tread the mow,/ And drive, while t'other holds the plough.[...]

** And may my humble dwelling stand/ Upon some chosen spot of land. [...]/ Fit dwelling for the feather'd throng/ Who pay their quitrents with a song.

IV

A questão, assim, não é só traçar uma distinção entre o bucólico formal e o informal — como já afirmei, isto é bem fácil. A dificuldade surge em alguns poemas importantes, geralmente compreendidos como descrições de uma economia rural que existia concretamente: uma base social para a paz e inocência perpétuas do sonho neobucólico. Trata-se dos poemas referentes às mansões senhoriais, que Cowley celebrara como se fizessem parte da natureza, em "Solitude":

Ó nobres árvores, altas e verdejantes!
Ó arbustos plebeus e verdejantes!
Onde os pássaros ledos e velozes
Sempre agradecem os alimentos abundantes
Com o cântico de suas vozes.

Ó mansão senhorial, de tão rico esplendor,
Que as Musas pobres saúdam com fervor!
Ao ver tanta beleza e paz aqui,
Abdicam os Deuses do Empíreo, tal o amor
Que mesmo Eles têm por ti.[33]*

Aqui o bosque, os pássaros, os poetas e os deuses são vistos literalmente (o quadro é completo) como a estrutura social — a ordem natural — da Inglaterra seiscentista. É interessante comparar essa visão com a de Fanshawe, que escrevia vivendo a situação concreta em que os senhores de terras estavam sendo mandados de volta para suas propriedades, em 1630. O que o poeta vê é

* Hail, old Patrician Trees, so great and good!/ Hail, ye Plebeian under wood!/ Where the Poetique Birds rejoyce,/ And for their quiet Nests and plenteous Food,/ Pay with their grateful voice. // Hail the poor Muses richest Manor Seat!/ Ye Country Houses and Retreat,/ Which all the happy Gods so Love,/ That for you oft they quit their Bright and Great/ Metropolis above.

uma ilha abençoada,
Cercada por um mar de abundância,
Em cada galho, uma ave canora,
Refúgio de alegria e de bonança,
*Tal como a nossa agora.**

Eis a imagem conhecida de uma terra sorridente.

Mas, qual se aqui estivesse um inimigo,
Os campos aos labregos relegamos,
E nas cidades buscamos abrigo,
*Nelas nos encerramos.***

Assim, eles precisam voltar:

A seiva desta terra quis voltar
À raiz, sufocando o coração.
Mas ela haverá de se espalhar
Por todo o corpo são.[34]***

É a visão que Milton desenvolveu de modo mais generoso, utilizando a imagem associada da cultura como algo que cresce naturalmente, ao fazer um apelo em prol de uma educação natural: "transmitindo o calor natural do Governo e da Cultura de forma mais equânime para todas as partes mais remotas, que estão agora dormentes e esquecidas". Fanshawe, ao retornar, prevê o surgimento de um novo Virgílio (a referência dominante), mas faz um apelo mais direto:

* one blest Isle:/ Which in a sea of plenty swam/ And Turtles sang on ev'ry Bough,/ A safe retreat to all that came,/ As ours is now.

** Yet we, as if some Foe were here,/ Leave the despised fields to Clowns./ And come to save ourselves as 'twere/ In walled Towns.

*** The sap and blood o' th' land, which fled/ Into the Root, and choakt the Heart,/ Are bid their quick'ning power to spread,/ Through ev'ry part.

Não devem os ricos relutar, também,
Em ir aos sítios donde eles provêm.[35]*

É uma maneira possível de encarar a crise da Inglaterra rural seiscentista, porém isso nos faz lembrar que os Deuses de que Cowley falava não abandonavam seu Empíreo com tanta frequência nem com tanta naturalidade quanto ele nos quer fazer crer.

No entanto, no centro da estrutura de sentimentos em questão — uma relação entre as mansões senhoriais e uma civilização responsável —, encontram-se os poemas dedicados a lugares e homens específicos: destes, os mais notáveis são "Penhurst" e "To Sir Robert Wroth", de Ben Jonson,[36] e "To Saxham", de Thomas Carew. Não são poemas bucólicos nem neobucólicos numa acepção mais restrita, mas utilizam uma versão específica da vida campestre para exprimir, por meio do elogio de uma casa ou de seu proprietário, certos valores sociais e morais.

Como és feliz, Wroth, tu que amas os campos
Quer por escolha, por destino ou ambos;
E, embora perto de corte e cidade,
*És alheio aos vícios e à falsidade.***

A vida de um gentil-homem rural é, portanto, celebrada em oposição explícita à vida da corte e da cidade. As figuras urbanas do advogado, do capitalista e do cortesão são utilizadas para apontar a moral do poema.

Na economia rural de Wroth, à medida que o poema se desenvolve e

*entram os campônios em alegre bando.****

* Nor let the Gentry grudge to go/ Into those places whence they grow.

** How blest art thou, canst love the countrey, Wroth,/ Whether by choice, or fate, or both;/ And, though so neere the citie, and the court,/ Art tane with neither's vice, nor sport.

*** the rout of rurall folke come thronging in.

enfatiza-se a ausência de orgulho, ganância e mesquinhez. E então Jonson pode, de modo positivo, identificar e localizar a convenção bucólica:

Foi bem assim a era tão falada,
*A que Idade do Ouro foi chamada.**

Mas será isso mesmo que se encontra por trás dos elogios? Terá uma visão neobucólica adquirido uma base social, numa mansão senhorial do período Tudor? Assim entendem alguns críticos; a complexidade de "To Penshurst", porém, dá o que pensar. Pois o mais notável nesse poema, em qualquer leitura aberta, é o método de definir por meio de negações:

Não foste construída, ó Penshurst, com intento
De despertar inveja: ouro nem argento
Ostentas no telhado; marmóreas colunas
Não ornam tua fachada; e não tens nenhuma
Escadaria nem pátio; tua antiguidade
É a fonte única de tua dignidade [...]
[...] *De pedra rude tuas paredes são, porém*
Não foram erguidas com a ruína de ninguém,
E assim vizinho algum quer vê-las derrubadas [...]
[...] *Mas para ver-te nas devidas proporções*
Se comparada a majestosas construções,
De orgulho e empáfia plenas, basta este revide:
Outros só construíram; teu senhor reside.[37]**

* Such, and no other, was that age of old,/ Which boasts t'have had the head of gold.

** Thou art not, Penshurst, built to envious show/ Of touch, or marble; nor canst boast a row/ Of polish'd pillars, or a roofe of gold:/ Thou hast no lantherne, wherof tales are told;/ Or stayre, or courts; but stand'st an ancient pile,/ And these grudg'd at, art reverenc'd the while [...]/ [...] And though thy walls be of the countrey stone,/ They' are rear'd with no man's ruine, no mans grone,/ There's none, that dwell about them, wish them downe [...]/ [...] Now, Penshurst, they that will proportion thee/ With other edifices, when they see/ Those proud ambitious heaps, and nothing else,/ May say, their lords have built, but thy lord dwells.

Essa declaração por meio de negações e contrastes, não com a cidade e a corte e sim com outras mansões rurais, já basta para nos advertir de que não podemos fazer generalizações fáceis com base em Penshurst que se apliquem a toda uma civilização rural. O orgulho, a ganância e a mesquinhez evidentemente existem entre os proprietários de terras tanto quanto entre os comerciantes e cortesãos. Então, talvez o que se celebre seja uma concepção de sociedade rural, em contraposição às pressões de uma nova era; e a casa na qual Jonson foi recebido é a concretização desse ideal.

É nesse ponto que se torna particularmente relevante a comparação com o poema "To Saxham", de Carew. Pois nele também encontramos uma definição por meio de negações, se bem que numa casa diferente:

Não és por nenhum porteiro guardada
Para impedir dos pobres a entrada;
E teu portão está sempre aberto
*A todo estranho que passar por perto.**

E novamente, de modo mais sutil:

Não tivessem por ti sido acolhidos,
Muitos pobres de frio teriam morrido;
Graças às preces por eles rezadas
Tua mesa é a mais abençoada.[38]**

A ilha da Caridade é a casa onde o poeta come; porém todos os elogios sucessivos dão a entender que se trata de uma ilha num mar de economia austera.

Não é preciso negar os elogios de Jonson e Carew a tais

* Thou hast no Porter at the door/ T'examine, or keep back the poor;/ Nor locks nor bolts; thy gates have been/ Made only to let strangers in.

** The cold and frozen air had sterv'd,/ Much poore, if not by thee preserv'd,/ Whose prayers have made thy Table blest/ With plenty, far above the rest.

generosas exceções: mansões como Penshurst e Saxham, "erguidas", ao contrário de outras, sem "a ruína de ninguém", de modo que "vizinho algum quer vê-las derrubadas". Sem dúvida, existiam casas e proprietários assim; mas eram, na melhor das hipóteses, manifestações civilizadas de um poder que em outras circunstâncias, como esses mesmos poetas dão a entender, era exercido com mesquinhez e brutalidade. Quando a examinamos, vemos que a moralidade não é fruto da economia, e sim um padrão local que a ela se contrapõe.

Está evidentemente claro que em cada um desses poemas — embora de modo mais acentuado e convincente em Jonson — a ordem social é vista como parte de uma ordem mais ampla: aquilo que é por vezes chamado de ordem natural, com sanções metafísicas. O mais notável, sem dúvida, é a ênfase dada à providência da natureza, porém essa ênfase, quando a examinamos com atenção, é uma faca de dois gumes. Pois que espécie de humor é este — e só pode ser humor, nem o mais ardoroso tradicionalista poderá dizer que se trata de observação — que imagina as aves e outras criaturas se oferecendo para serem comidas? Diz Jonson, a respeito da mansão de Penshurst:

Para corar tua mesa a todos franqueada,
O faisão oferece as penas mosqueadas;
Por todos esses campos vagueia a perdiz,
Que, para honrar as tuas ceias, morre feliz.[39]*

Carew elabora essa mesma hipérbole:

O faisão, a perdiz e a cotovia
Vieram a minha casa em romaria.
A vaca e o cordeiro, sem relutância,
De bom grado vieram à matança,

* To crowne thy open table, doth provide/ The purpled pheasant with the speckled side:/ The painted partrich lyes in every field/ And, for thy messe, is willing to be kill'd.

E todos os bichos da Criação
Ofereceram-se em multidão.
Mesmo a tribo escamada preferiu
Nadar no molho a nadar no rio.[40]*

Na verdade, o humor desses trechos exige que o leitor compartilhe uma certa visão consciente da natureza. A consciência de que se trata de uma hipérbole está presente; é, aliás, justamente o que é convencional nessa convenção literária, sendo controlada e ratificada, numa visão mais ampla, por uma consciência comum. Em um determinado nível, trata-se de uma descompromissada ética do consumo, evidenciada pela organização dos poemas em torno da mesa de jantar. Sob esse aspecto, porém, o que há de grosseiro em Carew (uma hipérbole conscientemente exacerbada, tão comum nos poetas de sua época, na medida em que a consciência de um ponto de vista alternativo torna impossível uma afirmação simples) é atenuado em Jonson por um certo patos, uma conscientização da situação em que se encontra o poeta:

E a esta mesa não me pejo de sentar
(O que em outras mansões muitas vezes se dá.)
Aqui não contam meus copos, nem há mordomo
Em pé ao meu lado, a invejar o que como:
Porém dão-me o que peço, e deixam-me comer.[41]**

É difícil não se sentir aliviado, tal como o poeta. De fato, há em toda essa descrição de uma mesa farta e hospitaleira algo daquela atitude de que a terra e suas criaturas estão aí para

* The Pheasant, Partridge, and the Lark/ Flew to my house, as to the Ark./ The willing Oxe, of himselfe came/ Home to the slaughter, with the Lamb,/ And every beast did thither bring/ Himselfe to be an offering./ The scalie herd, more pleasure took/ Bath'd in the dish than in the brook.

** And I not faine to sit (as some, this day,/ At great men's tables) and yet dine away./ Here no man tells my cups; nor, standing by,/ A waiter, doth my gluttony envy:/ But gives me what I call, and lets me eate.

serem exploradas insaciavelmente — uma atitude de deleite com a produção e o consumo organizados — que é a base das etapas iniciais da agricultura intensiva, em muitos casos: a terra é rica, e nela nada faltará. Mas nesse caso torna-se mais difícil falar numa "ordem natural", como se tivéssemos uma harmonia entre homem e natureza. Pelo contrário: essa ordem natural está prestes a ser consumida, à mesa.

Naturalmente, tanto em Jonson quanto em Carew — se bem que, mais uma vez, de modo mais convincente em Jonson — essa visão da providência da natureza está associada a um espírito de companheirismo: todos são bem-vindos, mesmo os pobres, para comer nessa mesa. E é esta ênfase, mais do que qualquer outra, que vem fundamentar a ideia de uma civilização responsável, na qual os homens cuidam uns dos outros de modo direto e pessoal, e não por intermédio das abstrações de uma sociedade mais complexa e mais mercantilizada. Esta seria a ordem natural de responsabilidade, urbanidade e caridade: palavras cujo sentido não mais compreendemos com clareza, já que a Velha Inglaterra não existe mais.

Naturalmente, percebemos o que se quer dizer, e, como impulso inicial, trata-se de algo positivo. Mas é justamente nesse ponto que a tradição cristã de caridade mostra-se fraca. Pois trata-se de uma caridade apenas de consumo, como Rosa Luxemburgo foi a primeira a observar:

> Os proletários romanos não viviam do trabalho, e sim das esmolas distribuídas pelo governo. Assim, quando os cristãos exigiam a propriedade coletiva, não se referiam aos meios de produção, e sim aos de consumo.[42]

Em seguida, como afirma Adrian Cunnigham,[43] essa versão da caridade — de relações amorosas entre os homens expressas através do consumo comunitário, tendo a ceia cristã e o ato de partir o pão como imagens naturais e a festa como expressão social — foi estendida a épocas e sociedades em que ela tornou-se periférica ou mesmo perniciosa. A caridade de produção — de relações amorosas entre homens que efetivamente trabalham e produzem tudo aquilo que depois é compartilhado, seja lá em que proporções — foi esquecida, ignorada e, eventualmente, até mesmo reprimida por essa referência habitual a uma caridade de consumo, essa comunhão de bebida e comida, a qual, quando aplicada às sociedades normais, em que se trabalha, era inevitavelmente uma mistificação. Toda a ausência de caridade no trabalho, imaginava-se, poderia ser compensada pela caridade da festa subsequente. No complexo de sentimentos e referências baseado nessa tradição, além disso, é muito relevante o fato de o nome do deus e o do amo ser o mesmo — nosso Senhor.

Mas toda mistificação exige esforço. O mundo de Penshurst ou de Saxham só pode ser visto como uma economia moralmente aceitável por meio de uma seleção e uma ênfase conscientes. E é justamente isso que encontramos: não apenas na leitura crítica a que me referi, mas nos próprios poemas do Jonson e Carew. Sem dúvida, essa visão tinha suas razões sociais: os escritores, enquanto hóspedes, identificavam-se com a posição social de seus anfitriões, consumindo o que outros homens haviam produzido. Porém uma imagem tradicional, já se tornando complicada, era uma base poética indispensável. Não é apenas a Idade do Ouro, como no poema de Jonson a sir Robert Wroth, embora Penshurst, em sua primeira descrição em termos positivos, seja vista através da literatura clássica: os bosques de Kent contêm dríades, Pã e Baco, e as divindades provedoras da caridade são os penates. Mais no fundo, contudo, numa associação convencional da mitologia cristã com a clássica, a terra pródiga é o Éden. Essa terra onde todas as coisas vêm naturalmente até o homem, para que ele as use e desfrute sem esforço, é o Paraíso:

Vem a cereja, vêm a ameixa e o figo belo;
Cada um a seu tempo, a uva e o marmelo:

Damasco róseo e pêssego aveludado,
Tudo ao alcance das crianças ofertado.[44]*

Só que o lugar não é visto como o Paraíso, e sim como Penshurst, uma ordem natural criada por um proprietário e sua esposa. A manipulação é evidente quando nos lembramos dos versos um tanto semelhantes de Marvell, no poema "The garden":

A nectarina doce e o pêssego excelente
Se oferecem a meu alcance, à minha frente;
Tropeço nos melões, nas flores enlaçadas,
E caio súbito na grama aveludada.[45]**

Aqui o desfrute do que parece ser uma abundância natural, a sensação de que o jardim é um paraíso, está exposto a outro tipo de humor: o consumo fácil é seguido da queda. E então lembramos que, como efeito da queda, da expulsão do Paraíso, o homem, em vez de colher o alimento oferecido por uma natureza pródiga, foi obrigado a ganhar o pão com o suor de seu rosto; a maldição do trabalho passou a ser o destino comum da humanidade. O que realmente se dá, nas celebrações da ordem rural de Jonson e Carew, é a negação dessa maldição, pelo poder da arte: uma recriação mágica do que pode ser visto como uma abundância natural e, em seguida, como caridade espontânea; ambas servem para ratificar e abençoar o proprietário de terras, ou — através de uma retificação característica — sua casa. Mas essa negação mágica da maldição do trabalho só pode se dar pela simples negação da existência dos trabalhadores. Os homens e mulheres que criam os animais e os levam até a casa, que os matam e preparam sua carne; que

*The early cherry, with the later plum,/ Fig, grape and quince, each in his time doth come:/ The blushing apricot, and woolly peach/ Hang on thy walls, that every child may reach.

** The Nectaren, and curious Peach/ Into my hands themselves do reach;/ Stumbling on Melons, as I pass,/ Insnar'd with flowers, I fall on grass.

fazem armadilhas para os faisões e perdizes e pegam os peixes; que plantam, estrumam, podam e colhem frutos — essas pessoas estão ausentes; o trabalho é todo feito por uma ordem natural. Quando por fim aparecem, é apenas sob forma de "campônios em alegre bando" ou, mais simplesmente, de "muitos pobres", e o que nos é mostrado então é a caridade e falta de condescendência com que lhes é dado aquilo que, agora e de algum modo, não eles, mas a ordem natural, entregou nas mãos do senhor em forma de alimento. É essa condição, esse conjunto de relacionamentos, que é finalmente ratificada pela consumação da festa. É interessante colocar ao lado desses textos uma descrição de uma festa rural de data posterior, de autoria de um trabalhador: Stephen Duck, no final da década de 1720:

A mesa que encontramos é repleta
De boas carnes, e a cerveja preta
Faz com que seja logo esquecida
A labuta sem fim de nossa vida.
Mas na manhã seguinte o logro cessa,
E a trabalheira dura recomeça;
Vamos aos celeiros abrir lugar
Para a colheita que há de chegar.[46]*

É essa conexão entre festa e trabalho que as imagens anteriores sintomaticamente obscurecem, concentrando-se no momento passageiro no qual qualquer um poderia esquecer o trabalho, e consentindo o "logro", tornando-o "natural" e permanente. É essa maneira de ver que é realmente importante. Jonson contempla os campos de Penshurst e vê não

* A Table plentifully spread we find,/ And jugs of huming Ale to cheer the Mind,/ Which he, too gen'rous, pushes round so fast,/ We think no Toils to come, nor mind the past./ But the next Morning soon reveals the Cheat,/ When the same Toils we must again repeat;/ To the same Barns must back again return,/ To labour there for Room for next Year's Corn.

trabalho, mas sim uma terra que frutifica espontaneamente. Carew, de modo característico, nem sequer se dá ao trabalho de olhar:

A neve com seu alvo cobertor
Oculta o que há de belo a teu redor [...]
[...] *Porém (ó Saxham) sob o teu telhado*
É tudo tão formoso e delicado,
Tão cheio de delícias naturais,
De uma alegria tal, de tanta paz,
Que subtrair-te Inverno não pudera,
Nem pode acrescentar-te a Primavera.[47]*

Aqui, portanto, não apenas o trabalho, mas até mesmo os diferentes produtos das estações — tudo é negado ou obscurecido pela mistificação elogiosa: abundância inata, "delícias naturais". Chamar isso de ordem natural é uma deturpação da linguagem. Pois tais poemas não são descrições da vida rural, e sim elogios sociais, as hipérboles tão familiares da aristocracia e seus agregados.

A ordem social em que os poemas de Jonson e Carew assumiram sua forma convencional foi de fato descrita num outro tipo de poesia rural, da qual "The hock-cart", de Herrick, obra de 1648, é um bom exemplo. Aqui o fato do trabalho é reconhecido:

Vinde, filhos do estio, cujos labores
Fazem-nos do azeite e do vinho senhores;
Vós que, com vossa dura e rude mão,
De nossas terras extraís o pão;

* Though frost, and snow, lock'd from mine eyes/ That beauty which without door lyes [...]/ [...] Yet (Saxham) thou within thy gate/ Art of thy selfe so delicate,/ So full of native sweets, that bless/ Thy roof with inward happiness;/ As neither from, nor to thy store,/ Winter takes ought, or Spring adds more.

É tempo de colheita, vinde, avante!
*Cantando ao som da flauta triunfante.**

Trata-se, no entanto, de um tipo muito especial de canção de trabalho: ela se dirige ao trabalho dos outros. Finda a colheita, o poema prossegue:

*Vinde ver, meu senhor, o carro cheio.***

O senhor em questão, como se lê na dedicatória do poema, é "o justo e honorável lorde Mildmay, conde de Westmorland", e Herrick se coloca entre o senhor e os trabalhadores para explicitar (o que em Jonson e Carew permanecia implícito e mistificado) as relações sociais vigentes. Os trabalhadores devem beber à saúde do senhor, e então todos devem voltar ao trabalho, como os animais:

É hora, bem sabeis,
De impor aos bois a canga outra vez;
É hora de pegar de novo o arado
(Que até agora estava bem guardado);
Pois a vosso senhor dareis sustento;
Dele, sabeis, provém vosso alimento.
E este prazer que vos dá o senhor
Não é chuva que afogue vossa dor,
E sim que reavive seu vigor.[48]***

* Come Sons of Summer, by whose toile/ We are the Lords of Wine and Oile:/ By whose tough labours, and rough hands,/ We rip up first, then reap our lands./ Crown'd with the eares of corne, now come,/ And to the Pipe, sing Harvest home.

** Come forth, my Lord, and see the Cart.

*** Ye must revoke/ The patient Oxe unto the Yoke/ And all goe back unto the plough/ And Harrow (though they're hang'd up now)/ And, you must know, your Lord's word's true,/ Feed him ye must, whose food fills you./ And that this pleasure is like raine/ Not sent ye for to drowne your paine/ But for to make it spring againe.

Há algo de grosseiro nessa forma primitiva e condescendente de se dirigir a empregados, que utiliza as metáforas da chuva e da primavera para encarar até mesmo a bebida como um meio de obter mais trabalho (e mais dor). Mas o que se vê na superfície —

Pois a vosso senhor dareis sustento;
Dele, sabeis, provém vosso alimento

— é o doloroso paradoxo contido nas imagens anteriores de abundância natural. Talvez não seja de estranhar que "The hock-cart" seja menos citado como exemplo de economia natural e moralmente justa do que "Penshurst" ou "To Saxham". Porém tudo que está em questão é o grau de consciência do processo concreto. O que Herrick canta de modo tão constrangedor é a mesma coisa a que Jonson e Carew servem de mediadores. Trata-se de uma ordem social — e de uma visão dela decorrente —, da qual dificilmente nos esqueceremos agora.

4. IDADES DO OURO

Mas a crise de perspectiva continua. Fomos recuando no tempo, a cada vez encaminhados a uma Inglaterra rural mais antiga e mais feliz, e não conseguimos encontrar nenhum lugar, nenhum período, que nos satisfizesse.

No entanto, esse recuo sucessivo tem sua própria lógica. Se tomarmos um período suficientemente longo, poderemos ver com facilidade uma transformação básica sofrida pela vida rural na Inglaterra. Mas a mudança é tão ampla e complexa, mesmo sem levarmos em conta as importantes variações regionais, que parece não haver um ponto onde possamos situar com firmeza a transição entre épocas nitidamente diferentes. Os relatos historiográficos mais detalhados indicam que em toda a parte muitas formas, práticas e sensibilidades antigas sobreviveram em períodos nos quais o sentido geral das novas tendências já era claro e decisivo. E então o que parece ser uma velha ordem, uma sociedade "tradicional", começa a aparecer, a ressurgir, numa profusão desconcertante de datas diversas: na prática como uma ideia, até certo ponto baseada na experiência, que pode ser tomada como padrão para a avaliação das mudanças contemporâneas. A estrutura de sentimentos dentro da qual essa referência ao passado deve ser entendida, portanto, não é basicamente uma questão de explicação e análise histórica. O que é realmente importante é esse tipo específico de reação à mudança, e isso tem causas sociais mais concretas e mais interessantes.

Assim, nos poemas que vimos até agora não há retrospecção histórica. O que encontramos, não obstante, é uma idealização dos valores feudais e imediatamente pós-feudais, de uma ordem baseada em relações socioeconômicas estáveis e recíprocas, de caráter assumidamente totalizante. Portanto, é importante o fato de os poemas coincidirem, no tempo, com um período no qual uma outra ordem — a da agricultura capitalista — estava sendo inaugurada com sucesso. Pois por trás dessa coincidência há um conflito de valores que ainda é crucial. Essas celebrações de uma ordem feudal ou aristocrática —

A vosso senhor dareis sustento;
Dele, sabeis, provém vosso alimento[1]

— foram amplamente utilizadas, numa retrospecção idealista, como crítica do capitalismo. A ênfase dada à obrigação, à caridade, à porta aberta aos pobres da vizinhança é contrastada, numa forma bem conhecida de radicalismo retrospectivo, com a investida capitalista, a redução utilitarista de todas as relações sociais a uma ordem impiedosa baseada no dinheiro.

Isso leva a uma visível crise de valores no mundo em que vivemos. Pois o radicalismo retrospectivo, contrário à crueldade e à estreiteza da nova ordem fundamentada no dinheiro, é muitas vezes utilizado como crítica do capitalismo atual: é usado para expressar sentimentos humanitários, na maioria das vezes associados a um mundo que, por ser pré-capitalista, é irrecuperável. Assim, uma crítica social necessária é desviada para um mundo passado, menos perigoso: um mundo de livros e recordações, no qual o estudioso pode ser profissionalmente humanitário, mas permanece isolado ou indiferente no mundo em que vive. E — o que é mais importante — esse tipo de crítica do capitalismo envolve valores sociais que, se chegam a se tornar ativos, imediatamente acorrem em defesa de certos tipos de ordem, certas hierarquias sociais e estabilidades morais, que têm um sabor feudal mas também uma aplicação contemporânea mais relevante e mais perigosa. Algumas dessas virtudes "rurais", nos movimentos intelectuais do século XX, saem do campo e vão tornar-se valores de uma posição explicitamente reacionária: em defesa dos padrões tradicionais de propriedade, ou no ataque à democracia em nome do sangue e da terra.

Muitos, porém, recuam antes de chegar a esse ponto. Na

Grã-Bretanha, podemos identificar um radicalismo rural-intelectual, precário mas persistente: genuína e ativamente hostil ao industrialismo e ao capitalismo; contrário ao comercialismo e à exploração do meio ambiente; apegado à vida e aos sentimentos rurais, à literatura e às tradições do campo. Mas o ponto decisivo, nesse tipo de sensibilidade, diz respeito à atitude em relação à transição capitalista. Nessa forma de radicalismo, como em qualquer outra, chega um momento em que a crítica ao presente é obrigada a escolher uma direção, optar pelo passado ou pelo futuro. E se o escolhido é o passado, como agora ocorre com tanta frequência e tanta ênfase, torna-se necessário levar a argumentação até as raízes que estão sendo defendidas; colocar em discussão a economia natural, a economia ética, a sociedade orgânica, da qual provêm os valores críticos.

De início esbarramos numa dificuldade. Os adversários mais visíveis dessa posição são certos intelectuais metropolitanos, também facilmente identificáveis. Refiro-me não apenas às pessoas que jamais conheceram o meio rural e cuja ignorância, portanto, pode ser identificada, mas também a todos aqueles que herdaram, de fontes muito diversificadas, um velho desprezo pelo camponês, o matuto, o caipira, e que, portanto, têm como moeda corrente todo um repertório acumulado de estereótipos de um meio rural distante — leite, palha, animais e bosta são as palavras-chave que rapidamente levam à paródia e ao riso. E poderíamos deixá-los se divertir em paz se entre eles não se incluíssem, e com eles não se confundissem, outros que assumem posições mais sérias. Quantos foram os socialistas, por exemplo, que se recusaram a repetir a conhecida afirmação a respeito da "idiotia da vida rural"?[2] Até muito recentemente — até o advento das revoluções camponesas socialistas da China e de Cuba —, era um reflexo comum entre os socialistas metropolitanos da Europa. E por trás dela havia sempre uma posição mais séria, perto do centro da argumentação histórica. Pois desde Marx tornou-se um chavão, em determinados contextos, falar do caráter progressista do capitalismo e, dentro dele, da urbanização e da modernização social. As grandes acusações dirigidas ao capitalismo e o extenso catálogo de misérias por ele criadas nas fábricas e nas cidades sempre coexistiram, dentro de uma certa visão histórica, com essa utilização repetitiva do termo "progressista" para designar esses mesmos eventos. Volta e meia ouvimos a mesma argumentação categórica, impaciente e — supostamente — realista: o reconhecimento das forças liberadas pela revolução capitalista; a condenação e a idealização simultâneas do capitalismo, em suas formas específicas de desenvolvimento urbano e industrial; a celebração irrefletida do domínio — poder, eficiência, produção, o domínio do homem sobre a natureza —, como se a exploração dos recursos naturais pudesse ser separada da concomitante exploração dos homens. O que tais pessoas dizem é: isto é condenável e também é louvável; e a fórmula intelectual dessa miscelânea emocional é — ao menos espera-se que seja — a dialética. A tudo isso se acrescente, como o clímax da confusão, a observação tardia, a ressalva que tudo explica, segundo a qual num certo estágio — seria agora?; foi ontem — o capitalismo começa a perder esse caráter progressista e, para que a eficiência da produção aumente ainda mais, para que o controle da natureza seja ainda maior, torna-se necessário que o capitalismo seja substituído, suplantado, pelo socialismo. Em contraste a essa poderosa tendência, na qual se propõem formas de socialismo com o intento de complementar o empreendimento capitalista, até mesmo as tristes, velhas manifestações do radicalismo retrospectivo parecem conter e encarnar uma preocupação humana.

Porém, em última análise, ele não pode fazê-lo, não pode ser o que se propõe. Entre o simples olhar retrospectivo e a simples investida progressista há lugar para muita discussão, mas não para o esclarecimento. Precisamos começar de modo diferente: não com idealizações de uma ou outra ordem, e sim com a história, em relação à qual estas não passam de reações parciais e enganadoras.

Examinemos em primeiro lugar a idealização de uma economia "natural" ou "ética", já utilizada por muitos para contrastar com a investida impiedosa do capitalismo. Nela havia muito pouco de ético ou natural. No sentido técnico mais simples — a ideia de que se tratava de uma agricultura de subsistência "natural", ainda não afetada pelos impulsos de uma economia de mercado —, já é uma noção bem duvidosa, sujeita a muitas exceções, ainda que parte dessa ênfase possa ser aceita prontamente. Porém a ordem social em que se praticava essa agricultura era tão dura e brutal quanto qualquer outra que a tenha sucedido. Mesmo se excluirmos as guerras e o banditismo a que estava comumente sujeita, a infinidade de pessoas que faziam plantações, e criavam animais, e depois eram saqueadas e levadas de mãos amarradas — essa economia, mesmo em tempo de paz, era uma ordem de exploração absoluta: não só a terra mas também as pessoas eram consideradas propriedade; a maioria dos homens via-se reduzida à condição de bestas de carga, presos pelos tributos, pelo trabalho forçado, ou então "comprados e vendidos como animais"; "protegidos" pela lei e pelos costumes apenas no sentido em que os animais e os rios são protegidos, para gerar mais trabalho, mais alimentos, mais sangue; uma economia voltada, em todas as suas relações de trabalho, para uma dominação física e econômica de caráter totalizante. "O labrego, como o salgueiro, brota com mais abundância quando podado."[3] Essa máxima de beleguim, sob todos os aspectos essenciais, é o princípio daquela economia "natural" e "ética".

Ao longo de incontáveis gerações, os homens vinham desmatando a terra e fundando povoados e, sempre nas terras de fronteira, por períodos espaçados, viviam por algum tempo desse modo primitivo, com suas exigências e virtudes características. Quando olhamos para trás, para os primórdios da história da Grã-Bretanha, devemos sempre ter em mente como a população era pequena, como eram comuns essas povoações primitivas. As fazendas extremamente dispersas dos celtas; as aldeias do período romano, cultivando dois ou três por cento da terra atualmente cultivada; a população total do país elevando-se, durante um milênio de história, de pouco menos de um milhão para pouco mais — esses fatos nos fazem ver que as etapas iniciais de povoamento podem, até certo ponto, ser encaradas como uma luta direta com a natureza, desmatando terra agreste. Mas a coisa nunca se limita a isso. Aqueles agrupamentos tribais viviam sob o domínio da espada e do tributo; os reinos celtas, saxões e escandinavos fundamentavam-se no confisco geral e local. E já nessa época as populações eram pressionadas no sentido de deslocar-se, nas conquistas, ou fugindo de terras áridas, ou da fome, ou do terror. E, à medida que as defesas locais mais simples iam-se desenvolvendo em direção a um sistema militar, havia um outro tipo de invasão: uma alteração na distribuição interna de autoridade e deveres. De dentro e de fora, existia um movimento implacável de bandos armados, com seus títulos de *status*, seus reinos e baronatos, alimentando-se das colheitas dos outros. E os bandos armados transformaram-se em ordens sociais e naturais, abençoadas pelos deuses e suas igrejas, tendo na base da pirâmide, durante séculos, o trabalhador rural, o indivíduo humano e natural — por vezes encontrando um espaço para viver, uma área para trabalhar, por vezes sem esse espaço —; mas, fosse como fosse, exaurindo a terra e a si próprio para sustentar essa organização social que culmina com a "ordem" medieval dos reis normandos e, depois, ingleses — uma exploração mais completa, por ser mais organizada e mais extensa, atuando sob o lema: "A vosso senhor dareis sustento".

Há uma única questão real. Qual nossa posição, com quem nos identificamos, quando lemos queixas a respeito de distúrbios, no momento em que essa ordem, por sua vez, se dissolveu? Com os servos, os *bordars* e *cotters*, os vilões, ou com a ordem abstraída para a qual, durante sucessivas gerações, muitas centenas de milhares de homens nunca passaram de instrumentos? E, mesmo que conseguíssemos fazer a escolha correta — embora seja muito difícil para o historiador realmente se alinhar com a maioria dos homens e conseguir ver o mundo tal como eles o vivenciavam —, onde fica nossa identificação, à medida que a ordem vai se modificando e dando origem a novas formações?

Isso depende, em parte, do modo como a dissolução do sistema é apresentada. Convencionalmente, afirma-se que ela tem início com a peste negra, durante a qual, no espaço de uma geração, mais de 1 milhão de pessoas morreram e muitos povoados foram abandonados. Surtos sucessivos de peste já vinham reduzindo a pressão exercida por uma população crescente sobre a terra cultivada, que se expandia, e as relações sociais entre senhores, arrendatários e trabalhadores já haviam sido alteradas. Existiam, porém, forças intrínsecas à ordem que por si sós já favoreciam as mudanças. Assim, cresciam as cidades e os mosteiros, que, embora em muitos casos fundados pelos senhores feudais, terminavam dando origem a conceitos e relações socioeconômicas novas e complexas. As matas estavam sendo derrubadas, para obter lenha e madeira de construção, e para abrir pastos; e a necessidade de aumentar a área de pastagem, com o crescimento do comércio de lã, levou a grandes cercamentos, à destruição de muitas aldeias aráveis e ao rápido surgimento de novos tipos de proprietário rural capitalista. Vista globalmente, não é a história do declínio da ordem medieval, e sim de um crescimento vigoroso, muitas vezes brutalmente vigoroso. A supressão dos mosteiros* liberou extensas terras para a consolidação de novas formas de propriedade. Até a eclosão da Guerra Civil** houve certo grau de resistência oficial aos grandes cercamentos e aos novos tipos de propriedade, mas com a Restauração o novo tipo de proprietário rural por fim subiu ao poder. Esse fato assinalou o estabelecimento decisivo da nova ordem, que vinha se desenvolvendo havia no mínimo dois séculos: uma ordem já fisicamente presente nas grandes propriedades pastoris e nas casas reconstruídas, especialmente as mansões senhoriais que, desde o início do século XVI, vinham substituindo os castelos e solares fortificados e que, conforme já vimos, viriam a tornar-se os centros visíveis do novo sistema social. Agora, uma ordem mais estável e centralizada — um sistema de controle mais socioeconômico do que diretamente militar e físico — estava em pleno vigor, num país mais próspero e mais populoso. A história

* Ocorrida na década de 1530, quando Henrique VIII rompeu com o papa. (N. T.)

** A guerra entre o rei e o Parlamento, liderado por Cromwell; de 1642 a 1649. (N. T.)

dos interesses dominantes durante esses séculos é uma história de progressos e realizações, mas para a maioria dos homens tratava-se da substituição de uma forma de domínio por outra: o logro da ordem feudal substituído pelo logro da ordem capitalista agrária, com o mínimo de continuidade — em títulos e símbolos de autoridade, em etapas sucessivas de uma "ordem natural" — necessário para confundir e controlar.

Contudo, o grande problema da história rural da Inglaterra é a infindável complicação das classes intermediárias: entre o senhor feudal e o servo; entre o grande proprietário e o trabalhador sem-terra. Toda abordagem simplista do próprio feudalismo ou das etapas sucessivas do capitalismo subestima a importância dos grupos intermediários: os homens livres e alguns dos vilões; os *freeholders** e o arrendatários de terras extensas; os proprietários de terras menores; os pequenos fazendeiros e camponeses com direitos sobre as terras comunais de pasto e de cultivo. Nos períodos de distúrbios incluem-se não só o surgimento como também a eliminação, as lutas e as divisões internas desses grupos intermediários. Mas basta olhar para a Inglaterra rural de hoje para ver de que modo sobrevivem algumas dessas classes intermediárias: encontram-se, inevitavelmente, ainda submetidas a severas pressões econômicas. Muitos historiadores da Inglaterra rural, muitos escritores que viveram no campo, identificam-se totalmente com os senhores e proprietários. É esta a situação geral da literatura de imaginação até o século XVIII, pelo menos. Mas em todos os períodos sempre houve porta-vozes poderosos das classes intermediárias: na verdade, foram muito mais numerosos do que os porta-vozes da maioria verdadeira e permanente, os verdadeiros explorados, os sem-terra. Essas identificações cambiantes, por vezes inconscientes, são significativas, pois é à luz delas que devemos exa-

* *Freeholder*: o proprietário que não deve nenhuma obrigação ao senhor, conforme o direito feudal inglês; com o tempo, passou a designar o proprietário de um modo geral, na concepção do direito moderno. (N. E.)

minar tanto as reações aos distúrbios quanto o mito recorrente de um passado mais feliz e mais natural.

E o interessante é que o mito do passado mais feliz foi usado, embora de modos diversos, por pessoas que se identificavam com todas essas classes. Já vimos exemplos de escritores a serviço do senhor, em Jonson e Carew: uma idealização da terra e da propriedade que as transforma em versões poéticas da Idade do Ouro e do Paraíso. O que esses poetas celebravam não era, é claro, exatamente um feudo — a propriedade é considerada como um dado não questionado; ela não tem origem aparente, assim como aparentemente não há trabalho nela. Mas Saxham foi produto dos distúrbios do campo: formada através de cercamentos por volta de 1500, passou para as mãos da família Crofts em 1531; a importância que tinha na época em que Carew a visitou devia-se a uma ligação com a corte; era parada obrigatória na ida e vinda das corridas de Newmarket, e lá se realizavam *masques*,* como forma de entretenimento, o que motivava a vinda dos poetas. Assim, uma rede muito precisa de relacionamentos sociais é obscurecida pela imagem do senhor paternal.

Tudo que resta de Saxham agora, segundo o historiador da aldeia, é

> um fosso no meio de um campo, um ou dois monumentos na igreja e uma obra de caridade mínima.

Acrescenta o autor, refletindo sobre os duzentos anos da família:

> Eles poderiam ter feito mais.[4]

Penshurst, é claro, ainda está de pé e aparece em folhetos e anúncios, mas só se tornou importante — tendo sido erguida "sem a ruína de ninguém" — como propriedade da coroa, depois que o título caducou por execução e proscrição e ela foi dada por Eduardo VI a William Sidney, preceptor e ecônomo da corte,

* Espetáculos teatrais encenados por aristocratas em festas. (N. T.)

antigo ecônomo de Henrique VIII. Quando Jonson a visitou, cerca de meio século depois, não se tratava, portanto, de uma ordem antiquíssima. Como Saxham, lá as artes recebiam muito apoio, mas enquanto propriedade rural seguia o padrão típico do século XVI, segundo o qual a maneira mais rápida de enriquecer era desenvolver vínculos com a corte. Mais uma vez, a imagem social oculta uma rede de relacionamentos sociais bem precisa e recente. A hospitalidade, estendida à própria corte de onde a propriedade provém, tem suas ligações internas e suas formalidades.

É essencial ter em mente o caráter recente dessas propriedades "tradicionais" antes de assumir uma posição para com os proprietários mais visivelmente novos e especuladores. Penshurst e Saxham, agora tomadas como símbolos da nova ordem, haviam sido diretamente produzidas pela nova ordem, como era o caso de todas as mansões senhoriais, quer idealizadas ou não. Porém, dada a mistificação que ocultara os sólidos lucros das propriedades, era fácil reclamar, com aparente humanidade, da ganância que cada onda sucessiva de novos proprietários manifestava. Em comparação com essa natureza que agora, após a dádiva real, aparentemente produzia de modo espontâneo, é fácil perceber a aspereza das palavras colocadas por Jonson na boca de Volpone, a respeito do capitalismo mais ostensivo de sua época:

Ofício algum pratico;
Não firo a terra com arado, nem tampouco
Abasteço de carne os açougues; não tenho
Engenho que reduza trigo ou homem a pó:
Vidro sutil não sei soprar, nem nunca exponho
À sanha do mar barco ou navio.
No banco público dinheiro meu não cresce,
Usura não pratico.[5]*

* I use no trade, no venture;/ I wound no earth with ploughshares, fat no beasts/ To feed the shambles; have no mills for iron,/ Oil, corn, or men, to grind them into powder:/ I blow no subtle glass, expose no ships/ To threat'nings of the furrow-faced sea./ I turn no monies in the public bank,/ No usurer private.

De fato, o tom de abnegação, de superioridade em relação aos que lavram e moem para ganhar dinheiro, pareceria adequado a um senhor de Penshurst. Só que quem fala é Volpone, o vigarista, a raposa: uma ironia que dá o que pensar.

Vinda do outro extremo da sociedade, da posição dos sem-terra e desprotegidos, a ideia de uma idade do ouro parece mais difícil de se entender. Mas a diferença funcional é evidente. O que é mais acentuado na utilização da ideia pelos que se identificam com os senhores é a presença excepcional da propriedade: uma ilha mágica, herdada, num mar impiedoso cada vez mais ameaçador. Para os sem-terra, é claro, a privação é mais total. De fato, é vista de dentro da própria "ordem natural", e as referências a etapas anteriores são mais críticas e absolutas:

Quando Eva fiava e lavrava Adão,
*Quem era gentil-homem então?**

Os sem-terra enfatizam não a exceção feliz, mas sim a longa corrupção. Nem sequer a redenção trazida por Cristo os atingiu:

> Somos homens criados à imagem de Cristo, e somos tratados como animais.[6]

Essa declaração é de uma das mais notáveis organizações de camponeses pobres, a Great Society, do século XIV. Aqui não se trata de mistificação, e sim de um desafio, nos termos de uma crença religiosa supostamente comum a todos. Por trás dos sentimentos dos sem-terra, no entanto, persistia a ideia de uma era mais antiga, isenta de corrupção, que receberia uma variedade desconcertante de localizações à medida que o tempo passava e as privações continuavam. Com o ódio justificado dirigido à casta de proprietários de terra da época, num tempo em que

* When Adam delved and Eve span/ Who was then the gentleman? [Provérbio inglês]. (N. T.)

pouco se conhecia da história, era sempre possível evocar uma época passada na qual não existiam senhores; nesse caso, pouca importância têm o nome que a era recebia e sua localização no tempo. A retrospecção aqui é uma aspiração, pois a ideia baseia-se não apenas na imagem cristã do Jardim do Éden — o mundo simples e natural de antes do pecado original — mas também em uma versão da Idade do Ouro que é mais do que um tempo no qual a natureza tudo dá por uma espécie de mágica, espontaneamente. Essa versão baseia-se na ideia de uma comunidade primitiva, de um comunismo primitivo. A ideia não se encontra em Hesíodo, onde os homens da Idade do Ouro vivem como os deuses. Suas origens parecem situar-se no período helenístico, e ela aparece explicitamente em Virgílio:

> não havia camponeses lavrando a terra; era proibido até mesmo repartir a terra com marcos: os homens visavam à prosperidade comum, e a própria terra gerava de tudo com mais generosidade e de modo espontâneo.[7]
>
> (*Geórgicas*, I)

Temos aqui uma fusão das ideias de terra pródiga e de comunidade consciente de propriedade e objetivos. Podemos contrastá-la com a visão de Lucrécio, para quem os homens primitivos eram incapazes de ver o bem comum. Mas a fusão persistiu, em uma tradição, e é preciso distingui-la da Idade do Ouro idealizada e associal dos senhores: a terra pródiga ratificada por seu proprietário, o Senhor. Encontramos muitos vestígios da ideia da terra comum na literatura renascentista. É Spenser quem coloca estas palavras na boca de outra raposa, em *Mother Hubbard's tale*:

> *Nada era meu ou teu; três vezes mais*
> *Felizes então eram os mortais.*
> *Esta era a Idade d'Ouro de Saturno.*[8]*

* Nor ought cald mine or thine; thrice happie then/ Was the condition of mortall men./ That was the golden age of Saturne old.

E encontramos em Chapman:

Os nomes Meu e Teu, ninguém sabia;
De tudo e a todos a terra provia,
E ninguém abusava.[9]*

Essa versão persistente e específica da Idade do Ouro, um mito funcionando como lembrança, pôde então ser usada pelos sem-terra como uma aspiração. Nas palavras da Great Society:

Tudo que há sob o sol devia ser comum.

Tal afirmação seria repetida pelos *diggers* no século XVII, pelos *land chartists*** e pelos trabalhadores radicais de nossa época. A ideia de um passado mais feliz era sempre enfatizada, quase com desespero, não para ratificar o atual legado, mas para estimular as mudanças sociais.

Mas a utilização mais interessante da ideia de uma inocência perdida não é nem a dos senhores nem a dos sem-terra, e sim a dos instáveis grupos intermediários. Pois esses grupos, como as personagens das *Bucólicas* de Virgílio, viam-se numa sucessão de situações temporárias: conseguiam conquistar um lugar na instável estrutura social da terra, mas estavam constantemente ameaçados de perdê-lo, de afundar no anonimato e na privação dos sem-terra, como de fato acabou ocorrendo com muitos deles. Esses homens, tendo subido na vida graças às mudanças, rapidamente passavam a reclamar das novas mudanças, ou da continuação do processo de mudança anterior.

* Mine, and Thine, were then unusde,/ All things common: Nought abused,/ Farely earth her frutage bearing.

** *Diggers*: participantes do movimento surgido entre camponeses sem-terra em 1649-50, durante o período do *Commonwealth* de Cromwell, que propunha a propriedade comum da terra. *Land chartists*: membros da Chartist Cooperative Land Society, ramo rural do movimento cartista, cujo objetivo era promover a volta do povo ao campo. (N. T.)

Quando falavam dos agentes de uma nova época histórica, sua raiva era autêntica; mas, quando prestamos atenção ao que diziam daqueles em uma posição social inferior à sua — os "trabalhadores ociosos" —, vemos que sua raiva tem dois gumes. É o que se percebe no humanismo moderado de Thomas More, em sua *Utopia*. Suas queixas dirigidas aos novos exploradores e cobradores de aluguéis extorsivos são fortes e claras:

> Há um grande número de gentis-homens que não se contentam em viver no ócio, como zangãos, daquilo que outros produziram: refiro-me a seus rendeiros, que eles escorcham até a carne viva, aumentando-lhes os aluguéis.[10]

A identificação social com os pequenos arrendatários e contra os proprietários ricos é também evidente:

> Um ganancioso insaciável, uma verdadeira peste para seu próprio país, fecha num cercamento muitos milhares de acres de terra, e os lavradores são expulsos sem nada de seu [...] postos para fora pela opressão violenta, ou tão atormentados por injustiças e ataques que são obrigados a vender tudo que têm. [...][11]

É a expulsão dos pequenos agricultores, o conhecido processo de incorporação e cercamento de terras. Mas, além da destruição das pequenas propriedades e do declínio da hospitalidade, há também outra tendência, condenada com veemência quase igual:

> A esta mendicância desgraçada e pobreza miserável ajuntam-se o luxo excessivo, as superfluidades e a ostentação exagerada. Pois não apenas lacaios de gentis-homens, mas também artesãos, e quase até os lavradores da terra, e mais toda outra sorte de gente, ostentam trajes os mais extravagantes e luxuosos e comem as mais abundantes e suntuosas iguarias.[12]

Temos aqui a condenação severa dos pobres luxuosos, que já aparecera na obra de Langland, na época do Estatuto dos Trabalhadores, e que desde então é repetida em quase todas as gerações: não apenas a ladainha repetitiva e ridícula dos ricos, mas também a ansiedade mais ferina, mais selvagem, dos homens de posição mediana, os inseguros. Os dois tipos de queixa — contra os ricos especuladores e contra os pobres ociosos — são unidos por More num clímax retórico:

> Não permitais que os ricos tudo comprem, açambarquem e monopolizem e, desta forma, façam do mercado o que bem entenderem. Não deixais que tantos vivam no ócio; que a lavoura seja restaurada; façai com que a manufatura de tecidos seja renovada, para que haja trabalho honesto que ocupe de modo útil esta massa de ociosos.[13]

Ou seja: que voltem ao trabalho, mas segundo as nossas condições, conforme os nossos interesses, e entrementes que Deus nos proteja da competição desleal dos poderosos monopolistas. Assim, o ideal natural é a recriação de uma casta de pequenos proprietários, e é isto que vamos encontrar na ilha de Utopia. Mais uma vez, utiliza-se o mito de um estado primitivo mais feliz, com alguns detalhes derivados dos relatos das economias primitivas vistas por Vespúcio e outros no Novo Mundo. Mas no paraíso insular nem tudo é comum. Na verdade, trata-se de uma república de pequenos proprietários, com leis para regular e proteger — mas também impor — o trabalho.

A experiência social por trás desse projeto é bem clara. A faixa mais elevada do campesinato, que havia se estabelecido durante a dissolução da rígida ordem feudal e tinha ideias e ilusões a respeito de liberdade e independência com base na experiência de algumas gerações, estava sendo pressionada e expropriada pelos grandes senhores de terras — justamente os membros dessa classe que mais sucesso tiveram, com as mudanças sofridas pelo mercado e as novas técnicas agrícolas derivadas do crescimento da indústria de lã. Desse modo, o protesto moral baseava-se numa estabilidade temporária, coisa que se repetirá vez após vez na história das reivindicações rurais. É autêntico e comovente; porém, sob certos aspectos, é irreal. O ideal que ele propõe — um poder local paternal e uma legislação nacional que visem a proteger certas formas de propriedade e trabalho surgidas recentemente — parece fundamentar-se, com pesos quase iguais, na rejeição da arbitrariedade do feudalismo, numa rejeição categórica da nova arbitrariedade do dinheiro e na tentativa de estabilizar uma ordem transitória, na qual os pequenos proprietários devem ser protegidos dos cercamentos, mas também da ociosidade de seus trabalhadores. Assim, uma ordem moral é abstraída do legado feudal e da dissolução do feudalismo, buscando impor-se do modo ideal com condições inerentemente instáveis. A santidade da propriedade tem de coexistir com violentas mudanças de relações de propriedade, e um ideal de caridade deve conviver com relações de trabalho rigorosas tanto no velho sistema quanto no novo. É essa, pois, a terceira fonte da ideia de um passado mais ordenado e mais feliz em contraposição aos distúrbios e à desordem do presente. Uma idealização, baseada numa situação temporária e num ardente desejo de estabilidade, servia para encobrir e evitar as duras contradições da época.

5. CIDADE E CAMPO

No entanto, a estrutura de sentimentos resultante não se baseia apenas na ideia de um passado mais feliz. Apoia-se também numa outra ideia de inocência, associada à primeira: a inocência rural dos poemas bucólicos, neobucólicos e reflexivos. A chave de sua compreensão é o contraste entre, de um lado, o campo e, de outro, a cidade e a corte: aqui natureza, lá mundanidade. Muitas vezes tal contraste depende justamente do tipo de escamoteação do trabalho rural — e das relações de propriedade através das quais esse trabalho é organizado — que já observamos. Porém há outros elementos envolvidos. Os meios de produção agrícola — os campos, os bosques, as plantações, os animais — são atraentes para o observador e — sob muitos aspectos, nas estações propícias — para os homens que lá trabalham. Isso pode ser contrastado de modo eficaz com os mercados e escritórios do mercantilismo, ou com as minas, pedreiras, oficinas e fábricas da produção industrial. Esse contraste, sob muitos aspectos, ainda vigora.

Mas há também, e sempre houve, uma separação ideológica entre os processos de exploração rural, que de certo modo se dissolvem na paisagem, e o registro dessa exploração nos tribunais, nos mercados financeiros, no poder político e nos gastos conspícuos da cidade.

O contraste retórico entre a vida urbana e a campestre é certamente tradicional: Quintiliano utiliza-o como primeiro exemplo de uma tese convencional, e os contrastes entre ganância e inocência, com essas localizações características, são comuns na literatura grega tardia e na latina. Mas foi especialmente em relação a Roma que o contraste cristalizou-se, no momento em que a cidade passou a poder ser vista como um organismo independente. Nas sátiras mordazes de Juvenal encontramos um tom que é mais do que convencional: um catálogo extenso e explícito de formas de corrupção.

Que posso eu fazer em Roma? Nunca aprendi
A mentir.[1]

Essa vida fervilhante, de lisonja e suborno, de sedução organizada, de barulho e tráfego, com ruas perigosas por causa dos ladrões, com casas frágeis e amontoadas, sempre ameaçadas de incêndio, é a cidade como algo autônomo, seguindo seu próprio caminho. Assim, refugiar-se desse inferno no campo ou na costa já é uma visão diferente do simples contraste entre a vida rural e a urbana. Trata-se, naturalmente, de uma visão de *rentier*:* o campo fresco no qual o poeta se refugia não é o do agricultor, e sim o do morador desocupado. As virtudes rurais permanecem apenas como lembrança, como se vê na Sátira XIV:

Os velhos camponeses das montanhas
Diziam aos filhos: [...]
Contentai-vos com uma choupana humilde [...][2]

Na cidade, tais virtudes muitas vezes não passam de uma nostalgia mentirosa:

Aqueles círculos romanos que afetam
Velhas virtudes rurais como fachada para sua lascívia.[3]

Pois a visão é especificamente urbana, mesmo quando negativa.

Naquele tempo em que o mundo
Era jovem, o céu ainda brilhante e novo, a vida era diferente.[4]

Mas essa referência convencional ao passado, na Sátira VI, aponta para um tempo

* Em francês no original: pessoa que vive de rendas. (N. E.)

Em que os homens habitavam
Cavernas frias, com lareira e deuses-lares,
Família e gado, todos juntos na escuridão[5]

e em que as mulheres eram "mais peludas que seus maridos". Idealiza-se não a economia rural, do passado ou do presente, mas sim uma casa de campo comprada, ou um "encantador refúgio na costa", ou mesmo "uma árida ilha costeira". Isso, portanto, não é um sonho rural, e sim suburbano. E se coloca em reação direta à corrupção interna da cidade: a ascensão do advogado, do comerciante, do general, do cáften e do proxeneta; o fedor do *status* e do lucro; o barulho e os perigos de viver numa aglomeração. De fato, na Sátira XV é o ideal urbano que é celebrado:

Razão soberana, o impulso de ajudarmos uns aos outros,
Juntar grupos dispersos em povos, abandonar
Os bosques e florestas onde viveram nossos ancestrais;
Construir casas em grupos, dormir melhor com a presença
Dos vizinhos a nosso redor, descobrir a segurança coletiva. [...][6]

E então é acrescentado o toque exato:

Mas hoje até as cobras se entendem melhor que os homens.[7]

Essa poderosa sátira à corrupção da vida urbana veio exercer uma influência extraordinária sobre a literatura subsequente; e vem sendo revivida, sem que haja influência, em muitos lugares, por muitas gerações. Mas o importante é a maneira como ela foi incorporada ao contraste tradicional, mais suave, entre vida urbana e vida campestre. Afinal, Roma era um caso especial: a capital de um império, uma metrópole. Era possível levantar suas origens na exploração de dezenas de povos. Porém sua corrupção específica e espetacular torna-se coisa bem diversa quando é incorporada a uma versão das relações entre uma ordem urbana qualquer e uma ordem rural qualquer, como modo de ratificar esta última. Aqui, claramente, situa-se o ponto de transição ideológica.

As causas socioeconômicas do crescimento das cidades, o novo movimento urbano da Alta Idade Média, o povoamento pós-feudal — tais questões ainda são altamente controvertidas. Há argumentos em favor de um certo grau de crescimento independente, como na extensão do comércio (Pirenne). Houve crescimento em relação a habitações de religiosos e casernas. Houve um desenvolvimento importantíssimo na produção artesanal independente, com tendências próprias referentes à concentração e às formas urbanas de controle. Porém, direta ou indiretamente, a maioria das cidades aparentemente se desenvolveu como um aspecto da ordem agrícola: num nível mais simples, como mercados; num nível mais elevado, refletindo a verdadeira ordem social, como centros de finanças, administração e produção secundária. Surgiam então formas de interação e tensão as mais variadas, e algumas cidades adquiriram certo grau de autonomia. Mas no período que estamos examinando, nos séculos XVI e XVII, quando a transição ideológica ocorreu, as bases efetivas da sociedade ainda eram a propriedade da terra e a produção rural a ela associada, e as cidades, até mesmo a capital, estavam funcionalmente relacionadas a essa ordem dominante. Uma das novas bases — o lucro mercantil — afetava justamente essa relação direta. Muitas das queixas convencionais referem-se precisamente a essa perturbação. Contudo, ao lermos as comparações abstratas entre virtude rural e ganância urbana, não devemos cair na tentação de esquecer os vínculos regulares, necessários e funcionais entre as ordens sociais e morais que eram contrastadas de modo tão fácil e convencional.

Assim, no poema de Jonson a Wroth todos podemos sentir o contraste entre o gentil-homem rural e os homens mundanos da cidade. Mas o que fazem os advogados boa parte do tempo senão confirmar títulos de propriedade de terras? Muito do que é vendido e comprado nos mercados é a mais-valia dos desprezados trabalhadores — do próprio país e, à medida que o comércio se desenvolvia, do exterior. E, à medida que ganha importância a ordem urbana fundamentada no dinheiro, para onde vai o grosso do novo capital, senão de volta para o campo, a fim de intensificar o processo de exploração? A ganância e a mesquinhez, tão fáceis de serem isoladas e condenadas na cidade, retornam visivelmente para as mansões senhoriais, cercadas de plantações e trabalhadores. E trata-se de um processo duplo. A exploração do homem e da natureza, que tem lugar no campo, é concretizada e concentrada na cidade. Por outro lado, porém, os lucros provenientes de outros tipos de exploração — a riqueza acumulada do comerciante, do advogado, do cortesão — vão penetrar o campo, como se (mas trata-se de uma aparência apenas) fossem um novo fenômeno social. Conforme foi dito a respeito dos comerciantes, em 1577:

> Com frequência trocam propriedades com gentis-homens do modo como os gentis-homens fazem com eles: pela mútua conversão de um no outro.

Essa mútua conversão é o cerne da questão. É comum encarar o processo social desse período como uma espécie de infecção proveniente da cidade:

> da qual (como se de uma rica e próspera sementeira) cortesãos, advogados e comerciantes fossem constantemente transplantados.[8]

Sem dúvida: Penshurst é um bom exemplo disso. Mas um conflito de interesses verdadeiro, entre os radicados no campo e os radicados na cidade, que se definisse constantemente na economia em transformação da época podia se tornar a base de uma ideologia, segundo a qual uma ordem inocente e tradicional estaria sendo invadida e destruída por uma nova ordem, mais impiedosa.

As complexas transformações ocorridas nas relações de propriedade durante todo o período de dissolução do feudalismo sem dúvida são evidentes. Os comerciantes e os advogados eram os novos tipos mais facilmente identificáveis e isoláveis. Em meados do século XVI, Robert Crole criticou o processo numa referência extraordinariamente precisa àquela ordem feudal em que cada homem deveria exercer sempre a atividade que lhe era atribuída desde o berço:

Se os comerciantes se ocupassem
Apenas de mercadorias,
Deixando as fazendas para aqueles
Que delas precisam viver,
*Bem honrados então seriam.**

Porém, essa rigidez de propriedades e profissões já vinha desaparecendo havia pelo menos dois séculos, tanto no campo quanto em qualquer outro lugar. É uma fantasia agradável, mas em última análise uma ilusão, supor, como afirma Crole, que apenas os comerciantes

tomam fazendas
Só para depois alugá-las
Àqueles que delas precisam,
Embora os façam sofrer;
E impor-lhes pesados laudêmios
Ou elevar os aluguéis.[9]**

Isso estava acontecendo por toda parte. Não era preciso que os comerciantes ensinassem a prática aos senhores de terras, como já vimos em Thomas More. Ou, nas palavras de um personagem de Jonson, em *The devil is an ass*:

São coisas que acontecem todo dia: as terras
Que eram do cliente são do advogado agora;

* If Merchants would meddle/ With merchandise only,/ And leave farms to such men/ As must live thereby/ Then they were most worthy.

** take farms/ To let them out again,/ To such men as must have them,/ Though it be to their pain:/ And to levy great fines/ Or to over the rent.

E as propriedades do senhor Taylor, tão ricas,
Nelas havia mais madeira do que há
Na régua que as mediu na derradeira compra.
A natureza tem dessas vicissitudes.[10*]

Sem dúvida, perdiam-se propriedades em demandas, e os advogados estavam entre aqueles que lucravam. Mas trata-se de uma simples projeção identificar todo o processo de transformação da propriedade rural com a chegada desse tipo de "forasteiro". Tal identificação fundamenta-se numa retrospecção mistificadora. O "sr. Taylor", com suas "ricas" propriedades, é uma figura simpática, mas não devemos imaginar que seu título de propriedade data dos tempos do Éden, tal como o do proprietário de Penshurst. É aqui que a ideia de uma ordem "tradicional" torna-se mais enganadora. Pois nenhum proprietário é inocente, em nenhuma etapa do processo, a menos que nós próprios resolvamos lhe atribuir inocência. Pouquíssimos títulos de propriedade, se investigados, se revelariam livres de mácula, no longo processo de conquista, roubo, intriga política, favoritismo palaciano, extorsão e poder do dinheiro. É uma ilusão profunda e persistente supor que o tempo confere a esses processos de aquisição tão conhecidos uma inocência que possa ser contrastada com a crueldade das etapas subsequentes desses mesmos impulsos essenciais. Não há por que negar os conflitos de interesse surgidos entre os proprietários estabelecidos e os ambiciosos recém-chegados, ou entre os donos de capital fundiário e os de capital mercantil; e sem dúvida tais conflitos tinham reflexos políticos na formação de partidos "do campo", "da corte" e "da cidade". Porém não cabe ao observador do século XX, ou a uma pessoa medianamente humanitária, tentar inserir-se, tomando partido, na complicada rede de ciú-

* We see those changes daily: the fair lands/ That were the client's, are the lawyer's now;/ And those rich manors there of goodman Taylor's/ Had once more wood upon them, than the yard/ By which they were measured out for the last purchase./ Nature hath these vicissitudes.

mes e rancores daquele processo histórico instável e relativo. Toda vez que nos deparamos com relatos detalhados das atividades dos proprietários de terras, sejam velhos ou novos, seus atos se enquadram bem na qualificação feita por um historiador moderno: "uma gente impiedosa". As "antigas famílias" mencionadas com tanto sentimentalismo normalmente são apenas aquelas que estavam pressionando e explorando seus vizinhos havia mais tempo. E os "intrusos", os recém-chegados, estavam penetrando e intensificando um sistema já estabelecido, o qual, por meio de suas pressões internas, estava desenvolvendo novas formas de rapacidade. Se queremos sentir piedade de alguém, é bom reservá-la para aqueles homens desprezados que estavam fazendo e trabalhando a terra, fosse para os antigos, fosse para os novos senhores.

Assim, o contraste temporário entre campo e cidade é de importância apenas indireta. Mas há aí uma outra dimensão que deve ser enfatizada. Obviamente, a cidade se alimenta daquilo que o campo a seu redor produz. Isso ela pode fazer graças aos serviços que oferece, em autoridade política, no direito e no comércio, àqueles que comandam a exploração rural, aos quais está normalmente associada por vínculos de necessidade mútua de lucro e poder. Mas então, em pontos marginais, à medida que os processos da cidade vão se tornando até certo ponto autoperpetuantes, e especialmente com a conquista estrangeira e o comércio exterior, surge uma nova base para o contraste entre uma "ordem" e a outra. Os agentes do poder e do lucro tornam-se, por assim dizer, alienados, e em certas situações políticas podem vir a tornar-se dominantes. Acima da rede de exploração há o que pode ser encarado como exploração real do campo como um todo pela cidade como um todo.

Pois é justamente porque a cidade normalmente concentra em si os verdadeiros processos socioeconômicos de toda a sociedade que se pode chegar a um ponto em que sua ordem e magnificência, mas também sua fraudulência e sua suntuosidade, parecem quase alimentar-se de si próprias, como no caso de

Roma — reproduzir-se na cidade como se não precisassem de nenhum fator externo. Assim, parasitas aglomeram-se em torno de serviços úteis, como ocorre nos submundos legal e social da Londres seiscentista. Em torno dos advogados que legitimam as incorporações de terras aglomeram-se os vigaristas e os trapaceiros profissionais. Em torno dos comerciantes que enriquecem aglomeram-se os bufarinheiros, os faróis de leilões e os embusteiros. Em torno da autoridade política aglomeram-se os alcaguetes, os intermediários, os despachantes e (na corte como em qualquer outro lugar) as prostitutas; alguns egressos da chamada aristocracia, outros em vias de tornar-se membros dela.

Um outro tipo de serviço passou a ser oferecido cada vez mais pela cidade, como resultado das alterações das leis de herança. A cidade tornou-se um necessário mercado de casamentos (o que posteriormente veio a ser chamado de "temporada") para os proprietários rurais que viviam relativamente dispersos. Em torno desse mercado, aglomeravam-se caftens, proxenetas, acompanhantes profissionais, donos de salões, malandros mediadores e prostitutas. Uma vez estabelecidos de forma bem visível esses diversos submundos, tornou-se fácil projetar a imagem do homem simples chegando do interior com sua inocência rural e se vendo em meio a personagens tão surpreendentes. Sem dúvida, essa imagem não era totalmente falsa. Na comédia jacobita* — como em *New way to pay old debts*, de Massinger, ou *A trick to catch the old one*, de Middleton — a vitalidade desses submundos é evidente, e as tramas giram em torno de títulos de propriedade e hipotecas. Nessas peças, é bem fácil perceber a mesquinhez dos Overreach, dos Lucre, dos Hoard e Witgood e, acompanhando a ação a partir de um determinado ponto previamente selecionado, identificar-se com os "legítimos proprietários", os bons e inocentes, que conseguem assegurar-se de suas propriedades, suas heranças, através dos becos tortuosos da corrupção urbana. Mas isso, normalmente, é sem

* Ou seja, do reinado de Jaime I (1603-25). (N. T.)

dúvida ideológico, pois o que jamais se examina é o verdadeiro passado, bem como o verdadeiro presente, daquela ordem rural "estabelecida" e "legítima" de onde eles provêm.

Na comédia do período da Restauração,* o contraste entre "campo" e "cidade" é feito com frequência, porém com uma certa ambiguidade evidente. As peças, escritas por e para os membros da sociedade elegante da cidade, evidentemente manifestam sentimentos ansiosos de rejeição — ou a aparência necessária de rejeição — da vida rural, vista como grosseira, desgraciosa ou simplesmente tediosa. Certos estereótipos rurais são formados: uma Blackacre, uma Hoyden ou um Tunbelly Clumsey; mais tarde, um Lumpkin,** toda a linhagem de Mummerset e o rude aldeão. É fácil rir desses tipos numa conversa descontraída em sociedade. Afastados das mansões rurais que ainda sustentavam muitos deles, os membros da sociedade urbana criaram a forma de antibucolismo mais arrasadora que se pode imaginar. A partir dessa perspectiva, o que se via agora era

> um casarão disforme e isolado, que parece desabitado, de tão pequena que é a família. Lá, senhor, encontrareis minha mãe, uma tia velha e manca e a mim, todos empoleirados em cadeiras afastadas, num amplo salão, aborrecidos, como três ou quatro pássaros melancólicos num aviário espaçoso.[11]

Essa vida tediosa, no entanto, ainda era associada a relacionamentos estáveis. Dentro da mesma visão, um compromisso amoroso era encarado como algo

* O período que vai de 1660 até mais ou menos 1688. (N. T.)

** Na comédia *The plain dealer* (1676), de William Wicherley, Blackacre é a viúva obcecada pelo jargão jurídico. Tunbelly Clumsey é um fidalgo rural com uma filha (Hoyden) em idade de se casar, na peça *The relapse* (1696), de John Vanbrugh, mais tarde readaptada por Richard B. Sheridan em *A trip to Scarborough* (1777). Tony Lumpkin, na comédia *She stoops to Conques* (1773), de Oliver Goldsmith, é o desocupado ignorante mas esperto, que vive à custa da mãe. (N. E.)

> mais aborrecido que o campo! Emília, tem pena de mim, que vou para aquele lugar tão triste. Já ouço até o ruído detestável das gralhas — có, có, có![12]

Mas o que as aves gritam é o mesmo que o mundo grita no final: que é necessário estabelecer-se, arranjar uma propriedade e uma esposa. E é essa a raiz da ambiguidade de sentimentos. O que se fazia, em meio às ostentações, visitas e intrigas da sociedade londrina, era justamente arranjar casamentos que eram também transações de propriedades. Era impossível não encarar a coisa com cinismo enquanto o jogo estava sendo jogado, mas por outro lado esse cinismo jamais levava alguém a abrir mão das vantagens que estavam em jogo; e é por isso que o cinismo jamais se transformava em oposição pura e simples.

> *Young Fashion*: Pois cá está nossa herança, Lory, desde que consigamos pôr as mãos nela. Mas parece-me que a mansão de nossa família é uma verdadeira Arca de Noé, como se os cômodos principais fossem feitos para as aves e os quadrúpedes.
>
> *Lory*: Senhor, não vos preocupeis com estilos arquitetônicos; tratai de apossar-vos da herdeira e dane-se a casa.
>
> *Young Fashion*: Pois eu digo: se eu me apossar da casa, dane-se a herdeira.[13]

Não surpreende, portanto, que o cinismo descarado dessa corte preliminar — e o termo "fazer a corte" parece bem apropriado nesse contexto — se prolongue no casamento, o qual, quando baseado numa transação de propriedades, não é menos imoral que o sexo mercenário da cidade. Pois o mais importante em relação ao cinismo dessas intrigas cansativas e mesquinhas — a ganância grosseira que reduz os participantes do jogo à condição mútua de objetos — é o fato de que se trata apenas da superfície de um cinismo mais profundo, o qual, em nome da estabilidade, de uma sociedade ordenada, reduziu os homens e as mulheres a portadores físicos de propriedades e rendas, expostos no mercado.

Meu caso não é como o teu; negar quem há-de?
Casas com uma mulher; eu, com uma propriedade.[14]*

Quando o casamento é assim, ele não chega a contrastar moralmente com as intrigas das prostitutas e dos caçadores de fortunas. Todo sistema que coloque esse tipo de vantagem ou conveniência social acima de qualquer concepção de amor ou fidelidade fatalmente há de gerar, em seus centros visíveis, aqueles hábitos e climas que agora são imediatamente rotulados como típicos representantes da "imoralidade" do teatro da Restauração. Essa expressão aponta para algo que, seja admirado ou desprezado, não passa de uma imoralidade medíocre e superficial; uma reação desesperadamente rápida e exuberante, exausta e frágil à fria constatação das reais prioridades do sistema.

Assim, não há um contraste simples entre cidade pervertida e campo inocente, pois o que acontece na cidade é gerado pelas necessidades da classe rural dominante. A ratificação moral desse teatro não é o matrimônio em oposição a uma intriga ou caso amoroso, nem tampouco a esperteza contra a tolice, ou a virtude contra o vício, mas sim a necessidade de que a propriedade caia nas mãos devidas:

> Uma escritura de transferência da totalidade dos bens imóveis de Arabella Languish, viúva, para a guarda de Edward Mirabell.[15]

Pois, se prestamos atenção às conversas animadas da cidade, vemos que elas nunca ficam por muito tempo sem girar em torno de questões de propriedade e renda. Até mesmo as aparentes exceções à regra — os inocentes, os despretensiosos, os fiéis — normalmente terminam revelando-se herdeiros. No desenlace de *The plain dealer*, quando os golpes desonestos da cidade já

* The wise will find a difference in our fate;/ You wed a woman, I a good estate.

vieram todos à tona e foram denunciados, Fidelia oferece não apenas sua inocência mas também

> esta dádiva que recebi por ocasião do falecimento de meu pai, um gentil-homem do norte, de bom nome, cuja única descendente sou eu, deixando-me uma renda atual de 2 mil libras por ano. [...][16]

Assim é a vida.

A transição de mentalidade do contraste jacobita — entre um Wellborne e um Overreach* — para a unidade da Restauração — um Tunbelly Clumsey e um Young Fashion — é, portanto, reflexo tanto de uma franqueza maior quanto de uma queda dos padrões éticos reais e aparentes. Sem dúvida, há agora uma atitude mais fria em relação aos processos reais por meio dos quais a terra é obtida. Um ideal — bem como uma mistificação — está morrendo. Contudo, não é necessário aceitar, em qualquer das etapas do processo, esse contraste entre cidade e campo tal como ele se oferece. Pois nas transações realmente importantes, quem, afinal, vinha do campo? Não era o trabalhador rural; a fome de sua família o mantinha na terra. Era o proprietário e seu filho já possuidor de renda própria, a esposa do proprietário e sua filha casadoura, que vinham com um objetivo definido. Quando eram enganados ou trapaceados, ou ridicularizados por não acompanhar a moda, e então retrucavam com os padrões simples de honestidade do campo, podemos ver e sentir do ponto de vista das pessoas por trás das formas, mas o que devemos ver são as formas, já que os ossos estão reduzidos a pó. O que traziam consigo, e o que vinham promover, era fruto das vidas breves e duras dos que eram permanentemente trapaceados: os trabalhadores rurais, que nunca temos oportunidade de ver; os espoliados e despejados; todos os homens e mulheres cuja

* Wellborne e Overreach, personagens da comédia *A new way to pay old debts* (1625-6), de Philip Massinger, são, respectivamente, sobrinho e tio: o primeiro, pródigo; o segundo, cruel e ganancioso. (N. E.)

terra e cujo trabalho pagavam o transporte e o sustento dos outros. Moralmente, não era verdade que "Deus fez o campo e o homem fez a cidade". O interior da Inglaterra, ano a ano, fora feito e refeito por homens, e a cidade inglesa era ao mesmo tempo sua imagem e seu agente (honesto ou desonesto, conforme interessasse). Se o que se via na cidade não podia ser aprovado, por tornar evidente a sordidez das relações decisivas que regiam a vida das pessoas, o remédio não era jamais a moralidade da vida simples e dos pensamentos nobres trazida por um visitante, nem uma conversa vazia sobre campos verdejantes. Era uma mudança das relações sociais e da moralidade essencial. E era precisamente nesse ponto que a ficção de "cidade e campo" era útil: para promover comparações superficiais e impedir comparações reais.

6. ASSIM ESCOLHEM SEU PRÓPRIO DESTINO

No entanto, a transição assinalada pela Guerra Civil, o período do Commonwealth,* a Restauração e o acordo constitucional de 1688 alterou fundamentalmente o caráter social da Inglaterra, e não é de espantar que, em termos de ideologia, mediação e novas obras criativas, a literatura do país também tenha mudado. Nos poemas sobre o refúgio no campo, há uma nítida transição do ideal de contemplação para o ideal da simples virtude produtiva, e depois para formas mais complexas desta, como veremos em Thomson. Mas ocorre também uma transição interessante no que deve ser considerada sua corrente mais importante: a dos poemas sobre mansões senhoriais. Se comparamos *Upon Appleton House*,[1] de Marvell, com *Epistle to Burlington*, de Pope, vemos essa mudança com clareza.

É possível assimilar *Upon Appleton House* ao mundo de "Penshurst" e "Saxham", através de certas continuidades óbvias. Temos, mais uma vez, a casa excepcional, contraposta aos "palácios ocos", às "moradias disformes" de outras propriedades e outros homens:

> *Porém aqui, como na Natureza,*
> *Tudo é disposto com ordem e clareza.***

E agora a referência é histórica e retrospectiva:

> *Na qual as dimensões são de uma era*
> *De mentes mais sóbrias e mais severas,*
> *Quando homens maiores se curvavam*

* Ditadura republicana de Oliver Cromwell, de 1649 a 1660. (N. E.)
** But all things are composed here/ Like Nature, orderly and near.

E por portas mais estreitas passavam,
Como se praticassem para o dia
Em que a Porta do Céu *se abriria.**

Aqui aparecem, mais uma vez, o sinais de uma "economia ética":

A porta aberta ostenta, por frontão,
De pobres *uma extensa multidão,*
E os cômodos têm por melhor mobília
Os mais fiéis amigos *da família.***

Agora, no entanto, as mudanças se evidenciam. A origem da casa não é mais envolta em mistificações, mas é afirmada e justificada abertamente, e de modo espirituoso. Essa casa nova, construída por Fairfax, general que fundou e comandou o Novo Exército Modelo,*** havia sido terminada apenas um ou dois anos antes de o poema ser escrito. Veio substituir uma casa mais antiga, da mesma família, construída numa propriedade que passou para as mãos dos Fairfax quando foi dissolvido o convento cisterciense de Appleton; as ruínas do convento ainda existiam. Assim, uma transição explícita, que dera origem a tantos títulos de propriedade fundiária, é não apenas reconhecida como também justificada, apesar da menção a uma era "de mentes mais sóbrias e mais severas". Como todas as habitações de religiosos desapropriadas, esse convento parecia aos novos proprietários ter sido um lugar de pecado. Um incidente ocorrido na família Fairfax por essa época — "À lábia das *Irmãs* não resistiu"**** — é

* In which we the Dimensions find/ Of that more sober Age and Mind/ When larger sized Men did stoop/ To enter at a narrow loop;/ As practising, in doors so strait,/ To strain themselves through *Heavens Gate.*

** A stately *Frontispiece of Poor/* Adorns without the open Door:/ Nor less the Rooms within commends/ Daily new *Furniture of Friends.*

*** O exército formado pelo Parlamento para combater as forças leais ao rei. (N. T.)

**** Segundo o poema, as freiras convencem a jovem noiva de um Fairfax a entrar para o convento. (N. T.)

utilizado para apresentar o convento como uma ordem hipócrita e gananciosa, e por fim extrai-se a seguinte moral:

Mas cedo hão de ruir tais construções,
*Que têm Tolice e Mal por fundações.**

Assim, a expropriação e a mudança podem ser totalmente ratificadas:

E, do convento não restando nada,
A terra foi a Fairfax destinada.
Será concretizado, afinal,
Do fundador *o intento original*:
Pois se a Virgem não as acudiu,
Decerto ainda é dela o claustro *frio.*
Muita freira ajoelhou-se neste chão,
Mas só agora há aqui religião.**

Ao mesmo tempo que a franqueza aumenta, aumenta também, de modo significativo, a vontade e a capacidade de olhar para os arredores imediatos da casa. A casa foi criada sobre a base de uma vitória militar, e o jardim, disposto "em forma de forte", transformou-se, em virtude da paz, num paraíso perdido:

Quando só os jardins tinham torreões,
*E eram flores todas as guarnições.****

Mas o que há de mais notável e belo no poema (e o simples fato de que ele se compõe de diferentes maneiras de ver, diferentes

* But sure those Buildings last not long./ Founded by Folly, kept by Wrong.

** At the demolishing, this Seat/ To Fairfax fell as by Escheat./ And what both *Nuns* and *Founders* will'd/ 'Tis likely better thus fulfill'd./ For if the Virgin prov'd not theirs,/ The *Cloyster* yet remained hers./ Though many a *Nun* there made her Vow,/ 'Twas no *Religious House* till now.

*** When Gardens only had their Towrs/ And all the Garrisons were Flowers.

direções e interesses essenciais já é em si significativo) é o passeio pelos campos e os bosques além. A terra mágica, a produzir espontaneamente, agora é vista como uma paisagem de trabalho, povoada de personagens: os ceifeiros e viradores de feno, os aldeões trazendo seu gado para pastar nos campos ceifados, os pastos ribeirinhos inundados no inverno. Tudo isso é visto, porém, como parte de uma cena que se observa conscientemente ao passar-se por ela; é o olhar distanciado de quem aprecia uma paisagem:

> *Parece, em meio à grama delicada,*
> *Uma paisagem num espelho pintada.**

Os prados ceifados são vistos como uma tela de pintor:

> *Um espaço plano, liso e descampado,*
> *Qual tecido com* lírios *estampado.***

O importante, contudo, é que os personagens são *vistos*, dentro desta perspectiva: o "calor salubre" da colheita, a ceifa, a dança, os aldeões no pasto. E não é menos significativo que o poeta, tendo visto essa paisagem povoada, vá além dela, até o bosque, o verdadeiro refúgio da Natureza para fugir do mundo:

> *Por trás destas árvores escondido*
> *Sinto-me livre, forte e protegido.****

Quando ele volta, as águas do rio já desceram e os campos estão verdes outra vez; é primavera.

Assim, a tensão que encontramos nesse poema notável é

* They seem within the polisht Grass/ A Landskip drawen in Looking-Glass.

** A levell'd space, as smooth and plain,/ As Clothes for *Lilly* stretcht to stain.

*** How safe, methinks, and strong, behind/ These Trees have I incamp'd my Mind.

de tipo diferente de tudo aquilo que o precedeu. A casa e a expropriação são justificadas em termos de uma ordem religiosa e natural. Ao mesmo tempo, porém, há um movimento que vai além disso, chegando à paisagem de trabalho e ao refúgio no bosque intacto. O sentimento oscila neste e naquele sentido, e apenas a voz do poema o controla. A alegria comedida vem mesclada de uma tristeza nova, a consciência de experiências diferentes; assim, a celebração convencional da casa como

Centro do Céu, colo da Mãe Natura.
*Aqui o Paraíso ainda perdura**

aparece juntamente com o contraste com a precariedade do presente:

Não é mais o mundo de antigamente,
E sim um caos disforme e inclemente;
Mistura feita sem cuidado ou plano
*De pedra, areia, golfo e oceano.***

Isso, para um Marvell, era inevitável. Porém, ainda além disso, é uma terrível ironia o elaborado elogio formal da beleza e inocência da filha da casa, que antecipa seu casamento. Ela é o visco sobre o tronco do carvalho Fairfax,

Do qual, por boa razão, será cortado
Por sacerdote *o botão sagrado;*
Celebram os pais o evento com hinos
E assim escolhem *seu próprio* destino.***

* Heaven's Centre, Nature's Lap./ And Paradise's only Map.

** Tis not, which once it was, the World;/ But a rude heap together hurl'd;/ All negligently overthrown,/ Gulfes, Deserts, Precipices, Stone.

*** Whence, for some universal good/ The *Priest* shall cut the Sacred Bud;/ While her glad Parents most rejoice/ And make their *Destiny* their *Choice*.

A ironia não está apenas no fato de que, poucos anos após a cena idealizada no poema, a jovem se casaria com o horrendo George Villiers, segundo duque de Buckingham. Está também na constatação de que o fruto dessa nova casa seria aquele tipo de acordo político no qual propriedade e título são reconstituídos. Trata-se da união de Villiers, partidário do rei, com a filha do principal general do exército do Parlamento. Algumas terras dos Villiers haviam passado para os Fairfax; o casamento visava resolver uma complicada questão de política e propriedades. O destino de virtudes outrora vivas era exatamente esse tipo preciso de escolha; e temos de reconhecer que se aplica a questões de posse de terras tanto quanto às de poder político a observação de Marvell — com tanta frequência mencionada em relação à política, mas não, como deveria, com referência a complexos processos de aquisição e expropriação de propriedades, os acordos que estão por trás da fundação de uma casa:

Um poder só pode ser conservado
Pelas artes com que foi conquistado.[2]*

O que terminou resultando dessas complicadas transações foi uma estrutura de sentimentos muito diferente. O poema de Marvell é realmente característico de uma fase de transição: exprime sentimentos contraditórios em relação a uma velha e a uma nova ordem. Ele nos faz ver a insensatez das tentativas de encaixar todos os poemas sobre mansões senhoriais numa única tradição, como se aqueles que as ocupavam formassem uma única linhagem, sem descontinuidades. Em suas formas extremas, tais tentativas representam uma autêntica reificação das casas em si: as casas, e consequentemente seus moradores, tornam-se sinais visíveis de uma ordem, muito embora tal ordem estivesse constantemente sendo reconstituída pela formação

* The same *Arts* that did *gain*/ A Pow'r must it *maintain*.

política e econômica de uma nova aristocracia e, depois, de um novo capitalismo agrário. Quando chegamos a Pope, não o das éclogas idealizantes, mas o das epístolas, já encontramos os sentimentos modificados, mais explícitos, dessa classe específica. Tanto a epístola a Bathurst quanto a dedicada a Burlington dizem respeito à utilização da riqueza, e o que é recomendado, numa posição intermediária entre os vícios opostos da avareza e do desperdício, é o investimento produtivo e prudente, temperado pela caridade razoável:

O senso que às riquezas todas dá valor,
A arte que ensina a sentir-lhes o sabor,
A virtude de dar, mas não por ambição,
Nem por interesse ou por simples sujeição;
Saber equilibrar fortuna com prudência;
A sóbria economia com a magnificência;
Esplendor e caridade — tudo isso é teu,
BATHURST, tu, a quem o ouro não corrompeu![3]*
(Epistle to Bathurst, 219-226)

Como lavrar a terra? Como BATHURST faz.
E orná-la? Vê a casa de BOYLE e saberás.
Só o uso santifica o gasto; e o senso empresta
Ao esplendor a luz que este manifesta.
Aquele que desfruta a terra de seus pais
E alegra seus vizinhos, se a estende mais;
Cujos rendeiros abençoam seu labor,
E devem muito mais que a terra a seu senhor;
Cujos gramados não desdenham alimentar
A novilha leiteira, o corcel exemplar;

* The Sense to value Riches, with the Art/ T'enjoy them, and the Virtue to impart,/ Not meanly, nor ambitiously pursu'd,/ Not sunk by sloth, nor rais'd by servitude;/ To balance Fortune by a just expence,/ Join with Oeconomy, Magnificence;/ With splendour, charity; with plenty, health;/ Oh teach us, BATHURST! yet unspoil'd by wealth!

Cujas florestas não são mera ostentação,
Mas em navios e prédios se transformarão:
Que seja próspera e fecunda sua herdade;
Dê sombra ao campo, e após levante uma cidade.[4]*
(Epistle to Burlington, 177-190)

A ordem não é mais algo recebido e natural, como em Jonson e Carew, nem conseguido com esforço e precariamente mantido, como em Marvell; é, isto sim, objeto de pregação moral. A casa deve estar subordinada às utilizações do dinheiro e ao investimento produtivo, à criação da Natureza mais do que à sua celebração: à natureza das obras do homem mais do que à de um paraíso recebido e abençoado. A poesia mudou justamente desse modo: em vez de ratificar imagens tradicionais, fundir conscientemente símbolo e observação, passa a desenvolver uma argumentação moral direta, em termos contemporâneos.

*Só o uso santifica o gasto.***

Mas essa ética burguesa consciente é atenuada por duas considerações. A ideia de caridade e benevolência é reafirmada de modo enfático: derivada do ideal de uma economia ética natural — e com ele mantendo uma certa continuidade verbal —, ela agora é proposta a título de exemplo, como na louvação do Homem de Ross,*** e explicitamente contrastada com

* Who then shall grace, or who improve the Soil?/ Who plants like BATHURST, or who builds like BOYLE./ 'Tis Use alone that sanctifies Expence,/ And Splendor borrows all her rays from Sense./ His Father's Acres who enjoys in peace,/ Or makes his neighbours glad, if he encrease;/ Whose chearful Tenants bless their yearly toil,/ Yet to their Lord owe more than to the soil;/ Whose ample Lawns are not asham'd to feed/ The milky heifer and deserving steed;/ Whose rising Forests, not for pride or show,/ But future Buildings, future Navies grow:/ Let his plantations stretch from down to down,/ First shade a Country, and then raise a Town.

** 'Tis Use alone that sanctifies Expence.

*** Cognome de John Kyrle, famoso na localidade de Ross por suas obras de caridade. (N. T.)

outro produto da ordem fundiária: por ironia (na Epistle to Bathurst), o mesmo Villiers, segundo duque de Buckingham, marido da virgem de Appleton House:

O grande Villiers jaz — quão diferente o vejo!
A vida de prazer, a alma de desejo!
[...] *Teve saúde, ouro, amigos, fama, paz;*
E todas essas coisas não usou jamais.[5]*

A falta de caridade agora não é apenas uma questão moral ou teológica: é, também, um desperdício.

A segunda consideração atenuante tem a ver com o isolamento da casa como objeto: a conclusão e transformação do processo que começou com a celebração moral das casas. Boa parte da Epistle to Burlington está bem próxima do cerne da importante tradição setecentista de construção de casas e tratamento paisagístico, na qual, como sinal exterior da nova ética do melhoramento, o campo foi reformado e redesenhado. Trata-se da condenação do ostentar fútil e dos palácios ocos, como Jonson ou Marvell o teriam dito, mas é também uma recomendação consciente a respeito de como se deve construir uma casa, fazer um parque ou jardim — enfim, de como melhorar a Natureza:

Que nunca seja esquecida a Natureza:
Qual fosse a Deusa donzela linda e sadia,
Nem toda nua, nem ornada em demasia.[6]**

Nessa recomendação persuasiva, toda uma nova estrutura de sentimentos se explicita, como parte de uma nova economia. E agora passamos a examinar as complicações dessa ética do melhoramento.

* Great Villiers lies—alas! how, chang'd from him,/ That life of pleasure, and that soul of whim!/ ...There, Victor of his health, of fortune, friends,/ And fame; this lord of useless thousands ends.

** In all, let Nature never be forgot./ But treat the Goddess like a modest fair,/ Nor over-dress, nor leave her wholly bare.

7. A ÉTICA DO MELHORAMENTO

I

A verdadeira história rural da Inglaterra sempre girou em torno de questões de propriedade fundiária e das relações sociais e trabalhistas decorrentes. No século XVIII, quase metade das terras cultivadas pertenciam a cerca de 5 mil famílias. Mais ainda, quatrocentas dessas famílias, numa população de 7 ou 8 milhões de habitantes, eram donas de quase um quarto das terras cultivadas. Sob essa dominação não havia mais um campesinato, no sentido clássico do termo, e sim uma estrutura cada vez mais regular de arrendatários e trabalhadores assalariados: as relações sociais que podem ser consideradas próprias do capitalismo agrário. Cada vez mais, a produção era regulada através de um mercado organizado.

Sem dúvida, a transição das estruturas feudais e imediatamente pós-feudais para esse capitalismo agrário incipiente é muitíssimo complicada. Suas implicações sociais, porém, são bem claras. É verdade que a classe predominante de proprietários de terra era também, em termos políticos, uma aristocracia, cujos títulos e solares antigos (ou aparentemente antigos) ofereciam a ilusão de uma sociedade regida por obrigações e relações tradicionais entre as ordens sociais. Mas a principal atividade dessa classe era de espécie radicalmente diversa. Essas pessoas viviam de cálculos de aluguéis e lucros sobre investimentos de capital, e era através de aluguéis extorsivos, anexações e cercamentos que elas aumentavam seu controle sobre a terra.

No entanto, jamais ocorreu um confronto direto entre as famílias dominantes e um proletariado rural. Pelo contrário: entre esses polos do processo econômico havia uma hierarquia cada vez mais estratificada de pequenos proprietários, grandes arrendatários, pequenos proprietários que ainda sobreviviam com títulos de *freehold* e *copyhold*,* pequenos e médios arrendatários, trabalhadores e artesãos com certos direitos sobre terras comunais ainda vigentes. Prosseguia com todo o vigor um processo iniciado no século XVI: muitas fazendas menores estavam sendo abolidas, especialmente as que se encontravam em terras aráveis melhoradas, e ao mesmo tempo a área de terra cultivada aumentava progressivamente, às vezes num ritmo extraordinariamente acelerado. Mesmo as relações sociais entre proprietários, arrendatários e trabalhadores sofriam uma evolução contínua, em termos de novas atitudes. A propriedade deixou de ser considerada uma herança que gerava uma determinada renda, passando a ser vista como uma oportunidade de investimento, que traria um lucro muito maior. Assim, uma ideologia do melhoramento — da transformação e organização da terra — tornou-se importante e dominante. As relações sociais que constituíam obstáculos a essa forma de modernização começaram a ser gradualmente destruídas, por vezes de forma impiedosa.

A crise de valores que resultou dessas mudanças é representada de formas variadas na literatura setecentista. Na poesia, conforme veremos, a idealização do arrendatário feliz e do refúgio rural foi substituída por uma consciência acentuada e melancólica das mudanças e perdas, a qual terminou estabelecendo, de uma maneira nova, uma estrutura convencional de retrospecção.

Mas, antes que isso acontecesse, houve um interesse ativo pelo impacto daquelas novas instituições e tendências sobre as pessoas. E foi justamente esse interesse que fez com que o romance se tornasse a forma mais criativa da época. Numa sociedade dominada pelas questões de propriedade fundiária, as ques-

* Forma de posse de terra conferida por um senhor feudal que com o passar do tempo passou a ser considerada posse por direito, não podendo mais ser revogada a critério do senhor. (N. T.)

tões de amor e matrimônio se desenvolveram e se transformaram a partir da comédia jacobita tardia e da comédia de costumes da Restauração, bem como das epístolas morais de Pope — daí surgiram os romances de Richardson e Fielding. Allworthy e sr. Western, os proprietários vizinhos em *Tom Jones*, de Fielding, e Lovelace em *Clarissa*, de Richardson, são sob certos aspectos descendentes diretos do mundo de Wellborn e Overreach e, em seguida, de Tunbelly Clumsey e Young Fashion. A trama de *Tom Jones* gira em torno da vontade de unir, por laços matrimoniais, as duas maiores propriedades de Somersetshire: o casamento de Sophia Western com Blifil é proposto com esse fim; quando ela se casa com Tom Jones, depois de vir à luz que é ele o verdadeiro herdeiro de Allworthy, realiza-se o que antes fora rejeitado por motivos pessoais. Do mesmo modo, o plano de casar Clarissa Harlowe com Solmes faz parte de um plano maior da família da jovem, no sentido de concentrar suas propriedades e ganhar *status*; é fugindo desse mundo que Clarissa entra para o mundo destrutivo e cínico de Lovelace, o proprietário aristocrático estabelecido.

O que a ação desses romances dramatiza, sob uma pressão cada vez maior, é o longo processo de escolha entre a vantagem econômica e outras noções de valor. Porém, enquanto nas peças essa questão era vista sempre de um determinado ponto de vista — o mundo social de Londres, onde os contratos eram feitos e onde, graças ao isolamento e à concentração, o tom de observador crítico e, posteriormente, cínico podia ser estabelecido e mantido —, nos romances vemos a ação no seio das próprias famílias, em seus lares, em seus aspectos privados. Apesar das diferenças entre Richardson e Fielding, tal mudança é algo que eles têm em comum. Em vez de um confronto formal entre representantes de grupos diferentes — os bem-nascidos e os astuciosos — visto por um observador irônico e distanciado, a ação passa a ser interior, e é vivenciada e dramatizada como um problema de caráter.

A ideologia do melhoramento é mais explícita, na verdade, em Defoe, mas numa abstração que assinala uma diferença essencial em relação a Richardson e Fielding. Há nisso uma certa ironia, já que em sua obra *Tour of England and Wales*, da década de 1720, Defoe revelou-se um observador incomparável dos detalhes da vida campestre, com seus comentários a respeito de métodos de produção, comercialização e aluguéis. É Defoe quem nos informa sobre o grau de especialização e produção para o mercado da agricultura do início do século XVIII e sobre o seu complexo inter-relacionamento com as cidades, os portos e as primeiras áreas industriais produtoras de carvão, ferro e tecidos. Trata-se de um mundo francamente comercial, que quase nada tem de bucólico, e a combinação de interesse intenso e reportagem objetiva que vemos em Defoe é o legítimo precursor da importante tradição setecentista de investigação rural, a qual passa por William Marshall, os *County reports*, Arthur Young e os Anais da Agricultura, chegando a Cobbett e ao século XIX. A ênfase é dada à verdadeira linha de desenvolvimento de uma agricultura produtiva, o que por si só já constitui um importante sinal de mudança. No entanto, com raras exceções, essa ênfase era de certo modo uma abstração das relações sociais e do mundo humano através dos quais os novos métodos de produção funcionavam. É somente no final dessa linha, na crise da virada do século, que a investigação social e a econômica são unidas de modo adequado. Assim, não surpreende que Defoe, apesar de sua observação detalhada e especializada do que estava acontecendo nos campos e nos mercados, não tenha examinado, em seus romances, a realidade social subjacente. O que ele fez foi projetar, em outras histórias, o espírito abstraído de melhoramento e vantagem econômica simples — especialmente em *Robinson Crusoé* — e criar um mundo ficcional de indivíduos isolados para os quais as outras pessoas são basicamente transitórias e instrumentais — particularmente, mais uma vez, em *Robinson Crusoé* e em *Moll Flanders*. De modo consciente e inconsciente, tal ênfase em uma condição e uma ética era profética e poderosa; contudo, é sintomático que Crusoé faça melhoramentos numa ilha remota e Moll Flanders comercie seu próprio corpo. Os melhoramentos e o comércio eram, ao mesmo tempo, mais próximos e mais gerais, mas a prática e a ética simples do melhoramento poderiam ser mais facilmente apreendidas em histórias calculadamente isoladas.

Na vida real do campo, o espírito comercial tinha de interligar-se com — e ser testado por — outras instituições, considerações e modalidades. Nem Richardson nem Fielding sabiam tanto quanto Defoe a respeito do que estava acontecendo no interior da Inglaterra, mas ambos, cada um à sua maneira bem diferente, enfatizavam as relações humanas de um modo mais detalhado: não o espírito da época, e sim sua experiência mais imediata.

Por outro lado, porém, não podemos fazer uma abstração dessas relações humanas. Quando o casamento de Sophia e Blifil é proposto como forma de unir as duas propriedades vizinhas, o caráter de Blifil se revela no autêntico espírito comercial da época:

> quanto àquela total e absoluta posse do coração da amada que exigem os apaixonados românticos, tal ideia jamais lhe passou pela cabeça. A fortuna e a pessoa da jovem eram os únicos objetos de seu desejo, e quanto a eles era certo que se tornariam sua propriedade absoluta em breve. [...][1]

O sr. Western, é claro, usa sua filha para unir as propriedades como se isso fosse a coisa mais natural do mundo. Quanto a Allworthy — que

> não é um desses homens cujos corações palpitam ante qualquer perspectiva súbita e inesperada de lucros materiais[2]

—, o narrador elogia nele justamente os cálculos mais sóbrios e filosóficos:

> A sabedoria [...] ensina-nos tão somente a estender uma máxima simples, universalmente conhecida e seguida mesmo pelas mais baixas formas de vida, um pouco mais do que tais formas o fazem. E esta máxima é: não se deve comprar

> nada a um preço alto demais. Ora, todo aquele que entrar no grande mercado deste mundo munido dessa máxima e a aplicar constantemente às honrarias, riquezas, prazeres e todas as demais mercadorias por este mercado oferecidas, ouso dizer, este será um homem sábio, e deverá ser reconhecido como tal no sentido mundano do termo; pois ele faz o melhor dos negócios, já que na realidade compra tudo pelo preço de um mínimo de cuidados e leva para casa todas as coisas boas que mencionei, ao mesmo tempo que conserva sua saúde, sua inocência e sua reputação — os preços normalmente pagos por outrem — integralmente para si.[3]

De fato, é essa a perspectiva básica a partir da qual o romance é escrito. Trata-se da moralidade de uma sociedade relativamente consolidada, capaz de fazer cálculos mais maduros. A partir desse ponto de vista, a ganância fria de um Blifil e o materialismo grosseiro de um senhor Western podem ser observados e criticados; o cálculo e o preço, no entanto, ganham um quadro de referência mais amplo. Amor, honra, prazer físico, lealdade: também esses fatores devem ser computados, juntamente com as rendas e as extensões de propriedades. Temos aqui um humanitarismo resignado e estabelecido: firme e aberto quando se defronta com calculadores mais mesquinhos, porém ele próprio interessado em encontrar o equilíbrio — o verdadeiro preço de mercado — da felicidade. Tom Jones aprende com seu aparente desinteresse pelas vantagens, mas a questão não é apenas que seus desejos mais imediatos são satisfeitos com tolerância: é, também, que Fielding encaminha a trama no sentido de restabelecer o equilíbrio no qual a satisfação pessoal e a vantagem material são reconciliadas, tornando-se compatíveis, até mesmo idênticas. O romance constantemente levanta questões a respeito das relações entre a fortuna material e as necessidades e impulsos humanos, mas resolve-as por meio de uma adaptação em que, por um ato de vontade, por uma revelação feliz e planejada, elas se ajustam com facilidade e de modo natural. A famosa ironia é, então, o recurso literário por meio do qual esse estratagema pode ser utilizado, percebido e assim mesmo dar certo. O tom do desenlace, quando se revela que Jones é o herdeiro legítimo e as propriedades podem ser unidas por meio de um casamento por amor, é de uma jovialidade estudada — talvez até calculada:

> [...] para nosso grande prazer, embora talvez contrariando tuas expectativas, o senhor Jones parece o mais feliz dos homens.[4]

Os acordos, ajustes e pensões são então resolvidos com facilidade; e o feliz casal exibe "condescendência, indulgência e beneficência" tamanhas que aqueles que lhe são subordinados, os arrendatários e criados, abençoam sua união.

Essa moralidade consolidada era certamente necessária. A luta cínica e explícita por terras e herdeiras que fora o tom predominante do período anterior foi seguida, dentro do clima de processo já mais estabilizado da primeira metade do século XVIII, por esse tipo de estratégia mais ampla, menos imediatista, no sentido de conseguir uma posição social. Agora, os sentimentos humanitários, os interesses da família e as necessidades pessoais deviam, sempre que possível, ser incluídos em qualquer solução racional de melhoramento. Quando isso não era possível, o jeito era seguir os principais interesses, prejudicando a quem quer que fosse.

É significativo que essa visão mais sombria nos seja apresentada, na literatura, através de uma forma específica de fanatismo: a eleição da virgindade em Richardson, como única resposta a todo o conflito pelo valor humano. É bem verdade que, em *Pamela*, a virgindade é encarada como moeda de troca: não é um valor em si, e sim um trunfo de que só se deve abrir mão com a segurança necessária proporcionada pelo matrimônio. Mas em *Clarissa* a virgindade não é negociável, em nenhum nível, por nenhum meio; não se trata mais apenas de virgindade física, e sim espiritual: uma integridade da pessoa e da alma. Quando o casamento com Solmes é proposto, como parte do "delicioso propósito de *criar uma família*" (ou seja, de consolidar e melhorar as propriedades da família), a resposta de Clarissa —

> — Em prol desse plano de meu irmão, senhora, serei eu entregue a um homem que jamais poderei suportar?[5]

—, ainda que menos veemente, pertence ao mesmo mundo que a dada por Sophia, quando lhe é proposto o casamento com Blifil —

> — Ah! senhor, um casamento assim seria pior que a morte. Não sou apenas indiferente a ele; eu o odeio e detesto.[6]

Mas em *Clarissa* a ênfase é mantida até o fim. A vulnerabilidade de Clarissa diante de Lovelace nada tem a ver com as oportunidades do mercado, nem se trata de elevar o preço da pessoa humana. Trata-se de uma vulnerabilidade total em face de um mundo cínico e calculista — sintomaticamente, o mundo de um tipo mais antigo de proprietário, que não precisa de mediação por se tratar de um cavalheiro estabelecido, "bem-nascido". Não há contrato de casamento que possa ratificar essa vulnerabilidade; nem mesmo o estupro pode destruir a virgindade de Clarissa. É o contrário de um acordo necessário, de uma acomodação entre vantagem e valor. A integridade da pessoa humana é fanaticamente preservada, através de sua recusa a fazer concessões e, em seguida, de sua aceitação da destruição.

Com essa ênfase única, Richardson afastou-se de qualquer mundo negociável, e evidentemente conseguiu particularizar uma crise geral em uma questão pessoal e (em seu contexto) palpitante. *Clarissa* é um indício importante daquela tendência de a virtude separar-se de qualquer mundo possível na prática, característica das fases posteriores do puritanismo e, mais tarde, do romantismo. Embora aborde a ganância e a ambição das famílias de proprietários rurais da época, o livro termina sendo uma crítica não de uma época ou uma estrutura de sociedade, e sim de uma abstração chamada "o mundo". Esse grau de recuo deve ser observado, mas à sua maneira ele constitui uma resposta aos problemas levantados por uma sociedade capitalista cada vez mais confiante. A especialização da virgindade, o isolamento e até mesmo a destruição paradoxais do indivíduo como estratégias de sobrevivência estão ligados àquela especialização da caridade e da piedade, bem como à atitude de fugir da sociedade e buscar refúgio numa natureza que é capaz de ensinar humanitarismo, que vamos encontrar mais tarde como reações às crises persistentes de uma ordem fundamentalmente impiedosa, à qual ainda não havia nenhuma reação social adequada.

II

Assim, parece haver todo um mundo de diferença entre as ênfases atormentadas e íntimas que caracterizam *Clarissa* e o tom calmo, prático e inquiridor dos agentes práticos do melhoramento. Só se pode formar uma visão coerente da crise social através dessa modalidade cotidiana e generalizante. Quando lemos os autores de obras sobre agricultura, aceitamos com facilidade a ênfase que eles conferem à melhor utilização da terra, muito embora essa ideia seja constantemente associada a cálculos referentes a aluguéis (curiosamente, Lovelace jamais impunha aluguéis extorsivos a seus velhos arrendatários; sua renda, assim como sua liberdade sexual, era de caráter hereditário e não especulativo). Aprendemos tanta coisa com esses autores, e seus resultados (deles e dos fazendeiros e proprietários de terras que experimentavam novas técnicas) no sentido de produzir mais alimentos são tão impressionantes, que é muito fácil para o leitor que ama a terra colocar-se do lado deles. O mais difícil de entender, para eles tanto quanto para nós, é a consequência final desses melhoramentos que, em termos imediatos, eram tão facilmente justificáveis.

A história da vida de Arthur Young nos permite captar, ao mesmo tempo, o espírito da ética do melhoramento e suas dificuldades reais. Young foi criado numa propriedade que pertencia à família de seu pai havia várias gerações, mas que só pôde ser posta em ordem graças ao capital da família de sua mãe: uma família judia que emigrara da Holanda no final do século XVII. A velha casa foi reconstruída, transformando-se numa mansão, seguindo o costume da época. Essa ambição social estava acima das possibilidades da família. O jovem Arthur Young teve de se tornar aprendiz de comerciante, embora quisesse ser clérigo, tal como seu pai. Quando este morreu, Arthur tinha pouco dinheiro e começou a sustentar-se escrevendo panfletos. Então voltou para o campo, para cuidar de um *copyhold* de oito hectares, herdado de sua mãe. Prejudicado por uma escassez crônica de capital, jamais teve sucesso como fazendeiro, mas conseguiu dar-se bem como autor de textos sobre agricultura, recolhendo e divulgando as técnicas e o espírito do melhoramento agrícola. Foi Young, mais do que qualquer outro, quem defendeu a necessidade da segunda grande onda de cercamentos de propriedades, no final do século XVIII e início do XIX. Viajava constantemente, e os 46 volumes de seus *Annals of agriculture* constituíram o meio de divulgação essencial da nova agricultura experimental. As mudanças decorriam da própria utilização da terra: novos produtos agrícolas (especialmente raízes), drenagem e recuperação de terras, planejamento da fertilidade da terra e técnicas de pecuária. Mas Young enfatizava as ligações entre os interesses da agricultura e as outras novas forças sociais da época: o capital mercantil (e sua carreira pessoal dava-lhe bons motivos para saber disso), as técnicas industriais incipientes (como as da terraplenagem, que foram mecanizadas para a construção de portos e a exploração de pedreiras antes de serem aplicadas à agricultura), as ciências físicas (por exemplo, em sua colaboração com Priestley em pesquisas de química do solo), o poder e a organização política (como nas campanhas de propaganda dirigidas ao rei e ao Parlamento, e também em sua nomeação posterior para o cargo de secretário do recém-criado Conselho de Agricultura).

Young abordou quase todos os aspectos da modernização da agricultura de seu século; mas o que ele repisava constantemente era o atraso da agricultura, seus progressos insuficientes, as vastas áreas não cultivadas, a escassez de investimentos no campo em comparação com o comércio exterior. E cada vez mais, na velhice, ressaltou sua própria experiência social e o resultado de suas observações sociais. Assim, o melhoramento da terra exigia muito capital e, portanto, a liderança dos proprietários rurais. No entanto, isso não apenas aumentava a predominância dos interesses fundiários como também criava, através de cercamentos e anexações de terrenos que visavam formar grandes unidades lucrativas, um número maior de pessoas sem terra e deserdadas, que não podiam sobreviver nem competir nas novas circunstâncias. O próprio fato de muitos fazendeiros relutarem em aceitar os novos métodos estava ligado ao sistema de propriedade rural: como os melhoramentos muitas vezes resultavam no aumento dos aluguéis, havia um desestímulo justamente na etapa da produção. Eram raros os proprietários que, como Coke, mantinham uma relação razoável entre os lucros proporcionados pelos novos métodos de produção e os aluguéis cobrados de seus arrendatários. Assim, o processo econômico, que poderia com facilidade ser justificado em seus próprios âmbitos limitados, teve consequências sociais que às vezes o contradiziam e outras vezes eram catastróficas para famílias e comunidades inteiras. Quando Young constatou o impacto social final das mudanças pelas quais havia lutado, não foi o único a levantar dúvidas e novos tipos de questionamentos:

> A meu ver, seria preferível que todas as terras comunais da Inglaterra afundassem no mar a que os pobres no futuro viessem a ser tratados, por causa dos cercamentos, tal como têm sido tratados até agora.[7]

8. OS FIOS DA NATUREZA

I

É no século XVIII, o século de Young — nas mudanças e contradições daquela Inglaterra rural que ele ao mesmo tempo ajudou a promover e eternizou melhor do que ninguém —, que encontramos não apenas a conciliação benévola de Fielding e os temores desesperados e específicos de Richardson, mas também uma versão social nova e mais séria da paz e virtude perdidas da vida rural. Os poemas sobre arrendatários felizes, o eu idealizado e independente da tradição bucólica reflexiva, são sucedidos por poemas sobre perda, mudança, pesar: aquela estrutura de sentimentos simultaneamente comovente e meditativa, de horror e retraimento captada com tanta exatidão no dístico de Goldsmith:

Neste exato momento julgo ver
As virtudes do campo a morrer.[1]*

Na primeira metade do século, ainda vigora a estrutura mais antiga, embora em *The seasons*, de Thomson, obra escrita entre a década de 1720 e a de 1740, encontremos uma gama tão ampla de atitudes — muitas delas mais propriamente atitudes do que sentimentos — que uma certa contradição já começa a surgir. Assim, Thomson é capaz de recriar a Idade do Ouro nos termos mais convencionais —

Colheitas espontâneas ondeavam
Num mar amarelado de abundância [...]

* E'en now, methinks, as pondering here I stand/ I see the rural virtues leave the land.

Do pilriteiro inculto frutas rubras
Choviam sobre quem à sua sombra
Quedava-se, sem ter que trabalhar [...][2]*

— e no entanto afirmar, mais adiante:

Porém as coisas de que falam as fábulas
Fantasiosas não se encontram mais
Nesta Idade do Ferro em que vivemos.[3]**

Thomson consegue evocar o tradicional idílio do refúgio campestre —

Soubesse ele o quanto era feliz!
Ele que, longe das disputas públicas,
Em seu vale, em seleta companhia,
Bebe do campo os prazeres puros[4] ***

— mas demonstra em relação à cidade uma ambiguidade característica, denunciando sua ostentação e seu luxo, porém admirando-lhe a instrução e a polidez, a tal ponto que o idílio, mesmo aqui, na "seleta companhia", adquire um ar claramente suburbano. Isso fica particularmente claro numa versão revista de "Winter", nos versos:

deixa a musa rural,
Ó Chesterfield, ornar-te com seu canto,
Antes de, humilde, retornar à sombra.[5]****

* Spontaneous Harvests wav'd/ Still in a Sea of yellow Plenty round [...]/ [...] Th'uncultivated Thorn a ruddy shower/ Of fruitage shed, on such as sat below,/ In blooming Ease, and from brown Labour, free [...]

** But now what-e'er those gaudy Fables meant,/ And the white Minutes that they shadow'd out,/ Are found no more amid these Iron Times.

*** Oh knew he but his happiness, of men/ The happiest he! who far from public rage,/ Deep in the vale, with a choice few retir'd,/ Drinks the pure pleasures of the rural life.

**** permit the Rural Muse,/ O Chesterfield, to grace with Thee her Song!/ Ere to the Shades again she humbly flies.

Há ainda uma outra ambiguidade, que já se aproxima de uma contradição, quando Thomson celebra ao mesmo tempo os melhoramentos e o romantismo das terras incultas. O elogio dos melhoramentos é algo de novo e importante; podemos encontrar outros exemplos em "The fleece" de Dyer e em "Cyder" de Philips, nos quais há uma celebração consciente dos processos industriais de origem rural. No "Castle of indolence" de Thomson, *sir Industry* conquista a "terra amável dos ociosos"[6] com autêntico espírito modernizador. Isso representa uma nova dimensão do idílio do refúgio, como vemos nesta passagem:

Porém em seu refúgio ainda persiste
A doce faina da vida rural.
As estações com graça ainda se alternam,
Novas paisagens se desvendam à vista [...]
Ceres com fruta alegra os ramos tristes.[7]*

E em certos trechos temos exortações bem claras aos melhoramentos:

Nobres bretões, não descuideis do arado [...]
Que vossa terra mais fecunda seja,
E derrame as bênçãos da natureza
Por todo mundo, e vista os povos nus
E torne-se o celeiro universal.[8]**

Essa é a ideologia explícita dos proprietários de terras favoráveis aos melhoramentos e está muito estreitamente ligada a aconte-

* Nof from his deep retirement banish'd was/ The amusing cares of rural industry./ Still as with graceful change the seasons pass/ New scenes arise, new landskips strike the eye [...]/ Dark frowning heaths grow bright with Ceres' store.

** Ye generous Britons, cultivate the Plow [...]/ So with superior Boon may your rich Soil,/ Exuberant, Nature's better Blessings pour/ O'er every Land; the naked Nations cloath,/ And be th'exhaustless Granary of the World.

cimentos concretos: o aumento da produção e da exportação de cereais. A louvação de Thomson parece sincera:

Feliz Britânia. [...]
[...] *em teus vales se elevam*
Ondas douradas; nas encostas balem
Rebanhos infindáveis, e no plano,
Onde manadas correm com vigor,
Teus prados cobrem-se de louro trigo.
Por toda parte brilham as mansões.
O campo é próspero, e a propriedade
Assegura a riqueza do campônio,
Que a faina infalível jamais cansa.[9]*

Numa versão revista, "infalível" vira "protegida", mas seja como for trata-se da ordem social existente, que garante a "difusão da abundância". Nenhum proponente dos melhoramentos jamais relatou um tal estado de coisas no mundo real, mas a maioria deles o desejava. Nessa ordem, a poesia ocupa um espaço central; é o tesouro da humanidade, sem o qual o homem seria um selvagem. Sem a poesia,

Valor moral, nem paz social, nem lei
Seriam suas; nem propriedade,
Nem camponês a arar, nem mão mecânica,
Criado pressuroso nem comércio.[10]**

* Happy Britannia.' [...]/ [...] thy Vallies float/ With golden Waves; and on thy Mountains Flocks/ Bleat, numberless; while, roving round their sides,/ Bellow the blackening Herds, in lusty Droves/ Beneath, thy Meadows flame, and rise unquelled,/ Against the Mower's Sythe. On every Hand,/ Thy Villas shine. Thy Country teems with Wealth;/ And Property assures it to the swain,/ Pleas'd, and unweary'd, in his certain Toil.

** Nor moral Excellence, nor social Bliss,/ Nor Law were his; nor Property, nor Swain/ To turn the Furrow, nor mechanic Hand,/ Harden'd to Toil, nor Servant prompt, nor Trade.

Teremos de relembrar esses versos quando Goldsmith afirmar que vê a poesia sendo expulsa de Auburn junto com os aldeões. Porém Thomson lisonjeia essa ordem social de modo tão grosseiro e atribui à poesia um lugar tão explícito numa sociedade tão pouco igualitária que até mesmo ele houve por bem atenuar essa passagem, entre 1727 e 1744, mudando-a para:

> [...] *Valor moral, nem paz social, nem lei*
> *Seriam suas; nem tampouco a arte*
> *De lavrar, nem de guiar o instrumento*
> *Mecânico.*[11]*

Os ofícios foram abstraídos das relações sociais reais, o que indica certo grau de nervosismo. Temos a cena da colheita, em que

> *Vem o senhor atrás, formando medas,*
> *Olhando satisfeito a seu redor,*
> *O peito pleno da felicidade.*[12]**

Mas o orgulho da afluência, como nos ensaios morais de Pope, deve vir mesclado de caridade:

> *Pensa, com gratidão, quão generoso*
> *O Deus das safras sempre foi contigo,*
> *Por teus campos espalhando a abundância;*
> *Enquanto estes parceiros infelizes*
> *Acorrem a ti, qual aves, a pedir*
> *Seu humilde quinhão.*[13]***

* [...] Nor moral Excellence, or social Bliss/ Nor guardian Law were his; nor various Skill/ To turn the Furrow, or to guide the Tool/ Mechanic.

** Behind the master walks, builds up the shocks;/ And conscious, glancing oft this way and that/ His sated eye, feels his heart heave with joy.

*** Think, oh! grateful think/ How good the God of harvest is to you;/ Who pours abundance o'er your flowing fields;/ While these unhappy partners of your kind/ Wide-hover round you, like the fowls of heaven,/ And ask their humble dole.

Esses "parceiros", os pobres, haviam sido o elemento excluído do panegírico da ordem e da abundância, e é no reconhecimento cada vez mais explícito de sua existência que mudou a estrutura de sentimentos. Thomson chega mesmo ao reconhecimento relativamente novo — trata-se basicamente de uma "descoberta" das classes superiores instruídas do século XVIII — de que "os pobres" não são apenas um ônus para a caridade, um peso morto na economia, e sim os verdadeiros produtores das riquezas:

Assim, senhores,
Pensai na dura mão trabalhadora
Que vos mantém no ócio e na elegância.[14]*

Thomson, naturalmente, não resolve essa gama de atitudes nem questiona as contradições nela existentes. É significativo, porém, que justamente nessa época, e particularmente no próprio Thomson, ouvimos o tom que virá a ser dominante na literatura sobre o campo: um tom de retraimento melancólico e pensativo.

Há um mundo de diferença entre o elogio dos melhoramentos rurais, do campo aberto, limpo e produtivo, e o tom romântico, muito além de Marvell que vemos em:

Eis que mergulho na treva noturna
Do arvoredo o mais silvestre e espesso [...]
[...] *Estes os sítios da meditação* [...][15]**

Ou em:

E solitário e pensativo ando
P'los prados pardacentos, e penetro

* Ye masters, then/ Be mindful of the rough laborious hand,/ That sinks you soft in elegance, and ease.

** Still let me pierce into the midnight depth/ Of yonder Grove, of wildest largest Growth [...]/ [...] These are the Haunts of Meditation [...]

O bosque triste, onde canção nenhuma
Alegra o trabalho do lenhador.[16]*

É aqui, no coração do bosque que tantas vezes seria derrubado para efeito de melhoramento do campo, que a aridez e o vazio são excitantes. Inesperadamente, na época improdutiva do final do outono, o poeta constata que

a triste perspectiva empolga a alma.
Lá vem! lá vem! a brisa traz a força
*Da filosófica melancolia.***

Apesar da linguagem bombástica, estamos num momento crucial. A Natureza, representada até então como uma ordem social, um triunfo da lei e da abundância, está sendo vista, de forma alternativa, como uma outra ordem, solitária e profética, contendo o amor à humanidade justamente nos lugares onde homens não há: em

bosques escuros, vales visionários.[17]***

Essa mudança só chegará às últimas consequências meio século depois, mas Thomson é particularmente interessante porque, em "The seasons", ambas as versões da Natureza, ambas as atitudes em relação ao campo e à terra, estão presentes simultaneamente.

Na verdade, o que está em questão é uma dialética da mudança. Um poema bem posterior, "Yardley oak", de Cowper (1791), é basicamente uma reflexão tradicional e melancólica a respeito da história e da mutabilidade da fortuna, inspirada por

* Thus solitary, and in pensive guise/ Oft let me wander o'er the russet mead,/ And thro' the sadden'd grove; where scarce is heard/ One dying strain, to chear the woodman's toil.

** the desolated prospect thrills the soul./ He comes! he comes! in every breeze the Power/ Of philosophic Melancholy comes.

*** twilight graves, and visionary vales.

um carvalho secular, agora oco e apodrecido. Há, no entanto, uma reflexão intermediária que parece captar a dialética da precisa mudança que estava sendo vivenciada por toda parte:

Os fios da Natureza,
Finíssimos mesmo nas coisas mais grosseiras,
Amam o tumulto, e mesmo assim suportam a força
Que tumultua, e é esta força que os desgasta
Pelo constante impulso; e a um só tempo é causa
De máximo vigor e de dissolução.[18]*

Aqui, a ideia de uma dissolução num contexto de vitalidade e produtividade é captada com perfeição.

II

Devemos, pois, distinguir duas fases na transição da reflexão para a retrospecção. De um lado, temos os poemas que elogiam os personagens (tomando emprestado sua linguagem característica) humildes e honrados, num contexto campestre, estabelecendo um contraste mais ou menos consciente com a riqueza e a ambição da cidade e da corte. E temos, do outro, os poemas que elaboram esse contraste ético, no qual a oposição campo-cidade é, por assim dizer, uma atmosfera ou clima determinante, de modo a transformá-la num contraste histórico, no qual as virtudes são encaradas como coisas claramente passadas, pertencentes a uma época anterior, perdida, da vida rural.

O primeiro tipo, evidentemente, possui uma antiga linhagem. Porém, observa-se uma mudança social ao comparar-se, por exemplo, o poema de Jonson a Wroth, em que as virtudes

* Nature's threads,/ Fine, passing thought, e'en in her coarsest works,/ Delight in agitation, yet sustain/ The force that agitates, not unimpair'd,/ But, worn by frequent impulse, to the cause/ Of their best tone their dissolution owe.

são atribuídas a um gentil-homem rural, com "The school mistress", de Shenstone (1748) e a "Elegy written in a country churchyard", de Gray (1750). Sob certo aspecto, trata-se apenas de um prolongamento da postura de compaixão social, mas há aqui uma mudança radical de tom que é interessante. Nos poemas posteriores, existe um toque de melancolia inextirpável, que podemos apresentar em contraste com o tom de estabilidade, até mesmo de satisfação e autocomplacência, num poema mais antigo que celebra a humildade, como "A thanksgiving", de Herrick (1647):

Senhor, me deste uma casinha
Bem pequenina,
Telhado humilde, resistente
À chuva e ao vento [...]
[...] *A porta é baixa e mofina,*
Qual minha sina,
Mas está sempre aberta aos pobres
Que a ela acorrem.[19*]

Por acaso, li esse poema pela primeira vez, na infância, numa casa em que o teto e a porta eram provavelmente mais baixos do que os da casa de Herrick, e na época não consegui tirar os versos da cabeça, nem tampouco sentir outra coisa que não raiva em relação a eles. Meu pai os introduziu em nossa casa num livro intitulado *Hours with English authors*, obra adotada no curso noturno que ele frequentava em nossa aldeia. Haviam-lhe pedido (é assim que se instilam os valores) que o aprendesse de cor, ele me pediu que tentasse fazer o mesmo. Lembro que não entendi quem eram os pobres, nem por que eles acorriam a essa porta, se o poeta era ele próprio tão pobre. Agora compreendo tais coisas melhor. A pobreza é vista com um olhar voltado para cima — pelo sobrinho do ourives, o ex-poeta da corte, o

* Lord, Thou hast given me a cell/ Wherein to dwell,/ A little house, whose humble Roof/ Is weather-proof [...]/ [...] Low is my porch, as is my Fate,/ Both void of state;/ And yet the threshold of my doore/ Is worn by th' poore.

pároco partidário do rei que perdeu seu benefício eclesiástico com a ascensão de Cromwell ao poder. A pobreza do comum dos mortais situa-se num outro plano, abaixo de qualquer comparação. Mas não foi isso que provocou minha raiva, e sim o autoaviltamento fingido, a atitude de colocar-se numa posição mais baixa do que a porta mas ao mesmo tempo gostar dessa situação. Quando repito esses versos agora, é como se ainda ouvisse o tom de lamúria — "uma *casinha*", "telhado *humilde*" (sorte de Herrick o telhado resistir à chuva e ao vento) —, um tom que costumávamos ouvir em algumas famílias, desprezadas pela maioria dos aldeões: um autoaviltamento consciente sempre que havia caridade ou religião por perto. Para mim, esse poema estava diretamente associado a

Deus abençoe o senhor e seus parentes,
*E em nossos lugares nos mantenha contentes.**

E quando, mais tarde, li "The hock-cart" de Herrick, com sua identificação consciente com o conde de Westmorland, senti que minha primeira leitura, apesar de ingênua, fora correta (naturalmente, anos depois, em Cambridge, disseram-me que o poema era um exemplo de virtude e resignação cristãs, coisas que não podíamos entender com facilidade nesta época de progressismo degenerado).

Não posso dizer que hoje prefira o tom de Shenstone —

Ah, quanto dói meu coração quando me lembro
Dos que, humildes, têm valor e ninguém sabe.[20]**

— mas a mudança de tom é algo que qualquer um pode perceber. Há uma sensação inequívoca de que, no contexto da

* God bless the squire and his relations/ And keep us in our proper stations.

** Ah me full sorely is my heart forlorn,/ To think how modest worth neglected lies.

época, já existe um clima razoável de independência; de que a bondade é inevitavelmente relegada às "tristes sombras da obscuridade".

Shenstone, é claro, era ele próprio um proprietário de terras e gastou a maior parte de sua fortuna num exemplar pioneiro, e muito bonito, de tratamento paisagístico, em Leasowes, na divisa entre Shropshire e Worcestershire. Eis sua versão da preservação da simplicidade, em "Rural elegance":

> *Não mais agradam as terras ancestrais;*
> *Adeus, prazeres simples e sinceros —*
> *Morros e vales tão gentis,*
> *Doces brisas primaveris,*
> *Rumor de ovelhas e vacas,*
> *Odor de vagens e ervilhacas,*
> *Que sejam só dos que cultivam o chão,*
> *Sabem da sede a taça, do trabalho o pão.*[21]*

É esse adeus à simplicidade que constitui o elemento fundamental da nova estrutura de sentimentos. E é aqui, na descrição do jardim da professora do poeta, que a já conhecida trajetória histórica faz uma rápida aparição:

> *E cá doce alecrim, planta que outrora*
> *Nos mais nobres jardins era encontrada,*
> *Expulso desses sítios, tem agora*
> *Nos galhos tenros mui gentil morada,*
> *Co' a saia reluzente d'ouro orlada.*
> *Que tempos sãos! Que austera alegria!*
> *Em que a tal esfera via-se elevada*

* Paternal acres please no more/ Adieu the simple and sincere delight—/ Th' habitual scene of hill and dale,/ The rural herds, the vernal gale,/ The tangled vetch's purple bloom,/ The fragrance of the bean's perfume,/ Be theirs alone who cultivate the soil,/ And drink the cup of thirst, and eat the bread of toil.

Simplicidade, e não desejaria
*De grãos senhores partilhar a companhia.**

É claro que a imitação de Spenser atenua esse sentimento tão conhecido, o qual, aliás, é muita coisa para um pobre alecrim. "Que tempos são", essa retrospecção expressa através de uma modalidade literária, é uma manifestação exata da curiosa coincidência entre retrospecção rural e poética que é tão comum nesse tipo de poesia e que, posteriormente, tornou-se explícita na identificação formal de uma cultura rural e uma cultura literária perdidas. Não obstante, dá-se uma ênfase positiva a uma independência decente, num cenário rural remoto, com um olhar retrospectivo prolongado. A *Elegy* de Gray, situada num cemitério, parte, é claro, de um lugar-comum tradicional —

*Os caminhos da glória levam à sepultura***

— mas há também uma louvação prolongada e ambígua dos "anais curtos e singelos dos mais pobres". É ambígua porque, ao mesmo tempo que ratifica esta simplicidade remota —

Longe da luta vã da turba ensandecida,
Nutrindo só desejos sóbrios e discretos,
P'los vales frescos e isolados desta vida
*Seguiram caminhos silenciosos e retos****

—, reconhece, com um tom de protesto, a condição social rural em oposição à sua abstração:

* And here trim Rosmarine, that whilom crown'd/ The daintiest garden of the proudest peer;/ Ere, driven from its envy'd site, it found/ A sacred shelter for its branches here;/ Where edg'd with gold its glitt'ring skirts appear./ Oh wassel days; O customs meet and well!/ Ere this was banished from its lofty sphere:/ Simplicity then sought this humble cell,/ Nor ever would She more with thane and lordling dwell.

** The paths of glory lead but to the grave.

*** Far from the madding crowd's ignoble strife,/ Their sober wishes never learn'd to stray;/ Along the cool sequester'd vale of life/ They kept the noiseless tenour of their way.

Porém ante seus olhos não se abriu jamais
O rico pergaminho da sabedoria;
Os nobres anseios, ao homem naturais,
Não resistiram ao sopro da miséria fria.[22]*

Não há como conciliar as duas visões: a felicidade dos "vales frescos e isolados" e o reconhecimento do poder repressivo da "miséria fria". Mas, no contexto dessa estrutura de sentimentos, as ambiguidades do apelo à simplicidade foram temporariamente contidas e mediadas.

Talvez esteja aí, então, a chave daquele poema desconcertante, "The deserted village", de Goldsmith (1769). À primeira leitura, o sentido do poema parece claro. Os retratos do pároco e do professor representam uma continuação direta (talvez consciente) de Shenstone. E são localizados dentro de um contraste mais desenvolvido, porém ainda tradicional, entre felicidade simples e luxo ambicioso. O que se torna problemático, no entanto, é a aparente precisão do contraste social entre a aldeia feliz e a aldeia arruinada. Não me refiro aos gestos ocasionais, do tipo "Que tempos sãos" —

Bons tempos houve, nesta Inglaterra,
Quando homem não havia sem sua terra.[23]**

—, e sim à aparente descrição de um processo social contemporâneo, que leva o poema além do contraste relativamente estático entre simplicidade e luxo.

Mas o comércio, com desfaçatez,
Agora expulsa o pobre camponês.[24]***

* But knowledge to their eyes her ample page/ Rich with the spoils of time did ne'er unroll;/ Chill Penury repress'd their noble rage,/ And froze the genial current of the soul.

** A time there was, ere England's griefs began/ When every rood of ground maintain'd its man.

*** But times are alter'd; trade's unfeeling train/ Usurp the land and dispossess the swain.

Isso também não deixa de ser reconhecível; não estaria deslocado num texto do século XVI ou do início do XVII. O que há de novo em "The deserted village" é o senso de observação, a localização social precisa e visível. É na "doce Auburn" — um lugar específico — que a expulsão se dá.

Ainda é muito difícil estabelecer que aldeia Goldsmith tinha em mente — se é que ele de fato estava pensando numa em particular. Por vezes supõe-se que o poeta esteja relembrando sua infância na Irlanda, mas contra isso coloca-se a afirmação do próprio Goldsmith, feita em 1770 (após doze anos de moradia na Inglaterra):

> Em minhas viagens pelo interior, nos últimos quatro ou cinco anos, esmerei-me ao máximo no sentido de abalizar minhas alegações.[25]

E há também uma carta publicada no *Lloyd's Evening Post* (1762), que é agora geralmente atribuída a Goldsmith:

> Onde quer que vá, o viajante há de ver uma parte dos habitantes do campo tornando-se imensamente ricos, enquanto os outros tornam-se absolutamente miseráveis, tendo a feliz igualdade de condições sido inteiramente destruída. [...] Em quase todas as partes do reino, o lavrador laborioso foi empobrecido.[26]

E, se se quer uma referência mais imediata, um correspondente do *Public Advertiser* (29 de setembro de 1780) relata um incidente sobre o qual Goldsmith lhe havia falado, no qual "algumas choupanas foram destruídas" perto da casa de "um grande antilhano";[27] talvez seja este um dos fundamentos locais para a crítica à desfaçatez do comércio.

O processo social, de fato, compõe-se de destruição de florestas, expropriações e evacuações, de modo a abrir espaço para as mansões e seus quintais. Baseia-se na incorporação de grandes extensões —

*Todo domínio é de um senhor cativo**

— e, como resultado,

um homem rico e nobre
Ocupa o espaço antes de muitos pobres,
Com seu lago, seu parque, cães de caça,
Carruagens e cavalos de raça.[28]**

Já mencionei um exemplo mais antigo desse processo — talvez nos "tempos sãos" — na propriedade rural dos Herbert em Wiltshire, onde Sidney escreveu sua *Arcadia.* Houve exemplos notáveis, no século XVIII, em Oxfordshire e Dorset, e muitos casos menores e menos documentados. Goldsmith acompanha os aldeões expropriados até seus destinos possíveis: a uma outra região rural, mas

Se encontra algumas terras comunais
E lá leva a pastar seus animais,
Logo vêm os ricos com seus cercados,
E mesmo o pasto humilde lhe é negado[29]***

— o processo de cercamento prossegue; à cidade, mas

Se vai para a cidade, vê nas ruas
Só riquezas que nunca serão suas[30]****

* One only master grasps the whole domain.

** the man of wealth and pride/ Takes up a space that many poor supplied;/ Space for his lake, his park's extended bounds,/ Space for his horses, equipage and hounds.

*** If to some common's fenceless limits stray'd/ He drives his flock to pick the scanty blade/ Those fenceless fields the sons of wealth divide/ And even the bare-worn common is denied.

**** If to the city sped—what waits him there?/ To see profusion that he must nota share.

— os contrastes acentuados entre riqueza e miséria que a cidade representa pelo simples fato de concentrar populações; e, por fim, ao exílio e à emigração —

Nalgum lugar além do vasto oceano.[31]*

Desse jeito, a perspectiva é ampla, e tem-se uma visão histórica real.

Existe, contudo, uma outra questão que somos obrigados a levantar. O que há de mais estranho no poema é a combinação de protesto e nostalgia e a maneira como essas emoções são relacionadas, consciente e inconscientemente, à prática da poesia. Comecemos com a invocação da aldeia que no passado fora feliz:

Doce Auburn! Aldeia a mais formosa,
Terra salubre, alegre, frutuosa;
Lá a primavera mais cedo chegava,
E o cálido verão mais se quedava.[32]**

O interessante aqui é a utilização dos lugares-comuns bucólicos, que tanto literária quanto historicamente estão distantes do assunto do poema.

Recantos de inocência, de lazer,
Onde, menino, eu só via prazer.[33]***

Não é apenas a mistura de lembranças da infância com lembranças da aldeia: é também o fato de que, nessa modalidade

* Where half the convex world intrudes between.

** Sweet Auburn! loveliest village of the plain/ Where health and plenty cheered the labouring swain,/ Where smiling spring its earliest visit paid,/ And parting summer's lingering blooms delayed.

*** Dear lovely bowers of innocence and ease/ Seats of my youth, when every sport could please.

de reminiscências, os objetos parecem dissolver-se no que, na verdade, não passa de um exercício de solipsismo poético:

Tantas coisas em minh'alma gravadas:
Cabanas boas, terras cultivadas,
O riacho incessante, o moinho,
A igreja no alto do morro vizinho,
O pilriteiro à cuja sombra amavam
Namorados, e velhos conversavam.[34]*

Talvez o pilriteiro seja o detalhe decisivo. Devemos escolher: ou a visão da criança, não corrigida, ou a repetição vaga e mecânica de um método literário convencional. Nessa modalidade, as pessoas que vivem na aldeia são vistas como simples títeres bucólicos:

E os aldeões, findos os seus trabalhos,
Vinham folgar debaixo desses galhos.[35]**

Ainda — como em Thomson — debaixo do tal pilriteiro!

Em ti, Auburn, era tão bom viver
Que mesmo a dura faina era prazer.[36]***

Mas o que aparece no poema não é a dura faina, e sim uma série de reminiscências literárias: as vidas e os trabalhos dos outros são dissolvidos numa imagem do passado.

É essa, pois, a ironia oculta do poema, e a explicação da expulsão da Poesia. Pois o que está em jogo, na trajetória de

* How often have I paused on every charm,/ The shelter'd cot, the cultivated farm,/ The never-failing brook, the busy mill,/ The decent church that topt the neighbouring hill,/ The hawthorn bush, with seats beneath the shade,/ For talking age and whispering lovers made.

** And all the village train from labour free/ Led up their sports beneath the spreading tree.

*** These were thy charms, sweet village! sports like these,/ With sweet succession, taught e'en toil to please.

sentimentos do poema, não é apenas a vida da aldeia, mas também a independência do poeta, que antes pretendia ir para lá ao aposentar-se, lá onde (num curioso eco de Carew)

Porteiro não havia, olhar malsão,
A expulsar famintos do portão.[37]*

Não é somente a frustração de uma esperança compreensível —

depois de tudo que sofri
Voltar, enfim, para morrer aqui.[38]**

A questão é que as forças sociais que estão expropriando a aldeia também parecem, ao poeta, estar simultaneamente expropriando a poesia (e o leitor relembra, com ironia, a presença central da poesia na ordem social abundante e próspera de Thomson):

E tu, casta Poesia, que te vais
Tão logo chegam os gozos sensuais;
Que, em era tão corrupta quanto esta,
Sonhar não podes com uma glória honesta.
Ninfa querida, que na multidão
Me peja, orgulho meu na solidão.
Dor e alegria, tu, que me deixaste
Tão pobre quanto quando me encontraste.[39]***

* No surly porter stands in guilty state,/ To spurn imploring famine from the gate.

** my long vexations past,/ Here to return—and die at home at last.

*** And thou, sweet Poesy, thou loveliest Maid,/ Still first to fly where sensual joys invade;/ Unfit in these degenerate times of shame,/ To catch the heart, or strike for honest fame./ Dear charming nymph, neglected and denied,/ My shame in crowds, my solitary pride./ Thou source of all my bliss, and all my woe,/ That found'st me poor at first, and keep'st me so.

Se o que está em questão é só a história social da aldeia, essa expulsão simultânea da poesia é inegavelmente curiosa. Mas ocorre que, a partir da situação pessoal intensa em que a independência do poeta mostra-se insuficiente para sustentá-lo, e na qual toda a humanidade que ele afirma representar é esmagada e expulsa pela ordem rude e insensível dos novos ricos, estende-se toda uma paisagem, a da aldeia que sofre uma ignomínia semelhante. O processo de expropriação rural, como já vimos, é observado com agudeza. Os fatos são apresentados de modo palpável, convincente. Porém a expropriação também está sujeita a um outro processo, que em um outro trabalho, com relação a Gissing e Orwell, denominei identificação negativa. Ou seja: a vulnerabilidade e os sofrimentos do escritor, em sua situação social própria, são identificados com os fatos de uma história social que o transcende. Não que ele não consiga ver a realidade dessa história social; pelo contrário, em muitos casos ele é particularmente sensível a ela, enquanto fato presente. Mas a identificação dos sofrimentos pessoais do escritor com os de um grupo social que o transcende termina inevitavelmente por ser negativa. O presente é visto de forma precisa e contundente, mas suas relações verdadeiras com o passado e o futuro são inacessíveis, porque o desenvolvimento do próprio escritor é o fator determinante: sentimentos acerca do passado e concepções a respeito do futuro nos quais, através de uma verdadeira interseção, um presente observado é estruturado. Não há como questionar a sinceridade dos sentimentos de Goldsmith em relação aos homens expulsos de sua aldeia: tal ligação é certa. A estrutura se torna ambígua apenas quando esse sentimento compartilhado é estendido à memória e à imaginação, pois então o que vem à tona, tanto em termos de linguagem quanto de ideias, é uma pressão diferente: a história social do escritor. Assim, os retratos nostálgicos do pároco e do professor são de homens independentes e honrados no lugar onde vivem, amparados por toda uma forma de vida na qual a independência e a comunidade são coisas reais. Para esse poder autônomo, que é também o do poeta, a vinda da riqueza e da elegância é fatal. Mas ser poeta, ironicamente, é ser poeta bucólico; a condição social da poesia é a economia pastoril idealizada; Goldsmith não vai além disso. A destruição de uma implica — ou é usada para representar — a da outra. E então a própria aldeia se torna uma modalidade bucólica e poética: sua expropriação é atribuída aos vícios gerais da riqueza e do luxo. Dessa forma, é muito significativo que a aldeia antiga fosse ao mesmo tempo feliz e produtiva, enquanto agora é infeliz e improdutiva —

Todo o domínio é de um senhor cativo,
E apenas meio campo tem cultivo;
Não mais reflete o céu o teu regato,
Porém se arrasta, entupido de mato;
Em teu bosque, um abetouro sozinho
Com canto tristonho guarda seu ninho,
E a ventoinha, na senda vazia,
Com seus gritos até o eco entedia.[40]*

Realmente, tudo seria muito fácil se o processo social fosse mesmo assim. Mas a realidade histórica, na qual a destruição das velhas relações sociais foi acompanhada pela utilização intensificada e o aumento da fertilidade da terra, é obscurecida pelo processo imaginativo segundo o qual, quando a ordem pastoril é destruída, o riacho fica "entupido de mato", o canto do abetouro mostra-se "tristonho" e os gritos da ventoinha tornam-se tediosos. Essa criação de uma paisagem "deserta" é um processo imaginativo e não social: trata-se do que a nova ordem faz ao poeta, e não à terra. A lembrança da "doce Auburn" é a evocação de um tipo de comunidade, um tipo de sentimento e um tipo de poesia que não podem mais sobrevi-

* One only master grasps the whole domain,/ And half a tillage stints thy smiling plain,/ No more thy glassy brook reflects the day,/ But choked with sedges, works its weedy way;/ Along thy glades, a solitary guest,/ The hollow sounding bittern guards its nest;/ Amidst thy desert walk the lapwing flies/ And tires their echoes with unvaried cries.

ver, sob a pressão do comércio insensível, mas que também não podem ser superados por novos relacionamentos e uma nova imaginação; que só podem ir para o exílio e desencadear um protesto desesperado, que transcende a história:

Que tua voz se faça ouvir do passado
E compense o presente amargurado.[41]*

É a poesia exilada, ao final de "The deserted village", que deverá ensinar

Que o império do comércio há de acabar,
Como as ondas desmancham o quebra-mar;
E a força que a si própria dá sustento,
Qual rochedo, resiste aos elementos.[42]**

Aqui, com uma precisão excepcional, é projetado aquilo que posteriormente podemos denominar estrutura romântica de sensibilidade — a afirmação da natureza em oposição à indústria e da poesia em oposição ao comércio; o isolamento da humanidade e da comunidade na ideia de cultura, em oposição às pressões sociais concretas da época. Podemos captar seus ecos com exatidão em Blake, Wordsworth e Shelley.

III

Uma reconstrução diferente de um passado mais feliz, com um apelo consciente à moralidade no presente, é o que se vê em "The country justice" de Langhorne (1774-7). Aqui a referência

* Still let thy voice, prevailing over time,/ Redress the rigours of th' inclement clime.

** That trade's proud empire hastes to swift decay,/ As oceans sweep the labour'd mole away;/ While self-dependent power can time defy,/ As rocks resist the billows and the sky.

básica é aos bretões livres de antes das invasões dos saxões, dinamarqueses e normandos: uma variante da ideia de que o jugo normando representou a imposição da opressão feudal, e de que no período anterior à conquista normanda — especialmente o reino saxônico de Alfredo — existia uma comunidade rural livre e igualitária. Em Langhorne (e há tantos — ou tão poucos — motivos para defender um quanto o outro), os ancestrais livres são os bretões; eles próprios também haviam sido invasores, porém esse fato é tão remoto que pode ser ignorado. Mas a ideia de liberdade que eles representam não é apenas "histórica".

Seriam sonhos, estes pensamentos,
Restritos a um lugar e um momento?
Ou é da Natureza este poder
Que em cada coração os faz nascer?[43]*

Aqui a ideia de liberdade primitiva e a da "Natureza" como fonte perpétua de impulsos e ensinamentos são combinadas tal como ocorre em Rousseau, a quem o poema faz uma referência oblíqua em conexão com a revolta da Córsega. Mas Langhorne encontra um representante mais específico desse ideal: o magistrado rural, o juiz da paz, dos tempos do reino de Eduardo III:

Em dias mais felizes, no passado,
Sarou Eduardo as feridas do Estado [...]
[...] *A proteger as leis sociais,*
Cultivar respeito e amor à paz;
Do rico coibir a crueldade,
Do pobre aliviar a necessidade [...]

* Were thoughts like these the Dream of ancient Time?/ Peculiar only to some Age, or Clime?/ And does not Nature thoughts like these impart,/ Breathe in the Soul, and write upon the Heart?

[...] Assim o juiz da paz de tempos idos
*Te fez, Eduardo, por todos querido.**

Em seguida, o poema passa a identificar essa justiça tradicional com as velhas mansões senhoriais —

Sóbrios recintos da velha mansão.[44]**

E isso é usado como base para uma crítica aos novos costumes:

Vós, citadinos, que sais com certeza
Rebiques no rosto da Natureza,
Destas viris construções não zombeis,
De uma grandeza que não conheceis.[45]***

A velha e austera ordem está sendo invadida (como já ouvimos antes) por cidadãos ricos, que enriqueceram através do comércio, e pelos novos vícios da moda, em relação aos quais Langhorne manifesta um desprezo não menos evidente:

Reais arquitetos, que sois infensos
A Natureza tanto quanto ao Senso.[46]****

A chegada desses novos homens e dessa nova sensibilidade ao velho meio rural corrompe a justiça tradicional:

* In happier Days, with more auspicious Fate,/ The far-fam'd Edward heal'd his wounded State [...]/ [...] The social Laws from Insult to protect,/ To cherish Peace, to cultivate Respect;/ The rich from wanton Cruelty restrain,/ To smooth the bed of Penury and Pain [...]/ [...] For this the rural magistrate, of Yore,/ Thy honours, Edward, to his Mansion bore.

** The plain Precincts of the antient Hall.

*** Nor lightly deem, ye Apes of modern Race,/ Ye Cits that sore bedizen Nature's Face,/ Of the more manly Structures here ye view;/ They rose from Greatness that ye never knew.

**** Ye royal Architects, whose antic Taste,/ Would lay the Realms of Sense and Nature waste.

Ó Eduardo, teus feitos são esquecidos,
Vê teus louros mais belos fenecidos![47]*

São sinais de tal decadência o tratamento áspero dado ao ex-combatente sem eira nem beira e a prisão cruel imposta à mãe solteira. A velha justiça e seu humanitarismo louvável são contrastados com a frieza e o rigor dos novos tempos.

Langhorne examina então um exemplo mais específico: o modo como são tratados os velhos indigentes por aqueles que têm a responsabilidade de cuidar deles:

Porém um monstro há, o mais perverso,
Que, embora o nome mal caiba no verso,
Eu cito: o funcionário paroquial!
Há que falar também, em especial,
Franzindo o cenho, destes animais,
O rude, o insensível capataz;
O fazendeiro, falso e implacável,
Duro qual rocha, qual pó insaciável!
Quando o campônio pobre, já grisalho,
Não tem mais forças para seu trabalho,
Quem vai lembrar os lucros produzidos
Por seu suor e esforço em tempos idos?
Há de provar da fome o sofrimento
Quem outrora gerou tanto alimento?
Se da exaustão a foice traiçoeira
Atinge quem ceifou a vida inteira,
Buscar o pão agora aonde vai
Esta família que não tem mais pai?
E a mãe, que nada tem a dar ao filho,
Ao fazendeiro vai pedir auxílio;
E este diz-lhe, com insolência rude,
Que na igreja haverá quem a ajude!

* O Edward, here thy fairest Laurels fade!/ And thy long glories darken into Shade.

Julgais meu verso por demais severo?
Que a crueldade humana exagero?
Tudo que canto a experiência valida:
Meu verso é duro como é dura a vida.[48]*

Não há por que questionar a veracidade desse relato do tratamento dos indigentes. Langhorne conta a história de um pastor e sua mulher, encontrados entre samambaias, mortos de fome. E isso, segundo ele, é culpa do atual juiz:

Quando a teu pai as terras pertenciam,
Os gritos dos que sofrem cá se ouviam [...]
Era dos pobres o melhor vizinho,
E não se impunha à força de meirinhos.[49]**

Essa retrospecção é generalizada numa evocação tradicional dos velhos tempos:

* But chief thy Notice shall One Monster claim,/ A Monster furnished with a human Frame,/ The Parish-Officer!—though VERSE disdain/ Terms that deform the Splendor of the Strain;/ It stoops to bid Thee bend the Brow severe/ On the sly, pilfering, cruel Overseer;/ The shuffling Farmer, faithful to no Trust,/ Ruthless as Rocks, insatiate as the Dust!/ When the poor Hind, with Length of Years decay'd,/ Leans feebly on his once subduing Spade,/ Forgot the service of his abler Days,/ His profitable Toil, and honest Praise,/ Shall this low Wretch abridge his scanty Bread,/ This Slave, whose Board his former Labours spread?/ When Harvest's burning Suns and sickening Air/ From Labour's unbrac'd Hand the grasp'd Hook tear,/ Where shall the helpless Family be fed/ That vainly languish for a Father's Bread?/ See the pale Mother, sunk with Grief and Care,/ To the proud Farmer fearfully repair;/ Soon to be sent with Insolence away,/ Referr'd to Vestries, and a distant Day!/ Referr'd—to perish! Is my verse severe?/ Unfriendly to the human Character?/ Ah! to this Sigh of sad Experience trust:/ The Truth is rigid, but the Tale is just.

** When thy good Father held this wide Domain,/ The voice of Sorrow never mourn'd in vain [...]/ He left their interest to no ParishCare,/ No Bailiff urged his little Empire there.

Ó tempos perdidos da humanidade!
Os dias d'ouro da hospitalidade [...]
Quando a RIQUEZA à desdita atendia,
E à virtude prestava serventia;
Os pobres viam sempre seus senhores,
E eram da lei os juízes cumpridores!
Porém a MODA é que impera agora,
E o magistrado honesto foi-se embora [...]
Ninguém mais vê das terras o senhor.[50]*

Assim, voltemos a Penshurst e Saxham. Seus sucessores foram todos para a cidade ou para Brighton.** E, agora que o proprietário não está mais presente, não há ninguém para ser justo e humano. Só restam o meirinho brutal e o fabriqueiro hipócrita e sonso.

A raiva de Langhorne é generosa, mas essa visão social é estranha. Depois de viver como professor particular e clérigo, Langhorne casou-se com a filha de um proprietário rural e tornou-se juiz de paz em Somerset. Dentro de sua concepção, a humanidade é projetada numa tradição rural desaparecida, e a desumanidade, nos agentes de um processo contemporâneo. Assim, é o meirinho, e não o proprietário, quem confisca o rebanho do pastor que morreu de fome:

pela sede de ouro possuído.[51]***

É verdade que havia meirinhos e agentes assim, mas não tem sentido isolá-los do processo social ao qual serviam, e dos pro-

* O Days long lost to Man in each Degree!/ The golden Days of Hospitality [...]/ When WEALTH was Virtue's Handmaid, and her Gate/ Gave a free Refuge from the Wrongs of Fate;/ The Poor at Hand their natural Patrons saw,/ And Lawgivers were Supplements of Law!/ Lost are those Days, and FASHION'S boundless Sway/ Has borne the Guardian Magistrate away [...]/ The Rural Patron is beheld no more.

** Balneário elegante, na costa do canal da Mancha. (N. T.)

*** led by the Lure of unaccounted Gold.

prietários açambarcadores que (como o próprio Langhorne reconhecia) eram responsáveis por ele. É como se um indivíduo humanitário não conseguisse admitir que as origens da miséria de sua época situavam-se na classe à qual ele estava diretamente ligado. Era-lhe necessário ou idealizar seu passado ou explicar o presente pela sua ausência e pelo surgimento de uma nova classe.

É claro que havia proprietários ausentes do campo; e esses, ainda que o neguem, formam uma classe que sempre soube o que está sendo feito através dela e para ela. Mas nem essa classe nem a dos comerciantes instalados no campo podem ser isoladas como a origem do processo de anexação e cercamento de terras e de todas as suas consequências sociais negativas. O processo de transformação da Inglaterra rural era firmemente controlado pela classe, sempre presente e comercialmente ativa, dos proprietários de terras. E a verdadeira origem do processo de mudança estava no sistema de capitalismo agrário em desenvolvimento, o qual, como sempre acontece na história do capitalismo, conseguiu transformar o meio de modo extraordinariamente produtivo, utilizando tanto os homens quanto a natureza como instrumento para a realização de um propósito dominante.

Nesse sentido, o capitalismo sempre foi um processo ambíguo: promove um aumento real da riqueza mas a distribui de modo desigual; permite o surgimento e a sobrevivência de populações maiores, porém dentro delas encara os homens apenas como produtores e consumidores, como seres que nada podem pedir à sociedade senão dentro desses papéis abstratos. Assim, havia sempre um contraste entre o extraordinário melhoramento da terra e as consequências sociais desse processo, representadas pela presença dos expropriados e vagabundos, velhos, doentes, incapacitados, mães com filhos pequenos, crianças que, incapazes de trabalhar nesse contexto, eram encaradas apenas de um ângulo negativo, como fardos indesejáveis. Ver o paradoxo da produção aperfeiçoada que gera tais consequências seria penetrar na própria essência do capitalismo. Para homens como Langhorne, era mais fácil separar as consequências do sistema e, então, atribuir à decadência social o que na verdade era o resultado do crescimento socioeconômico.

Naturalmente, à medida que aumentavam o sucesso, o alcance e a autoconfiança do novo sistema social, aumentava a probabilidade de haver motivos locais para alguma forma de nostalgia. Aqui e ali, era possível lembrar outras épocas e outros costumes. Mas, sob a pressão das contradições gerais do sistema, tais observações locais realistas deram origem a uma visão histórica geral e, por fim, a um mito. A classe dos proprietários rurais da Inglaterra, que havia modificado a si mesma ao modificar seu mundo, foi idealizada e deslocada de modo a formar um contraste histórico com suas próprias atividades reais. Sua desumanidade real só com dificuldade podia ser reconhecida por aqueles que a ela estavam ligados e dela dependiam, e a grande maioria dos pobres e oprimidos não tinha uma voz comum que explicitasse aquilo que era sua experiência cotidiana. Assim, o instinto humanitário foi desvinculado da sociedade; tornou-se uma compaixão que só atuava *após* os eventos sociais decisivos. A verdadeira classe dominante não podia ser colocada em questão; portanto, era vista como temporariamente ausente, ou como a gente boa de outrora que fora substituída pela gente má de agora: essa classe tornou-se sucessora de si mesma. Há muitos séculos essa triste canção é ouvida: uma canção sedutora, que transforma protesto em nostalgia, até que a morte nos leve.

A visão que tem Langhorne do juiz de antigamente, e o contraste deste com o de seu tempo constituem um elemento importante de toda uma visão global do passado rural que se tornou característica. Como já vimos, de início ele situa o juiz de outrora na geração anterior e, depois, num passado distante. Essa indefinição quanto à localização no tempo acabará por se tornar normal em toda a discussão subsequente.

Porém voltemos ao passado por um momento. O chamado paternalismo da legislação social do período Tudor sempre esteve ligado a uma ofensiva contra o que, na época, era denominado vadiagem. Esse duplo aspecto da legislação é típico do período de surgimento do capitalismo rural como ordem social. Na economia de escassez da Idade Média, era possível encarar a pobreza como consequência de calamidades aparentemente naturais: fome, doença, peste. Assim, a reação à pobreza era, ao menos em teoria, uma caridade natural, na qual todos os homens estavam envolvidos por existirem na natureza: o dever para com Deus implicava este dever geral para com os homens, dentro de uma perspectiva fundamentalmente religiosa. A realidade, naturalmente, era bem diversa: a ordem estabelecida já continha uma pobreza normal, e a pobreza anormal tinha de depender da sorte, num sistema de gratuidade. Mas, com o processo de desenvolvimento que partiu dessa economia de escassez e com a desintegração e a mobilidade da sociedade pós-feudal, a nova ideologia apareceu de forma decisiva. Ao mesmo tempo que organizou a reação à pobreza — como, por exemplo, nas novas concepções quinhentistas de uma taxa obrigatória de assistência à pobreza, na classificação de tipos de pobreza e em novos mecanismos administrativos para lidar com eles —, a nova ideologia, por outro lado, vinculou a pobreza ao trabalho de novas maneiras, de modo que a repressão à chamada vadiagem, ela própria a consequência de uma perturbação e uma mobilidade socialmente criadas, tornou-se por sua vez uma obrigação moral. Os coletores e capatazes tinham, desde o início, esta dupla função: organizavam a assistência aos pobres e obrigavam os desvalidos e expropriados a trabalhar. O maior problema desse sistema sempre foi a maneira como era tratada uma mobilidade que era inevitável e natural. O objetivo da legislação contra a vadiagem era, em grande parte, obrigar os sem-terra a aceitar o trabalho assalariado, no contexto da nova organização da economia. Porém, através da organização da assistência social em bases paroquiais, esse objetivo era racionalizado como a obrigação de as pessoas cuidarem de suas famílias, de seus vizinhos — por fim, apenas de suas famílias. A ideia de fixação num lugar, e depois da criação dos filhos, contrapunha-se às ideias de mobilidade, dos "vagabundos sadios", os trabalhadores livres.

Esse contraste persiste, numa crise de valores duradoura. Ainda é comum encontrar uma idealização do sedentarismo, da vizinhança, como se essa fosse a única realidade da comunidade. Em meados do século XX, T. S. Eliot, defendendo uma concepção de sociedade cristã, afirmou que "de modo geral tem-se a impressão de que seria melhor se os seres humanos, em sua grande maioria, continuassem vivendo nos lugares em que nasceram".[52] (Essa "grande maioria", é claro, exclui o homem que se deslocou não apenas de um lugar para o outro, mas de um continente para o outro.)

Não obstante, em torno da ideia de sedentarismo desenvolveu-se toda uma estrutura de valores. Essa estrutura baseia-se em muitos sentimentos profundos e persistentes: uma identificação com as pessoas com quem nos criamos; um apego ao lugar, à paisagem, onde começamos a vida e aprendemos a ver. Identifico esses sentimentos de imediato, com base em minha experiência pessoal. A única paisagem que vejo nos meus sonhos é a aldeia das Black Mountains onde nasci. Quando volto àquela região, sinto que recupero uma forma de vida específica, que por vezes parece ser uma identidade inevitável, uma ligação mais positiva do que a que tenho com qualquer outro lugar. Muitos outros homens sentem o mesmo em relação aos lugares onde nasceram, e a força da ideia de ter raízes num lugar, seja este antigo ou novo, torna-se então positiva e inquestionável. Mas, para a maioria das pessoas, a questão sempre foi como continuar a viver onde elas estão. Também conheço esse problema na carne: não apenas porque tive de sair de minha aldeia para estudar e para desenvolver um tipo específico de trabalho, mas também porque toda a região onde nasci vem sofrendo um processo terrível de perda de população, pois as pessoas não conseguem mais ganhar a vida lá. Quando me deparo com a idealização do sedentarismo, não preciso tomar emprestado o primeiro sentimento: sei exatamente o que significa a vizinhança nessa acepção exata, e o que implica ter de partir e separar-se dela. Porém sei também por que as pessoas têm de partir, por que tantos membros de minha família foram embora. Assim, encaro a idealização do sedentarismo, em sua versão lítero-

-histórica mais comum, como uma indiferença insolente às necessidades da maioria das pessoas. Em particular, a idealização das antigas leis de assistência aos pobres, em Langhorne ou em autores do século XX, parece-me um erro tão profundo a ponto de negar o humanitarismo que é convencionalmente expresso por ela. No entanto, compreendo que deve ser difícil para quem jamais viveu num lugar onde só existe um empregador conseguir compreender a ideologia desse paternalismo interesseiro. O sedentarismo é sem dúvida fácil, e positivo, para aqueles que podem ficar onde estão numa situação de razoável independência. Para quem não pode — e sob as pressões da transição para um novo modo de produção os que não podem são a maioria —, o sedentarismo pode tornar-se uma prisão: um longo processo de desânimo e desespero, sob condições rigidamente impostas. E as leis que pretendiam fixar as populações visavam justamente manter essa rigidez, esse controle implacável sobre os homens. Desde as imposições do feudalismo sobre os servos até o mecanismo mais complicado das leis dos pobres, tal controle é bem evidente. Cada um devia ficar onde estava; quem saía era perseguido. Afirmava o preâmbulo a uma dessas leis, de 1662:

> devido a uma falha da legislação, os pobres não são impedidos de ir de uma paróquia a outra, e desse modo tentam estabelecer-se naquelas paróquias onde há mais riqueza, as mais extensas terras comunais ou baldias para nelas construir cabanas, e mais bosques para eles queimarem e destruírem.

Já se tentara muitas vezes impedir que esses homens e mulheres buscassem melhores condições de vida. Desde o século XIV havia sistemas de licenças para qualquer criado ou trabalhador que saísse de sua paróquia, obrigando-os a provar que estavam mesmo "em liberdade"; e havia também os mecanismos de controle das feiras de contratação.* Nas diferentes fases desse processo de

* Feiras realizadas anualmente em cidades e aldeias inglesas para a contratação de criados e trabalhadores rurais. (N. T.)

controlar os homens enquanto mão de obra, o auxílio à pobreza, motivado em parte por sentimentos naturais de bondade, era terrivelmente prejudicado. Pois, por um lado, os salários não subiram tanto quanto deviam subir, de meados do século XVII para o final do XVIII, um período em que a prosperidade da agricultura aumentou de modo extraordinário. Por outro lado, todos aqueles que escapavam dessa rede de controle básico — mulheres com filhos, órfãos, filhos ilegítimos, doentes e velhos — eram enquadrados num sistema de auxílio, fundamentado na fixação ao local, que, com todas as variações locais, era de modo geral inevitavelmente cruel. "Pessoas idosas, aleijadas ou inválidas" com menos de três anos de residência no local podiam ser removidas à força ou então abandonadas à própria sorte, legalmente. Os órfãos tornavam-se aprendizes, situação em que ficavam à disposição dos mestres. As mães solteiras eram presas. As famílias com filhos demais eram transportadas para qualquer outro lugar; ironicamente, tais famílias ficavam menos vulneráveis nas cidades e nas áreas já em processo de industrialização do que nas aldeias; nas cidades elas por vezes formavam unidades econômicas, enquanto nas aldeias o que mais se desejava era o produtor abstrato, o homem solteiro fisicamente apto, o criado doméstico da fazenda. Naturalmente, havia paróquias em que prevalecia o humanitarismo. O efeito do sistema, porém, era o de expulsar cruelmente os mais desvalidos de uma paróquia para outra; por fim, foram criados os asilos, onde esse rebotalho humano — doentes, velhos, loucos, foragidos — era concentrado e podia ser mais diretamente controlado. Crabbe escreveu mais tarde sobre um desses asilos promíscuos:

Crianças vivem lá que amor de pai não têm,
E pais privados de amor de filhos também;
Viúvas de lágrimas em vão derramadas,
Esposas sem maridos, mães jamais casadas;
Matronas cuja vida é só vazio e ânsia,
E velhos, com temores piores que os da infância;

Há cegos, aleijados e — os mais ditosos! —
Os loucos alegres e parvos silenciosos.[53]*

Mesmo aqueles que podiam ficar em suas paróquias estavam sujeitos a pressões, quando se viam passando necessidade. A partir de 1693, o auxílio aos velhos residentes nas aldeias — homens como os mencionados por Langhorne — era submetido à autoridade de um juiz; os nomes eram registrados num livro e checados anualmente. Uma lei de 1697 estipulou que esses pobres que recebiam pensão deveriam usar no casaco uma letra P vermelha ou azul; agora, formavam uma categoria e eram marcados.

Tendo em vista todos esses fatos, dificilmente aceitaremos a visão histórica de Langhorne, ainda que possamos aceitar suas observações. Foi um sistema já estabelecido havia muito tempo que gerou as crueldades que o horrorizavam, e jamais foi possível ao juiz do interior se elevar acima dos padrões da sociedade e da economia rurais das quais ele fazia parte. O homem bom preso nesse sistema (um deles era Henry Fielding, se bem que num meio diferente) podia temperá-la com piedade e conceber reformas possíveis. Mas os limites estavam sempre presentes, como parte de uma realidade global. Juiz e capataz, proprietário e meirinho faziam parte de um mesmo mundo, um mundo dominante. Essa realidade era de fato dura, e ela não havia substituído uma ordem antagônica de proprietários de terras: aquela tinha seus alicerces nesta.

* There Children dwell who know no parents' care:/ Parents, who know no Children's love, dwell there;/ Heart-broken Matrons on their joyless bed,/ Forsaken Wives and Mothers never wed;/ Dejected Widows with unheeded tears,/ And crippled Age with more than childhood's fears;/ The Lame, the Blind, and, far the happiest they!/ The moping Idiot and the Madman gay.

9. CRIADO PARA SER LAVRADOR

Pois a verdade, ainda que expressa em poesia,
É que campeia nas aldeias a agonia.[1]*

Agora torna-se mais fácil compreender a insistência de Crabbe. A observação é a mesma de Goldsmith e Langhorne, porém inserida numa nova estrutura de sentimentos, que pode dispensar a retrospecção. O que se vê, dentro de uma convenção nova, é um contraste social existente e ativo. A energia dessa convenção nova provém da rejeição da velha: uma rejeição do bucólico:

Os que lavram a terra ou pastoreiam rebanhos
Decerto verão no campo encantos tamanhos;
Mas quando vejo, em tão aprazível lugar,
Os lavradores míseros a trabalhar,
E o sol do meio-dia com luz desmedida
A fustigar-lhes as frontes desprotegidas,
E outros, fracos de ânimo e entendimento,
Apenas a expressar seu descontentamento,
Como ousar esconder uma tal realidade
Em versos fáceis de orgulho e falsidade?[2]**

* No longer truth, though shown in verse, disdain/ But own the Village Life a life of pain.

** I grant indeed that fields and flocks have charms/ For him that grazes or for him that farms;/ But when amid such pleasing scenes I trace/ The poor laborious natives of the place,/ And see the mid-day sun, with fervid ray,/ On their bare heads and dewy temples play;/ While some, with feebler heads and fainter hearts,/ Deplore their fortune, yet sustain their parts;/ Then shall I dare these real ills to hide/ In tinsel trappings of poetic pride?

Trata-se de uma alteração da paisagem, através de uma alteração da visão. A inclusão do trabalho, e portanto dos trabalhadores, é uma mudança consciente de identificação. Para perceber a magnitude dessa mudança, basta lembrar os campos de Penshurst; para reconhecer a retificação consciente do sentimento, é só lembrar "The hock-cart".

Em parte, esse reconhecimento de Crabbe já tinha um precedente. Meio século antes, a mesma contestação ao "bucólico" fora feita de modo vigoroso:

Cá não murmuram fontes, cantam passarinhos
Nem correm pela relva alegres cordeirinhos;
Em toda a paisagem não se vê alegria;
Tudo desperta na musa a melancolia.
Ao debulharmos vagens sujas de fuligem,
Obscurecida fica nossa cor de origem:
O suor, o pó, a fumaça sufocante
Dão-nos do etíope a aparência negrejante.
Quando, ao cair da noite, aos lares retornamos,
Nossas esposas e filhos amedrontamos.
Passam as semanas, e não muda a trabalheira,
Até que chega enfim o dia da joeira:
Mas, se o trabalho muda, é bem pior que antes:
O capataz nos grita ofensas humilhantes.[3]*

Nesses versos encontramos uma mudança decisiva, na especificidade do trabalho e, acima de tudo, na presença da marca da primeira pessoa do plural:

* No Fountains murmur here, no Lambkins play,/ No Linnets warble, and no Fields look gay;/ 'Tis all a gloomy, melancholy Scene,/ Fit only to provoke the Muse's Spleen./ When sooty Pease we thresh, you scarce can know/ Our native Colour, as from Work we go:/ The Sweat, the Dust, and suffocating Smoke/ Make us so much like Ethiopians look./ We scare our Wives, when Ev'ning brings us home;/ And frighted Infants think the Bugbear come./ Week after Week, we this dull Task pursue,/ Unless when winn'wing Days produce a new;/ A new, indeed, but frequently a worse!/ The Threshal yields but to the Master's Curse.

*Ao debulhar*mos *vagens.*

Pois esse poema é de Stephen Duck, até hoje cognominado, com certa condescendência, "o poeta debulhador". No frontispício de seu primeiro livro temos sua história:

> O qual foi por muitos anos um pobre debulhador num celeiro, em Charleton, condado de Wilts, recebendo um salário de quatro xelins e seis *pence* por semana, até ser descoberto por Sua Majestade a falecida rainha CAROLINA; a qual, em razão do grande gênio do poeta, deu-lhe um apartamento em Kew, perto de Richmond, Surry, e um salário de trinta libras por ano; após o que ele dedicou-se ao estudo dos idiomas clássicos, tomou ordens e é agora um clérigo mui digno.

Nada pode diminuir o poder da simplicidade de um de seus primeiros poemas, "The thresher's labour" [O trabalho do debulhador]:

Os que manjares finos provam com prazer
Da lida do ceifeiro não devem esquecer:
Pois nossa vida é trabalhar constantemente;
Só aos domingos tem descanso a nossa gente,
E é de mau grado que o senhor no-lo consente.
Pensai na vida dolorosa que vivemos;
Cedo acordamos, bem tarde nos recolhemos.
E nem sequer quando dormimos temos paz;
Nossas tarefas repetimos mais e mais:
Porque mesmo nos sonhos nossa fantasia
Evoca os trabalhos que fazemos de dia [...]
[...] *Assim, no decorrer de cada mês e ano,*
Jamais tem fim nosso trabalho desumano,
Como o de Sísifo, que a pedra que rolava
Encosta acima em seguida despencava.

Após cada tarefa há uma tarefa nova,
E a vida de labuta sempre se renova.[4]*

Isso foi escrito quando ele ainda era debulhador e

> trabalhava o dia todo para seu capataz; e, findos os trabalhos do dia, dedicava-se aos livros à noite.

Percebe-se com facilidade a tensão com que a voz do trabalhador vai lentamente se adaptando aos modelos poéticos disponíveis: a explicação formal, a referência clássica arriscada, as orações subordinadas cuidadosamente dispostas numa forma literária contida. A seu modo, porém, o sentimento resiste a tudo isso, e é notável constatar, em face dessa verdade simples e óbvia, que no século XX o nome de Duck ainda possua conotações "limitadoras".

Um alvo melhor para a ironia — e certamente para o desdém — é a absorção social subsequente. O que aconteceu era provavelmente inevitável:

> Pessoas de distinção começaram a requisitá-lo de diferentes maneiras.

Já exposto a uma ideologia convencional —

Não é tão mau ser pobre e conformado,
Pois a riqueza traz muitos cuidados [...]
[...] *O pobre come com prazer seu pão,*
E se deleita com o repouso são [...]

* Let those who feast at Ease on dainty Fare/ Pity the Reapers, who their Feasts prepare:/ For Toils scarce ever ceasing press us now;/ Rest never does, but on the Sabbath, show:/ And barely that our Masters will allow./ Think what a painful Life we daily lead;/ Each morning early rise, go late to Bed;/ Nor, when asleep, are we secure from Pain;/ We then perform our Labours o'er again:/ Our mimic Fancy ever restless seems;/ And what we act awake, she acts in Dreams [...]/ [...] Thus, as the Year's revolving Course goes round,/ No respite from our Labour can be found;/ Like Sisyphus, our Work is never done;/ Continually rolls back the restless Stone./ New growing Labours still succeed the past;/ And growing always new, must always last.

> [...] *Mas de outro modo a coisa dir-se-á:*
> *Fosse a pobreza de tal modo má,*
> *Melhor aceitar a sina contente*
> *Do que queixar-se dela a toda gente*[5]*

—, mudou desse tom de amor-próprio na defensiva, ainda que comprometido, para outro bem diverso. Pouco depois de sua mudança de vida, escreveu "Gratitude, a pastoral" [Gratidão, uma bucólica]: essas duas palavras, juntas, dizem tudo.

> *MENALCAS, de meu berço vil és sabedor;*
> *Sabes-me criado para ser lavrador;*
> *Era servindo que eu ganhava meu sustento,*
> *E mãos mesquinhas concediam-me alimento.*
> *Mas CAROLINA de mim se compadeceu,*
> *A ela devo esse pasto que hoje é meu.*
> *Graças a sua imensa generosidade*
> *Hoje em meu peito mora a felicidade.*[6]**

Isso é sincero e compreensível, e não chega a surpreender que, um ou dois anos depois, Duck esteja escrevendo o seguinte:

> *Canto os prados floridos, os bosques gentis:*
> *Ó ninfas, inspirai meus versos pastoris.****

* Contented Poverty's no dismal Thing,/ Free from the Cares unwieldy Riches bring [...]/ [...] The poor Man's labour relishes his Meat;/ His Morsel's pleasant, and his Rest is sweet [...]/ [...] But let us state the Case another Way:/ Were Poverty so hideous as they say,/ 'Tis nobler cheerfully to bear our Fate,/ Than murmur and repine beneath its Weight.

** O You, MENALCAS, know my abject Birth,/ Born in a Cot, and bred to till the Earth:/ On rigid Worldlings always doom'd to wait,/ Forc'd at their frugal Hands my bread to get:/ But when my Wants to CAROLINE were known,/ She bless'd me with a Pasture of my own./ This makes new Pleasures in my Bosom glow;/ These joyful Looks I to her Bounty owe.

*** Of blissful Groves I sing, and flow'ry Plains:/ Ye Sylvan Nymphs, assist my rural strains.

Não é para menos que o título deste poema é "On Richmond Park, and Royal Gardens" [Do Parque Richmond e os Jardins Reais], lugares onde o bucolismo, como jogo, estava sempre presente. William Kent havia projetado, para a rainha Carolina, um pavilhão chamado Caverna de Merlin — "uma fachada à Palladio com telhado de colmo" —, e Duck foi colocado dentro dele, como guia. O que disse então o guia?

Exércitos não pilham o campo frutuoso;
Com paz e abundância, o zagal é venturoso.
Bem diferentes são as plagas estrangeiras:
De sol a sol trabalha o pobre lavrador,
*E do que colhe entrega tudo a seu senhor.**

Foi uma transição rápida e surpreendente, que partiu de coisas como:

Toda a manhã, sob o sol tórrido suamos,
E com esforço duro e rude trabalhamos.
Por toda parte espalha-se o cardo inimigo,
E em direção reversa o vento dobra o trigo.
O capataz nos vigia e, se acha na terra
Uma espiga olvidada, com raiva ele berra:
"Metade do salário deixais espalhada".
E com a mão avara arranca a restolhada.[7]**

Mas não se trata apenas da transição de um campo em Wiltshire para Richmond Park e Royal Gardens, e sim, enquanto transi-

* No plund'ring Armies rob our fruitful Plain;/ But, bless'd with Peace and Plenty, smiles the Swain./ Not so he smiles upon the foreign Shores;/ Poor Peasants with their rigid Burdens groan,/ And till the Glebe for Harvest not their own.

** The Morning past, we sweat beneath the Sun./ And but uneasily our Work goes on./ Before us we perplexing Thistles find,/ And Corn blown adverse with the muffling Wing./ Behind our Master waits: and if he spies/ One charitable Ear, he grudging cries,/ 'Ye scatter half your Wages o'er the Land'./ Then scrapes the Stubble with his greedy Hand.

ção literária decisiva, uma mudança de "nós" para "o zagal". Poucos anos depois, Duck estava escrevendo, como qualquer poetastro, imitações dos clássicos, num tom elevado e esvaziado, segundo os moldes daquela cultura elegante que era não apenas uma postura literária — a "alta" tradição — mas também, como sempre, uma ratificação social. Não há melhor exemplo desse empobrecimento, e de ironia inconsciente, do que uma de suas imitações de Claudiano, que por outros motivos, imprevisíveis, tornou-se ridícula:*

Feliz em Bethnal Green o camponês
Que em Corte não pisou jamais;
Que nunca se afastou, uma só vez,
*Da terra que foi de seus pais.***

Tendo essa triste história por precedente, Crabbe, foi, de certo modo, obrigado a começar tudo de novo. Ele estabelece a distinção entre os campos encantadores dos "que lavram [...] ou pastoreiam" e a realidade dos "lavradores míseros a trabalhar". Isto já é interessante, como observação de uma realidade social: a distinção entre o proprietário, que "lavra" e "pastoreia", e os trabalhadores, que apenas "trabalham". Assim, também hoje dizemos que o empreiteiro ou o arquiteto "constroem", enquanto os trabalhadores apenas "trabalham na obra" ou, seguindo outra convenção, "assentam tijolos", "trabalham em carpintaria" ou "misturam concreto"; ou seja, desempenham apenas partes do processo, mas não sua totalidade, da qual o proprietário e empregador se apropriou, e que, não sendo atribuída aos trabalhadores, num sentido concreto não lhes pertence verdadeiramente. Porém uma distinção de importância mais imediata é feita entre "os que lavram" e o

* Bethnal Green posteriormente se tornou um dos mais miseráveis bairros proletários de Londres. (N. T.)

** How bless'd the Swain of Bethnal-Green,/ Who ne'er a Court beheld,/ Nor ever rov'd beyond the Scene,/ Of his paternal Field.

"eu" do poeta. Ao menos essa separação já ocorreu, com a mudança de convenções: o escritor é um observador independente e não (ou não inteiramente, como veremos adiante) o poeta convidado do proprietário que é seu protetor. Ao mesmo tempo, a partir dessa perspectiva independente, é característico que Crabbe, como Langhorne, dê destaque ao trabalhador idoso:

E agora que está velho, é sempre com desdém
Que o tratam os ricos, e mais os pobres também;
Agora ele é escravo de mais de um senhor,
A disputar-lhe a gota última de suor;
E, se lhe estorva os membros o peso da idade,
Todos dizem: o mal do pobre é a ociosidade.[8]*

Isso é o rompimento com uma ideologia, através do que, de início, é uma observação de cunho humanitário. Mas o rompimento é ampliado. Em sua antibucólica, Crabbe utiliza como primeiro dado uma extensão de terra árida, a região improdutiva, cheia de ervas daninhas, perto de Aldeburgh, em Suffolk. E isso é importante, pois qualquer estudo da literatura e da história da Inglaterra rural deve sempre ter em mente a região e o local em questão. Como veremos em "Rural rides" de Cobbett, "um campo sorridente" ficava às vezes separado por apenas uma manhã de viagem de "uma extensão de areias escaldantes". As generalizações a respeito da Inglaterra rural, nesse período e, em menor grau, na atualidade, devem levar em conta esse desenvolvimento desigual. A Suffolk de Arthur Young ficava a apenas uma manhã de viagem da de Crabbe, na mesma época.

A visão de Crabbe, no entanto, não é apenas uma reação à existência de terras improdutivas, que sempre poderiam ser

* For now he journeys to his grave in pain;/ The rich disdain him; nay the poor disdain;/ Alternate masters now their slave command,/ Urge the weak efforts of his feeble hand,/ And, when his age attempts its task in vain,/ With ruthless taunts, of lazy poor complain.

melhoradas por meio de campanhas como as promovidas por Young. Crabbe passa da "extensão de areias escaldantes" para outro cenário, com a seguinte observação essencial:

Porém em terras como estas, com certeza
Há que pôr a culpa na avara Natureza;
Por mais que se trabalha, todo esforço é vão:
Os campos pedem muito, e muito pouco dão.
Mas terras há que são fecundas, que são belas;
Muitos trabalham, muito poucos folgam nelas.
E, para aqueles, a riqueza a seu redor —
Qual ouro que o escravo extrai para seu senhor —
Torna a miséria em que vivem ainda maior.[9]*

É esta precisamente a situação —

*Em meio à riqueza caminha esfomeado***

— que Duck havia percebido e depois situado, prudentemente, em outras plagas. É a crise específica do capitalismo rural e do industrial. Agora poderíamos estar em diversas regiões da Inglaterra —

*Muitos trabalham, muito poucos folgam nelas****

— mas o mais provável é que estejamos em Leiscestershire, ou na terra das aldeias dependentes em torno do castelo de

* But these are scenes where Nature's niggard hand/ Gave a spare portion to the famish'd land;/ Hers is the fault, if here mankind complain/ Of fruitless toil and labour spent in vain;/ But yet in other scenes more fair in view,/ Where Plenty smiles—alas! she smiles for few—/ And those who taste not, yet behold her store,/ Are as the slaves that dig the golden ore,—/ The wealth around them makes them doubly poor.

** But starving walks thro' Nature's lavish Stores.

*** Where Plenty smiles—alas! she smiles for few.

Belvoir, onde Crabbe trabalhava como capelão doméstico do principal senhor de terras, o duque de Rutland. Algumas dessas terras haviam sido cercadas pouco antes de Crabbe começar a escrever seu poema — Croxton, por exemplo, em 1766, graças a um conluio do duque com o clero local. É nessa terra, sob esse domínio, que o trabalhador é pobre em meio à abundância. Nas terras áridas, a culpa era da Natureza; mas, aqui, quem será o culpado?

A questão é levantada, mas o caráter e o poder da visão de Crabbe terminam não podendo respondê-la. "The village" é uma antibucólica autêntica, cujas descrições de sofrimentos humanos se opõem às descrições "bucólicas" de prazeres. É também um libelo contra os relatos lisonjeiros de uma economia ética; a assistência que deveria estar sendo dada não o está. Como Crabbe observa, citando Goldsmith:

Acaso acodem, caridosos, estes tais
"Com renda de quarenta libras anuais"?
Ah! Não, este pequeno rebanho indigente
*'Stá a cargo de um pastor de espécie diferente.**

Pároco e médico — homens como Crabbe: o próprio Crabbe — negligenciam o que deveria ser um dever moral deles.

A ambiguidade dessa situação social e moral — a do observador humanitário e indignado que é também o capelão doméstico do duque de Rutland — reflete-se de modo interessante na estrutura e mesmo na gramática do poema. Crabbe coloca uma questão central:

O que o trabalho gera e o que o homem merece
*Quando, após tanto labor, por fim envelhece.***

* And doth not he, the pious man, appear,/ The 'passing rich with forty pounds a year?'/ Ah! no; a shepherd of a different stock./ And far unlike him, feeds this little flock.

** What labour yields, and what, that labour past,/ Age, in its hour of langour, finds at last.

A dimensão de sua resposta, no entanto, indica qual sua verdadeira plateia e, portanto, qual a verdadeira questão que levanta.

Credes que basta a saúde por recompensa
A quem trabalha — pois riqueza traz doença?
Pois ide vê-los despertar de madrugada,
O dia inteiro não soltar a mão da enxada;
Vê-los suar, debaixo de um sol inclemente,
O corpo a estremecer, do tanto que está quente;
Ou, em suas foices apoiados por um instante,
A contemplar a rude lida incessante.
Vê-lo, sob chuva ou sol, na encosta ou na planície,
A semear agora as dores da velhice;
Por pântanos e urzais, entregues ao trabalho,
Sorvendo pelos poros vespertino orvalho,
Verás que a teus escravos é o labor fatal,
*Tal como teus excessos a ti fazem mal.**

Nesse ponto o leitor tem de perguntar a quem se referem "vós" e "tu". No poema, "vós" é em geral o poeta bucólico e, por extensão, seus leitores complacentes; aqueles que creem

*que a vida do pastor é sem cuidados.***

Contudo, nessa passagem também aparece, rapidamente, uma outra personalidade: "teus escravos", "teus excessos". Não é o

* Or will you deem them amply paid in health,/ Labour's fair child, that languishes with wealth?/ Go then and see them rising with the sun/ Through a long course of daily toil to run;/ See them beneath the dog-star's raging heat/ When the knees tremble and the temples beat;/ Behold them, leaning on the scythes, look o'er/ The labour past, and toils to come explore;/ See them alternate suns and showers engage/ And hoard up aches and anguish for their age;/ Through fens and marshy moors their steps pursue,/ When their warm pores imbibe the evening dew;/ Then own that labour may as fatal be/ To these thy slaves, as thine excess to thee.

** Ye gentle souls, who dream of rural ease.

poeta bucólico, e sim o rico proprietário rural, que é denunciado por um momento, para que veja o sofrimento de seus trabalhadores. Porém a base da acusação é, na verdade, um pressuposto do bucolismo: a saúde é a "recompensa" de quem trabalha; a "riqueza traz doença". Isso é mais do que uma observação a respeito da relação simples entre saúde e exercício; é uma associação tendenciosa entre saúde e trabalho, entre doença e riqueza, que em qualquer mundo real só pode ser considerada ingênua. Até certo ponto, Crabbe escapa da acusação de ingenuidade de modo direto: esse tipo de trabalho, que obriga o homem a se expor de tal modo aos elementos é fisicamente destrutivo. Mas, o complemento dessa observação nunca é apresentado, pois o poeta passa a se referir não mais ao proprietário, que é o empregador do camponês, e sim a um alvo mais fácil: o consumidor excessivo. Quando Crabbe volta a se dirigir diretamente a alguém, já no final do primeiro livro, essa identificação implícita se explicita:

Tu que te queixas de males imaginários,
Doenças dos nervos e outros achaques vários,
E no sofá te refestelas, circundado
De teus escravos, que te cercam de cuidados;
Que o médico cansado sempre apoquentas
Com os mil e um sintomas novos que inventas;
O qual finge te ouvir, pensando, com ironia,
Que só a verdadeira dor te curaria;
Como te sentirias, às portas da morte,
*Sofrendo, abandonado a tua própria sorte?**

* Say ye, oppressed by some fantastic woes,/ Some jarring nerve that baffles your repose,/ Who press the downy couch, while slaves advance/ With timid eye, to read the distant glance;/ Who with sad prayers the weary doctor tease,/ To name the nameless ever-new disease;/ Who with mock patience dire complaints endure,/ Which real pain, and that alone, can cure;/ How would ye bear in real pain to lie,/ Despised, neglected, left alone to die?

Podemos ter certeza de que nesse trecho Crabbe baseia-se na sua experiência pessoal, de seus tempos de estudante de medicina. Porém o desprezo manifestado por uma classe de consumidores empanzinados e neuróticos e o contraste impressionante com a situação dos trabalhadores nos fazem esquecer o que está envolvido na passagem crucial de "teus escravos" para "teus excessos". Como é tão comum ocorrer, a atenção é desviada dos que dirigem ativamente o processo social para aqueles que dele se beneficiam de modo mais passivo: os que vivem no luxo na cidade. Estes também têm seus "escravos", os criados domésticos, mas são criticados não por estarem associados ao processo de exploração, e não apenas por serem indiferentes; são acusados simplesmente de estarem fazendo mal a si próprios e àqueles que os cercam.

Assim, a estrutura dos valores de Crabbe está essencialmente clara: trata-se do humanitarismo setecentista, com sua insistência passional em ressaltar a importância de se cuidar das pessoas e apiedar-se delas, com base num padrão implícito de uma vida simples, virtuosa e responsável. Nesse sentido, ainda é uma visão bucólica, de simplicidade e independência, tornada amarga e desesperada pelas cenas que a negam constantemente: os pobres abandonados, os ricos cometendo excessos. O que Crabbe pede é amor-próprio e caridade: quer que os ricos aprendam essas virtudes e que os pobres com elas se beneficiem. É um apelo comovente, dentro de uma visão social que, por um momento, foi dinâmica —

Muitos trabalham, muito poucos folgam nelas

— mas que termina revelando-se estática: um contraste ético, e não social, entre pobreza e riqueza.

Dessa forma, a independência que Crabbe anunciava, de um observador não comprometido que dirá a verdade opondo-se às mentiras das convenções do bucólico, termina sendo precisamente a independência do sacerdote ou médico: daqueles que cuidam da alma e do corpo, dentro das consequências de um sistema social. A necessidade de tais cuidados é tão urgente que a indignação se dirige àqueles que estão indiferentes a ela ou a ignoram. Quando o trabalhador, depois de esforçar-se a vida inteira, está velho e doente, ele precisa de um médico digno do nome, e não de

> *Um charlatão, que de doenças bem entende,*
> *Que, antes de matar sua vítima, a ofende;**

ou um pároco decente, e não

> *Um jovem que, após as lides dominicais,*
> *Julga que Deus e os homens não lhe exigem mais.***

Esta causa e esse protesto são certamente louváveis. Porém, como toda a tradição à qual pertencem, têm seus limites, que se manifestam em "The village". Jonson e Carew, hóspedes e poetas nas mansões senhoriais de seus protetores, gratificavam seus anfitriões com a visão de uma economia ética, a qual, por mais idealizante que fosse, terminava ratificando a posição social do proprietário. Crabbe não está sendo bajulador quando recoloca a realidade do trabalho no cenário idílico; mas também ele, como médico e sacerdote, capelão doméstico de um proprietário responsável por um cercamento, não chega a ser realmente independente. No primeiro livro de "The village", abre um espaço para a observação independente e o apelo moral. No final, porém, a moralidade é dissociada das relações sociais que geram a pobreza e a indiferença. Sua atenção e seus sentimentos estão dirigidos para o problema da assistência aos indigentes, e não para os fatores que geram a indigência.

* A potent quack, long versed in human ills,/ Who first insults the victim whom he kills.

** A jovial youth, who thinks his Sunday's task/ As much as God or man can fairly ask.

No segundo livro, uma independência limitada se mantém por um momento: os vícios dos pobres — a difamação, o alcoolismo, a prostituição — não são exclusividade deles: mais ainda, são vícios aprendidos com os ricos:

*O mal do nobre ataca então o camponês.**

A hipocrisia da existência de dois padrões morais diferentes, típica de uma sociedade de classes, é vista nas cortes de justiça, onde a amásia do juiz, contemplando uma moça pobre que foi seduzida, sente-se

*feliz por ser de um rico concubina.***

Essa indignação moral, mais uma vez, é uma independência social, temporariamente. Mas algo acontece:

Porém — perguntas — por que tais erros critico
E torno o pobre tão culpado quanto o rico?
Para mostrar aos que da grandeza se ufanam
Que, no vício, os mais baixos a ele se irmanam [...]
[...] *E o poderoso, com toda a sua riqueza,*
Verá no seu escravo e em si igual vileza;
E em seu senhor luxurioso o criado
Descobrirá o mesmo gosto depravado;
E um verá no outro os vícios semelhantes
De uma raça de cegos, tontos, ignorantes,
Que vivem vidas breves, uns bem, outros mal,
*Porém no pó se igualam todos, afinal.****

* The peer's disease in turn attacks the clown.

** thanks the stars that made her keeper great.

*** Yet why, you ask, these humble crimes relate,/ Why make the poor as guilty as the great?/ To show the great, those mightier sons of pride,/ How near in vice the lowest are allied [...]/ [...] So shall the man of power and pleasure see/ In his own slave as vile a wretch as he;/ In his luxurious lord the servant find/ His own low pleasures and degenerate mind;/ And each in all the kindred vices trace,/ Of a poor, blind, bewilder'd, erring race;/ Who, a short time in varied fortune past/ Die and are equal in the dust at last.

Isso impressiona, mas o poeta está cada vez mais longe dos campos que circundam o castelo. Agora as diferenças de fortuna — "uns bem, outros mal" — relacionam-se moralmente à "igualdade" da morte. É a "raça" que erra, a "condição humana". Já ouvimos isso tantas vezes antes, no contexto de uma ideologia bem familiar, apresentando-se como uma verdade mais elevada, que o patético recuo de Crabbe pode até nem surpreender o leitor. No entanto, a proclamação de uma moralidade independente das condições sociais, "acima" das meras diferenças de fortuna, é aqui, como em outros lugares, apenas o prelúdio de uma ratificação social específica. No fundo, não é nada surpreendente, ainda que, após a qualidade das observações feitas antes, chegue a ser deprimente ver a conclusão de Crabbe:

E vós que, pobres, lamentais a sorte dura,
Não invejeis os que têm glórias e fartura;
Com tantas coisas boas, eles, como vós,
*Conhecem bem o sofrimento mais atroz.**

O caso então citado — a morte de um parente do duque de Rutland — é sem dúvida real. Mas na estrutura do poema —

*a imagem verdadeira dos pobres***

— ele é, e não tem como não ser, puramente retórico. A percepção, a indignação, a solidariedade do observador independente vão paulatinamente transformando-se numa moralidade geral e daí passam para um tom de homilia apropriado e legitimador:

não invejeis [...] *eles, como vós* [...]***

* And you, ye poor, who still lament your fate,/ Forbear to envy those you call the great;/ And know, amid the blessings they possess,/ They are, like you, the victims of distress.

** the real picture of the poor.

*** forbear to envy [...] they are, like you [...].

Temos, então, em uma nova forma, aquela mesma indiferença que disfarça a realidade das diferenças de fortuna, contra a qual, expressa no bucolismo convencional, o poema se propunha argumentar.

10. CERCAMENTOS, TERRAS COMUNAIS E COMUNIDADES

Já examinamos diversos exemplos da melancolia dos poemas setecentistas sobre a vida campestre e vimos de que modo eles culminaram, em Crabbe, na angústia. Vale a pena enfatizar esses sentimentos predominantes de perda e dor ao passarmos para aquela visão comum da história da Inglaterra rural, em que a campanha de cercamentos de terras por ordem do Parlamento é encarada como a causa da destruição de uma comunidade rural tradicional e sedentária.

Também já vimos, em Arthur Young, uma primeira estimativa do que representou o processo de cercamento, com suas contraditórias consequências socioeconômicas. É impossível subestimá-las após examiná-las em detalhes. No entanto, em certo sentido a questão dos cercamentos, situados no período específico de eclosão da Revolução Industrial, pode ter o efeito de desviar nossa atenção da verdadeira história e tornar-se um elemento de uma visão mítica muito sedutora da Inglaterra moderna, segundo a qual a transição da sociedade rural para a industrial é encarada como uma espécie de decadência, a verdadeira causa e origem dos nossos problemas e convulsões sociais. É imensa a importância desse mito para o pensamento social moderno. É uma das fontes principais daquela estrutura de sentimentos que começamos por examinar: um perpétuo recuo a uma sociedade "orgânica" ou "natural". Mas é também uma fonte importante daquela última ilusão protetora da crise de nossa época: a ideia de que não é o capitalismo que nos está prejudicando, e sim o sistema mais visível e mais facilmente isolável do industrialismo urbano. Sem dúvida, as questões envolvidas são muito difíceis; por isso mesmo, porém, torna-se necessário analisá-las, a cada etapa e em cada período no qual podemos discernir a formação de um elemento dessa estrutura.

Não há por que negar a importância crucial do período dos cercamentos por ordem parlamentar, do segundo quartel do século XVIII até o primeiro quartel do século XIX. Através de quase 4 mil atos legislativos, mais de 2,4 milhões de hectares de terras foram apropriados pelos proprietários politicamente dominantes: cerca de um quarto da totalidade das terras cultivadas. Mas torna-se então necessário ver a continuidade essencial desse processo de apropriação tanto com fases anteriores quanto com posteriores. É necessário enfatizar, por exemplo, a proporção de território que já havia sido cercada antes dessa mudança de métodos, ocorrida em meados do século XVIII — a utilização de atos do Parlamento. O processo já vinha ocorrendo pelo menos desde o século XIII, e atingira um primeiro clímax nos séculos XV e XVI. Historicamente, na verdade isso já vinha ocorrendo desde que teve início o longo processo de conquista e confisco: as terras ganhas através do assassinato, da repressão, das negociações políticas.

Além disso, à medida que a economia se desenvolve não se pode isolar completamente o processo de cercamento dos melhoramentos que vão ocorrendo rotineiramente no campo, as transformações nos métodos de produção, a oscilação dos preços e aquelas mudanças nas relações de propriedade de caráter mais geral que estavam todas caminhando na mesma direção: o aumento da extensão de terras cultivadas, porém ao mesmo tempo a concentração da propriedade nas mãos de uma minoria.

O recurso ao Parlamento para promover cercamentos tornou esse processo ao mesmo tempo mais público e mais bem documentado. Nesse sentido, estava diretamente relacionado ao ritmo cada vez mais acelerado do processo de melhoramento agrícola no final do século XVIII e início do XIX. Nesse período, a região mais afetada era uma faixa que ia de Yorkshire a Dorset, atravessando os condados centrais do país e chegando, no leste, até Norfolk. O mesmo processo se deu, pouco tempo depois, na Baixa Escócia. Mas em outras regiões já havia amplas áreas cercadas: Kent, partes de Surrey e Sussex, partes de Essex e Suffolk; Devon, a Cornualha, Somerset e oeste de Dorset; boa parte do País de Gales e os condados fronteiriços de Hereford, Shropshire, Staffordshire e Cheshire; as importantes áreas cultivadas de Lancashire, Cumberland, Westmorland, Northumberland e Durham. A importância social dos cercamentos, pois, não é terem eles introduzido na estrutura social um elemento inteiramente novo, e sim o fato de, ao abolirem as últimas aldeias onde vigorava o sistema de campo aberto e os direitos comuns, em algumas das regiões mais populosas e mais prósperas do país, complementarem a pressão econômica geral sentida pelos pequenos proprietários e, especialmente, pelos pequenos arrendatários; em muitos casos, os cercamentos até foram causados por tais pressões. Não dispomos de dados confiáveis, mas parece razoável afirmar que o número de pessoas expulsas da terra ou que perderam um certo grau de independência em relação a ela devido a processos já ocorridos antes, como a imposição de aluguéis extorsivos e a prática de arrendamentos por prazos curtos, foi equivalente ao de pessoas atingidas pelos cercamentos propriamente ditos.

De qualquer modo, antes mesmo desse período de cercamentos já existia uma numerosa população sem terra: em 1690, havia cinco trabalhadores sem terra para cada três com terra; em 1831, a proporção era de cinco para dois. A maior parte do campesinato, em outro sentido do termo — ou seja, o sentido clássico, que designa os pequenos proprietários sujeitos a obrigações sociais e políticas —, havia sido expulsa da terra, através da compra de suas fazendas ou por meio da força, durante o período da formação de grandes propriedades, do século XVII ao início do XVIII. G. E. Mingay conclui que os que sobreviveram a esse processo aguentaram até a queda dos preços de produtos agrícolas da década de 1820; a partir daí foram progressivamente decaindo no decorrer do século XIX, sofrendo pressões de todos os lados:

> de modo geral, tudo indica que o nível dos preços e a prosperidade da agricultura tiveram mais impacto sobre os pequenos proprietários do que os cercamentos.[1]

Num outro sentido, muito tênue, do termo "campesinato", temos os pequenos arrendatários; esses, é claro, já faziam parte do sistema de capitalismo agrário. O número de arrendatários foi afetado pela economia de escala e pela anexação de propriedades, mas os cercamentos em si não o influenciaram muito: em 1831, quase metade das fazendas do país seriam consideradas pequenas por qualquer critério adotado. Assim, não há argumentos inequívocos para se afirmar que houve a expropriação de um campesinato no final do século XVIII. O que realmente ocorreu foi, nas regiões economicamente dinâmicas, a imposição de um sistema social capitalista através de confiscos legalizados, realizados por representantes da classe beneficiada. Esse é um dado de importância crucial, e a quantidade de terra atingida por ele — um quarto de todas as terras cultivadas — nos permite afirmar que se trata de um fator decisivo. Porém, não podemos isolá-lo do longo processo de anexação de propriedades fundiárias, da estratificação de proprietários e arrendatários e do número crescente de pessoas sem terra — as consequências gerais do capitalismo agrário.

Do mesmo modo, as ligações com a Revolução Industrial são, mais uma vez, importantes, mas não se trata da substituição de uma "ordem" por outra. É bem verdade que muitos dos sem-terra tornaram-se — muitas vezes sem ter outra opção — membros da classe trabalhadora das novas cidades industriais, dando prosseguimento ao fluxo de trabalhadores assalariados para as cidades, já evidente havia muito tempo. Mas o crescimento da classe de trabalhadores industriais deve também ser relacionado — e talvez atribuído fundamentalmente — ao crescimento da população, por si só extraordinário, o qual, embora basicamente decorrente das mudanças ocorridas nas taxas de natalidade e mortalidade como parte do processo geral de modernização da sociedade, também está ligado ao aumento da produção agrícola, tão acentuado no século XVIII: particularmente na produção de cereais, mas também de carne; tais mudanças, por sua vez, estão associadas aos cercamentos e à adoção de métodos de produção mais eficientes. A crise da pobreza, tão intensa nas cidades quanto nas aldeias no final do século XVIII e início do XIX, foi resultado desse processo socioeconômico como um todo e não pode ser explicada como a queda de uma ordem e a ascensão de outra. As ligações essenciais entre cidade e campo, evidentes durante todo esse tempo, chegaram a uma nova fase, mais explícita e, por fim, crítica. A Inglaterra rural, antes da Revolução Industrial e durante esta, estava caracteristicamente exposta à penetração crescente das relações sociais capitalistas e ao domínio do mercado, justamente porque aquelas e este vinham se desenvolvendo e tornando-se poderosos no contexto das estruturas do campo. No final do século XVIII já se pode falar de uma sociedade capitalista organizada, na qual tudo aquilo que acontecia com o mercado, em qualquer lugar, quer na produção industrial, quer na agrícola, terminava afetando tanto a cidade quanto o campo, como partes de uma mesma crise.

Dentro desse processo, violentas alterações ocorreram na situação de muitos milhares de arrendatários e trabalhadores, e de centenas de aldeias. O novo tom que vimos nos escritos setecentistas a respeito do campo está relacionado a essas mudanças de situação, mas também, como já vimos igualmente, a maneiras de interpretá-las. Podemos sentir a crise em Langhorne, que escrevia sobre uma região na qual os cercamentos não tinham muita importância, mas onde todo o processo socioeconômico estava exercendo suas pressões, tanto quanto em Goldsmith, Crabbe, Cowper e, mais tarde, Clare e Cobbett, que falavam de condados onde os cercamentos eram o fenômeno social mais visível.

A uma certa altura, porém, o cercamento passou a ser isolado como uma das causas principais. A mudança de opinião de Young, quando este passou a reconhecer as realidades sociais, ocorreu nos primeiros anos do século XIX: a maioria dos cercamentos havia prejudicado os pobres, muitas vezes severamente, e ele imaginava o pobre dizendo:

> Tudo que sei é que eu tinha uma vaca, e o Parlamento a tirou de mim.

Na década de 1820, Cobbett já falava na "loucura dos cercamentos" e chegava a negar, usando uma série de exemplos como argumentos, que eles houvessem aumentado a produção. Ressaltava o fato inegável de que o aumento dos investimentos e a concentração de dinheiro no campo haviam se dado

> em detrimento do trabalhador. Foi às custas dele que os recursos vieram. Foi o que ele *perdeu com o aumento de preços* e com o *não aumento de seu salário* [o grifo é de Cobbett].[2]

Cobbett lançava mão de argumentos sólidos referentes aos aspectos econômicos da agricultura, porém — o que era inevitável — extraídos da observação de casos isolados; assim, ele calculou que o valor das abelhas das terras comunais de uma aldeia específica em Hampshire por si só era superior ao valor dessas mesmas terras comunais depois de cercadas, isso sem levar em conta as vacas, porcos e galinhas, as maçãs e cerejas. Mas trata-se do caso bem conhecido de um contraste local entre uma economia agrícola diversificada e uma economia especializada de escala; a longo prazo, em termos comerciais, é claro que esta impôs-se àquela.

Em seguida, um elemento interessante era acrescentado, a partir da observação social da vida nas velhas terras comunais. Por exemplo, o gravador Thomas Bewick, em sua *Memoir* [Memória], escrita na década de 1820, relembra as terras comunais de uma aldeia em Northumberland na década de 1780 e comenta:

> Nessas terras comunais — um legado dos pobres havia séculos, onde eles criavam alguns carneiros, umas vacas, talvez uns gansos e, principalmente, abelhas — era com infinito prazer que eu contemplava o lindo cenário silvestre que lá se descortinava, e é com sentimentos opostos que agora vejo que foi tudo destruído. Aqui e ali, nessas terras,

> via-se uma cabana pobre, construída por algum trabalhador, às próprias custas, e quase toda por suas próprias mãos; e a esta ele quase sempre acrescentava um quintal e um horto, nos quais não media esforços para conseguir produzir alguma coisa. [...] Estas diferentes ocupações despertavam a atenção e a diligência destes homens vigorosos, permitindo que prosperassem e fazendo-os recusar com desprezo a possibilidade de virem um dia a ser considerados indigentes. Estes homens [...] podem verdadeiramente ser chamados "Audazes campônios, orgulho da nação".[3]

Esse relato, digno de crédito, nos mostra um quadro atraente; e Bewick nos diz outras coisas interessantes, quando discorre a respeito da independência e originalidade de muitos daqueles homens:

> Ainda julgo vê-lo, sentado num montinho de terra ou banco ao lado da sebe de seu jardim, indiferente ao frio, observando com interesse os corpos celestes; apontando para eles com as mãos grandes e com entusiasmo transmitindo seus conhecimentos;[4]

e também quando fala de Anthony Liddel —

> Todo o seu caráter era formado pela Bíblia, que ele havia lido com atenção, do início ao fim. Aqueles atos do Parlamento que lhe pareciam entrar em conflito com as leis nela enunciadas, como a Palavra de Deus, só mereciam seu desprezo. Afirmava que as aves do céu e os peixes do mar pertenciam a todos os homens; consequentemente, as leis referentes à caça de aves e as que visavam proteger a pesca não lhe diziam respeito;[5]

— ou de Thomas Foster, o apicultor, que escondia muitas de suas colmeias no meio das urzes, para afastar os "excessivamente curiosos".

Com base em recordações como estas, e em relatos mais objetivos e extensos da vida nas aldeias antes dos cercamentos, criou-se uma imagem que até hoje tem grande impacto emocional: homens independentes e honrados, vivendo numa democracia rural, que foram fria e "legalmente" destruídos pela nova ordem dos cercamentos.

É essa imagem global que temos de questionar, ainda que com relutância. Não há por que duvidar da ideia de que a independência fortalece o caráter, embora o apicultor Thomas Foster, que vendia aos vizinhos o mel produzido pelas abelhas mais visíveis e aos forasteiros o das abelhas das urzes, já pareça estar adquirindo um outro tipo de independência: a do empresário privado cuja relação com sua comunidade é, na melhor das hipóteses, ambígua. O outro tipo de caráter, o do homem que tem tempo e cabeça para observar, pensar e ler, evidentemente floresceu com a independência relativa do trabalhador rural, mas também é uma parte do quadro geral — de glória e tragédia — da vida dos trabalhadores de todo o mundo. Não conheço nenhuma situação social em que, apesar de todas as circunstâncias desfavoráveis, tais homens não tenham surgido: homens como os habitantes das terras comunais de que fala Bewick, ou trabalhadores do campo como Stephen Duck, ou os pastores memorialistas de Sussex, ou os geólogos e botânicos amadores dos centros industriais de Lancashire, ou os estudiosos proletários do século XX, os etimologistas, economistas e historiadores de localidades. Que essa história do pensamento comum por vezes cause surpresa é mais um dos insultos à inteligência perpetrados pela sociedade de classes. Naturalmente, em todas essas situações sociais havia homens de grande capacidade que davam sentido a suas vidas através de muito esforço e sabedoria. Os valores que esses homens encarnavam e representavam se opõem, em todas as épocas e em toda parte, à ganância e ao orgulho do dinheiro, do poder e, muitas vezes, do saber institucionalizado. Nesse sentido geral, o crescimento de um sistema de racionalização da ganância e do orgulho foi e continua sendo um fator de destruição. Mas o que também temos de observar é que a independência dos trabalhadores rurais mantinha-se sempre na defensiva, ocupando o pequeno espaço que conseguia liberar. A questão a ser colocada para essa versão da história social não é a de saber se alguns homens surgiram e sobreviveram — isso sempre acontece, sob qualquer tipo de pressão — e sim se, encarada como um todo, tal forma de vida poderia manter sua independência geral. Afinal, é isso que distingue a comunidade de uma independência pessoal ocasional. E então percebemos imediatamente, até mesmo em Bewick, que os "indigentes" já estão presentes, como classe distinta. Temos de observar, também, o que Bewick nos diz a respeito dos trabalhadores independentes:

> Eles tinham pela fidalguia local muita estima e respeito; e esta, por sua vez, não se descuidava deles, mas interessava-se em saber se eles estavam bem e felizes.

Assim, o que esses trabalhadores têm é uma independência relativa e privilegiada, num intervalo do processo de ocupação do campo que felizmente durou muitas gerações. Mas não se trata necessariamente de uma ordem que possamos contrapor ao que veio depois, quando a mesma fidalguia local demonstrou seu interesse de forma diversa e cercou as terras comunais. O sistema de classes já existia no meio rural, e os homens estavam vivendo da melhor maneira possível, às vezes até bem, em suas margens, à sua margem, nas áreas ainda não apropriadas e desenvolvidas.

A maioria dos documentos que registram perdas vem dessas áreas marginais: as terras comunais e os urzais. Contudo, os cercamentos por ordem do Parlamento não atuaram apenas ali. De fato, não podemos compreender as consequências sociais do processo de cercamento a menos que façamos uma distinção entre dois processos fundamentalmente diferentes: os cercamentos de "terras baldias", que nos séculos XVIII e XIX totalizaram cerca de 800 mil hectares, e os cercamentos de terras aráveis abertas,* já cultivadas, cerca de 1,6 milhão de hectares. É evidente que esses dois processos tiveram impactos sociais radicalmente diversos. O que estava sendo destruído nos terrenos baldios era uma independência marginal, de colonos, posseiros, homens isolados numa terra ainda pouco cultivada. Nas aldeias de campo aberto, o que se destruía era certamente um tipo de comunidade muito diferente: as aldeias nucleadas de uma velha economia rural. Como W. G. Hoskins observou, é notável que haja muito pouco na literatura referente à destruição dessas aldeias, embora sejam muito numerosas as queixas a respeito da perda das terras comunais. É possível ler "The deserted village" de Goldsmith como um registro dessa destruição, porém trata-se de um relato caracteristicamente indireto. No entanto, a alteração do caráter socioeconômico das aldeias de campo aberto deveria constituir nosso principal interesse, se imaginamos uma "democracia rural" anterior ao período dos cercamentos. Sem dúvida, foram as mudanças ocorridas nelas que deram a contribuição mais substancial ao capitalismo agrícola que recentemente havia se consolidado e tornado próspero. Mas qual exatamente a ordem social existente nas velhas aldeias de terras abertas? Devemos ter o cuidado de não confundir as técnicas de produção — as faixas de cultivo do campo aberto — com uma sociedade "aberta" e relativamente igualitária que é fácil imaginar com bases naquelas. Vale a pena ler a descrição de uma "típica aldeia de campo aberto" do início do século XVIII apresentada por um historiador agrário moderno, Fussell.[6] Há nela trezentos habitantes. Destes, quase duzentos são colonos e trabalhadores com suas famílias, criados domésticos e pobres sem família — viúvas, órfãos, velhos. Uns setenta são arrendatários por *copyhold* e suas famílias. Cerca de vinte são fazendeiros por *freehold* e suas famílias. Os dez ou

* No original, *open-field*, relativo ao sistema no qual uma terra arável era dividida em faixas não cercadas, geralmente cultivadas por diferentes arrendatários. (N. E.)

doze restantes são o senhor e sua família, mais o pároco e sua família. É uma distribuição interessante, mas não é, à primeira vista, tão diferente da estrutura social normal do capitalismo rural desenvolvido que chegue a constituir uma ordem social diferente. Há, na verdade, três classes: os senhores; os pequenos empresários; os pobres desvalidos. As desigualdades sociais que a aldeia contém e perpetua são profundas, e não há como, por meio de uma visão sentimental, transformar essa situação numa "democracia rural" ou, mais absurdo ainda, numa comuna. A estrutura social que será completada após os cercamentos já está esboçada.

No entanto, é preciso fazer algumas ressalvas. Entre os colonos e trabalhadores, por exemplo, alguns são artesãos e comerciantes (ferreiro, carpinteiro, sapateiro, carregador, taberneiro); estes e outros (mas não todos os outros) gozam alguns direitos menores referentes à utilização dos pastos comuns e à extração de lenha nos baldios dos arredores. Hoje tais direitos podem parecer insignificantes, mas ao menos para alguns dos homens eles constituíam uma proteção importante, diante da vulnerabilidade de quem era obrigado a pagar por tudo. Repetidamente, até os nossos dias, os aldeões vêm tentando criar esse tipo de margem: uma faixa ou pedaço de terra arrendado, uma horta, algumas colmeias ou árvores frutíferas. Quando eu era criança, meu pai dispunha não apenas da horta que fazia parte de seu chalé como também de uma faixa da plantação de batatas numa fazenda onde ele trabalhava na colheita, além de duas hortas alugadas da companhia ferroviária da qual era empregado assalariado. Tais possibilidades marginais são importantes não somente pelo que geram de concreto mas também pelas satisfações diretas e imediatas que proporcionam, assim como pela sensação de que existe uma área sobre a qual o trabalho imediato tem controle. Há muito tempo pressionadas por uma economia de trabalho assalariado, essas áreas excepcionais têm uma importância crítica: elas ainda existem, até mesmo nas cidades, para pequenos artesãos ou empregados. E é quase certo que, na aldeia antes dos cercamentos, havia mais oportunidades desse tipo do que em qualquer outra forma imediatamente acessível de comunidade. Nesse sentido, houve de fato uma certa perda. Mas trata-se apenas de uma questão de grau: pois esses métodos, na medida em que continuavam sendo marginais, não podiam constituir a base econômica de uma comunidade inteira, e dentro dela a estratificação continuava sendo inevitável.

Assim, até que ponto houve de fato uma comunidade genuína nessas aldeias, apesar das desigualdades socioeconômicas? É muito difícil responder a essa pergunta, pois havia importantes variações factuais (ainda se fazem necessários muitos estudos e exemplos locais adicionais) e, até certo ponto, qualquer avaliação de "comunidade" feita tanto tempo depois será sempre subjetiva. Podemos, naturalmente, examinar as instituições. Os tribunais senhoriais, nos quais as transações da aldeia eram realizadas segundo o direito consuetudinário, são frequentemente considerados "comunais". Porém esses tribunais já estavam em franca decadência antes dos cercamentos, e sua importância foi decrescendo até eles serem substituídos por um sistema completo em que o poder estava diretamente vinculado à propriedade. Os processos de direito e governo locais tiveram evolução semelhante: uma concentração crescente do poder nas mãos dos proprietários de terras, e uma arbitrariedade mais evidente (ainda que não mais severa) à medida que os proprietários foram se tornando, cada vez mais, os representantes de um sistema e um interesse nacionais, na constituição dos proprietários enquanto classe política. Assim, a realidade da comunidade deve ter variado muitíssimo. Os registros detalhados da aldeia de Tysoe, em Warwickshire, que podemos estudar na notável biografia que M. K. Ashby escreveu de seu pai (*Joseph Ashby of Tysoe*, 1961), são um exemplo relevante.

> Até o final do século XVIII, Tysoe, segundo os registros, era uma aldeia de pequenos proprietários, artesãos, comerciantes e uns poucos trabalhadores — porém não eram classes separadas, já que indivíduos de um grupo casavam-se com membros de outros, e filhos de membros de um

tornavam-se aprendizes de outros; o que unia esses grupos era a agricultura cooperativa, bem como uma grande dependência mútua sob outros aspectos. [...] Em tempos passados, a divisão entre classes em Tysoe não fora mais do que exigiam a função ou a tradição, ou do que a perspicácia para as coisas práticas da vida conquistava. [...] Após os anos de miséria, tornou-se um fosso tão profundo que todos os tolos caíram nele.[7]

Mas o que é interessante com relação a essa mudança, ocorrida nos "anos de miséria", não é consequência dos cercamentos, pois aquela ocorreu antes destes. A pobreza crescente na aldeia tornou-se um sistema de indigência, e por esse motivo

em Tysoe não se podia pôr a culpa nos cercamentos.

Os Ps vermelhos foram costurados nas roupas dos pobres na década de 1740. No decorrer do século XVIII, a anotação "indigente" nos registros funerários tornou-se cada vez mais comum e terminou sendo abreviada como um P* grosseiro. O desemprego figura nos registros desde a década de 1780. O sistema de *roundsman*** vigorou a partir da década de 1760. As epidemias de varíola sucediam-se, e o grande número de mortes que causaram se reflete nos níveis elevados de auxílio aos pobres que marcaram a década de 1770. Fica patente que essa comunidade estava tão exposta às crises de um sistema mais amplo que os sentimentos de solidariedade eram, no máximo, relativos. As velhas formas de assistência à pobreza, mais benevolentes e relativamente informais, foram substituídas, devido a essas pressões, por uma forma fria e dura de tratamento dada a uma classe distinta de "pobres". Ao mesmo tempo — mais uma vez, o processo iniciou-se antes dos cercamentos, embora viesse a se

* Inicial de *pauper*, indigente. (N. E.)

** O *roundsman* era um trabalhador que recebia auxílio da paróquia e trabalhava para diversos proprietários, um pouco para cada um. (N. T.)

intensificar depois deles —, aumentou a consciência de classe dos párocos, o que se refletia no novo estilo de suas residências, separadas de "seus" paroquianos por sebes, e dos fazendeiros mais prósperos, agora denominados *gentlemen-farmers* [fazendeiros-fidalgos]. Assim, os cercamentos constituem um fator dentro desse complexo de mudanças, mas não é uma causa única isolada.

Outra coisa que aprendemos é que o espírito comunitário nem sempre é visto apenas numa visão retrospectiva. Em Tysoe houve um renascimento do sentimento comunitário quando a aldeia se uniu, no século XIX, para lutar por seus direitos na divisão das terras da cidade. Em muitas regiões do interior, uma nova forma de comunidade desenvolveu-se em decorrência dessa luta, contra os proprietários dominantes ou — como nas revoltas de trabalhadores na época do "Capitão Swing",* em que se quebravam máquinas e queimavam-se medas, e nos sindicatos, de Tolpuddle a Joseph Arch** — contra todo o sistema de classes do capitalismo rural. Em muitas aldeias, o espírito de comunidade só se tornou realidade quando direitos econômicos e políticos parciais foram conquistados após muitas lutas, com o reconhecimento dos sindicatos, a ampliação do sufrágio e a possibilidade de participação nas novas instituições representativas e democráticas. Em muitos milhares de casos, há mais espírito comunitário na aldeia moderna, como resultado desse processo de aquisição de novos direitos legais e democráticos, do que em qualquer outra época do passado documentado ou imaginado.

Refiro-me ao espírito comunitário ativo, que deve ser diferenciado de uma outra versão, a qual é às vezes a mutualidade dos oprimidos, outras vezes a mutualidade de pessoas que vivem

* Em 1830, os trabalhadores rurais revoltados enviavam cartas ameaçadoras para os proprietários e se assinavam "Capitão Swing". (N. T.)

** Em 1834, seis trabalhadores da aldeia de Tolpuddle foram punidos com sete anos de degredo por participarem da organização de um sindicato. (N. T.)

nas margens ou à margem de um sistema globalmente opressivo. Isso pode se dar de muitas maneiras diferentes, combinando-se com o espírito comunitário de luta ou persistindo como um hábito tradicional local. Uma forma de abordar a sobrevivência dessa mutualidade tradicional é verificar a distância que há entre a aldeia e o principal proprietário de terras da localidade. Ouve-se tanto falar do efeito civilizador dessa classe de proprietários — da boca dos próprios proprietários e daqueles que são por eles contratados para falar — que vale a pena assinalar a formação de uma consciência de classe mais extrema, uma humilhação sistemática dos trabalhadores e dos pobres, por parte dos que habitavam as mansões senhoriais (agora, em muitos casos, reconstruídas), com frequência através do clero por eles sustentado e que os servia. O rompimento de tantas famílias pobres com a Igreja Anglicana em favor das seitas não conformistas* está diretamente relacionado a essa associação estreita entre pároco e senhor. As capelas instaladas em celeiros encontradas nas regiões mais remotas do interior da Grã-Bretanha constituem um testemunho comovente daquela reação radical da comunidade. Porém em muitos casos o fato de tais localidades serem remotas constitui um fator, seja regional ou local. Sempre tive a impressão, com base em certas experiências familiares relevantes, que a distância ou ausência dessas "grandes mansões" dos proprietários pode ter uma importância crucial para a sobrevivência de uma manifestação tradicional do espírito comunitário: a tolerância para com os vizinhos. Matthew Arnold fornece uma pista quando escreve, em *Culture and anarchy*:[8]

> Quando viajo pelo interior e vejo uma ou outra dessas belas e imponentes mansões deles coroando a paisagem, digo a mim mesmo: "Eis uma grande posição fortificada dos bárbaros".

* Ou seja, as seitas protestantes propriamente ditas (metodismo, presbiterianismo etc.). (N. T.)

De fato elas foram construídas em épocas de ocupação e jugo militar direto, mas posteriormente estabeleceu-se uma ordem mais social. E foi no século XVIII, principalmente, que esses baluartes de uma classe espalharam-se, formando uma rede coesa, por boa parte da Grã-Bretanha, o que veio a ter efeitos subsidiários nas atitudes em relação às paisagens e à natureza, como veremos adiante.

Mas agora vamos examinar seus efeitos sociais. Algumas dessas mansões haviam sido construídas séculos antes, como manifestações visíveis do triunfo de uns, ao preço da ruína e do trabalho de outros. No entanto, a fase extraordinária de expansão, reconstrução e acréscimos que se deu no século XVIII representa um aumento espetacular do ritmo de exploração: boa parte desta, naturalmente, é constituída pelos lucros do comércio e da exploração colonial, mas uma outra parte considerável representa a mais-valia maior de um novo modo de produção, mais eficiente. É de bom-tom admirar essas casas extraordinariamente numerosas: solares ampliados, mansões neoclássicas, uma perto da outra, por todo o interior da Grã-Bretanha. As pessoas ainda vão de aldeia a aldeia, com um guia na mão, examinando mais e mais exemplos de mansões senhoriais, vendo as pedras e os móveis. No entanto, paremos em qualquer desses lugares e olhemos para a terra. Olhemos para o que esses campos, esses riachos, esses bosques até hoje produzem. Se pensarmos, em termos de trabalho, logo veremos como deve ter sido prolongado e sistemático o processo de exploração e espoliação, para dar origem a tantas casas grandiosas. Em contraste, veja-se o que qualquer fazenda isolada antiga, após incontáveis gerações de trabalhadores, conseguiu se tornar, com o esforço de uma única família, por mais prolongado que tenha sido. E em seguida veja-se o que aquelas outras "famílias", aqueles proprietários sistemáticos, conseguiram acumular e proclamar com arrogância. A questão não é apenas o fato de que, ao olhar-se para a terra e depois para a mansão, fica patente o quanto de roubo e fraude foi necessário, por muito tempo, para gerar tamanha disparidade, uma desproporção tão bárbara. As fazendas e chalés são tão pequenos em comparação a tais casas — o que os homens realmente produzem, por seu próprio esforço e com o que sobra para eles, na escala normal de realização humana. O que essas "grandes" casas fazem é quebrar a escala, mediante um ato volitivo correspondente à exploração real e sistemática de outros homens. Olhemos para as localizações dessas casas, para as fachadas, as alamedas e avenidas, os grandes portões de ferro e as guaritas nas entradas. Tais coisas foram escolhidas pensando-se não apenas no efeito sobre quem as vê de dentro, tal como o fizeram tantos admiradores, muitos dos quais escritores, deliciando-se com a vista e a perspectiva. Como vemos agora, foram escolhidas tendo em vista também o efeito que causariam em quem as visse de fora: uma demonstração visível de poder, de riqueza e dominação, uma desproporção social que visava impressionar e intimidar. Boa parte do lucro real da agricultura modernizada não foi investida de modo a aumentar a produção, e sim utilizada para fazer essa afirmação social explícita: uma exibição mutuamente competitiva, mas ainda assim uniforme, de um poder de classe estabelecido e dominador.

Quem se coloca à sombra dessas mansões, mesmo hoje em dia, compreende o que muitas gerações de habitantes do campo aprenderam na carne, o que lhes era ensinado explicitamente: que essas eram as famílias, essa era a forma da sociedade. O que pensar então do espírito comunitário? Só encontraremos manifestações modernas desse espírito em algumas casas que foram restituídas à comunidade, transformadas em hospitais ou faculdades de agronomia. Mas vamos encontrar também afirmações das antigas formas de poder: nos exploradores sobreviventes e seus atuais parentes — a casa de campo de uma grande empresa, a sede de indústria, a escola de elite. Lá estão, fisicamente presentes, as formas explícitas de uma sociedade de classes duradoura.

Contudo, voltemos nossa atenção, por um momento, para as aldeias que escaparam da presença imediata dessas mansões; as margens, as velhas terras comunais ainda preservadas em topônimos; as aldeolas fora do alcance do controle. Faz uma certa diferença na vida cotidiana das pessoas não se encontrar diretamente sob o controle explícito do senhor. E sem dúvida é o que ainda se dá em muitas comunidades precárias sobreviventes, povoados dispersos no oeste, ou em algumas aldeias nucleadas do leste e da região central, onde nenhuma das casas cresceu mais que as outras a ponto de causar uma disparidade de escala visível. Faz muita diferença o fato de, na vida cotidiana, aquela outra gente e suas afirmações em pedra não estarem presentes, ou ao menos ficarem a uma distância razoável.

Em alguns lugares, ainda sobrevivem pequenas comunidades locais, do tipo antigo, em que pequenos proprietários, arrendatários, artesãos e trabalhadores conseguem colocar a sua situação de vizinhos acima de sua identificação com as classes a que pertencem. Jamais se deve idealizar esse tipo de comunidade, pois nos momentos decisivos, que ocorrem de vez em quando, as realidades da sociedade de classes normalmente se manifestam. No entanto, durante longos períodos de estabilidade ainda é possível existir uma atmosfera de cordialidade e mutualidade. É uma questão de grau, como no caso das aldeias antes e depois dos cercamentos. Quando a pressão do sistema é grande e tende a crescer, é importante encontrar um pouco de espaço, a uma certa distância das fontes imediatas e visíveis de controle. O que foi drasticamente reduzido pelos cercamentos foi precisamente esse tipo de espaço, uma independência cotidiana marginal, para milhares de pessoas. Tal perda deve ser lamentada, mas também é preciso encará-la com objetividade. O que aconteceu foi menos o cercamento em si — um simples método — do que o estabelecimento mais palpável de todo um sistema que vinha se desenvolvendo havia muito, que já assumira várias formas e ainda viria a assumir outras tantas. Os quilômetros e quilômetros de cercas e muros, os novos direitos expressos no papel, representavam a declaração formal do novo poder constituído. O sistema econômico de proprietário, arrendatário e trabalhador, que ganhava terreno desde o século XVI, agora estava explicitamente no poder. Para sobreviver, o espírito comunitário teria de se redefinir.

11. TRÊS ESCRITORES DA REGIÃO DE FARNHAM

Nesse período de mudanças, as diferenças de perspectiva eram muito significativas. Agora podemos contrastar diretamente os pontos de vista, as interpretações, as seleções de realidades. Historicamente, temos uma época de sociedade rural. Na literatura, há um complexo de maneiras diferentes de abordar a mesma vida local.

Imaginemos, por exemplo, uma viagem por um triângulo de estradas perfazendo um total de quase cinquenta quilômetros. Fica na divisa de Hampshire com Surrey: dez quilômetros de Selborne a Chawton; dezesseis quilômetros de Chawton a Farnham; 23 quilômetros de Farnham até Selborne. Em 1793, em Selborne, faleceu Gilbert White. Em 1777, quando White já estava escrevendo seu famoso diário havia nove anos, um garoto de catorze anos, William Cobbett, fugiu da pequena fazenda de seu pai em Farnham. Cobbett voltaria a passar muitas vezes por essas aldeias e na década de 1820 escreveria sua obra *Rural rides*. Quando Gilbert White morreu, Jane Austen, não muito longe dali, numa outra residência paroquial, estava começando a escrever seus romances, situados na sociedade rural. Em 1809, em Chawton, começou a publicar seus livros e a escrever suas obras de maturidade. Nessa pequena localidade, no intervalo de uma geração, viveram essas três pessoas, três escritores, tão diferentes um do outro quanto se pode imaginar. Tanto a visão do campo quanto a ideia de campo variam tanto da obra de um para a do outro que, quando os lemos, somos obrigados a assumir um novo tipo de consciência.

O que Cobbett nos oferece é uma observação social detalhada, do ponto de vista da situação da maioria dos homens. Nele se combinam a minuciosa atenção de um Arthur Young às práticas agrícolas com um questionamento e uma observação sociais mais persistentes. Escreve ele em 1821:

> [A oeste de Uphusband]
>
> [...] um grupo de trabalhadoras, que ajudavam o medidor a calcular o volume do que haviam colhido, exibiam uma profusão de trapos tal como jamais vi antes, nem mesmo entre os colhedores de lúpulo de Farnham, muitos dos quais não passam de mendigos. Nunca vi gente do *campo*, nem ceifeiros, de aspecto tão miserável quanto essas mulheres. Entre elas havia algumas jovens muito bonitas, porém desgrenhadas como potras e pálidas como cinzas.
>
> [Perto de Cricklade]
>
> [...] Os trabalhadores parecem miseráveis. Suas moradas são pouco melhores que pocilgas, e por sua aparência conclui-se que comem pior que porcos. Suas choupanas paupérrimas são construídas em pedacinhos de terra *à beira-estrada*, nos lugares em que sobrou um pouco de espaço ao lado da estrada. Em muitos lugares esse espaço é de menos de dois *rods* [dez metros]. É como se um furacão as tivesse arrancado do campo, e elas houvessem encontrado abrigo à margem da estrada! Ontem de manhã a geada foi intensa; e por isso as pobres criaturas foram escavar seus canteiros de batatas. [...] E é isto que chamam de "prosperidade"?[1]

O grande mérito das observações de Cobbett é o grau de detalhe. Até mesmo as variações locais são registradas:

> [Perto de Gloucester]
>
> [...] À medida que me aproximava, achei de bom aspecto as moradas dos trabalhadores, e eles próprios pareciam bem-vestidos e saudáveis. As moças trabalhando no campo (é sempre este o meu padrão) não estão maltrapilhas, com pedaços de sapatos amarrados nos pés e trapos em volta dos tornozelos, tal como vi em Wiltshire.[2]

Trata-se de uma voz nova, uma mudança radical de ponto de vista social:

Os proprietários rurais e fazendeiros que contem sua história. Eles a contam em reclamações e pedidos dirigidos ao Parlamento. Ninguém conta a história do trabalhador.[3]

A consciência da perspectiva, de uma perspectiva de classe, é o que distingue essas descrições da maioria das anteriores; e se Cobbett teve precursores, como Crabbe até certo ponto, a variedade de detalhes traz à luz um mundo que assinala a preparação essencial para a transição do poema compassivo para o romance realista.

Lembramo-nos de Crabbe quando vemos Cobbett examinando as relações entre pobreza e a qualidade da terra:

> [Em Kent]
>
> Que diferença entre a esposa de um trabalhador daqui e a esposa de um trabalhador das florestas e bosques de Hampshire e Sussex! Invariavelmente observo que, quanto mais rica a terra, mais desprovida de bosques — ou seja, mais inteiramente dedicada ao cultivo do trigo —, mais miseráveis os trabalhadores.[4]

Era nos trigais que a agricultura capitalista estava mais desenvolvida. Cobbett enfatiza esse contraste de situações sociais:

> Os trabalhadores parecem estar bem. Têm porcos. Invariavelmente vivem melhor nos *bosques*, *florestas* e terras *incultas*. Onde o poderoso senhor tem *tudo sob seu controle*, pouco sobra para eles.[5]

Era essa a base social da oposição aos cercamentos: não o que acontecia com a produção, em termos de cifras globais, e sim o que se passava, nos menores detalhes, com as pessoas e a terra. Era nesse sentido que ele observava:

> Este lugar apresenta mais uma prova da veracidade de minha velha observação: *terra rica, trabalhadores pobres*.[6]

Mais uma vez, ao comparar a desvantagem do trabalho assalariado em relação ao velho sistema de dar casa e comida ao trabalhador (os fazendeiros "não conseguiriam sustentar seus empregados *com o pouco* que lhes dão sob forma de salário"), insiste:

> Em média, a terra produz o que sempre produziu, mas a distribuição da produção é diferente.[7]

Nesse ínterim, o que estava acontecendo com os proprietários de terras e a estrutura social por eles criada, à medida que se expandia o capitalismo rural? Cobbett examinou essa questão com muita atenção, e faz uma distinção tradicional entre

> a fidalguia *nativa*, residente, ligada à terra, conhecida por todos os fazendeiros e trabalhadores desde a infância, frequentemente misturando-se a eles em atividades nas quais todas as distinções artificiais são esquecidas, praticando a hospitalidade sem cerimônia, por hábito e não por cálculo; e a fidalguia que só de vez em quando reside no local, que não gosta dos prazeres rurais, de maneiras estrangeiras, distante e soberba em seu comportamento, só interessada na terra enquanto fonte de aluguéis, encarando-a como mero objeto de especulação, sem travar conhecimento com os que a cultivam, desprezando a eles e suas atividades e exercendo influência não através da simpatia da vizinhança, e sim do terror que seu poder inspira. A guerra e o sistema de papel-moeda trouxeram para cá nababos, feitores de negros, generais, almirantes, dirigentes de instituições, comissários, empreiteiros, pensionistas, sinecuristas, delegados, agiotas, vendedores de loterias, banqueiros, corretores da Bolsa; para não falar na longa e *negra relação* dos que trajam togas e perucas de três rabichos. São poucas as casas boas que não pertencem a nenhuma dessas categorias. Estes, justamente com os párocos, são agora os magistrados.[8]

A lista impressiona, e Cobbett cita vários nomes a título de exemplificação. Deve-se, contudo, ressalvar que invasões semelhantes já haviam ocorrido pelo menos desde o século XVI. O que Cobbett não pergunta é de onde provinham os "invasores". Muitos deles, na verdade, eram os filhos mais moços daquela mesma "fidalguia nativa residente", que haviam enriquecido dessas novas maneiras e agora estavam voltando. Mas fosse como fosse, "nativos" ou "invasores", a pressão sobre os aluguéis, que acabava afetando os arrendatários e os trabalhadores, estava aumentando a olhos vistos. Cobbett exagera a rapidez do processo, porém enxerga a realidade da expansão do capitalismo agrário. Ele identifica o dinheiro — primeiro a prata e o ouro, depois o papel-moeda — como o agente causador da mudança. De início,

> suas consequências vieram lenta e *gradativamente*; ele causou uma transferência de propriedades, mas efetuou tal transferência em grau tão pequeno, e deixou a propriedade inerte nas mãos do novo proprietário por tanto tempo, que o efeito não foi violento, nem foi tal que os possuidores fossem arrancados em distritos inteiros, como o furacão arranca as árvores de uma floresta.[9]

Aqui Cobbett subestima as mudanças ocorridas do século XVI ao XVIII, mas o que ele está interessado em registrar é a perturbação visível ocorrida em sua época:

> a *pequena fidalguia*, aproximadamente até o *terceiro* nível da hierarquia, de baixo para cima (considerando-se que há cinco níveis, da pequena fidalguia até a alta nobreza), *desapareceu*, quase completamente, e os pequenos fazendeiros desapareceram junto com ela. Só os Baring* engoliram, a meu ver, trinta ou quarenta desses pequenos fidalgos sem se dar conta do fato. Aliás, eles engolem até os mais graúdos de

* Importante família de comerciantes e banqueiros. (N. T.)

> todos; porém um número incontável de miúdos é engolido sem ser percebido, como os eperlanos que entram nas goelas dos tubarões, que só *sentem* os bacalhaus.

Como todos os outros, Cobbett repete a velha queixa a respeito da redução das classes intermediárias na economia rural. Contudo, ao mesmo tempo que percebe esse fato, ele introduz um novo critério de julgamento. Identificando-se com o trabalhador, fazendo das moças que trabalham no campo seu padrão, Cobbett vê a ruína dos pequenos proprietários e de alguns arrendatários, mas em seguida, com uma rispidez nova, observa, a respeito da pequena fidalguia:

> Assim, tendo sido instrumentos ativos, dedicados e eficientes na tarefa de obrigar as classes trabalhadoras a submeterem-se à fome, eles terminaram levados à ruína mais abjeta — pelo que agradeço a Deus de todo o coração.

E diz, a respeito dos fazendeiros:

> Há aqui mais do que bastante para me fazer regozijar com a ruína dos fazendeiros; e é de todo o coração que agradeço a Deus por isso, já que parece absolutamente necessário que essa raça seja totalmente destruída, ao menos em Sussex, para que se ponha fim a tal crueldade e insolência contra os trabalhadores, que são de longe os mais numerosos.[10]

É essa a raiva candente que Cobbett tinha em comum com muitos dos trabalhadores de sua época, dirigida contra os alvos mais próximos. Foi esse o estado de espírito que provocou os tumultos do “Pão ou Sangue” em East Anglia em 1816, bem como as revoltas de trabalhadores generalizadas de 1830 — as campanhas do “Capitão Swing”. Em relação a isso, Cobbett observou que ele próprio poderia ter “chicoteado muitos sem maiores escrúpulos” e refletiu:

> Nascido numa fazenda, criado atrás do arado, com um blusão de camponês, deliciando-me com todas as atividades dos fazendeiros, gostando de sua companhia e contando entre eles meus melhores amigos, é natural que eu sinta, como de fato sinto, uma grande ansiedade no sentido de impedir, na medida de minhas possibilidades, a ruína total que agora os ameaça. Mas quanto ao trabalhador, não devo ter sentimentos também? Não seria ele também meu *compatriota*? E não deveria eu indignar-me com aqueles fazendeiros que tiveram a insensibilidade de pendurar um sino em seu pescoço e, desse modo, insultar e degradar cruelmente a classe graças a cujos labores eles podem gozar do lazer?[11]

Esse conflito de lealdades, e sua resolução final, assinala uma etapa crucial. Muitas vezes ocorria, nos tributos de alimentos impostos à força, nas manifestações a favor do salário mínimo ou nas queimas de medas, que os alvos imediatos, os fazendeiros, pouco tinham a dar, pressionados que estavam pelos aluguéis cobrados pelos proprietários, os quais, afastados do campo, estavam protegidos. É importante observar que, nesses distúrbios, fazendeiros expropriados, arruinados e endividados com frequência juntavam-se aos trabalhadores. Mas isso era característico do desenvolvimento de uma ordem capitalista na terra. De fato, os distúrbios assinalam a última etapa do confronto *local*, em termos imediatos e pessoais. Era inevitável que fossem seguidos pela organização de uma classe contra a outra, no movimento sindicalista e em outros movimentos políticos associados. A estrutura de sentimentos que até então vigorava, de apelos diretos e discriminações morais internas — a argumentação moral, a advertência moral da poesia de um Goldsmith ou um Crabbe —, necessariamente se transformou numa ordem de pensamento e sentimento diferente. A maturidade do capitalismo enquanto sistema estava forçando o surgimento de uma organização sistemática de oposição a ele.

Esse processo, tão decisivo na história social do interior da Inglaterra, tem como consequência um novo tipo de escrito sobre o campo, do qual Cobbett é o precursor: uma mudança de convenção, de modo que a interação entre as classes, agora o fator decisivo, pode começar a ser relatada: não mais como reflexo, mas como uma nova ação típica. É essa a relevância crucial da transformação da ficção em um novo tipo de romance, que viria a tornar-se, a partir da década de 1830, a forma literária dominante. Cobbett descrevia, relatava e advogava, primeiro como repórter e por fim como tribuno. Sua mudança de ponto de vista e as mudanças às quais ele reagiu de forma tão viva constituem os primeiros sinais importantes do surgimento de um novo método na literatura.

Mas essa mudança no romance foi algo que Cobbett não chegou a ver. Quando ele estava na meia-idade, enquanto as mudanças sociais ocorriam, Jane Austen escrevia de uma perspectiva muito diferente, de dentro das casas pelas quais Cobbett passava na estrada. Quando Cobbett escreveu a respeito do desaparecimento da pequena fidalguia, estava viajando por Hampshire, não muito longe de Chawton. Foi também em Hampshire que ele fez sua lista dos novos proprietários de mansões e terras, de nababos a corretores. Chegamos a pensar no mundo ficcional de Jane Austen quando Cobbett observa o seguinte:

> Os grandes, para não serem "*engolidos vivos*" [...] usam suas vozes para recuperar, através de cargo, pensão ou sinecura, uma parte dos impostos que pagam. Outros *se apaixonam* por filhas e viúvas dos que têm papel-moeda, grandes cervejeiros e similares; e por vezes suas filhas *apaixonam-se* pelos filhos dos que têm papel-moeda, ou os pais destes filhos; e o serem eles judeus ou não pouco afeta esta paixão amorosa avassaladora. A *pequena fidalguia*, porém, não tem saída.[12]

O tom é muito diferente do de Jane Austen, mas ele nos obriga a perguntar, do outro lado do muro, por assim dizer: quais as condições e pressões às quais Jane Austen aplicou sua capacidade de observação igualmente aguçada; qual a substância social de suas ênfases pessoais e morais precisas e inquiridoras?

É universalmente reconhecido que Jane Austen decidiu ignorar os eventos históricos de importância decisiva ocorridos em sua época. Ainda hoje se pergunta: onde estão as guerras napoleônicas, a verdadeira corrente da história? Mas a história tem muitas correntes, e a história social das famílias de proprietários rurais ingleses daquele tempo constituía uma das mais importantes delas. Quando nos damos conta de seus processos reais, constatamos que eles têm uma função central e estrutural nos romances de Jane Austen. O que nos impede de enxergar esse fato é aquela forma conhecida de retrospecção que abarca Penshurst, Saxham, Buck's Head, Mansfield Park, Norland e até mesmo Poynton, tomando todas as mansões senhoriais e suas famílias como representantes de uma única tradição: a das famílias ricas e cultas do interior. Dentro de tal visão, o processo contínuo de criação e recriação dessas mansões e famílias é escamoteado em favor de uma abstração idealizante, e o mundo de Jane Austen pode então ser encarado sem nenhum questionamento, até mesmo com certa condescendência, como um fim de mundo atrasado, como se não passasse de um cenário "tradicional". E, se o "contexto" social é "estático" nesse sentido, pode-se enfatizar nessa ficção o aspecto dos relacionamentos exclusivamente pessoais.

Mas esse tipo de ênfase está equivocado, pois o que interessa a Jane Austen não são os relacionamentos pessoais, no sentido abstraído de um processo psicológico observado, e sim a *conduta* pessoal: um processo de testar e descobrir os padrões que orientam o comportamento humano em certas situações concretas. Às considerações sociais já implícitas no exame da conduta, com uma forte consciência e exploração da adequação das normas sociais, devemos acrescentar, com base no próprio conteúdo dos romances, uma preocupação direta com propriedades, rendas e posição social, encarados como elementos indispensáveis de todos os relacionamentos projetados e formados. E não se trata de uma preocupação restrita a um mundo "tradicional" estabelecido; pelo contrário, nos romances de Jane Austen boa parte do interesse, das fontes de ação, encontra-se nos reveses da sorte — fatos ligados a um processo geral de mudança e a uma certa mobilidade social — que estavam afetando as famílias de proprietários rurais da época.

Assim, seria fácil tomar sir Thomas Bertram, em *Mansfield Park*, como representante típico da velha fidalguia rural estabelecida, em contraste com os novos costumes "londrinos" dos Crawford (uma leitura comum do romance), não fosse o fato de que Bertram é explicitamente apresentado como o tipo de pessoa que Goldsmith denominaria um "grande antilhano": um proprietário colonial na ilha de Antígua, produtora de açúcar. Os Crawford têm costumes londrinos, é bem verdade, porém a renda que os sustenta vem de propriedades rurais em Norfolk, e eles foram criados por um tio almirante. Em *Persuasion*, sir Walter Elliott pertence a uma família de proprietários rurais que havia se mudado de Cheshire para Somerset e que recebeu a dignidade de baronete no tempo da Restauração, mas no momento da ação do romance sua renda é insuficiente para sua posição; seu herdeiro presuntivo "garantia sua independência unindo-se a uma mulher rica de berço inferior"; e o baronete é obrigado a alugar a mansão de Kellynch Hall a um almirante, pois, conforme observa seu advogado:

> A paz há de trazer para a terra todos os oficiais de marinha ricos. Eles precisarão de casas. [...] Muitas fortunas nobres foram feitas durante a guerra.

Os vizinhos, os Musgrove, outra família de proprietários rurais, estão, em contraste,

> mudando de situação, talvez melhorando. O pai e a mãe eram do velho estilo inglês, e os filhos, do novo.[13]

Em *Pride and prejudice*, Darcy pertence a uma família que é proprietária de terras há "muitas gerações", mas seu amigo Bingley herdou 100 mil libras e está procurando uma propriedade para comprar. Sir William Lucas começou como comerciante e é agora cavaleiro; o sr. Bennett tem uma renda anual de 2 mil libras, porém sua propriedade é limitada e ele casou-se com a filha de um advogado, cujo irmão é comerciante. Em *Emma*, Knightley é o dono de Donwell Abbey, e Martin, um dos novos "fazendeiros-fidalgos", é seu inquilino. Os Woodhouse têm pouca terra, mas Emma vai herdar 30 mil libras "de outras fontes". Elton, o pároco, tem alguma propriedade independente; no entanto, é obrigado a virar-se como pode, "sem quaisquer ligações que não no comércio". O sr. Weston é membro de uma "família respeitável que havia duas ou três gerações vinha ganhando posição e propriedade"; através da milícia, conhece e termina por desposar uma jovem de "uma grande família de Yorkshire"; quando ela morre, Weston se torna comerciante e adquire "uma pequena propriedade". Harriet, que, como ficamos sabendo no final, é filha de "um comerciante razoavelmente rico", desposa seu fazendeiro-fidalgo com "a esperança de melhorar, de obter segurança, estabilidade e ascensão". Os Cole levam uma vida discreta, com uma renda proveniente do comércio, mas quando essa renda cresce tornam-se, "em fortuna e estilo de vida, inferiores apenas aos Woodhouse, na sua vizinhança". Em *Sense and sensibility*, os Dashwood são uma família de proprietários rurais estabelecidos, que aumentam sua fortuna através de casamentos e aumentam os legados de suas filhas; estão também cercando as terras comunais de Norland e adquirindo fazendas vizinhas; a necessidade de converter em dinheiro certo número de ações para realizar as operações de cercamento e anexação afeta o ritmo imediato de ascensão da família. Em *Northanger Abbey*, Catherine Morland, filha de um clérigo com dois bons benefícios eclesiásticos e independência financeira considerável, vai a Bath* com os Allen, uma família de proprietários, e nesse ambiente de ativa interação social — que a autora observa com muita acuidade — conhece um rapaz cuja família é proprietária da abadia que dá nome ao livro, desde o tempo da dissolução dos mosteiros; a irmã

* Cidade do sudoeste da Inglaterra, balneário elegante, famoso por suas fontes de águas termais. (N. T.)

dele casou-se quando o namorado adquiriu, "inesperadamente", "um título nobiliárquico e uma fortuna".

Naturalmente, abstrair essa história social dos romances é descrever apenas o mundo em que transcorre a ação que os constitui. Contudo, é preciso deixar claro que não se trata de uma sociedade uniforme e estabelecida, e sim de um processo ativo, complexo, altamente especulativo. De fato, é um dos mundos mais difíceis de descrever na história social da Inglaterra: uma sociedade de alta burguesia, gananciosa, no momento em que se mostra mais visível seu entrosamento com um capitalismo agrário que é, por sua vez, mediado por títulos hereditários e pelo estabelecimento de nomes de famílias. Na longa e complicada interação entre capital fundiário e capital mercantil, o processo observado por Cobbett — a chegada de "nababos, feitores de negros, generais, almirantes" etc. — é diretamente inserido e já nem é mais questionado. As confusões e contradições sociais desse processo complicado são, portanto, a verdadeira fonte de muitos dos problemas de conduta e avaliação dramatizados pelas ações dos personagens. Uma sociedade abertamente voltada para a aquisição, e também preocupada com a transmissão da riqueza, está tentando julgar-se a si própria seja por um código herdado seja pela ética do melhoramento.

Assim, o paradoxo de Jane Austen é conseguir uma unidade de tom, uma forma de ver e julgar estabelecida e extraordinariamente confiante, na crônica das confusões e transformações. Ela é precisa e franca, porém de modos muito específicos. Por exemplo, é mais exata com relação a rendas, que são imediatamente utilizáveis, do que a extensões de terra, que têm de ser trabalhadas. Ao mesmo tempo, no entanto, encara a terra de um modo diferente da maneira como vê "outras fontes" de renda. Sua percepção de casas, madeira, detalhes de melhoramentos é rápida, precisa e monetária. Mas o dinheiro proveniente de outras fontes, do comércio, das plantações coloniais, não tem um equivalente visual; é necessário que ele seja convertido naqueles sinais de ordem para que possa ser reconhecido. Essa maneira de ver é particularmente representativa. A terra é encarada basicamente como índice de renda e posição social; a ordem e o controle visíveis que dela provêm constituem um produto valorizado, enquanto o processo do trabalho praticamente não aparece. Assim, Jane Austen nos faz enxergar, mais uma vez, os dois significados diversos de "melhoramento", historicamente associados, mas na prática muitas vezes contraditórios. De um lado, temos o melhoramento da terra, do gado, da produção, numa agricultura produtiva. De outro, o melhoramento das casas, parques, paisagens artificiais, que absorvia grande parte do aumento real da riqueza. O professor Habakkuk observa que

> os proprietários rurais ingleses, tomados globalmente, constituíam uma classe de consumidores, e a maior parte dos empréstimos que faziam não visavam aplicações produtivas, e sim fornecer dotes, liquidar dívidas a curto prazo contraídas devido a hábitos extravagantes, construir mansões: os empréstimos para financiar cercamentos, por exemplo, normalmente constituíam uma pequena parte apenas do total das dívidas.[14]

Não se está negando a função de muitos proprietários no processo de melhoramento, mas sim situando-a em seu contexto social real. É o comentário essencial sobre o que pode ser abstraído, tecnicamente, da revolução agrícola: que não foi uma revolução, e sim a consolidação, a ascensão, a expansão de uma classe social já existente.

O termo "cultivo" é tão ambíguo quanto "melhoramento": há um crescimento real, que é convertido em aluguéis; e em seguida os aluguéis são convertidos no que é encarado como uma sociedade culta. Assim, a "revolução" na verdade consiste nisto: essa qualidade de vida aparentemente atingível. Jane Austen pôde desenvolver sua extraordinária unidade de tom — aquela observação fria e controlada que é a base de seu método narrativo, aquele manejo ligeiramente distanciado de eventos, descrições e personagens que não precisa tornar-se nem uma manipulação explícita nem uma participação direta — por causa de uma fórmula subjacente eficaz e, no entanto, invisível: melhoramento é, ou deveria ser, melhoramento. O melhoramento produtivo, que nem sequer é enxergado, é um meio para o melhoramento social, que em seguida é isolado de tal modo que é visto com uma clareza extrema.

Esse processo nem sempre é encarado de forma lisonjeira. A conversão de uma boa renda em uma boa conduta não era um processo automático. Alguns dos indivíduos que realizavam o melhoramento eram vistos tais como eram na realidade: materialistas gananciosos e calculistas. O fato crucial, no entanto, é que a pretensão moral é levada tão a sério que se torna uma crítica: jamais do fundamento da fórmula, e sim, de modo frio e decidido, de seus resultados, em termos de caráter e ação. Jane Austen orienta suas heroínas firmemente em direção a casamentos apropriados. Ela acerta acordos, sozinha, contra tudo e todos, como uma espécie de advogada sobrenatural, em termos da proporção exata ao valor moral que possa garantir a continuidade da fórmula geral. Contudo, dentro dessa orientação convencional, que é a fonte de sua confiança, a discriminação moral é tão insistente que pode, na prática, ser tomada como um valor independente. Os historiadores da literatura com frequência afirmam que Jane Austen é herdeira de Fielding e Richardson, mas o blefe manipulador benévolo de Fielding e o fanatismo isolador de Richardson na verdade estão muito distantes dela, num outro mundo. O que acontece em *Emma*, em *Persuasion*, em *Mansfield Park* é a elaboração de uma ética do cotidiano intransigente, que em última análise pode ser separada de sua base social e que, em outras mãos, pode ser voltada contra ela. É nesse sentido que Jane Austen está relacionada aos moralistas vitorianos, obrigados a concluir — com mal-estar crescente, de Coleridge a George Eliot e Matthew Arnold — que não havia uma relação necessária entre classe e moralidade; que a sobrevivência do discernimento dependia de outro tipo de independência; que era preciso não apenas distinguir, mas contrastar, os dois significados de "melhoramento"; ou, como ocorre pela primeira vez em Coleridge, que o cultivo, no sentido humano, tinha de atuar como padrão *contra* o processo social de civilização. Nas mãos desses autores, a fórmula foi decididamente destruída: melhoramento não era melhoramento; não apenas não o era necessariamente como também, às vezes, era justamente sua negação. Jane Austen, está claro, nunca foi tão longe assim — senão seus romances teriam sido muito diferentes, em termos de problemas de estrutura e linguagem. Porém ela forneceu a ênfase que, levada para fora dos muros dos parques, transferida para uma experiência social diferente, tornava-se uma crítica não apenas moral mas também social. É essa transformação, bem como suas dificuldades, que encontraremos em George Eliot.

Cabe aqui salientar mais uma vez a importância de Cobbett. Em suas viagens, ao passar pela estrada, o que ele faz é dar nome às classes. Com sua perspectiva de dentro das casas, Jane Austen jamais consegue ver isso, apesar da sutileza de suas descrições sociais. Todo o seu discernimento é, por motivos compreensíveis, interno e excludente. O que a interessa é a conduta das pessoas que, imersas nas complicações do processo de melhoramento, repetidamente tentam transformar a si próprias numa classe. Mas onde só se vê uma classe não se vê classe nenhuma. Seus personagens são indivíduos selecionados, ainda que típicos, que vivem, bem ou mal, dentro de uma dimensão social restrita. É claro, Cobbett nunca os viu tão de perto nem de modo tão minucioso; mas o que viu foi o que eles tinham em comum: o processo econômico subjacente. Uma visão moral dessa espécie teria de vir de fora — e naturalmente, quando ela surgiu, sua linguagem era mais áspera e mais dura. A confiança precisa de um mundo estabelecido foi substituída por vozes perturbadoras, agressivas e conflitantes.

Não se tratava de uma experiência nova; havia sido assim desde sempre, só que isso raramente era registrado:

Somos homens criados à imagem de Cristo, e somos tratados como animais.

Pois nossa vida é trabalhar constantemente;
Só aos domingos tem descanso a nossa gente,
*E é de mau grado que o senhor no-lo consente.**

Eis-me aqui, entre terra e céu — que Deus me ajude. Antes perder a vida que ir para casa tal como estou. Quero pão, e pão hei de obter.

O que fizemos foi muito contra nosa vontade, mas vosos corassões é mais duro que o do Faraó. [...] Poriso não vejam esse fogo como uma fronta, pos se vos não o merececeis nos não o teriamos feito.[15]

A primeira voz é do século XIV; a segunda, do início do século XVIII; a terceira e a quarta, do início do XIX, numa nova crise geral. Trata-se de uma moralidade muito diferente da de Jane Austen, porém é insistentemente moralizante, em sua linguagem geral. É a voz de homens que viram seus próprios filhos passarem fome, sendo que agora isso se dá à sombra das mansões imponentes e dos muros dos parques melhorados, bem perto do mundo social fechado que lá vive.

Cobbett e Jane Austen representam duas visões, duas perspectivas em contraste, dentro de uma mesma região. Porém ambas as estruturas de observação são sociais, no sentido mais amplo da palavra. Mas, ao dar prosseguimento a nossa viagem por aquele triângulo de estradas, encontramos, em Gilbert White, um tipo diferente de observação, tão importante quanto os outros dois para o desenvolvimento da literatura rural. Todo aquele que vive no campo vivencia, ou julga vivenciar, de vez em quando, uma natureza imediata: uma per-

* For Toils scarce ever ceasing press us now;/ Rest never does, but on the Sabbath, show;/ And barely that our Masters will allow.

cepção direta e física das árvores, pássaros, formas móveis da paisagem. O que é novo em Gilbert White, ou ao menos parece novo, dada sua intensidade constante, é uma elaboração dessa percepção, uma observação unificada e dedicada, como se no campo os únicos relacionamentos existentes fossem os que envolvem os fatos físicos. É um novo tipo de registro não apenas dos fatos em si mas também de uma nova maneira de olhar para os fatos: uma visão que virá a ser denominada científica:

> O pássaro seguinte que obtive (no dia 21 de maio) era um picanço de dorso vermelho macho, *lanius collurio*. Meu vizinho, que o matou, diz que o pássaro teria facilmente passado despercebido não fossem os chilreios e gritos das toutinegras e de outros pássaros menores, que atraíram sua atenção para o arbusto onde estava o picanço: de seu papo saíam inúmeras patas e asas de besouros [...]
>
> [...] O melro de coleira é maior que o melro comum e se alimenta do fruto do pilriteiro; mas no outono passado (quando não havia frutos de pilriteiros) ele comeu os do teixo; na primavera alimenta-se de frutos da hera, que só amadurecem em março e abril.[16]

Essas descrições são extraídas das cartas formais publicadas em *The natural history of Selborne*. O tom, a atenção, evidenciados em toda uma vida de trabalho, configuram um novo tipo de escrita. Não que faltasse a White o chamado "poder descritivo". Quando um evento natural continha uma reação emocional, como ocorreu no terrível verão de 1783, ele não a deixava de lado:

> Ao meio-dia, o sol estava branco como a lua por trás de nuvens e vertia uma luz ferruginosa, avermelhada, sobre o chão e os assoalhos das casas; mas tornava-se particularmente terrível, com uma cor de sangue, ao nascer e ao se pôr. O tempo todo o calor era tão intenso que as carnes dos açougues já mal podiam ser consumidas um dia após o aba-

> te; e as moscas eram tantas nos caminhos e nas sebes que os cavalos ficavam nervosos, e cavalgar tornava-se irritante.[17]

A questão, como fica claro para quem lê seu diário, mantido durante 25 anos, de 1768 a 1793, é simplesmente que seu modo costumeiro de dirigir a atenção era voltá-la para fora: observando, questionando, anotando, classificando. Não há como fazer ressalvas à qualidade de seus sentimentos em relação à vida que o cercava; é a atenção dedicada e deliciada de toda uma vida, que ainda tem muito a ensinar a todos os que moram no campo. Mas é diferente daquilo que pode facilmente ser confundido com ela em muitas observações anteriores e posteriores: a inserção de experiências sociais ou pessoais específicas na complexidade da coisa vista. Por vezes White nos lembra Arthur Young e os outros colaboradores dos *Annals of agriculture*, devido à precisão detalhada de suas anotações e observações. Mas o que White observa não é uma agricultura produtiva, a não ser por acaso, e sim uma ordem natural, numa nova acepção do termo: um mundo físico de criaturas e situações. Se em Cobbett e Jane Austen, cada um à sua maneira diferente, mergulhamos num universo humano, constatamos que Gilbert White observa a passagem do ano e as incontáveis vidas que o cercam: a natureza, num sentido em que podia ser distinguida do homem.

Trata-se de uma mudança complexa, e precisamos tentar vê-la em relação a toda uma série de outras transformações que — no decorrer do século XVIII, e depois mais uma vez na geração de Cobbett e Jane Austen, só que de modos muito diversos — estavam gerando uma transformação das atitudes e sentimentos em relação à natureza observada: novos tipos de interesse na paisagem, uma nova percepção do pitoresco e, além desses processos e interagindo com as observações de cunho mais social, a nova linguagem, a nova poesia, de Wordsworth e Clare.

12. VISTAS AGRADÁVEIS

Raramente uma terra em que se trabalha é uma paisagem. O próprio conceito de paisagem implica separação e observação. É possível e interessante levantar a história da paisagem na pintura, da paisagem na literatura, do paisagismo e da arquitetura paisagística, mas na análise final devemos relacionar essas histórias à história comum de uma terra e da sociedade nela existente. E, para podermos compreender as modificações ocorridas nas atitudes em relação à paisagem na Inglaterra nos séculos XVIII e XIX, isso se torna particularmente necessário. Temos muitas histórias específicas de excelente qualidade, mas seus pontos de vista implícitos, e às vezes explícitos, normalmente fazem com que elas façam parte daquela composição social da terra — sua distribuição, sua utilização e seu controle — que vem sendo recebida e defendida, inclusive no século XX, época em que o elogio de suas realizações é uma parte característica da louvação elegíaca a uma forma de vida desaparecida.

É igualmente significativo que a história da paisagem inglesa no século XVIII seja tradicionalmente vista por uma perspectiva distorcida, a qual chega a dar a impressão — aliás, isto é dito e repetido — de que o proprietário rural setecentista, através dos paisagistas por ele contratados e com o auxílio dos poetas e pintores, inventou a beleza natural. E, de certo modo, por que não? Dentro da mesma visão ideológica, ele inventou a caridade, o melhoramento da terra e a polidez, do mesmo modo como ele e seus semelhantes foram para terras de outros homens e, dessa forma, "descobriram" essas terras.

Mas a verdadeira história é muito, muito mais complicada. O que houve foi a aplicação, em certas circunstâncias socioeconômicas especiais, de ideias que, por si sós, nada tinham de novas. No entanto, como sempre ocorre nesses casos, a aplicação específica de tais ideias num contexto social concreto teve efeitos novos e singulares.

Pleasing prospects: essa típica expressão setecentista tem o duplo sentido necessário.* Pois não se deve imaginar que a maravilha, a importância e o prazer de observar formas e movimentos de terra foram inventados pela criação de locais especializados para tal. As obras literárias mais antigas que se conhecem já registram tais sentimentos, e podemos ter certeza de que muitos outros homens além dos escritores contemplaram com intenso interesse todas as características e movimentos do mundo natural: morros, rios, árvores, céus e estrelas. Muitos tipos de significados, filosóficos e práticos, foram extraídos dessas observações praticadas por muitas gerações. Porém houve um momento em que uma espécie diferente de observador julgou necessário dividir essas observações em "práticas" e "estéticas", e percebeu que, se o fizesse com confiança suficiente, poderia então negar a todos os seus antecessores algo que ele agora encontrara em si próprio e rotulara de "sensibilidade elevada". O importante não é tanto o fato de ele ter feito essa divisão, mas sim de ter necessidade e possibilidade de fazê-la, e também o fato de essa necessidade e essa possibilidade fazerem parte de uma história social, na separação entre produção e consumo.

O observador consciente de sê-lo: o homem que não apenas contempla a terra mas também tem consciência do que está fazendo, como uma experiência em si, e preparou modelos sociais e analogias tiradas de outros campos para apoiar e justificar a experiência: esta é a figura que precisamos procurar: não um tipo de natureza, mas um tipo de homem. Sua história é longa e complexa. Já o encontramos, em seu próprio contexto, nos poetas bucólicos e nas primeiras éclogas. Podemos

* *Pleasing* é "agradável"; *prospect* é tanto "paisagem" quanto o local de onde se descortina uma paisagem. (N. T.)

identificá-lo em Petrarca, o qual, segundo Burckhardt, subiu o monte Venoux, na Provença, para ver o panorama, mas quando chegou ao pico lembrou-se de um modelo antagônico, de uma passagem de santo Agostinho:

> os homens viajam e admiram as altas montanhas, e os vastos mares, e as torrentes ferozes, e o oceano e o curso das estrelas, e se esquecem de si próprios ao fazê-lo.[1]

Podemos encontrá-lo em Enéa Sílvio, descrevendo a vista dos montes Albanos e estabelecendo sua corte no monte Amiata. Há muito tempo já existiam castelos e aldeias fortificadas dos quais se descortinavam vistas. Foi só em épocas posteriores, de maior estabilidade, que o que se procurava explicitamente não era a aproximação de inimigos ou estranhos, e sim a vista em si: a paisagem consciente. Mas devemos lembrar que não sabemos o que, nas épocas de distúrbios, era visto e apreciado, nas longas horas de vigia, durante tantas gerações. A maioria dos homens que ficavam de vigia não deixou documentos escritos.

O que podemos afirmar com certeza é que, desde tempos muito remotos, tais vistas eram preparadas, bem como encontradas por acaso ou por acidente. No Egito, na Mesopotâmia e na China, elaboravam-se paisagens; na Babilônia, em particular, havia parques, alamedas, jardins e chafarizes. Tais estruturas eram tipicamente associadas a centros de poder, e houve uma longa sucessão delas, até Versalhes e suas imitações modernas. Porém, ocorre também uma outra sucessão, menos observada, que vem até as vilas particulares e as mansões senhoriais de civilizações menos centralizadas, menos hierarquizadas. Há uma diferença social significativa: as vilas da Itália, onde surgiu boa parte da literatura neobucólica, foram construídas com suas cercanias rurais e paisagens diretamente relacionadas às cidades, funcionando como casas de campo alternativas; já na Inglaterra, por exemplo, as mansões eram sedes territoriais mais dispersas, embora o dinheiro que financiava sua construção fosse muitas vezes proveniente de lucros auferidos na corte. Os parques, que originariamente eram bosques cercados para a formação de reservas de caça, foram criados na Inglaterra a partir do século X, não antes, e houve um aumento significativo do número de parques, diretamente proporcional ao número de novos palácios rurais, no século XVI. Boa parte dos cercamentos e das construções de casas se deu às custas de aldeias e plantações inteiramente arrasadas. Os proprietários rurais ingleses do século XVIII, adotando esses mesmos procedimentos, tiveram gerações de antecessores que praticavam a imposição e o roubo.

Mas há ainda a transição da reserva de caça para o parque com tratamento paisagístico. Não é fácil localizar no tempo essa passagem. Há exemplos (Compton Wynyates e Audley End) dos séculos XVI e XVII, mas a transformação sistemática se dá basicamente do século XVIII em diante. É possível, para fins de análise, separar a reserva de veados da paisagem imponente, mas na prática as duas coisas muitas vezes vinham juntas, embora em séculos posteriores as principais reservas de caça — mais uma vez, causando grandes prejuízos às habitações e ao sustento de outros homens — fossem deslocadas para lugares cada vez mais remotos. É nesse complexo de ocupação territorial que devemos reinserir o desenvolvimento consciente do paisagismo e da chamada "invenção" da paisagem.

O argumento principal é bem conhecido. Os proprietários rurais setecentistas, ao viajarem pelo continente europeu e colecionarem quadros de Claude e Poussin, aprenderam novas maneiras de ver a paisagem e, ao voltarem para a Inglaterra, criaram novas paisagens para serem desfrutadas de suas próprias casas: isto é, "criaram" no sentido de que contrataram paisagistas como Brown ("o camponês"), Kent ou Repton. Sem dúvida, não há como não perceber uma mudança de gosto na disposição de parques decorativos: dos jardins formais seiscentistas de inspiração francesa, italiana e holandesa aos parques paisagísticos do período dos melhoramentos, no século XVIII. Mas chamar isso de invenção de "paisagem" é confundir todo o processo de desenvolvimento. É uma postura insular supor que os ingleses setecentistas que estavam conscientemente imitando os pintores italianos seiscentistas "descobriram" a paisagem. Mas, de qualquer modo, o movimento foi bem mais geral.

O conceito inglês de paisagem foi tirado diretamente do holandês, e vale a pena observar que a primeira grande composição artística na paisagem adaptada às características físicas da terra inglesa foi a escola holandesa do século XVII, de Van Ruysdael e Hobbema. Para os defensores do melhoramento rural na Inglaterra, o paisagismo correspondia, na arte, à ideologia burguesa do melhoramento e à investigação científica da natureza e das modalidades de percepção. Agora que o homem produzia sua própria natureza, quer por meios físicos de melhoramento (terraplenagem com novas máquinas; drenagem e irrigação; bombeamento de água para locais elevados), quer pela compreensão das leis físicas da luz e das perspectivas e pontos de vista artificiais, fatalmente teria de modificar-se a decoração, de um simbolismo e iconografia limitados e convencionais, da terra imediatamente visível.

O Paraíso, originariamente um jardim persa emurado, já aparece em Milton:

*feliz mansão rural, de muitas vistas**

e as flores, "dignas do Paraíso",

não Arte refinada
Em canteiros, porém a Natureza
Jorrando em profusão.[2]**

Em Appleton House, onde havia um jardim formal simbólico, Marvell já dissera, referindo-se a uma várzea:

* a happy rural seat of various view.

** not nice Art/ In Beds and curious Knots, but Nature born/ Pourd forth profuse.

Parece, em meio à grama delicada,
Uma paisagem num espelho pintada.[3]*

O que é uma imagem interessante, não apenas porque a várzea é vista como uma paisagem mas também porque a ideia de artifício — a utilização seiscentista do espelho e da perspectiva para compor e ornar a paisagem — está conscientemente presente. Pope, lançando e recomendando um novo estilo de jardinagem, contrário às simetrias artificiais representadas pela vila de Timon, também estava sempre consciente disso, numa visão derivada tanto da ciência quanto da arte:

> Olha-se através de uma arcada de árvores num declive, e veem-se as velas no rio, passando subitamente e desaparecendo, como se vistas através de uma luneta.[4]

O que Pope chama de "gênio do lugar", aparentemente um padrão de fidelidade "natural", vem a ser, após um exame mais cuidadoso, um incentivo no sentido de se dispor e redispor a natureza segundo um ponto de vista:

Não sejam divisadas, pois, de toda parte
*Todas as vistas: ocultar também é arte.***

Pois o que estava sendo feito por essa nova classe, com um novo capital, novas equipamentos e novos especialistas contratados, era, de fato, uma redisposição da "Natureza" de modo a adaptá-la a seu ponto de vista. Se perguntamos quem, afinal, é o gênio do lugar, constatamos que é o proprietário, aquele que possui a terra e a melhora. Em 1687, Charles Cotton escreveu sobre as belezas dos jardins de Chatsworth e afirmou, no clímax do poema:

* They seem within the polisht Grass/ A Landskip drawen in Looking--Glass.

** Let not each beauty ev'ry where be spy'd,/ Where half the skill is decently to hide.

Porém o que coroa tudo, e um brilho traz
Além daquilo de que a arte é capaz,
É o grande proprietário, cuja nobre mente
Pra tal fortuna foi criada justamente.[5]*

O gênio do lugar era a criação de um lugar: aquela palavra ressoante que ecoou por todo o século XVIII e que Jane Austen retomou, com ironia, na fala de Henry Crawford, a respeito de melhoramentos, em *Mansfield Park*:

> Por meio dos melhoramentos que sugeri [...] lhe darás um caráter mais elevado, transformando-o num *lugar*.[6]

O gosto por Claude e Poussin, as estruturas de terra e repuxos e o plantio de árvores praticados por Brown, Kent e Repton, a criação consciente de Stourhead e The Leasowes — tudo isso faz parte de um movimento mais amplo: trata-se de meios e episódios específicos. Comparando obras de arte com paisagens, podemos encontrar muitas imitações conscientes de cenas pintadas: as faixas de luz, sombra e água, como nas composições em tela; as construções e arvoredos para proporcionar linhas verticais e pontos de ênfase; a utilização de árvores escuras em primeiro plano para emoldurar vistas como em Claude e Poussin e como em cenários teatrais, onde o regulador do palco e as peças de cenários móveis estavam sendo desenvolvidos simultaneamente. É importante observar essas semelhanças e correspondências, e o grau de imitação consciente nos diz muito a respeito da mediocridade cultural da classe, no nível da arte e da literatura. No seu próprio campo de atividade, contudo, essa classe não era dependente. Cotton já observara em Chatsworth:

* But that which crowns all this, and does impart/ A lustre far beyond the Power of Art,/ Is the great Owner. He, whose noble mind/ For such a Fortune only was designed.

Os bosques que sombreiam da lagoa as margens
Criam por toda parte moventes paisagens
Que não se deixam recriar em tela e tinta,
*Pois não se movem as folhagens que se pintam.**

Era nesse tipo de confiança, que fazia a Natureza mover-se segundo um padrão desejado, que se encontrava a verdadeira inventividade dos proprietários. E não podemos separar suas artes decorativas das produtivas; esse novo observador consciente era também, especificamente, o proprietário consciente de sê-lo. Para que pudessem criar parques com paisagens "arcádicas", era preciso completar o sistema de exploração das terras usadas para a agricultura e para o pastoreio de verdade, que se estendiam além dos limites do parque. Lá, também, uma ordem estava sendo imposta: uma ordem socioeconômica, mas também física. O traçado geométrico dos cercamentos, com suas sebes e estradas retilíneas, é contemporâneo das curvas e irregularidades das paisagens dos parques. E, no entanto, são partes inter-relacionadas de um mesmo processo, que se opõem superficialmente em termos de gosto, mas apenas porque, num dos casos, a terra está sendo organizada para a produção, para ser trabalhada por arrendatários e trabalhadores; enquanto no outro está sendo organizada para o consumo: a vista, o descanso organizado do proprietário, a paisagem. De fato, pode-se mesmo dizer dessas paisagens construídas do século XVIII que elas não apenas constituem o ápice da arte rural burguesa mas que também são concretizações, nos terrenos imediatamente abaixo das janelas e varandas, daquilo que Jonson havia imaginado em Penshurst: uma paisagem rural esvaziada do trabalho e dos trabalhadores rurais; uma vista de bosques e águas, contendo centenas de analogias com a pintura e a poesia neobucólicas, da qual os

* The Groves whose curled brows shade ev'ry lake/ Do everywhere such waving Landskips make/ As Painter's baffled Art is far above/ Who waves and leaves could never yet make move.

fatos referentes à produção foram excluídos — as estradas e caminhos habilmente ocultados atrás de árvores, de modo que até mesmo os fatos referentes à comunicação eram visualmente suprimidos; os celeiros e moinhos inconvenientes afastados para longe (o burguês Sterling, na peça *The clandestine marriage*, de Colman e Garrick, "transformou em estufa a velha lavanderia, e fez da cervejaria um pinhal");[7] alamedas que iam até serras distantes, onde nenhum detalhe perturbava a vista geral; e via-se essa paisagem de cima, dos novos sítios elevados; as amplas janelas, os terraços, os gramados; as perspectivas abertas; a manifestação de controle e domínio. Era a composição social que Peacock, em *Headlong Hall*, observava com um olhar satírico:

> uma construção branca, polida, angulosa, refletida com exatidão neste lago sem ondas; e lá está lorde Littlebrain* olhando pela janela.[8]

Mas é uma vista impressionante que é, ao mesmo tempo, um triunfo da natureza "virgem": é esta a realização: uma mistificação eficiente e ainda imponente. E precisamos enfatizar esse caráter central ao mesmo tempo que observamos que, dentro dessa composição, também estavam envolvidas, e eram usadas e desfrutadas, muitas maneiras concretas de ver a paisagem com motivos diferentes. Dyer aceitava a ideologia do melhoramento:

> *É tempo de cercar, zagais!*
> *Para que servem terras comunais* [...]*?*
> [...] *Em campos*
> *Promíscuos todo cultivo fenece.*[9]**

* Literalmente, "microcéfalo". (N. T.)

** Inclose, inclose, ye swains!/ Why will you joy in common field [...]?/ [...] In fields/ Promiscuous held all culture languishes.

Porém, do alto de Grongar Hill, Dyer captou uma consciência mais antiga:

E ver correndo livre o rio,
Em campo ou mato, sol ou frio;
Ora apressado, ora lento;
Num incessante movimento,
Até chegar ao mar, enfim,
Qual vida humana rumo ao fim.[10]*

Ainda não temos aqui a natureza separada da natureza humana, mas no desenvolvimento da poesia paisagística setecentista a vista isolada terminou por tornar-se um lugar-comum. Foi esse o momento descrito por Thomson:

Até chegar ao cume, de onde a vista
Se delicia com a paisagem imensa.[11]**

Foi para essa vista que Cowper parece ter inventado o termo *scenery* [paisagem, vista], e a consciência de se estar olhando para a vista é, dentro dessa convenção, intrínseca:

Aqui o Ouse, serpenteando lentamente
Pelo prado amplo, de reses salpicado,
Ao longo de seu curso sinuoso orienta
A vista. Ali, à sua margem arraigados,
Nossos olmeiros favoritos sempre escondem
A solitária choça do pastor; e ao longe,

* And see the rivers, how they run/ Through woods and meads, in shade and sun;/ Sometimes swift, sometimes slow,/ Wave succeeding wave, they go/ A various journey to the deep/ Like human life to endless sleep.

** Meantime you gain the height, from whose fair brow/ The bursting prospect spreads immense around.

Do outro lado do riacho que orna o vale,
Qual preciosa incrustação de vidro líquido,
A terra desce, e pelas nuvens é encoberta;
E em seu dorso multicor exibe a graça
De sebes incontáveis, torres imponentes,
De onde a música dos sinos vem, alegre,
Em ondas, deleitar aquele que a escuta,
Bosques, urzes, aldeias fumegantes, longe.[12]*

É no ato de observar que essa paisagem se forma; o rio "orienta a vista"; a terra "exibe" sua graça; o riacho é como uma "incrustação" no vale. Trata-se de um belo quadro, no sentido estrito do termo. A ideia de posse, a partir de um ponto de vista separado, é uma estética genuinamente abstrata, e há centenas de casos semelhantes. A ordem estava sendo projetada ao mesmo tempo que também era composta. No centro da sociedade, a conjunção era direta. Em seus observadores marginais, tornou-se uma convenção poética ou pictórica.

E então, aparentemente de súbito, foi colocada uma questão diferente — por outro poeta, que também contemplava a terra, sentindo sua composição tranquila, porém sentindo que aquela mesma tranquilidade era perturbadora:

Quanto silêncio! Tanto, que perturba
Aquele que medita, de tão estranho

* Here Ouse, slow winding through a level plain/ Of spacious meads with cattle sprinkled o'er,/ Conducts the eye along its sinuous course/ Delighted. There, fast rooted in their bank,/ Stand, never overlook'd, our favourite elms,/ That screen the herdsman's solitary hut;/ While far beyond, and overthwart the stream/ That, as with molten glass, inlays the vale,/ The sloping land recedes into the clouds;/ Displaying on its varied side the grace/ Of hedge-row beauties numberless, square tow'r,/ Tall spire, from which the sound of cheerful bells/ Just undulates upon the list'ning ear,/ Groves, heaths, and smoking villages, remote.

E extremo. Mar, morro e bosque, e esta aldeia
Tão populosa. Mar, e morro, e bosque,
Mais os mil afazeres desta vida
Silentes como sonhos.[13]*

Essa meditação perturbadora, de Coleridge, é indício de uma quebra na ordem convencional. As relações reais entre homens e natureza, e existência do real do observador e daqueles que ele podia ver apenas dissolvidos numa paisagem, voltavam como um problema: de identidade, de percepção e da própria natureza.

* 'Tis calm indeed! so calm, that it disturbs/ And vexes meditation with its strange/ And extreme silentness. Sea, hill and wood,/ This populous village! Sea, and hill, and wood,/ With all the numberless goings on of life/ Inaudible as dreams.

13. A LINGUAGEM VERDE

Há a separação da posse: o controle de uma terra e suas paisagens. Mas há também uma separação do espírito: o reconhecimento de forças das quais fazemos parte, mas que podemos sempre esquecer, e com as quais é preciso aprender, em vez de tentar controlá-las. Nesses dois tipos de separação a ideia de Natureza foi captada e transformada.

> — Por que não — perguntou Addison — transformar toda uma propriedade numa espécie de jardim por meio de plantações frequentes? Assim, a pessoa pode transformar suas terras numa bela paisagem.[1]

Quase um século depois, Wordsworth tomou como centro de seu mundo não um adulto proprietário, e sim uma criança inquiridora:

Criaturinha frágil e indefesa,
Habitante deste universo ativo:
A ela o sentimento deu um poder
Que, pelas faculdades que se aguçam,
Agente de uma grande Inteligência,
É criador e é também receptor,
Agindo em aliança com as obras
Que contempla.[2]*

* Frail creature as he is, helpless as frail,/ An inmate of this active universe:/ For feeling has to him imparted power/ That through the growing faculties of sense/ Doth like an agent of the one great Mind/ Create, creator and receiver both,/ Working but in alliance with the works/ Which it beholds.

Assim, dois princípios da Natureza podem ser vistos simultaneamente. Temos a natureza como princípio de ordem, do qual a mente ordenadora faz parte, e que pode ser reordenado e controlado pela atividade humana, através de princípios reguladores. Mas temos também a natureza como princípio de criação, do qual a mente criadora faz parte, e com o qual podemos aprender as verdades de nossa própria natureza, harmonizadas com as da natureza exterior.

Essa harmonia ativa é a verdadeira mudança de mentalidade, a nova consciência, ainda que apenas de uma minoria, surgida justamente na época em que a transformação intencional da natureza, não apenas da água e da terra mas também das matérias-primas e dos elementos essenciais, iria entrar numa nova fase, nos processos que hoje denominamos industriais. A confiança agrária do século XVIII viera sempre acompanhada, em contraponto, por sentimentos de perda, melancolia e arrependimento: da ambivalência de Thomson ao desespero de Goldsmith. Agora, com Wordsworth, um princípio alternativo seria afirmado com ênfase: uma confiança na natureza, nos processos naturais, que ao menos de início também era uma confiança mais ampla, mais humana, no próprio homem.

À primeira vista, não é muito fácil distinguir esse movimento daquilo que, na segunda metade do século XVIII, é uma mudança de gosto evidente. É significativo e compreensível que, no decorrer de um século de reaproveitamento de terras, drenagens e desmatamentos, tivesse surgido, como subproduto, o gosto pela natureza intacta, pela terra inculta: o gosto pelo "pitoresco", para usar o termo da época.[3] É bem sabido que a maneira como se encaravam os Alpes mudou radicalmente: enquanto Evelyn, em meados da década de 1640, falava de "penhascos estranhos, horríveis e medonhos", e Dennis, em 1688, descrevia "ruínas e mais ruínas, em montes monstruosos, e céu e terra confundidos", vamos encontrar elogios emocionados nos típicos relatos de viajantes a partir de meados do século XVIII, até o século XX:

Não há um precipício, uma torrente, um rochedo que não seja prenhe de religião e poesia.[4]

(Gray, 1739)

Torrentes mortas! mudas cataratas!
Quem vos fez gloriosas ao luar
Como as Portas do Céu?[5]*

(Coleridge, 1802)

Durante esse processo de mudança, certas regiões equivalentes da Grã-Bretanha — a região dos Lagos, a partir da década de 1760, sob a influência de Dalton e Brown; o vale do Wye e o sul de Gales, a Alta Escócia, o norte de Gales e New Forest, a partir da década de 1780, sob a influência direta de William Gilpin — passaram a ser muito visitadas, chegando a tornar-se verdadeiros centros de romaria. A atitude de Johnson em relação à Alta Escócia —

> a impressão que se tem é a de que a matéria, incapaz de forma ou utilidade, foi deixada de lado pela natureza, em seu estado primevo[6]

— parecia ter ficado muito para trás. Aquela Natureza era uma força de melhoramento; a nova Natureza é uma força criadora. Devemos lembrar, porém, que a maioria dessas viagens em busca de belezas naturais — ainda que não todas — era realizada por pessoas que só podiam viajar porque a "natureza" não havia deixado as terras que elas possuíam em seu "estado primevo". As viagens pitorescas, bem como os poemas, diários, pinturas e gravuras topográficas que as promoviam e celebravam, originavam-se dos lucros provenientes da agricultura melhorada e do comércio. Nesse nível, não se trata de uma mudança de sensibilidade; estritamente falando, temos uma aquisição de gosto. Co-

* Motionless torrents! silent cataracts!/ Who made you glorious as the Gates of Heaven/ Beneath the keen full moon?

mo os parques paisagísticos, nos quais eram utilizados recursos de todos os tipos para produzir um efeito natural, as regiões incultas de montanhas e florestas eram, na maioria dos casos, objetos de consumo estético conspícuo: conhecer os lugares famosos, trocar e comparar experiências de viagem e de contemplação de paisagens era comum na sociedade elegante. Em tais viagens, também ocorriam outras experiências, como sabemos através de Wordsworth e outros; mas é o próprio Wordsworth quem faz a distinção por ele considerada vital:

> *mesmo o prazer*
> *Imerecido, ao gostar ou não*
> *Conforme as regras da arte imitadora,*
> *No que é superior a toda arte;*
> *Pior — pois este erro de minha época*
> *Só cometi às vezes — comparando*
> *Cena com cena me detendo em coisas*
> *Superficiais, e encontrando prazer*
> *Nas novidades mais banais de cor*
> *E proporção, enquanto às atmosferas*
> *Do tempo e da estação, e ao poder*
> *Moral e espírito de cada sítio,*
> *Era insensível.*[7]*

A reação convencional de admiração mesclada de medo inspirada pela beleza natural, que fora descrita por Johnson, na Alta Escócia, como

* even in pleasure pleased/ Unworthily, disliking here, and there/ Liking, by rules of mimic art transferred/ To things above all art; but more—for this,/ Although a strong infection of the age,/ Was never much my habit—giving way/ To a comparison of scene with scene,/ Bent overmuch on superficial things,/ Pampering myself with meagre novelties/ Of colour and proportion: to the moods/ Of time or season, to the moral power,/ The affections and the spirit of the place/ Insensible.

> terror sem perigo [...] um capricho da fantasia, uma agitação mental voluntária, a qual só se permite pelo tempo que se deseja,[8]

é algo que Wordsworth experimentou, quando ele

> *buscava a beleza que, diz Milton,*
> *Contém terror.**

Ele, porém, aprendeu uma percepção mais geral:

> *A cada dia eu aprendia mais*
> *A apreciar o que é comum e simples.*
> *E em toda a terra brotavam esses dons*
> *De humanidade refinada* [...]
> [...] *o espírito, a mim lá reservado,*
> *De penetrar o mais alto e o mais baixo.*[9]**

Trata-se de um movimento complexo, que contém muitos sentimentos já bem conhecidos, só que agora unificados, meio à força, de modo a forjar um princípio de respeito humano e comunidade humana.

Não deixa de haver uma certa continuidade entre Thomson e a tradição setecentista. Temos a utilização do campo, da "natureza", como refúgio e alívio em relação à sociedade humana e à consciência humana cotidiana:

> *Lembro-me bem — aquelas mesmas plumas,*
> *Aquelas ervas, e o capim no muro,*

* sought *that* beauty, which, as Milton sings,/ Hath terror in it.

** When every day brought with it some new sense/ Of exquisite regard for common things./ And all the earth was budding with these gifts/ Of more refined humanity [...]/ [...] a spirit, there for me enshrined/ To penetrate the lofty and the low.

De névoa e chuva muda prateados,
Quando passei, lançaram-me na alma
Tamanha imagem de tranquilidade,
Tão calma e silenciosa, e tão bonita
Em meio à angústia que me torturava,
Que tudo a que chamamos desespero,
Fruto da ruína e da mudança, e a dor
Que traz o fim de uma forma do Ser,
Me pareceram sonhos vãos.[10]*

Caracteristicamente, é o observador solitário que "passa", e o que ele vê é uma "natureza morta": uma imagem contra a tensão e a mudança.

Também há continuidade numa outra dimensão: o reconhecimento, até mesmo a idealização, de personagens "humildes", numa atitude de empatia, caridade e espírito comunitário. O subtítulo de *Michael* é "poema bucólico"; e o poema é bucólico na medida em que apresenta uma situação de independência rural — o pastor e sua família que são

proverbiais exemplos
De diligência incansável[11]**

— e sua dissolução, causada pelo infortúnio, a falta de capital e, por fim, a venda da propriedade:

* I well remember that those very plumes,/ Those weeds, and the high spear-grass on that wall,/ By mist and silent rain-drops silvered o'er,/ As once I passed, into my heart conveyed/ So still an image of tranquillity,/ So calm and still, and looked so beautiful/ Amid the uneasy thoughts which filled my mind,/ That what we feel of sorrow and despair/ From ruin and from change, and all the grief/ That passing shows of Being leave behind,/ Appeared an idle dream.

** as a proverb in the vale/ For endless industry.

A "Estrela Matutina" — a choupana —
Não mais existe; o arado já não fere
A terra; a vizinhança sofreu
Mudanças radicais [...][12]*

É significativo que Wordsworth associe a "suave força" da Natureza ao sentimento de solidariedade que o une a homens como Michael: o vínculo que observamos em Thomson. Wordsworth muitas vezes chegava mais perto dos homens concretos; ao mesmo tempo, porém, ele os via retroceder no tempo, para um passado que apenas alguns sinais sobreviventes, e mais o espírito da poesia, podiam evocar. Nesse sentido, a melancolia da perda e da dissolução, tão acentuada na literatura rural do final do século XVIII, é retomada em termos já conhecidos.

No entanto, há também um elemento novo importante em Wordsworth: uma nova ênfase, correspondente a essa visão da história, nos desvalidos, o viajante solitário, o vagabundo. É nesse ponto que a observação social se liga às percepções do observador solitário, que é também o poeta. O velho mendigo do poema "The old Cumberland beggar" é uma nova versão do velho observado por Crabbe, mas a mudança de ponto de vista é notável. Agora ele não é mais uma prova da falta de espírito comunitário, da tristeza a que foi reduzida a aldeia. Pelo contrário, está mais do que nunca desprovido de quaisquer vínculos diretos com a vida da aldeia e concentra em si próprio, em sua vida de vagabundagem, os impulsos de comunidade e caridade inspirados pela própria natureza. É no ato de dar a ele que o espírito de solidariedade mantém-se vivo. É a "lei da Natureza", que afirma que ninguém deve viver divorciado do

* The Cottage which was nam'd the Evening Star/ Is gone, the ploughshare has been through the ground/ On which it stood; final changes have been wrought/ In all the neighbourhood [...].

espírito e pulso do bem,
Alma e vida para sempre ligadas
*A toda forma de ser.**

O mendigo é o agente dessa comunidade subjacente, quase perdida:

E quando, nesta imensa solidão
Em que o mundo o jogou, ele aparece
A respirar, viver, só para si,
Sem culpa ou dor, que traga ele, então,
O bem que a lei do céu lhe concebeu,
E, enquanto estiver vivo, sua presença
Faça o iletrado aldeão pensar
Em coisas amorosas e profundas.[13]**

Ou seja: o espírito comunitário, expropriado e isolado, agora se concentra na figura andarilha, provocadora, ainda que passiva, do mendigo. Assim, o instinto de solidariedade não deriva mais da prática comunitária, nem do espírito de protesto contra a ausência dessa prática, e sim deste

ser solitário,
*Este indefeso vagabundo.****

Desse modo, uma postura radical de isolamento, silêncio e solidão tornou-se o único veículo da natureza e da comunidade,

* a spirit and pulse of good,/ A life and soul to every mode of being/ Inseparably link'd.

** And while, in that vast solitude to which/ The tide of things has led him, he appears/ To breathe and live but for himself alone,/ Unblam'd, uninjur'd, let him bear about/ The good which the benignant law of heaver/ Has hung around him, and, while life is his,/ Still let him prompt the unletter'd Villagers/ To tender offices and pensive thoughts.

*** this solitary being,/ This helpless wanderer.

em contraposição aos rigores, à abstinência fria, à prosperidade egoísta da sociedade normal.

É uma estrutura de sentimento complexa, mas nela se inaugura uma fase decisiva do que ainda temos de denominar literatura rural. Aqui ainda vemos a consciência acentuada da natureza observada como

> *uma terra pastoril,*
> *Como esta, onde alce voo a fantasia,*
> *Embora sob um céu menos sereno;*
> *Porém a Natureza a escolheu*
> *Para seu próprio gozo.*[14]*

Mas o movimento decisivo é em direção àquela paisagem na qual

> *Os elementos e estações cambiantes*
> *Encontram sempre o lavrador querido,*
> *Do homem o coração, por toda parte*
> *A viva fragrância da humanidade;*
> *Lá o homem, livre, para si trabalha,*
> *Onde, quando, em que lhe aprouver.*[15]**

É a caracterização de uma independência rural genuína, do tipo que fora diretamente observado em Cumberland e que depois parecera estar sendo ameaçada pelas mudanças. Mas sob a nova ênfase há uma afirmação e uma abstração simultâneas do "Homem", da "Humanidade":

* a pastoral Tract,/ Like one of these, where Fancy might run wild,/ Though under skies less generous and serene;/ Yet there, as for herself, had Nature fram'd/ A pleasure-ground.

** The elements and seasons in their change/ Do find their dearest fellow-labourer there,/ The heart of man, a district on all sides/ The fragrance breathing of humanity,/ Man free, man working for himself, with choice/ Of time, and place, and object.

Sublime e solitário ser, mais alto
Que tudo o mais [...]
[...] *Tal era o Homem*
Enobrecido diante de meus olhos [...]
[...] *Afastado a uma distância condigna.*[16]*

A figura assim vista é de início o pastor, caminhando e trabalhando nas montanhas, mas em seguida passa a ser a ideia da natureza humana —

pensamento encarnado,
Ideia ou abstração da Espécie[17]**

— que dá forças ao poeta para resistir às "deformidades da vida em multidão" e às imagens distorcidas dos homens numa sociedade que os pressiona. O trabalhador, agora fundido com a paisagem, uma figura dentro da figura maior da natureza, é visto à distância, de modo que a afirmação da Natureza represente a afirmação essencial do Homem. É com esse espírito, ao mesmo tempo separando e afirmando um vínculo geral oculto —

Mar, morro e bosque, e esta aldeia
Tão populosa! Mar, e morro, e bosque,
Mais os mil afazeres desta vida
Silentes como sonhos[18]***

—, que uma nova ênfase é dada ao ato poético em si, o ato de criação; como Wordsworth tantas vezes o descreveu, ou como Coleridge o exprimiu, na perturbação em meio à tranquilidade aparente:

* A solitary object and sublime/ Above all height [...]/ [...] Thus was Man/ Ennobled outwardly before mine eyes [...]/ [...] Remov'd, and at a distance that was fit.

** the impersonated thought,/ The idea or abstraction of the Kind.

*** Sea, hill and wood,/ This populous village! Sea and hill and wood/ With all the numberless goings on of life/ Inaudible as dreams.

Quem dera víssemos algum valor
Maior que o concedido pelo frio
Mundo à humanidade tão sofrida,
Ah! da alma há de surgir o fulgor
De uma luz, uma nuvem luminosa
Que envolva a terra.[19]*

Agora não é mais a vontade que vai transformar a terra, e sim a solitária imaginação criadora; o homem que, sentindo-se repelido pelo mundo frio, com sua própria linguagem e percepção natural, tenta encontrar e recriar o homem.

É essa a "linguagem verde" da nova poesia. O termo é empregado por John Clare, num poema que tem o título significativo de "Pastoral poesy" [Poesia bucólica]:

Linguagem sempre verde, que nos dê
Sentimentos em ampla profusão,
Como a primeira flor faz renascer
A primavera em todo coração.[20]**

Essa conjunção também está presente no famoso poema de Wordsworth, "Lines written a few miles above Tintern Abbey":

Por isso permaneço
Amante das planícies e dos bosques
E montes; e de tudo que enxergamos
De nossa verde terra; todo o mundo
Que ouvido e olho ao mesmo tempo criam
E captam; percebendo com prazer
Que a natureza e a língua do sentido

* And would we aught behold, of higher worth,/ Than that inanimate cold world allowed/ To the poor loveless ever-anxious crowd,/ Ah! from the soul itself must issue forth/ A light, a glory, a fair luminous cloud/ Enveloping the earth.

** A language that is ever green/ That feelings unto all impart,/ As hawthorn blossoms, soon as seen,/ Give May to every heart.

Ancoram meus mais puros pensamentos,
Amparam, guardam, guiam a alma mesma
De meu ser moral.[21]*

É esta, num novo sentido, a "verde paisagem pastoril":

Aqui, lutando contra os elementos
Ali, plantando em paz humildes ervas,
Verdes e doces em toda estação.[22]**

É essa a conclusão filosófica; o clímax da formação do "espírito do poeta", em "The prelude". Porém era um novo tipo de poeta, assim como um novo tipo de natureza, que estava sendo formado.

John Clare, quando ainda era um jovem trabalhador, sentira um entusiasmo que não conseguira explicar ao ler estes versos de "*Spring*", de Thomson:

Vem, Primavera, amena e etérea;
Do seio desta nuvem gotejante,
Ao som de música, oculta em chuva
De rosas, desce sobre nossos campos.[23]***

Isso pode ser entendido agora como uma invocação teatral: uma abstração simbólica do movimento das estações glorifica-

* Therefore am I still/ A lover of the meadows and the woods,/ And mountains; and of all that we behold/ From this green earth; of all the mighty world/ Of eye and ear, both what they half create/ And what perceive; well pleased to recognize/ In nature and the language of the sense,/ The anchor of my purest thoughts, the nurse,/ The guide, the guardian of my heart, and soul/ Of all my moral being.

** Here, if need be, struggling with storms, and there/ Strewing in peace life's humblest ground with herbs/ At every season green, sweet at all hours.

*** Come gentle Spring, ethereal mildness come,/ And from the bosom of yon dripping cloud,/ While music wakes around, veil'd in a shower/ Of shadowing roses, on our plains descend.

do. Mas percebemos, ao mesmo tempo, continuidade e transformação quando lemos, ao lado desse texto, estes versos de Clare:

Em meio ao trigo úmido, de um ponto escuro
A cotovia de repente irrompe em canto,
E segue pela névoa e a chuva,
As asas ruças balançando.[24]*

Agora, a estação personificada é a cotovia diretamente vista, porém o movimento é o mesmo: a natureza investida de um atributo criador que, em sua nova forma, é interno; de modo que, quanto mais detalhadamente o objeto é visto e descrito, mais diretamente se vê e conhece a vida daquele que observa, através de uma linguagem e um ritmo novos, e o pássaro *é* o sentimento, no poema criado.

Descrições detalhadas da natureza — pássaros, árvores, efeitos de luz e céu — constituem um elemento muito característico dessa nova literatura. Qualquer antologia de descrições da natureza teria de conter uma grande quantidade de textos em verso e prosa escritos a partir de 1780. São descrições prolongadas, embevecidas, excepcionais: uma elaboração intricada de particularidades, bem diferente da atribuição de qualidades identificadoras únicas que encontramos na maior parte dos textos mais antigos. Isso se deve em parte, sem dúvida, a observações mais intensas, mas basta comparar tais descrições com os escritos de homens que eram apenas observadores atentos (e até extraordinariamente atentos) para compreender que não se trata apenas disso. Assim, seria fácil estabelecer uma espécie de correlação — por exemplo — entre, de um lado, Wordsworth e Clare, e, do outro, Gilbert White de Selborne; uma dedicação intensa à atividade de observar e descrever a natureza é visível

* From dark green dumps among the dripping grain/ The lark with sudden impulse starts and sings/ And mid the smoking rain/ Quivers her russet wings.

em todos os três. No entanto, é suficiente voltar ao texto de Gilbert White para ver as diferenças essenciais:

> O melro de coleira é maior que o melro comum e se alimenta do fruto do pilriteiro [...]

A observação e a descrição detalhada são de um objeto separado, uma outra criatura. Nada mais distante da separação humana de Wordsworth e Clare: uma separação mediada por uma projeção do sentimento pessoal numa Natureza subjetivamente particularizada e objetivamente generalizada.

Esse movimento é bem conhecido, enquanto fato que interessa à história da literatura. Contudo, Clare é em todos os sentidos uma figura profundamente significativa, pois nele vemos não apenas a mudança ocorrida na literatura como também, diretamente em sua pessoa e na história de sua vida, o impacto interior da transformação social.

Clare não foi, de forma alguma, o primeiro poeta trabalhador. Como já vimos, Stephen Duck havia escrito um excelente poema antes de ser apadrinhado e castrado pela corte, pela igreja e pelo neoclassicismo. Foi seguido por outros, igualmente apadrinhados: o sapateiro James Woodhouse, que ajudou Shenstone a preparar os jardins de The Leasowes; o tecelão Robert Dodsley; o pedreiro Robert Tatersal: a lavadeira Mary Collier; o marinheiro William Falconer: a leiteira Ann Yearsley, que foi incentivada a publicar com o pseudônimo Lactilla:

> *Lírios não floram, nem espigas tenras*
> *Acenam-me alegres quando chego.*[25]*

Robert Bloomfield fugiu, aos catorze anos, da fazenda onde trabalhava, tornou-se sapateiro em Londres e, em 1800, publi-

* No vallies blow, no waving grain uprears/ Its tender stalk to cheer my coming hour.

cou *The farmer's boy*, obra que teve sucesso considerável: nela o autor era apresentado como "nosso Teócrito mais casto". *The farmer's boy* é uma imitação honesta de *The seasons* de Thomson. Bloomfield afirmava estar "decidido a afirmar coisas sobre a lavoura que sejam verdades confirmadas pela EXPERIÊNCIA", mas, embora os detalhes de suas descrições realmente tenham esse tipo de precisão, eles aparecem num contexto de exibição e explicação a partir de um ponto de vista externo; é o que se vê na figura geral de Giles, uma projeção elaborada a partir de suas lembranças pessoais mais imediatas:

> *Resistiria a tal apelo alguém? Pois isto*
> *Giles teria feito, e não teria visto*
> *O sol, e as aves não ouviria com certeza,*
> *Não se dignasse a conceder-lhe a Grandeza*
> *Um elogio que a Giles não cabe, no entanto,*
> *E sim a tudo aquilo que inspirou seu canto.*[26]*

Esse tipo de humildade rastejante é algo que só se pode apreciar com certo esforço. Se agora ela provoca raiva ou desprezo, não devemos cair no erro de atacar Bloomfield — e não os homens, a classe que reduziu a ele e milhares de outros a essa postura de deferência ansiosa. Quando não estava fazendo poesia, Bloomfield exibia sentimentos próprios, muito diferentes; assim, numa réplica a um comentário de Windham, afirmou:

> A *gente simples* de sua terra é sem dúvida muito rude, mas não concordo que se deva mantê-la na lama, pois embora tal doutrina se aplique à conservação de batatas, nenhum homem de bem gostaria de saber que as capacidades naturais de um ser humano foram sufocadas por não saber ele

* Who could resist the call? that Giles had done/ Nor heard the birds, nor seen the rising sun,/ Had not Benevolence, with cheering ray,/ And Greatness stooped, indulgent to display/ Praise which does surely not to Giles belong/ But to the objects that inspired his song.

ler nem escrever. Como se pode elogiar constantemente o dom inestimável das letras e ao mesmo tempo não querer difundi-lo?

De fato, havia uma prática geral e consciente de sufocar capacidades.

Para tornar feliz a sociedade e manter as pessoas acomodadas sob as circunstâncias mais dificultosas, é necessário que um grande número delas sejam, além de pobres, ignorantes,[27]

como Mandeville já dissera, numa atitude que predominou até bem depois do início do século XIX. O apadrinhamento pode parecer estar em contradição com essa atitude, mas na verdade era apenas outra de suas manifestações. O que era imposto aos poetas trabalhadores era uma definição de erudição e cultura e — o que é mais crucial ainda — uma definição de poesia tão medíocres quanto arrogantes. Bloomfield mal conseguia ter acesso a suas experiências reais, porque uma atitude externa havia se interposto conscientemente —

Coisas banais, de vidas servis, que no entanto
São os ornamentos únicos deste meu canto[28]*

—, e mesmo em seus melhores momentos ele é limitado por uma convenção poética que, sintaticamente, é a de um observador e não de um participante: a abstração da terceira pessoa é a personificação de outros homens que trabalham; a ratificação por meio da alusão literária; o gesto perifrástico obrigatório:

A lenha é o único tesouro que lhe importa,
E a fumaça obscurece a sua porta:

* Live, trifling incidents, and grace my song,/ That to the humblest menial belong.

Lá vai, cumprir, sozinho, a sua obrigação,
Qual Robinson Crusoé, cuidar da plantação.
Num galho alto, nu de folhas, já brotou
Um rubro esplendor, que a geada mordiscou;
Ali um ramo de abrunhos carregado
Tão logo visto é por ele arrancado.[29]*

Além disso, as possibilidades de desenvolvimento estavam condicionadas pelo apadrinhamento; o elogio extravagante era com frequência seguido pelo esquecimento, numa época em que manter uma independência razoável era tão difícil na literatura quanto na terra. Em "Rural fales", Bloomfield assumiu o estilo mais simples das baladas tradicionais, e Clare afirmou que com "Richard and Kate" ele tornou-se "o maior dos bardos rurais deste país". Além disso, para ganhar dinheiro, Bloomfield passou a escrever poemas topográficos, de interesse turístico — por acaso, sobre minha terra natal, descrevendo montanhas que conheço desde pequeno. O que faz com essa paisagem, em suas descrições formais, não é importante; trata-se de um catálogo de epítetos pitorescos. Mas ele era capaz de dizer, com mais sentimento:

Tais cenas hão de repetir-se?
Visões tão grandiosas hão de extinguir-se?
Tantos milhões morrerem sem deixar memória,
Só vislumbrando ao longe, por um instante, a glória?
Tantos espíritos ardentes, infinitos,
Devotos das musas, porém sempre restritos

* Dried fuel hoarded is his richest store/ And circling smoke obscures his little door:/ Whence creeping forth, to duty's call he yields,/ And strolls the Crusoe of his lonely fields./ On whitethorns towering, and the leafless rose/ A frost-nipped feast in bright vermilion glows;/ Where clust'ring sloes in glossy order rise,/ He crops the loaded branch—a cumbrous prize.

A seus locais de origem, a cantar seus versos
*De asas amarradas, para um mundo adverso?**

Aqui temos a observação pessoal de uma experiência concreta, e não surpreende que ele passe em seguida a fazer um contraste com Burns, numa cultura diferente. É quando Bloomfield roça suas próprias limitações, em toda uma experiência social, que a força que ele domou se manifesta.

A vida de John Clare deve ser vista no mesmo contexto. É mais trágica, mas é também mais urgente: mais trágica porque mais urgente. Podemos encará-la, até certo ponto, dentro do contexto das transformações do meio rural: a tradicional associação feita entre Clare e as perdas causadas pelos cercamentos. No entanto, para vê-la em sua totalidade temos de ir além disso, temos de chegar à experiência e ao desenvolvimento poético que ele teve em comum com Wordsworth, no âmbito de uma mudança social muito mais ampla.

Naturalmente, podemos encontrar em Clare, de um modo explícito, reações intensamente sentidas aos aspectos visíveis das mudanças recém-ocorridas no meio rural. Por exemplo, no poema "May" de *The shepherd's calendar*:

Ó Maio, que glórias restam-te agora?
Nenhuma; já todas se foram embora.
Tu chegas aos lugares conhecidos;
Como um estranho, passas despercebido [...]
[...] *E agora encontras em teu velho posto*
Algo com um sorriso falso no rosto,

* Must scenes like these expand,/ Scenes so magnificently grand,/ And millions breathe, and pass away/ Unblessed, throughout their little day,/ With one short glimpse? By place confined,/ Shall many an anxious ardent mind,/ Sworn to the Muses, cower its pride,/ Doomed but to sing with pinions tied?

E onde o cercamento se inicia
*Logo termina a sua alegria.**

Em "October" os ciganos sobreviventes são observados:

Em terras comunais, onde a justiça fria
Não vem interferir com sua tirania.[30]**

Ou, numa argumentação mais consciente, em "The village minstrel":

Em tempos idos, ainda não distantes,
Havia em todo monte ou vale estradas
Abertas a todos os viandantes.
Até que foram as terras cercadas
E as velhas sendas todas bloqueadas
Por ordem de tiranos odientos;
Agora as velhas leis são desprezadas:
— Insensível, quem trouxe tais tormentos
À gente do campo, criando os cercamentos.

Ó Inglaterra! para tua gente
Já não és mais terra da liberdade;
Se o estrangeiro nisto ainda consente,
Para teu povo tal não é verdade.
De vis labregos a arbitrariedade
Veio substituir a lei de outrora;
Às aldeias impõem sua vontade,

* Old may day where's thy glorys gone/ All fled and left thee every one/ Thou comst to thy old haunts and homes/ Unnoticed as a stranger comes [...]/ [...] While the new thing that took thy place/ Wears faded smiles upon its face/ And where enclosure has its birth/ It spreads a mildew oer her mirth.

** On commons where no farmers claims appear/ Nor tyrant justice rides to interfere.

E quem não a aceitar, que vá-se embora:
Cada paróquia tem seu régulo agora.

[...] *Adeus, ó campos, paisagens queridas,*
Ó florzinhas beijadas pelo vento!
Por vós suspiro, ó árvores banidas;
Que pode resistir ao cercamento?[31]*

Há um toque de raiva interessante na qualificação de "vis labregos", dada aos fidalgos responsáveis pelos cercamentos; mas há também, naturalmente, um deslocamento de tipo bem conhecido: a tradicional liberdade inglesa está sendo extinta não pelos proprietários rurais, visíveis e ativos, e sim por "régulos" que, além de "vis", parecem ser estrangeiros. Também assim Goldsmith vira uma fase anterior do mesmo processo; em seu tempo, a Inglaterra era

> a própria imagem da Itália antes de ser conquistada por Teodorico, o Ostrogodo.[32]

Levando-se em conta a escala da conquista de terra representada pelos cercamentos, entre outros procedimentos, essa persis-

* There once were lanes in nature's freedom dropt,/ There once were paths that every valley wound—/ Inclosure came, and every path was stopt;/ Each tyrant fix'd his sign where paths were found,/ To hint a trespass now who cross'd lhe ground:/ Justice is made to speak as they command;/ The high road now must be each stinted bound:/ —Inclosure, thou'rt a curse upon the land,/ And tasteless was the wretch who thy existence plann'd. [...]// O England! boasted land of liberty,/ With strangers still thou mayst thy title own,/ But thy poor slaves the alteration see,/ With many a loss to them the truth is known:/ Like emigrating bird thy freedom's flown,/ While mongrel clowns, low as their rooting plough,/ Disdain thy laws to put in force their own;/ And every village owns its tyrants now,/ And parish-slaves must live as parish kings allow// [...] Ye fields, ye scenes so dear to Lubin's eye,/ Ye meadow-blooms, ye pastureflowers, farewell!/ Ye banish'd trees, ye make me deeply sigh,/ Inclosure came, and all your glories fell.

tência da imagem de bárbaros invasores é compreensível. Mas o fato mais duro — o de que os bárbaros em questão eram ingleses bem-nascidos — é caracteristicamente deslocado. E então se torna muito relevante a escolha do primeiro adjetivo usado para qualificar o responsável pelos cercamentos: "insensível". Isso tem a ver com a estrutura de sentimentos que estava começando a se formar, de Goldsmith aos poetas do romantismo, e que é particularmente visível em Clare: a perda do "velho campo" é uma perda de poesia; o cultivo dos sentimentos naturais é empobrecido pelas consequências dos melhoramentos advindos do cultivo da terra; a riqueza, além de dura e cruel, é insensível — isto é, falta-lhe sensibilidade estética.

Clare era ainda muito moço quando escreveu, em *Helpstone*, um tipo de elegia e retrospecção muito comum na poesia do campo. Os termos por ele empregados são particularmente interessantes, pois é a "indústria" (no sentido antigo de trabalho manual) que pertence ao mundo antigo, e a "riqueza" que é ligada ao novo:

Doces tempos de paz e alegria
Que a indústria a todos garantia;
Não como hoje, em que só a ganância
Concede a alguns poucos a abundância.[33]*

Não cabe aqui perguntar quando foi isso, pois o que a lembrança ressalta é o contraste:

Riqueza! Tu que és mãe de todo mal,
A quem toda lei se dobra afinal:
Bem sabemos que tu és a culpada,
Nós que sofremos por não termos nada:

* Sweet rest and peace! ye dear, departed charms,/ Which industry once cherishe'd in her arms;/ When ease and plenty, known but now to few,/ Were known to all, and labour had its due.

Tu lucras com o que não recebemos,
Engordas com o pão que não comemos.[34]*

Como visão da expropriação do trabalho pelo capital, isso é perfeito. Mas a estrutura de sentimentos na qual se situa pressupõe que o que está sendo mais claramente destruído pela riqueza é a "Natureza": aquele mundo rural tal como era, no passado e na infância, que é destruído tanto pelo tempo quanto pelas mudanças. Temos as cenas que dizem respeito ao que, na verdade, é apenas uma forma mais antiga de agropecuária —

Ó pastos idos, perdida beleza!
Lá, livre, verdejava a natureza [...]
[...] *Onde pastavam soltos pelo prado*
O trêfego cordeiro, o boi pesado [...][35]**

— lado a lado com a terra mais virginal que está sendo diretamente afetada: riachos desviados, salgueiros abatidos, nos trabalhos de drenagem e desmatamento.

Um século e meio depois, reconheço o que Clare descreve: árvores específicas e um determinado riacho onde brinquei na infância desapareceram exatamente desse modo, em anos recentes, numa operação de melhoramento de terras não aproveitadas. Mas é preciso questionar o que representa extrapolar essa observação — a de que algo foi perdido em troca de algo que foi ganho — e concluir que o que se perdeu foi a "Natureza". Não se trata apenas da perda do que pode ser chamado — às vezes com razão, às vezes só por afetação — de "natureza intacta".

* Accursed Wealth! o'er-bounding human laws,/ Of every evil thou remains't the cause:/ Victims of want, those wretches such as me,/ Too truly lay their wretchedness to thee:/ Thou art the bar that keeps from being fed,/ And thine our loss of labour and of bread.

** Thou far fled pasture, long evanish'd scene!/ Where nature's freedom spread the flow'ry green [...]/ [...] Where lowing oxen roam'd to feed at large,/ And bleeting there the Shepherd's woolly charge. [...].

Para qualquer homem em particular, há também a perda de uma paisagem especificamente humana e histórica, que gera sentimentos não por ser "natural", e sim por ser "natal":

> *Terra natal que cada vez mais amo!* [...]
> *E tudo aquilo que pertence a ela —*
> *Um velho mourão, ou pedra singela,*
> *Verde de limo — me faz desejar*
> *Que tudo fique sempre onde está;*
> *E dói-me ver que as coisas mais queridas*
> *De seu lugar já foram removidas.*[36]*

Assim, a perda mais lamentada — a das "coisas mais queridas" — é a perda da infância causada pela destruição da paisagem imediata:

> *Tudo isso não é mais; e, como o meu,*
> *O teu orgulho de viver morreu.***

É perfeitamente compreensível que isso tenha sido escrito por um garoto de dezesseis anos. Uma maneira de ver foi associada a uma fase perdida da vida, e a associação entre felicidade e infância deu origem a toda uma convenção, na qual não apenas inocência e segurança, mas também paz e abundância, foram incorporadas, de modo indelével, primeiro à paisagem, e depois, numa extrapolação poderosa, a um período específico do passado do campo, agora ligado a uma identidade perdida, a relações e certezas perdidas, na lembrança do que é denominado, em contraposição a uma consciência presente, Natureza. O senti-

* Dear native spot! which length of time endears [...]/ Nay e'en a post, old standard, or a stone/ Moss'd o'er by age, and branded as her own/ Would in my mind a strong attachment gain,/ A fond desire that they might there remain;/ And all old favourites, fond taste approves,/ Griev'd me at heart to witness their removes.

** But now, alas! those scenes exist no more;/ The pride of life with thee, like mine, is o'er.

mento primevo é tão intenso que inevitavelmente se associa a muitas outras experiências:

Cenas de infância! Ó mais doce dos sons!
Pois não há coração, por mais sofrido,
Que não sinta brotarem emoções
Ao pensar no torrão natal querido:
Mesmo o que poda a sebe, maltrapido,
Mal pousa a luva num ramo orvalhado
E vem-lhe a mente, do mais fundo olvido,
A lembrança dorida de um passado
*Em que ele era feliz, jovem, despreocupado.**

E a transição é quase imperceptível, como em "Joys of childhood":

Parca a memória, vazia a consciência
Em que não há doces visões de outrora.[37]**

Vivenciando esse sentimento associativo, Clare reconhecia, no próprio ato de criação, o processo de converter lembranças específicas em "doces visões" generalizantes do passado. O momento mais crucial desse reconhecimento, diretamente relacionado à tradição que estamos examinando, ocorre em uma outra estrofe do mesmo poema:

A fantasia cria paraísos
Onde os encontra; o mundo se abre em flor;

* His native scenes! O sweet endearing sound!/ Sure never beats a heart, howe'er forlorn,/ But the warm'd breast has soft emotions found/ To cherish the dear spot where he was born:/ E'en the poor hedger, in the early morn/ Chopping the pattering bushes hung with dew,/ Scarce lays his mitten on a branching thorn,/ But painful memory's banish'd thoughts in view/ Remind him, when 'twas young, what happy days he knew.

** Dull is that memory, vacant is that mind,/ Where no sweet vision of the past appears.

Lá tudo são prazeres e sorrisos,
A infância tem da rosa a mesma cor [...]*

As imagens naturais desse paraíso da infância parecem forçar uma relação específica, justamente em seu momento de maior generalidade. Natureza, passado e infância se fundem, momentaneamente, porém com grande impacto:

*Dorme no seio maternal da natureza.***

O arado que perturba essa natureza é relacionado às emoções mais duras da maturidade: a expropriação, o cansaço do trabalho, a frieza do mundo imediato: um complexo de sentimentos e imagens na experiência desse homem e de todos; de cada geração e dessa geração específica na história. Mas o que se realiza então, em contraposição a essa experiência dolorosa, é uma maneira de sentir que também é uma maneira de escrever:

Linguagem sempre verde[38]***

— a linguagem que Clare recria agora como "poesia bucólica", no título do poema de onde o verso foi extraído. Trata-se de um passo radical no desenvolvimento da linguagem e da ideia de literatura; sua força provém de seus sentimentos associativos de calor humano e espírito comunitário, numa época de expropriações, despejos e divisão social; sua fraqueza paradoxal reside no recurso à "natureza", ao "paraíso" do coração — e num amor aos homens solitário, resignado e contemplativo — para realizar essa associação:

* Fancy spreads Edens wheresoe'er they be;/ The world breaks on them like an opening flower,/ Green joys and cloudless skies are all they see;/ The hour of childhood is a rose's hour. [...]

** In nature's quiet sleep as on a mother's breast.

*** A language that is ever green.

Pelo silêncio foi instaurada
Uma paz sem igual,
E a mata repousa, ensombrada
*De solidão social.**

É perfeitamente compreensível esse desenvolvimento de reações a um processo histórico perturbador e uma paisagem em modificação: uma dissolução e recriação de ambos, em imagens que contêm os significados mas, ao mesmo tempo, compõem um modo de ver que os anula. Como ocorre com tanta frequência na poesia romântica, trata-se da sobrevivência do sentimento humano num contexto de expropriação real:

Debulhando na poeira do celeiro,
Ou chafurdando n'água o dia inteiro,
Em troca de um salário que não paga
Do suor de minha fronte uma só baga,
Tua presença anula, triunfante,
*Todos os meus cuidados num instante.***

A presença é da poesia, falando à humanidade e em nome da humanidade daquele que poda a sebe e debulha o grão, o homem diretamente responsável pela alteração da paisagem, a serviço de outros e para o ganho de outros; porém, devido a sua própria solidão, distorcida de modo a se opor ao barulho do mundo que é o barulho da própria exploração e também, ironicamente, da reação direta a ela:

Criado numa aldeia ruidosa,
Cheia de gente insensata e maldosa,

* Unruffled quietness hath made/ A peace in every place,/ And woods are resting in their shade/ Of social loneliness.

** While threshing in the dusty barn/ Or squashing in the ditch to earn/ A pittance that would scarce allow/ One joy to smooth my sweating brow/ Where drop by drop would chase and fall/ Thy presence triumphed over all.

Rudes labregos sempre a discorrer
Sobre a vida rural laboriosa,
O preço do pão, se ia chover,
*E quem estava pra casar-se ou pra morrer.**

É fugindo dessa aldeia concreta, onde uma comunidade vive sob pressão, que o poeta se recolhe à quietude da natureza, onde pode falar em nome de sua humanidade e da dos outros, através de baladas relembradas e cenas contempladas; um silêncio falante do qual ele é arrancado, com raiva e desespero, para formular o que escreveu em termos do barulho do mercado: lucro, malícia, inveja; um desprezo por sua simplicidade que é uma afetação; e depois, mais uma vez, porém agora praticamente destruindo seu equilíbrio mental, assumindo o silêncio falante do poeta desprezado, o homem a sós com a natureza e a pobreza, recriando um mundo em sua linguagem verde:

Eu sou, mas o que sou
Quem sabe ou quer saber?[39]**

A consciência não podia ir além disso, dentro dessa estrutura. Uma nova direção, fosse qual fosse, exigiria uma alteração da estrutura e das convenções essenciais. Clare é o fim da poesia bucólica, o choque entre o bucolismo e a realidade rural. Ele não pôde aceitar o conselho característico de Lamb, que havia domado tantos outros: "Transplante a Arcádia para Helpstone. O verdadeiro estilo rústico, o inglês arcádico, a meu ver se encontra em Shenstone". Na verdade, com sua genialidade inconstante, Clare representa o ápice do movimento que teve início um século antes dele: a separação entre a Natureza e a realidade

* Bred in a village full of strife and noise,/ Old senseless gossips, and blackguarding boys,/ Ploughmen and threshers, whose discourses led/ To nothing more than labour's rude employs,/ 'Bout work being slack, and rise and fall of bread/ And who were like to die, and who were like to wed.

** I am, but what I am/ Who cares or knows?

do trabalho que a cria, e, em seguida, a decomposição da Natureza, em relações entre os homens alteradas de modo a se tornarem insuportáveis. O que encontramos em Clare não é a idealização de uma paisagem que gera espontaneamente, como em Jonson, nem a idealização de uma ordem produtiva que está espalhando e protegendo a abundância, como um Thomson. Houve uma reação consciente a tais idealizações, em Goldsmith, Langhorne e Crabbe. Mas houve também uma reação inconsciente, a um campo do qual toda ordem social aceitável fora excluída de forma categórica. Clare vai além da observação externa dos poemas de protesto e retrospecção melancólica. O que acontece nele é que a perda é interna. É para poder sobreviver, como homem que pensa e sente, que Clare precisa da linguagem verde da nova Natureza.

14. TRANSFORMAÇÕES NA CIDADE

Contudo, há uma razão mais ampla para a ênfase nas transformações. Os homens que estavam habituados a ver seu meio ambiente imediato por intermédio de formas intelectuais e literárias previamente dadas tiveram de perceber, no século XVIII, uma outra modificação radical na paisagem: o rápido processo de expansão e transformação da cidade. É sintomático que um poeta menor, Charles Jenner (1736-74), viesse a compor uma série de *Eclogues* [Églogas] "urbanas" ou "londrinas", mas agora a ausência de imagens bucólicas tinha um significado diferente:

Não vejo bosque verde, fonte pequenina,
*Nem ribeirão descendo a encosta da colina.**

O poeta caminhava pelas cercanias de uma Londres em processo de expansão:

Para onde quer que eu volte os olhos curiosos
Vejo fileiras de tijolos malcheirosos
E monturos nauseabundos que apodrecem,
*Nos quais os porcos buscam abrigo e se aquecem.***

Sua conclusão é uma negação pura e simples:

Se em qualquer lugar onde se vá só se veem
Imagens que vejo cá no beco também,

* I spy no verdant glade, no gushing rill,/ No fountain gushing from the rocky hill.

** Where'er around I cast my wand'ring eyes/ Long burning rows of fetid bricks arise,/ And nauseous dunghills swell in mould'ring heaps/ While the fat sow beneath their covert sleeps.

Se ruído e pó não inspiram ideias serenas
E as diligências ainda mais enfeiam a cena,
Por que buscar a musa em sítios tão ingratos?
Fico em casa a escrever, e poupo meus sapatos.[1]*

Felizmente, essa reação foi excepcional. À medida que foi crescendo, em ritmo acelerado, no século XVIII, Londres foi sendo observada com atenção, como um novo tipo de paisagem, um novo tipo de sociedade.

De início, no entanto, era difícil separar o que era novo das imagens tradicionais da cidade. Em Thomson, por exemplo, encontramos uma combinação interessante de atitudes novas e velhas. Temos o contraste tradicional com a inocência do campo, como em "Autumn":

Eis a vida que não conhece aquele
Que na cidade vive em culpa — a vida
Das épocas primevas incorruptas.[2]**

Aqui Thomson faz queixas mais específicas:

A cidade fervilha. A via pública,
Onde pululam temas e discursos,
Zumbe indistinta. Os filhos da discórdia
Descem o riacho dos prazeres falsos,
Rumo à destruição.[3]***

(Winter)

* Since then no images adorn the plain/ But what are found as well in Gray's Inn Lane/ Since dust and noise inspire no thought serene/ And three-horse stages little mend the scene/ I'll stray no more to seek the vagrant muse/ But ev'n go write at home and save my shoes.

** This is the life which those who fret in guilt/ And guilty cities never knew—the life/ Led by primeval ages uncorrupt.

*** The city swarms intense. The public haunt,/ Full of each theme and warm with mixed discourse,/ Hums indistinct. The sons of riot flow/ Down the loose stream of false enchanted joy/ To swift destruction.

Mas nessa visão moralizante, de desperdício e devassidão, há lugar para o contraste não apenas com a natureza inocente mas também com a indústria civilizada. O elogio da produção, que antes abarcava o campo, agora se estende até a cidade:

Nas tuas cidades, cheias de artífices,
Há comércio e alegria em cada rua;
Mesmo a labuta rude de quem talha
As pedras no palácio, ou guia o carro,
Parece alegre.[4]*

(Summer)

E Thomson era capaz de estender esse elogio da indústria a uma visão da cidade integral e positiva:

Toda forma de vida cultivada
É ordenada, protegida, até
A perfeição. Unificando tudo,
A sociedade cresceu, refinou-se,
Feliz. Nutriz das artes, a cidade
Levantou a fronte ornada de torres;
E, se espalhando, milhares chamou
Das matas, a forjar potentes arcos
De teixo, para ser seus novos filhos.
E o comércio trouxe então à rua
O mercador; erigiu o armazém;
Ergueu guindastes, inundou a rua
De coisas de além-mar; e tu, ó Tâmisa,
Grande, suave, majestoso rio!
Foste escolhido como seu domínio.[5]**

(Autumn)

* Full are thy cities with the sons of art;/ And trade and joy, in every busy street,/ Mingling are heard; even Drudgery himself/ As at the car he sweats, or, dusty, hews/ The palace stone, looks gay.

** Hence every form of cultivated life/ In order set, protected, and inspired/ Into perfection wrought. Uniting all,/ Society grew numerous, high, polite,/

Nesse elogio combinam-se a percepção burguesa da realização industrial e comercial e o senso da ordem civilizada do período augustano. E, justamente por isso, ela pode transformar-se rapidamente numa expressão de temores urbanos renovados: ao antigo medo da avareza da cidade vem juntar-se o medo da turba:

Que na cidade imponha-se por meio
De manhas e ardis tornados leis,
Extinto o senso social; e incite
A turba a rebelar-se, ou a transforme
Em multidão de escravos.[6]*

Assim, a superestrutura legal e financeira do comércio e da indústria tão elogiados é encarada como algo que coexiste com a rebeldia e a sedição, numa atividade que se transformou em fermento.

Foi nesse contexto complexo que os observadores setecentistas desenvolveram suas visões da cidade, especialmente de Londres, então a principal cidade do mundo. Voltaire via a atividade industrial e a busca dos prazeres refinados como as marcas características da cidade e, portanto, da própria civilização. A idade do ouro, e o Jardim do Éden, por não conhecerem nem a indústria nem o prazer, não eram virtuosos e sim ignorantes: a cidade, Londres em particular, era o símbolo do progresso e das luzes; sua mobilidade social era a escola da civilização e da liberdade:

And happy. Nurse of art, the city reared/ In beauteous pride her tower-encircled head;/ And stretching street on street, by thousands drew,/ From twining woody haunts, or the tough yew/ To bows strong-straining, her aspiring sons./ Then commerce brought into the public walk/ The busy merchant; the big warehouse built;/ Raised the strong crane; choked up the loaded street/ With foreign plenty; and thy stream, O Thames,/ Large, gentle, deep, majestic, king of floods!/ Chose for his grand resort.

* Let this through cities work his eager way/ By legal outrage and established guile,/ The social sense extinct; and that ferment/ Mad into tumult the seditious herd,/ Or melt them down to slavery.

Abençoada Londres, de Atenas a rival,
Que junto com os tiranos soubeste varrer
As facções civis, donde provém tanto mal.
O homem é livre, e o valor se faz valer [...]
Quem tem talento, em Londres, tem poder e glória.[7]*

Já Adam Smith via a cidade de modo bem diverso: ela protegia e estendia a indústria do país — um centro de liberdade e ordem, mas que por sua própria condição de mercado e centro manufatureiro gerava pessoas volúveis e inseguras. Essa visão estava mais próxima das contradições reais de Londres. Por um lado, na literatura refinada, havia uma nova urbanidade, que incluía até as posturas rurais convencionais, no mundo de Pope, Jonson e Swift. A Londres desses escritores, contudo, era um mundo isolado, se bem que Jonson, em sua imitação de Juvenal, soube ver a cidade através de uma perspectiva diferente. Por outro lado, em Hogarth e Fielding, Gay e Defoe, existia uma realidade mais crua. A gravura *Gin Lane* de Hogarth nos dá uma visão mais próxima da realidade de Londres em meados do século XVIII do que qualquer formulação refinada; e, seja no contraste moral da *Industry and idleness* de Hogarth e de *The London Merchant* de Lillo ou no vigor ambivalente e plebeu da *Beggar's opera* de Gay ou do *Moll Flanders* de Defoe, a apreensão da realidade londrina é o oposto do ideal de uma ordem civilizada. A "ralé insolente", "a insolência da turba", a "indolência, dissipação e devassidão" dos trabalhadores são chavões dos observadores de classe média. As lojas desonestas, os bordéis e as casas de cômodos, os porões fétidos e os cortiços perigosos eram uma parte importante da imagem formada pelo observador estrangeiro ou de classe média que contemplava essa "rival de Atenas".

Portanto, o que essa visão funde é uma realidade contraditória: de vício e protesto, de crime e vitimização, de desespero

* Rival of Athens, London, blest indeed/ That with thy tyrants had the wit to chase/ The prejudices civil factions breed./ Men speak their thoughts and worth can win its place [...]/ In London, who has talent, he is great.

e independência. Os contrastes entre riqueza e pobreza não eram qualitativamente diferentes dos existentes na ordem rural, mas eram mais intensos, mais gerais e mais claramente problemáticos, devido a sua concentração na cidade que crescia febrilmente. A "turba" era muitas vezes violenta, imprevisível e manipulada pela reação, porém o termo era também usado, conforme demonstrou George Rudé,[8] para designar "movimentos de protesto social em que o conflito subjacente entre pobres e ricos" era claramente visível. No tempo de Wilkes,* por exemplo, esses protestos populares estavam do lado da liberdade, enquanto a ordem civilizada a ela se opunha.

Ao mesmo tempo, essa complexidade havia assumido, na cidade, uma expressão física. Como Fielding observou em 1751:

> todo aquele que contempla as cidades de Londres e Westminster, com o recente crescimento acentuado dos subúrbios, a grande irregularidade dos prédios, o número imenso de becos, travessas, praças e cantos, certamente há de pensar que tais lugares foram feitos precisamente com intenção de servirem de esconderijos, que não seria possível fazê-los mais apropriados a este fim.[9]

Nesse contexto, é uma ironia que boa parte da sordidez física e da complexidade da Londres setecentista não fossem consequências simplesmente da rapidez da expansão, e sim das tentativas de controlar essa expansão. Por motivos complexos, que vão do medo da peste ao medo dos distúrbios sociais — os quais representavam uma transferência e uma concentração dos distúrbios da economia rural —, haviam sido feitas diversas tentativas de conter o crescimento da cidade. Desde a primeira fase de expansão rápida, no final do século XVI, quando foi emitido em 1580 um decreto contra novas construções, passando pelo

* John Wilkes (1727-97): jornalista e político londrino bastante popular que foi considerado tanto vítima de perseguições como exemplo da liberdade, dado o número de vezes que foi expulso do Parlamento.

século XVII, quando se fizeram tentativas de restringir o comércio e mais decretos contra construções, até 1709, ano em que se tentou aprovar uma lei contra novas casas, houve um esforço prolongado por parte das classes dominantes no sentido de conter o crescimento de Londres e, particularmente, impedir que os pobres se instalassem na cidade. Essas leis e decretos normalmente continham exceções explícitas para o caso de casas "dignas de acomodarem habitantes de mais qualidade". Os pobres e vagabundos, vítimas de uma economia em transformação, ou as pessoas ambiciosas ou em dificuldades financeiras que procuravam em Londres uma alternativa para sua ausência de perspectivas, eram os alvos expressos das leis excludentes. No entanto, as transformações gerais do período eram de tal ordem que a exclusão tornava-se impossível. Além dos séquitos de criados, milhares de outros migrantes chegavam à cidade, e o principal resultado das restrições foi uma onda prolongada de construção e adaptação de imóveis dentro dos limites legais, gerando habitações superlotadas e perigosas: labirintos e becos para a população pobre. E isso era parte do mesmo processo que dava origem às mansões urbanas, às praças e aos jardins elegantes: aquilo que hoje é abstraído como a Londres "georgiana". Como acontece tantas vezes, a classe dominante queria desfrutar as vantagens de um processo de transformação que ela própria estava promovendo e, ao mesmo tempo, controlar ou suprimir suas consequências indesejáveis, porém inevitáveis. Muitas das queixas (bem como dos elogios) em relação a Londres têm de ser entendidas nessa dupla perspectiva.

É o que se dá com a imagem do "grande tumor", que já aparece muito antes da descrição mais famosa de Cobbett:

> Londres, a metrópole da Grã-Bretanha, vem de longa data sendo criticada como uma espécie de monstro, com uma cabeça desmesuradamente grande, desproporcional ao corpo. E, no entanto, na conjuntura em que essa crítica foi feita pela primeira vez (duzentos anos atrás), os prédios de

> Londres iam pouco além dos limites da City.* [...] Se, portanto, o acréscimo de construções, iniciado em épocas tão remotas, já era considerado uma espécie de tumor ou excrescência, o que dizer das incontáveis ruas e praças que surgiram desde então![10]

Essa passagem de Tucker foi escrita em 1783. A imagem do "monstro", do "tumor", seria usada repetidamente, à medida que Londres continuava a crescer. Mas as verdadeiras implicações da imagem nem sempre eram vistas com tanta clareza quanto Cobbett as viu. Na verdade, a expansão de Londres indicava a verdadeira situação e o desenvolvimento do país como um todo. Se era considerada um processo monstruoso ou mórbido, logicamente esse julgamento deveria ser aplicado a toda a ordem social. Naturalmente, porém, era mais fácil denunciar as consequências e ignorar, ou continuar a idealizar, a situação geral.

Londres já tinha meio milhão de habitantes em 1660, numa época em que a segunda maior cidade, Bristol, contava cerca de 30 mil. De 1700 a 1820, a população chegou a 1 250 000. A centralização do poder político; a substituição do feudalismo por uma aristocracia rural e, em seguida, por uma burguesia rural, com todos os efeitos subsequentes sobre a modernização da terra; o desenvolvimento extraordinário de um comércio mercantil: esses processos notáveis haviam ganhado um irresistível impulso no decorrer do tempo — uma concentração e uma demanda que alimentavam a si próprias. A cidade do século XIX, na Grã-Bretanha como em outros lugares, seria uma criação do capitalismo industrial. A Londres setecentista era o produto extraordinário de um capitalismo agrário e mercantil, no contexto de uma ordem política aristocrática. Em cada etapa, ela ia absorvendo áreas cada vez

* A parte velha de Londres, atualmente o centro financeiro e administrativo da cidade. (N. T.)

maiores do resto do país: os negociantes de gado trazendo animais do País de Gales ou da Escócia para abastecer a cidade de carne; grupos de moças vindas do norte de Gales para colher morangos; e — mais importante ainda do que essas viagens organizadas, ainda que extraordinárias — milhares em busca de trabalho ou de um esconderijo; gente que fugia de uma crise ou de uma rigidez igualmente intolerável. O que os levava — perguntou Arthur Young — a "abandonar o campo limpo e saudável em troca de uma região suja, fedorenta e ruidosa"? Parte da resposta poderia ser encontrada na situação das aldeias e na expulsão das populações causada pela ordem social "melhorada". Young vislumbrou uma outra parte da resposta na continuação de sua pergunta:

> Jovens de ambos os sexos do interior veem em Londres sua última esperança. [...] O número de moças que para lá afluem é incrível.[11]

A essa altura, a interação desigual entre campo e cidade já era um processo avançado e generalizado. Recorria-se à lei, ao mercado de capitais e ao mercado casamenteiro para consolidar e estender os domínios dos proprietários rurais. Promoviam-se destilarias a fim de solucionar o "desastre" da superprodução de cereais, para empregar o termo usado por Defoe em 1713. Assim, o "Gin lane" [Beco do gim] de Hogarth estava vinculado às mansões senhoriais do campo ("a destilação de cereais é um dos fatores essenciais da defesa dos interesses agrários", *Review*, 9 de maio de 1713). Todo o campo ao redor de Londres foi transformado no sentido de abastecer a cidade: trigo para as pessoas e feno para os cavalos; porcos nos baldios (conforme Jenner observou em sua *Eclogue*); frutas, legumes e leite. Não era uma situação como a que se configurou posteriormente, em que um centro industrial é abastecido pelo interior do país; era uma capital determinando o caráter de uma economia e de uma sociedade das quais ela era o centro extraordinário: ordem e caos ao mesmo tempo.

Pois Londres não era uma cidade industrial no sentido que a expressão veio a adquirir posteriormente. Era um centro de artesanato e distribuição: de artífices que trabalhavam com metais e impressoras; de confecções, móveis e modas; de todo o trabalho ligado à navegação e ao mercado. Todos esses segmentos se desenvolveram com a expansão da cidade, embora houvesse muitas transformações locais. Uma característica significativa do desenvolvimento setecentista foi uma expansão dos setores mencionados em 1749 como "as atividades remuneradas de representação, corretagem, comissão, negociação e seguros para outras partes do reino". Havia "agentes, corretores, seguradores, banqueiros, negociadores, agentes de câmbio, investidores, empreiteiros, gente que negocia com letras de câmbio, com vales de pagamentos de marinheiros* e [...] uma grande variedade de outros profissionais que comerciam com dinheiro, com especialidades cujos nomes eram totalmente desconhecidos no tempo de nossos ancestrais".[12] Uma "Computação do crescimento de Londres" de 1719 ressaltou a importância do crescimento das verbas públicas, que davam origem a "novos escritórios e sociedades" e levavam "grande número de outras pessoas a viver em Londres ou em seus arredores". Em comparação com os ofícios tradicionais, os quais também eram influenciados pelo aumento de riqueza, comércio e ostentação, essas atividades financeiras envolviam uma minoria. Elas indicam, porém, a importância específica que a capital estava adquirindo, juntamente com a concentração de poder político. A nova cidade industrial, que viria a surgir no norte da Inglaterra, seria produto de um ou dois tipos de trabalho e refletiria em suas características físicas essa ênfase singular. Londres, à parte sua variedade histórica, era uma cidade múltipla, não apenas no sentido de conter centenas de profissões mas também na medida em que administrava e

* *Ticket-monger* no original: aquele que traficava com os vales de pagamentos que os navios entregavam aos marinheiros, adiantando o dinheiro ao marinheiro, cobrando uma taxa e depois apresentando o vale à empresa de navegação no dia de pagamento. (N. T.)

dirigia uma parte significativa dos negócios alheios. Uma parcela dominante da vida nacional não só se refletia na cidade como também era criada nela. À medida que a população crescia, Londres tornava-se deficitária, tanto em termos de alimentos como também de produção material; esse desequilíbrio, no entanto, era mais do que compensado pela sua produção social: Londres produzia e reproduzia, numa escala dominante, a realidade social da nação como um todo.

Era ainda essa visão setecentista que Blake, ele próprio artesão e londrino, tinha da capital:

> *Caminho pelas ruas registradas,*
> *Junto ao Tâmisa registrado e lento* [...]*

Originariamente, Blake havia qualificado como "sujas" as ruas e "sujo" o Tâmisa, uma ideia um tanto óbvia; mas na versão final temos a ideia do "registro": a organização de uma cidade em termos de comércio. Subitamente, dentro dessa visão, o poeta passa a encarar a cidade por um ângulo novo: não o bulício, o barulho ou o tumor monstruoso dos observadores de épocas anteriores e de sua própria era, e sim uma organização, um estado mental sistemático:

> [...] *E noto em cada rosto, reveladas,*
> *As marcas de fraqueza e sofrimento.*
>
> *Em cada grito de cada homem adulto*
> *E de toda criança amedrontada,*
> *Em cada voz e proibição, escuto*
> *Cadeias pelo cérebro forjadas.*[13]**

* I wander thro' each charter'd street,/ Near where the charter'd Thames does flow [...]

** [...] And mark in every face I meet/ Marks of weakness, marks of woe. // In every cry of every Man/ In every Infant's cry of fear,/ In every voice, in every ban,/ The mind-forg'd manacles I hear.

Os gritos, os temores e as proibições seriam todos coisas óbvias, porém Blake, numa generalização, faz com que tudo isso se torne parte de uma repressão organizada, ao mesmo tempo imposta de fora e autoimposta: "cadeias pelo cérebro forjadas". O que ele vê então, com ênfase, são as interconexões ocultas desse sistema urbano:

Ouço que o limpa-chaminés com um grito
Assusta a igreja negra de fumaça;
E que o suspiro do soldado aflito
Escorre em sangue em muros de palácios.

Mas o que à noite tenho mais ouvido
É a maldição da moça prostituta,
Que gora o pranto do recém-nascido
E à tumba nupcial traz peste bruta.[14]*

Isso é coisa muito diferente do tradicional contraponto entre inocência no campo e vício na cidade. A inocência e o vício estão na cidade, fazem parte da cidade, em suas relações concretas e espirituais. O palácio, símbolo imponente do poder, deve ser visto com muros ensanguentados: a conexão real, porém oculta, é revelada, e o mesmo é feito em relação ao contraste entre as convenções de religião e família e a realidade dos que sofriam, eram desprezados e marginalizados. Não se trata apenas de observar o sofrimento dos limpadores de chaminés; antes de Blake, já houvera campanhas vigorosas, e parcialmente vitoriosas, contra as terríveis condições de trabalho das crianças que limpavam chaminés. A questão é o estabelecimento de conexões novas, no contexto de toda a ordem urbana e do sistema humano que a cidade concentra e

* How the Chimney-sweeper's cry/ Every black'ning Church appalls;/ And the hapless Soldier's sigh/ Runs in blood down Palace walls.// But most thro' midnight streets I hear/ How the youthful Harlot's curse/ Blasts the new born Infant's tear/ And blights with plagues the Marriage hearse.

encarna. Impor à consciência essas conexões ocultas é, portanto, uma nova maneira de ver a ordem humana e social como um todo. Na verdade, é uma antevisão precisa dos objetivos e métodos literários essenciais de Dickens.

Vale a pena enfatizar esse aspecto de Blake, pois, embora ele seja herdeiro de muitas imagens bucólicas setecentistas, em toda sua obra ele as transforma em elementos de uma situação geral. Desse modo, Blake transcende de forma decisiva o contraste simplista entre campo e cidade. É significativo que um dos trechos mais famosos de sua poesia seja "a terra inglesa amena e verdejante", mas essa não é a linguagem da retrospecção rural ou do refúgio no campo. Todo o objetivo de sua luta é, como ele próprio afirma, construir "Jerusalém/ Na terra inglesa amena e verdejante": construir a cidade santa em oposição à cidade ímpia.

Há, portanto, conexões e contrastes interessantes entre Blake e Wordsworth, o qual, no sétimo livro de *The prelude*, intitulado *Residence in London* [Residência em Londres], faz uma das primeiras exposições importantes das novas maneiras de ver a cidade. A narrativa de Wordsworth inclui experiências mais variadas do que as visões de Blake, porém há duas diferenças mais imediatas. Wordsworth vê a cidade em relação a seu passado de experiências rurais, que norteia sua visão; em seguida a vê de um modo análogo a Blake, mas com a ideia dominante de que a cidade tem um caráter específico, como uma forma de organização social excepcional.

A atitude inicial de Wordsworth é a de qualquer pessoa que até então viveu afastada de Londres: "deslumbramento e estranha delícia" provocados pela história da cidade e por suas maravilhas. Já então o poeta se pergunta

> *como podia um homem*
> *Viver sem conhecer sequer o nome*
> *Dos vizinhos que moram a seu lado.*[15]*

* how men lived/ Even next-door neighbours, as we say, yet still/ Strangers, nor knowing each the other's name.

Contudo, o deslumbramento e o fascínio predominam; o poeta relembra o momento da chegada, em que, "tendo percorrido o longo labirinto das aldeias suburbanas", penetrou o "vasto domínio" da cidade e, surpreso ao constatar que algo "externo à mente viva pudesse ter tamanho impacto", sentiu um "peso de séculos", "poder crescendo sob o peso". Era a

metrópole que fixa
O destino do país e do mundo;
Grande empório, ao mesmo tempo crônica
E túmulo de todas as paixões,
Sua morada imperial.[16]*

É uma maneira autêntica de ver o que é não apenas uma cidade, mas uma capital, que encarna e dirige todo o país. Porém Wordsworth também encara a cidade de maneiras mais antigas. Nela o amor não viceja com facilidade:

Nos recintos estreitos e apinhados
Da cidade, onde sofre o coração,[17]**

e, enquanto na rua "prossegue o bramido",

Como quem escapa do inimigo, achamos
De súbito um recanto protegido;[18]***

seguindo a recomendação de Thomson, opondo o campo à cidade, ouvindo

* the vast metropolis/ Fount of my country's destiny and the world's;/ That great emporium, chronicle at once/ And burial-place of passions, and their home/ Imperial, their chief living residence.

** Among the close and overcrowded haunts/ Of cities, where the human heart is sick.

*** Escaped as from an enemy, we turn/ Abruptly into some sequestered nook.

Das gentes o rumor, porém de longe.[19]*

Mas esses sentimentos não ocupam uma posição central na experiência londrina de Wordsworth. De maneiras fundamentalmente novas, ele tenta descrever a cidade como uma forma de sociedade, um

rio infindo de homens e coisas! [...]
[...] *a dança rápida,*
De formas, luz e cor; o insuportável
Ruído; os que vão e vêm e passam,
Rosto após rosto.[20]**

Temos aqui a observação direta de um novo complexo de relações físicas e sensoriais: uma nova maneira de ver os homens no que é vivenciado como uma nova espécie de sociedade. É nesse sentido, de uma nova forma de alienação, que Wordsworth faz certas reflexões comparáveis às de Blake, mas diferentes:

Amigo! lá um sentimento havia
Que na cidade apenas se encontrava;
Quantas vezes, em ruas apinhadas,
Em meio à multidão, disse a mim mesmo:
"Mas cada rosto que passa por mim
Encerra algum mistério insondável!".
Muita vez fiquei a olhar, oprimido
Por pensamentos sobre o que e onde,
Quando e como, até que as formas visíveis
Tornavam-se visões, como as que fluem
Sobre montes imóveis, ou nos sonhos.
E todo o lastro do cotidiano,

* At distance safe, the human tempest roar.

** endless stream of men and moving things! [...]/ [...] the quick dance,/ Of colours, lights and forms; the deafening din;/ The comers and the goers face to face./ Face after face.

Presente e passado, esperança e medo,
Tudo que rege o ato, o pensamento,
A fala, para mim tornou-se incógnito.[21]*

Esses versos importantes constituem, a meu ver, a primeira expressão de uma maneira de vivenciar a cidade que veio a se tornar dominante. Blake via uma situação generalizada de "fraqueza e sofrimento". Wordsworth via estranheza, uma perda de conexões, de início em termos não sociais, mas de percepção — uma perda de identidade na multidão de outros que se refletia numa perda de identidade no eu e, de tais maneiras, numa perda da própria sociedade, sobrepujada e substituída por uma sucessão de imagens: a "dança de formas, luz e cor", "rosto após rosto", e então não há mais regras. Nenhuma experiência foi mais fundamental que essa para toda a literatura urbana subsequente.

Porém, pode-se ir para um lado ou para o outro a partir dessa confusão perceptiva, dessa confissão de mistério. Wordsworth imediatamente a estendeu para uma ideia tradicional: o mistério de toda existência humana, exemplificado pela plaqueta de identificação pendurada no pescoço do mendigo cego, que lhe parecia representativa dos limites do saber humano. Isso é menos interessante do que a dissolução original, mas um dos fatores característicos desse tipo de experiência é a dificuldade de mantê-la por mais tempo. Toda espécie de atitude filosófica e social está pronta para ocupar o vácuo por ela criada. Em Wordsworth, a consciência do mistério é logo

* O Friend! one feeling was there which belonged/ To this great city, by exclusive right;/ How often, in the overflowing streets,/ Have I gone forwards with the crowd, and said/ Unto myself, 'The face of every one/ That passes by me is a mystery!'/ Thus have I looked, nor ceased to look, oppressed/ By thoughts of what and whither, when and how,/ Until the shapes before my eyes became/ A second-sight procession, such as glides/ Over still mountains, or appears in dreams./ And all the ballast of familiar life,/ The present, and the past; hope, fear; all stays,/ All laws of acting, thinking, speaking man/ Went from me, neither knowing me, nor known.

seguida do tipo de acusação contra a "turba", as "massas", que veio a se tornar tão comum. A confusão anormal é

o que a própria cidade é
Pra todos, fora alguns extraviados,
Pra toda a multidão de habitantes;
Um mundo indistinguível para os homens,
Escravos das mais vis aspirações,
Que vivem em meio a um perpétuo fluxo
De objetos triviais, que se confundem
Numa identidade, por diferenças
Que não têm lei, significado ou fim.[22]*

Na versão de 1850 desse poema, Wordsworth atenuou, mas não alterou de modo essencial, essa visão desdenhosa; o estereótipo dela é uma das principais derivações da confusão social e perceptiva. Contudo, há uma alternativa, que também veio a tornar-se importante. Relembrando a experiência, Wordsworth propôs uma visão diferente, de importância histórica crucial:

[...] *que entre as multidões*
Desta cidade imensa, muitas vezes
Via-se mais do que em qualquer lugar
A união dos homens manifesta,
Impondo-se ao vício e à ignorância,
E em todo coração, quer bom, quer mau,
Surgir um único senso moral,
Como um só olho para a luz do sol.[23]**

* what the mighty City is itself/ To all except a straggler here and there,/ To the whole swarm of its inhabitants;/ An undistinguishable world to men,/ The slaves unrespited of low pursuits,/ Living amid the same perpetual flow/ Of trivial objects, melted and reduced/ To one identity, by differences/ That have no law, no meaning and no end.

** [...] that among the multitudes/ Of that huge city, oftentimes was seen/ Affectingly set forth, more than elsewhere/ Is possible, the unity of men,/ One spirit over ignorance and vice/ Predominant, in good and evil hearts/ One sense for moral judgements, as one eye/ For the sun's light.

Essa percepção historicamente libertadora de novos tipos de ordens possíveis, novos tipos de unidade humana na experiência transformadora da cidade, apareceu — o que é significativo — juntamente com o choque da apreensão de uma nova dimensão que produzira a repulsa subjetiva, uma reação mais comum. As forças objetivamente unificadoras e libertadoras eram vistas na mesma atividade que as forças ameaçadoras da confusão e da perda de identidade. E foi assim que, no decorrer dos 150 anos seguintes, a realidade da cidade, cada vez mais dominante, passou a ser interpretada de modos ao mesmo tempo paradoxais e alternativos.

Pois a transformação estava em vias de tornar-se geral. O caso especial de Londres, embora não perdesse jamais sua importância preponderante, passaria a coexistir com muitos outros, os quais ao mesmo tempo assemelham-se a ele e geram confusão. Londres era uma capital, um centro de civilização no sentido mais antigo do termo, como o próprio Wordsworth havia percebido:

Como se fosse um traje, esta cidade
Ostenta da manhã a claridade,
O silêncio e a beleza sem par;
Torres e cúpulas se elevam no ar
Em luminosa e suave majestade.[24]*

Conforme comentei acima, essa é a cidade vista antes do barulho do dia de trabalho, e também antes da fumaça de uma época posterior. Trata-se, porém, de uma maneira permanente de ver qualquer cidade histórica: os edifícios públicos e os centros definidores da cultura e do saber. Paris, que ainda tinha a metade do tamanho de Londres, estava prestes a entrar num

* This City now doth like a garment wear/ The beauty of the morning; silent, bare,/ Ships, towers, domes, theatres and temples lie/ Open unto the fields and to the sky—/ All bright and glittering in the smokeless air.

período de crescimento acelerado; Nápoles, Viena, Berlim, Roma, São Petersburgo, Budapeste e Moscou logo começariam a se desenvolver. As cidades da civilização, nesse sentido, estavam entrando numa fase de expansão renovada e importância cultural. Mas havia outros tipos de cidade, que cresciam mais depressa ainda. Na Inglaterra, no decorrer da Revolução Industrial, até mesmo o crescimento prolongado e acelerado de Londres deve ser comparado com o desenvolvimento ainda mais rápido e explosivo das novas cidades industriais do norte. Entre 1821 e 1841, Londres experimentou um crescimento de 20%; Manchester, Birmingham, Leeds e Sheffield cresceram mais de 40%; em Bradford a taxa foi de 65%. As maneiras de encarar a cidade, enquanto lugares históricos e capitais, sempre foram variadas, conforme vimos. A grandiosidade de Londres, no tempo em que ela era a única, despertara a consciência de uma nova dimensão humana, um novo tipo de sociedade. Mas as cidades industriais eram coisas bem diversas. Embora ainda emergentes, elas anunciavam, de modo ainda mais decisivo do que o crescimento das capitais, o novo caráter de cidade e as novas relações entre cidade e campo.

15. GENTE DA CIDADE

A cidade de Dickens era Londres, e Londres, como já vimos, embora dominasse tanto o desenvolvimento nacional quanto o urbano, era sob muitos aspectos excepcional: e esses aspectos têm muito a ver com a forma específica de realização artística de Dickens. Quando contemplava o outro tipo de cidade, mais novo ainda — o centro industrial de Coketown (Preston), em *Hard times* —, ele fazia uma observação enfática mais simples e mais retórica. Coketown era um "triunfo do real"; nela não se via nada "que não fosse estritamente funcional". Era

> uma cidade de tijolos vermelhos, ou que seriam vermelhos se a fumaça e as cinzas o permitissem; tal como era, porém, a cidade tinha tonalidades artificiais de vermelho e preto que lembravam um rosto pintado de selvagem.

Dentro dessa visão, a cidade era uniforme em suas paisagens humana e física:

> Continha algumas ruas grandes, todas muito parecidas, e muitas ruas pequenas, ainda mais parecidas, habitadas por pessoas igualmente parecidas, que chegavam e saíam todas nas mesmas horas, fazendo o mesmo som nas mesmas calçadas, para fazer o mesmo trabalho, e para quem todos os dias eram iguais à véspera e ao dia seguinte, e todos os anos eram a imagem do ano anterior e do subsequente.[1]

Porém, adequada ou não, essa visão uniforme de uma ordem industrial nova e antinatural contradizia implicitamente a maneira característica de Dickens ver as pessoas e seus atos. De fato, tal perspectiva é tacitamente abandonada em *Hard times*, em todo o resto do livro, pois os personagens claramente não são "igualmente parecidos"; são justamente as diferenças e contrastes acentuados entre eles que terminam constituindo o fator organizador decisivo do romance.

Essa contradição nos traz à mente a confusão que se fazia na época de Dickens — e continuou a se fazer depois — entre a ideia de cidade e a ideia de indústria. A identificação entre elas, cuja base social era a existência das novas cidades industriais, era sob certos aspectos importantes enganadora, tanto em termos gerais quanto, especificamente, para se compreender Dickens. Ele era capaz de repudiar e denunciar Coketown, mas seu envolvimento com a experiência urbana, no sentido mais integral, se dava com Londres, uma realidade muito diversa, e era para Londres que seu interesse e seus talentos estavam realmente voltados.

Pois uma cidade como Londres, conforme já vimos, não podia ser captada com facilidade num gesto retórico de uniformidade repressiva. Pelo contrário, a heterogeneidade, a variedade e a aglomeração, a movimentação aleatória, eram seus aspectos mais evidentes, especialmente quando vista de dentro.

É verdade que, em última análise, essa realidade heterogênea e aleatória continha um sistema: um sistema negativo de indiferença; um sistema positivo de diferenciação, em termos de direito, poder e controle financeiro. Mas o que caracterizava Londres — capital de uma economia e uma sociedade complexas, nacionais e transnacionais — era o fato de que essa realidade não se evidenciava fisicamente de modo direto. A ordem e o sistema de Coketown, mesmo após descontados os exageros retóricos da descrição, estavam realmente bem visíveis em sua superfície. As ruas e casas, construídas num período curto de expansão acelerada em torno do que até recentemente fora uma aldeia ou um pequeno centro comercial, eram sistematizadas e uniformizadas de modo muito diferente do que se via na maioria dos bairros da Londres dos tempos de Dickens. As novas cidades industriais organizavam-se em torno dos lugares de trabalho — normalmente uma espécie única de trabalho —, uma situação que jamais existira nem viria a existir em Londres. Assim, embora Dickens fosse afetado pelas imagens gerais da cidade como uma nova espécie de ordem social, e no caso de Coketown e alguns outros, de importância reduzida, em outras obras suas, realizasse projeções diretas dessa imagem, sua reação à nova experiência urbana era basicamente mais diversificada e, a meu ver, mais arguta. Sob esse aspecto, Dickens está bem mais próximo da visão de Blake e da de Wordsworth do que das visões posteriores, mais globalizantes, que surgiram a partir de 1870. Mas o que ele viu, e o que aprendeu a incorporar a um novo tipo de romance, atingiu o âmago do problema. Pois o que Londres tinha a mostrar, mais fundamentalmente, até mesmo para a experiência moderna, do que as cidades uniformes do início da Revolução Industrial, era uma contradição, um paradoxo: a coexistência entre, de um lado, a variação e a aleatoriedade aparente e, de outro, algo que, em última análise tinha de ser visto como um sistema determinante — os fatos individuais visíveis, mas, para além deles, muitas vezes ocultos, a situação e o destino comuns.

A criação do novo romance dickensiano — uma realização criadora que teve muitas hesitações no início, sofreu muitos deslizes, mas terminou revelando-se decisiva — pode ser diretamente relacionada ao que deve-se ver como uma dupla situação: o aleatório e o sistemático, o visível e o oculto, aquilo que constitui o verdadeiro significado da cidade e, especialmente nesse período da capital, enquanto forma social dominante.

Assim, a essência da visão dickensiana de Londres não pode ser ilustrada por dados topográficos nem exemplos locais. Ela reside na forma de seus romances: no tipo de narrativa, no método de caracterização, na facilidade de tipificação. Tanto faz dizer uma coisa ou seu oposto: a experiência da cidade é o método da ficção; o método da ficção é a experiência da cidade. O importante é que a visão — e não se trata de uma visão única, e sim de uma dramatização contínua — é a forma da escritura.

Isso pode ser demonstrado primeiramente de um modo decisivo. Quando relembramos um romance de Dickens, o movimento geral que nos vem à mente — o movimento característico — é um fluxo apressado, aparentemente aleatório, de homens e mulheres, cada um dizendo uma determinada frase fixa, sendo visto numa expressão fixa: uma maneira da rua de ver homens e mulheres. No princípio, sente-se falta do tipo de conexão e exposição que se espera encontrar. Essas pessoas não chegam exatamente a se relacionar, porém passam umas pelas outras e às vezes se chocam. Também não é frequente que conversem de modo normal. Elas apenas dirigem palavras a outras pessoas, ou nem isso, preocupadas acima de tudo em definir através das palavras a própria identidade e realidade; em autodescrições fixas, as personagens falam alto e com ênfase, para serem ouvidas em meio a outras vozes semelhantes. Contudo, à medida que a ação se desenrola, relacionamentos desconhecidos e não reconhecidos, conexões profundas e decisivas, admissões e reconhecimentos explícitos e comprometedores são, por assim dizer, impostos à força à consciência. São esses os relacionamentos e conexões reais e inevitáveis, os reconhecimentos e admissões necessários em qualquer sociedade humana. Mas são de um tipo que é obscurecido, complicado, mistificado pela pressa, pelo barulho, pela heterogeneidade dessa nova e complexa ordem social.

Essa criação da consciência — de reconhecimentos e relacionamentos — pode, portanto, ser encarada como o objetivo da ficção madura de Dickens. A necessidade dessa criação ocupa uma posição central na visão social e pessoal do autor:

> Quem dera uma alma boa arrancasse os telhados das casas, com mão mais forte e benigna que a do demônio manco da lenda, e revelasse a uma gente cristã as formas sombrias que emanam de seus lares, para aumentar as legiões do Anjo Destruidor que caminha entre eles. Quem dera tornarem-se visíveis, ainda que por uma noite apenas, os espectros pálidos que se elevam dos cenários de nossa negligência

> prolongada, e do ar espesso e pesado onde o Vício e a Febre propagam-se juntos, chovendo as tremendas punições sociais que não param de cair em grandes bátegas, cada vez mais. Bendita e luminosa a manhã que raiaria após esta noite; pois os homens, não mais entravados por obstáculos de sua própria feitura, que não passam de grãos de poeira no caminho que os leva à eternidade, então se entregariam, como criaturas de origem comum, devendo a mesma obrigação ao Pai de uma mesma família e aspirando a um mesmo fim, à tarefa de fazer deste mundo um lugar melhor. Não menos bendito e luminoso seria este dia para despertar aqueles que jamais contemplaram o mundo de existências humanas a sua volta para a consciência de sua própria relação para com ele, e torná-los cientes de uma perversão da natureza em suas simpatias e juízos, tão grande, e no entanto tão natural em seu desenvolvimento, uma vez iniciada, quanto a mais vil degradação que se conhece. Porém um dia assim jamais raiara para o sr. Dombey e sua mulher, e o caminho de cada um deles estava traçado.[2]

Essa mão forte e benigna, que levanta os telhados das casas e mostra as formas e espectros que emanam da negligência e da indiferença; que limpa o ar para que as pessoas possam ver e reconhecer umas as outras, vencendo aquela contração da solidariedade humana que vai contra a natureza, esta mão é a mão do romancista — é Dickens que vê a si próprio. E é significativo que esse trecho apareça no contexto de uma descrição da cidade, no capítulo 47 de *Dombey and Son*. O autor está descrevendo, com a imagem de uma nuvem escura e densa que paira sobre a cidade, as consequências humanas e morais de uma sociedade indiferente e "antinatural". É uma imagem à qual ele recorre com frequência: a obscuridade, a escuridão, a névoa que não nos deixa ver uns aos outros com clareza, nem enxergar as relações que há entre nós próprios e nossos atos, nós próprios e os outros.

Pois esse é o outro aspecto da originalidade de Dickens.

Ele consegue dramatizar as instituições sociais e suas consequências que não se revelam à observação física comum. Ele as toma e as apresenta como se fossem pessoas ou fenômenos naturais. Às vezes como a nuvem negra ou a neblina em meio à qual as pessoas andam tateantes, umas procurando outras. Às vezes como o Departamento de Circunlóquios, ou o Pátio da Comiseração, onde uma forma de vida ganha corpo físico. Às vezes como se fossem personagens humanos, como as Ações em *Our mutual friend* e, naturalmente, as Grandes Esperanças. O sistema judiciário, o serviço público, a bolsa de valores, as instituições financeiras, os estabelecimentos comerciais se revelam, desse modo, as forças "impessoais" — as forças humanas alienadas — que de fato são.

Essa visão está ligada à prática dickensiana de dar aos personagens nomes que evoquem sua dimensão moral: Gradgrind, McChoakumchild, Merdle. Mas está ligada também, de uma maneira menos óbvia, a um tipo de observação que, mais uma vez, tem a ver com a cidade: a percepção, pode-se dizer, de que os habitantes mais visíveis das cidades são os prédios e que há ao mesmo tempo uma conexão e uma confusão entre as formas e aparências dos prédios e as formas e aparências das pessoas que neles vivem.

Veja-se esta passagem de *Little Dorrit*:

> Sobre esse digno solar, o solar dos Merdle em Harley Street, Cavendish Square, não se projetava nenhuma sombra que não fosse de solares igualmente dignos do outro lado da rua. Como pessoas de linhagem irreprochável, as fileiras de casas que se defrontavam em Harley Street eram muito severas umas com as outras. De fato, as mansões e seus habitantes eram tão semelhantes quanto a esse aspecto que as pessoas muitas vezes se empertigavam em lados opostos das mesas de jantar, à sombra de sua própria magnificência, olhando para a frente com o mesmo ar enfastiado das casas.
>
> Todos sabem como se assemelham à rua essas fileiras de comensais que nela se alinham. As vinte casas unifor-

mes, sem expressão, a cujas portas se bate da mesma forma, às quais se tem acesso por idênticas escadinhas insossas, todas cercadas por grades do mesmo desenho, com as mesmas escadas de incêndio impraticáveis, as mesmas instalações inconvenientes, e tudo, sem exceção, a ser altamente estimado — quem nunca jantou com gente assim? A casa terrivelmente necessitada de uma reforma, uma ou outra janela saliente, a casa revestida de estuque, a casa de fachada recém-reformada, a casa de esquina em que todos os cômodos são angulosos, a casa em que os estores das janelas estão sempre baixados, a casa onde há sempre um brasão de pessoa recém-falecida exibido na fachada, a casa onde o cobrador foi trocar dois dedos de prosa e não encontrou ninguém em casa — quem nunca jantou com gente assim?

A casa que ninguém quer, que pode ser comprada por uma pechincha — quem não a conhece? A casa ostentosa que foi alugada por toda a vida pelo cavalheiro desapontado, que é totalmente inadequada para ele — quem não conhece essa habitação mal-assombrada?[3]

Temos aqui uma descrição formal que leva às últimas consequências a analogia entre casas e pessoas, terminando com humor. Porém essa analogia reaparece em contextos mais particularizantes, nos quais a casa e a vida que se leva dentro dela são indistinguíveis (o trecho abaixo também é de *Little Dorrit*):

A velha casa debilitada na cidade, envolta em seu manto de fuligem, pesadamente apoiada nas muletas que estavam tão decrépitas e gastas quanto ela, jamais conhecera um momento de saúde ou alegria, acontecesse o que acontecesse. Naquele lugar melancólico encontravam-se chuva, granizo, geada e gelo derretido depois de já terem desaparecido dos outros lugares; e, quanto à neve, ela permanecia por lá durante semanas, muito tempo após ter seu tom amarelado se transformado em negro, lentamente esvaindo-se em lágrimas sujas. Nada mais permanecia ali por muito tempo. Os ruídos da rua, que apenas passavam pelo portão e logo saíam no instante seguinte, faziam com que a sra. Affery tivesse a impressão de que estava surda e só recobrava a audição por lampejos momentâneos. O mesmo se dava com os assobios, as cantorias, as conversas, os risos e todos os sons humanos agradáveis: saltavam por cima daquele vácuo por um instante e logo se iam.[4]

Mais um exemplo:

> Já era verão; era uma tarde cinzenta, quente, poeirenta. Foram até o início de Oxford Street, e, lá saltando, mergulharam nas grandes ruas imponentes e melancólicas, e as ruazinhas que tentam ser tão imponentes quanto aquelas, mas só conseguem ficar mais melancólicas que elas; há um verdadeiro labirinto dessas ruazinhas perto de Park Lane. Uma selva de casas de esquina, com pórticos e apêndices bárbaros, monstruosidades criadas por alguma pessoa equivocada numa época equivocada, ainda exigindo a admiração cega de todas as gerações subsequentes e decididas a continuar a fazê-lo até desmoronarem, contemplava carrancuda o crepúsculo. Casinhas parasitas, transidas de câimbras, enfileiradas nas colinas, entristeciam a tarde. Moradias frágeis, de requinte inquestionável, porém pequenas demais para nelas caber com conforto algo mais que um cheiro ruim, pareciam o produto final de muitas gerações de endogamia entre as grandes mansões; e, com seus arcos e sacadas suplementares sustentados por finas colunas de ferro, pareciam apoiar-se, escrofulosas, em muletas. Aqui e ali um brasão de pessoa recém-falecida, com toda a ciência da heráldica nele estampada, contemplava a rua, como um arcebispo fazendo um sermão sobre a vaidade. As lojas, que eram poucas, não esboçavam nenhuma ostentação, pois eram de todo indiferentes à opinião das gentes.[5]

Esse método é realmente notável. Naturalmente, baseia-se em certas propriedades do idioma: percepções de relações entre pessoas e coisas. Mas em Dickens ele tem uma importância crucial. É uma maneira consciente de ver e mostrar. A cidade aparece ao mesmo tempo como fato social e paisagem humana. O que é dramatizado nela é uma estrutura de sentimentos muito complexa. Assim, Dickens exibe uma reação emocional à multiplicidade de movimentos e cores do comércio de rua:

> Os escritórios do sr. Dombey ficavam numa praça onde existia na esquina, ali instalada havia muito tempo, uma barraca de frutas seletas: onde perambulavam vendedores de ambos os sexos, oferecendo, a qualquer hora das dez às cinco, chinelas, carteiras, esponjas, coleiras para cães, sabonetes e, de vez em quando, um *pointer* ou um quadro a óleo.
>
> O *pointer* vinha sempre tendo em vista a Bolsa de Valores, onde a mania das apostas (que começou com apostas de chapéus novos) anda muito em voga.[6]

É característico que, quando o sr. Dombey chega, nenhuma dessas mercadorias lhe é oferecida. O tipo de comércio que ele pratica, que se reflete em sua casa — sua "sede" —, é mais frio, mais estabelecido, mais distante; e então evidencia-se outro aspecto da cidade:

> A casa do sr. Dombey era grande, situada no lado onde não batia sol de uma rua alta, escura, terrivelmente elegante, naquela região entre Portland Place e Bryanstone Square. Era uma casa de esquina, com grandes áreas contendo porões, que enfrentavam a desaprovação de carrancudas janelas trancadas e o olhar debochado de portas vesgas dando para latas de lixo. Era uma casa de uma imponência sombria, de fundos circulares, com uma série de salas de estar que davam para um pátio de cascalho, onde duas árvores macilentas, de troncos e galhos enegrecidos, rangiam mais do que farfalhavam, tão secas estavam suas

folhas devido à fumaça. O sol estival jamais batia na rua senão pela manhã, por volta da hora do desjejum, chegando junto com o aguadeiro, o belchior, os vendedores de gerânios, o consertador de guarda-chuvas e o homem que fazia soar o sininho do relógio holandês enquanto caminhava. Logo desaparecia, para não voltar mais até o dia seguinte; e as bandas de música e os espetáculos de marionetes que as seguiam a deixavam entregue ao mais melancólico dos realejos e aos camundongos brancos; havendo de vez em quando um porco-espinho, para variar; até que os mordomos das famílias que estavam jantando fora começavam a aparecer às portas das casas, no crepúsculo, e o acendedor de lampiões fracassava, como ocorria todas as noites, em sua tentativa de alegrar a rua com a luz de gás. A casa era tão inexpressiva por dentro quanto era por fora.[7]

O contraste entre a residência sombria e a animação heterogênea da rua é bem claro. Mais uma vez, há uma troca de características entre casas e pessoas:

porões, que enfrentavam a desaprovação das carrancudas janelas trancadas e o olhar debochado de portas vesgas.

Essa transposição de detalhes pode então ser extrapolada — mais uma vez, com uma certa base na tradição — a uma visão da cidade como um animal destruidor, um monstro, que transcende por completo a escala do indivíduo humano:

Ela muitas vezes contemplava com pena, nesses momentos, os viandantes que chegavam a Londres, pela estrada real ali perto, e que, cansados, de pés doloridos, e olhando com temor para a enorme cidade a sua frente, como se antevissem que ali sua infelicidade seria apenas uma gota d'água no oceano, ou um grão de areia na praia, seguiam em frente encolhidos, protegendo-se da inclemência do tempo, com rostos de quem se sente rejeitado até pelos elementos

> naturais. Dia após dia passavam viajantes assim, pé ante pé, porém — pensou ela — iam sempre na mesma direção — sempre em direção à cidade. Engolidos por um ou outro trecho daquela imensidão, rumo à qual parecem ser impelidos por um fascínio desesperado, jamais voltavam. Pasto dos hospitais, cemitérios, prisões, rios, febre, loucura, vícios e a morte — eles seguiam em direção ao monstro que rugia ao longe, e se perdiam.[8]

Esta é uma visão possível: a visão totalizadora e retórica de quem está de fora. Dickens, no entanto, caminha com mais confiança ainda nas próprias ruas: mergulhando naquela vivência das ruas — das multidões de desconhecidos — com a qual muitos de nós agora já estamos acostumados, mas que Blake e Wordsworth veem como algo estranho e ameaçador. Dickens recria e amplia essa experiência, numa nova gama de sentimentos, quando Florence Dombey foge da casa escura do pai:

> A alegre perspectiva da rua longa, engalanada de luz matinal, a amplidão do céu azul com nuvens etéreas, o frescor vigoroso do dia, tão róseo e corado com a conquista da noite — nada despertava qualquer sentimento em seu peito magoado. Algum lugar, qualquer lugar, onde pudesse esconder o rosto! Algum lugar, qualquer lugar, para lhe servir de refúgio, de onde ela nunca mais voltasse a ver a casa da qual fugira!
>
> Mas havia gente indo de um lado para o outro; havia lojas abrindo e criados parados às portas das casas; ouviam-se os ruídos discordantes, cada vez mais altos, da luta do dia. Florence via surpresa e curiosidade nos rostos que por ela passavam rapidamente; via sombras alongadas voltando pela calçada; e ouvia vozes que lhe eram estranhas a perguntar-lhe aonde ela ia, o que acontecera; e, embora essas vozes de início aumentassem seu medo mais ainda, elas tiveram o efeito positivo de fazê-la cair em si até certo ponto, tornando-a consciente da necessidade de manter a compostura.

> Aonde ir? Sempre a algum lugar, qualquer lugar! sempre adiante; mas aonde? Pensou na única vez anterior em que se vira perdida na grande selva de Londres — se bem que não tão perdida quanto agora — e seguiu naquela direção.[9]

Essa rua da cidade é vista de maneiras muito específicas. É um lugar de atividades cotidianas, que em si não chega a ser assustador, mas o efeito geral de seus componentes é o de uma "grande selva". É um lugar tão difícil de enfrentar quanto a "casa fechada" de Florence. Porém uma nota diferente se faz ouvir: um efeito físico que é também um fato social, visto com nitidez: o mesmo fato social em oposição ao qual Dickens faz constantes tentativas de reconhecimento e generosidade:

> os ruídos discordantes, cada vez mais altos, da luta do dia.

O único companheiro que ela encontra é seu cão, e Florence segue com ele:

> Com esse último seguidor, Florence foi seguindo depressa, na manhã cada vez mais clara, com o sol cada vez mais forte, em direção à City. O ruído aumentava, os passageiros tornavam-se mais numerosos, as lojas mais cheias, até que ela se deixou levar por uma correnteza de gente que seguia naquela direção e fluía, indiferente, passando por mercados e mansões, prisões, igrejas, feiras, riqueza, pobreza, bem e mal, como o rio largo que corria paralelamente a ela, despertado de seus sonhos de juncos, salgueiros e musgo verde, e seguindo, turvo e turbulento, entre os trabalhos e cuidados humanos, rumo ao mar profundo.[10]

Aqui, o que se salienta não é apenas o ruído, a atividade cotidiana; não é apenas a heterogeneidade — "prisões, igrejas" —, mas sim, em meio a tudo isso, a indiferença, no sentido geral de ausência de vontade:

uma correnteza de gente que seguia naquela direção e fluía, indiferente.

Mais uma vez, não se trata de uma questão de atos ou personagens específicos. É um fenômeno geral — uma correnteza, uma forma de vida. É nela que mergulham Arthur Clennam e sua mulher, em *Little Dorrit*, tendo descoberto, dolorosamente, uma ligação humana precária, mas mesmo assim inviolável:

> Desceram silenciosos para a rua barulhenta, inseparáveis e abençoados; e, enquanto passavam pelo sol ou pela sombra, os barulhentos, os ansiosos, os arrogantes, os teimosos e os vaidosos impacientavam-se, e esperneavam, e faziam sua barulheira de sempre.[11]

As qualidades morais individuais, ainda vistas com nitidez, são ouvidas como que coletivamente, na "rua barulhenta". Trata-se de um ganho de consciência que se manifesta diretamente como uma mudança de método ficcional.

Pois temos de relacionar essa visão não apenas com a descrição — a descrição animada — mas também com o poder de dramatizar um mundo social e moral em termos físicos. Em Dickens, o mundo físico jamais está desligado do homem. É o homem que o cria, que o fabrica, que o interpreta. Por isso é tão importante a forma que ele lhe dá.

Nesse aspecto, o método de Dickens está intimamente relacionado a sua época histórica. Foi justamente por causa dessa capacidade de refazer o mundo, do processo que resumimos com o termo "Revolução Industrial", que os homens chegaram a essa crise de escolha, da forma humana que deveria estar por trás da criação física. Num extremo, Dickens é capaz de encarar essa situação com humor:

> A Terra existia para Dombey & Filho nela negociarem, e o sol e a lua existiam para lhes fornecer luz. Os rios e ma-

> res foram criados para serem singrados por seus navios; os arco-íris davam-lhes a promessa de tempo bom; os ventos sopravam contra ou a favor de seus empreendimentos; as estrelas e os planetas moviam-se em suas órbitas para preservar a inviolabilidade de um sistema cujo centro eram eles.[12]

Nesse trecho, Dickens está zombando de uma autoconfiança típica de comerciantes, mas de forma alguma o faz em nome da preservação da natureza intacta. Trata-se, na verdade, de uma maneira de ver o tipo de sistema que é imposto, que é *tornado* central. É ressalvada, precisamente, por outros tipos de existência física e confiança em que os homens constroem seus próprios mundos, levando-os consigo em meio ao barulho e à multidão. A questão é apenas a ambiguidade do poder — o poder de criar mundos novos. Há também uma escolha: a escolha da forma humana no novo meio social e físico. Ou então pode haver uma escolha — *podemos* estar em condição de escolher — se virmos, física e moralmente, o que está acontecendo com as pessoas nessa época de transformações sem precedentes:

> O primeiro choque de um grande terremoto tinha, justamente nessa época, rasgado todo o bairro, até o centro. Havia sinais de sua trajetória por toda parte. Casas estavam derrubadas; ruas interrompidas; buracos e valas profundas escavadas no chão; enormes montes de terra e lama acumulados; prédios abalados, trêmulos, apoiados em grandes vigas de madeira. Aqui, um caos de carros, revirados e amontoados ao pé de uma ladeira anormalmente íngreme; ali, um tesouro confuso de ferro criando ferrugem no fundo de algo que se transformara em poça d'água por acidente. Para todos os lados viam-se pontes que não levavam a lugar algum; avenidas completamente intransitáveis; torres de Babel de chaminés amputadas pela metade; casas e abrigos improvisados de madeira, nos lugares mais improváveis; carcaças de cortiços miseráveis, e fragmentos de paredes e

> arcos inacabados, e pilhas de andaimes, e uma selva de tijolos, e formas gigantescas de guindastes, e tripés pairando acima de coisa alguma. Havia centenas de milhares de formas e substâncias incompletas, caoticamente arrancadas de seus lugares, de cabeça para baixo, enfiadas na terra, elevando-se no ar, apodrecendo na água, ininteligíveis como cenas de sonhos. Fontes de águas termais e erupções de fogo, que sempre acompanham os terremotos, davam sua contribuição à confusão geral. Água fervente silvava e transbordava de paredes dilapidadas, das quais vinham também o brilho e o rugido de línguas de fogo; e montes de cinzas bloqueavam as passagens, alterando completamente os direitos e costumes do bairro.
>
> Em suma: a ferrovia, ainda inacabada e por inaugurar, estava em andamento; e justamente do centro de toda esta terrível desordem emergia tranquila, seguindo seu caminho poderoso de civilização e melhoramento.[13]

Aqui a perturbação imediata é percebida, porém Dickens vai além disso e enxerga o que, em última análise, é mais importante: não a desordem das mudanças, e sim a espécie de ordem nova que dela haverá de emergir:

> O lamentável terreno baldio, onde antigamente o lixo era despejado, foi engolido e desapareceu; e em lugar daquela sujeira viam-se fileiras de armazéns, cheios de produtos nobres e mercadorias dispendiosas. As velhas ruelas agora fervilhavam de passageiros e veículos de todos os tipos; as ruas novas que antes paravam, desanimadas, na lama e nas marcas de rodas de carroças, formavam agora cidades autônomas, gerando confortos e serviços que pertenciam a elas próprias, jamais experimentados nem sequer concebidos antes de surgirem. Pontes que antes não levavam a parte alguma agora davam acesso a solares, jardins, igrejas, salubres alamedas. Os esqueletos de casas e inícios de novas avenidas haviam brotado ao longo da ferrovia, com a velo-

cidade do vapor, e disparavam em direção ao campo, num trem monstruoso.

Quanto ao bairro que de início relutara em aceitar a ferrovia, ele tornara-se ajuizado e penitente, como o faria qualquer cristão em tais circunstâncias, e agora gabava-se daquela sua parenta próspera e poderosa. Havia tecidos com estampas que imitavam trilhos nas lojas de fancaria, e periódicos ferroviários nas vitrines dos jornaleiros. Havia hotéis, escritórios, pensões ferroviárias; plantas, mapas, vistas, papéis de embrulho, garrafas, caixas de sanduíches e tabelas de horário da ferrovia; pontos de carruagens de aluguel perto da estação ferroviária; ônibus, ruas e prédios para servir a estação ferroviária; frequentadores e parasitas da ferrovia, bem como bajuladores de todos os tipos. Havia até mesmo relógios que assinalavam os horários da ferrovia, como se o próprio sol tivesse se submetido a ela. Entre os conquistados contava-se o mestre limpador de chaminés, que já vimos descrente em Stagg's Gardens, e agora morava numa casa de três andares, com acabamento de estuque, e apresentava-se, numa tabuleta envernizada cheia de floreios, como empreiteiro para limpeza à máquina de chaminés ferroviárias.

Dia e noite, sem parar, correntes humanas palpitantes iam e vinham do coração desta grande transformação, incessantemente, como sangue vital. Multidões de gente e montanhas de mercadorias, partindo e chegando dezenas e dezenas de vezes a cada 24 horas, produziam numa fermentação naquele lugar sempre em atividade. Mesmo as casas pareciam prestes a fazer suas malas e viajar. Maravilhosos parlamentares, que pouco mais de vinte anos antes haviam se divertido com as teorias ferroviárias malucas dos engenheiros, atormentando-os em tantos interrogatórios, agora iam para o norte de relógio na mão, tendo antes mandado avisar, por meio do telégrafo elétrico, que estavam vindo. Dia e noite as locomotivas conquistadoras roncavam ao longe, ou, chegando tranquilas ao final da viagem, e desli-

> zando como dragões mansos para dentro de seus abrigos milimetricamente calculados para recebê-las, lá ficavam, fervilhantes e trêmulas, fazendo as paredes estremecerem, como se palpitassem com a consciência secreta de grandes poderes ainda insuspeitos e tremendos objetivos ainda não alcançados.[14]

A complexidade desse sentimento é uma decorrência da complexidade da percepção. Todo o orgulho inspirado pelo poder — o novo poder da Revolução Industrial — está expresso na linguagem: a circulação de pessoas e produtos na ferrovia é como o sangue. Contudo, encontramos também o reconhecimento do fato de que esse poder sobrepuja todos os outros costumes e objetivos humanos. Esse reconhecimento se confirma, mais tarde, no

> poder que se impôs a seu modo férreo, desafiando todos os caminhos e estradas, perfurando todo obstáculo até seu âmago e arrastando consigo seres vivos de todas as classes, idades e condições sociais.[15]

A ferrovia é ao mesmo tempo "sangue vital" e "o monstro triunfante, a morte". E nessa dramatização Dickens exprime as reais contradições — o poder de dar vida ou destruí-la, de desintegrar, impor ordem ou uma ordem falsa — das novas forças socioeconômicas de seu tempo. Sua preocupação é sempre no sentido de manter vivos o reconhecimento e a bondade humanos, apesar dessas transformações sem precedentes e dentro dessa paisagem irreconhecivelmente alterada.

> Mesmo as casas pareciam prestes a fazer suas malas e viajar.[16]

É essa a mobilidade, a mobilidade crucial, que estava alterando o romance. É também a alteração crucial sofrida pelo relacionamento entre homens e coisas, do qual a cidade é a personificação social e visual mais evidente. Ao ver a cidade, tal como faz nesse trecho com a ferrovia, com a consequência ao mesmo tempo empolgante e ameaçadora de uma nova mobilidade, como não apenas um sistema alheio e indiferente mas também o somatório desconhecido, talvez incognoscível, de tantas vidas diversas, acotovelando-se, entrechocando-se, perturbando, ajustando-se, reconhecendo, estabelecendo-se, mudando-se novamente para novos espaços, Dickens atingiu o âmago dinâmico dessa experiência social de transformação.

16. COMUNIDADES COGNOSCÍVEIS

Em sua maioria, os romances são, num certo sentido, comunidades cognoscíveis. Faz parte de um método tradicional — uma postura e abordagem subjacentes — o romancista se propor a mostrar pessoas e relacionamentos entre elas de modos essencialmente cognoscíveis e comunicáveis. O gênio de Dickens só pode ser apreendido em sua totalidade na medida em que percebemos que para ele, na experiência urbana, muito do que era importante, e mesmo crucial, não podia ser conhecido nem comunicado de maneira simples, mas, como já afirmei, tinha de ser revelado, imposto à força à consciência. E, desse modo, seria possível estabelecer um contraste entre a ficção da cidade e a ficção do campo. No tipo urbano, a experiência e a comunidade seriam essencialmente opacas; no tipo campestre, essencialmente transparentes. Como abordagem inicial, esse contraste tem certa utilidade. Não há dúvida, por exemplo, de que a identidade e a comunidade tornaram-se mais problemáticas, em termos de percepção e avaliação, à medida que foram aumentando a magnitude e a complexidade da organização social característica. Até aquele ponto, a transição de campo para cidade — de uma sociedade predominantemente rural para uma predominantemente urbana — é um processo de transformação e um processo significativo. O crescimento das cidades, em particular das grandes cidades e de uma metrópole; a divisão e a complexidade do trabalho, cada vez maiores; as modificações sofridas pelas relações cruciais entre classes e no interior das classes: no contexto de transformações como essas, qualquer pressuposto de uma comunidade cognoscível — uma comunidade inteira, inteiramente cognoscível — torna-se cada vez mais difícil de sustentar. Contudo, a situação não se resume apenas a isso, e mais uma vez, ao nos conscientizarmos da nova realidade da cidade, precisamos ter o cuidado de não idealizar nem a velha nem a nova realidade do campo. Pois o que é cognoscível não é apenas uma função dos objetos — do que há para ser conhecido —; é também uma função dos sujeitos, dos observadores — do que é desejado e se precisa conhecer. E o que temos de ver então, como sempre, na literatura rural, não é apenas a realidade da comunidade rural: é também a posição do observador nela e em relação a ela; uma posição que faz parte da comunidade que se quer conhecer.

Assim, ainda se afirma com frequência — sob a pressão da experiência urbana e metropolitana, e como resultado de um contraste direto, até mesmo convencional — que a comunidade rural, mais especificamente a aldeia, é o epítome dos relacionamentos diretos: dos contatos face a face nos quais podemos encontrar e valorizar a verdadeira substância dos relacionamentos pessoais. Sem dúvida, tem importância esse aspecto imediato da diferença entre a cidade ou subúrbio e a aldeia: esta é menor; seus habitantes são mais facilmente identificáveis e interligados; a estrutura da comunidade é, sob diversos aspectos, mais visível. Mas uma comunidade cognoscível, no campo tanto quanto em qualquer outro lugar, é uma questão de consciência, e de experiência prolongada, além da cotidiana. Na aldeia, como na cidade, existe divisão do trabalho, existem contrastes entre as diferentes posições sociais, e, portanto, há necessariamente pontos de vista alternativos. É para esses pontos de vista, no romance campestre do século XIX, que precisamos voltar nossa atenção agora, pois, se o contraste entre campo e cidade é intenso e importante, os complexos processos ocorridos na vida e na literatura do campo são também imprescindíveis e significativos.

Voltemos, por um momento, à comunidade cognoscível de Jane Austen. Aqui os relacionamentos são claramente do tipo face a face; as crises, físicas e espirituais, se expressam justamente nestes termos: olhares, gestos, esgares, confrontos; e por trás de tudo isso, o tempo todo, a romancista está observando, fisicamente registrando e refletindo. Nisso se resume toda a sua postura — a gramática de sua moralidade. No entanto, embora seja uma comunidade inteiramente conhecida, nos termos essenciais do romance, trata-se de uma comunidade concreta, escolhida de modo muito seletivo. Em Jane Austen, os vizinhos não são as pessoas que moram mais perto; são pessoas que moram a uma distância um pouco maior e que, em termos de reconhecimento social, podem ser visitadas. O que ela vê em todo o campo é uma rede de casas e famílias de proprietários, e nos buracos dessa rede fechada situa-se a maioria das pessoas concretas, que simplesmente não são vistas. Estar face a face nesse mundo já implica pertencer a uma determinada classe. Nenhuma outra comunidade, em termos de presença física ou de realidade social, é cognoscível sob qualquer aspecto. E não é apenas a maioria da população que desaparece, numa convenção estilizada tão precisa quanto a de Ben Jonson. É também a maior parte do campo, o qual só se torna real na medida em que está relacionado às casas que constituem os nódulos verdadeiros; pois o resto do campo resume-se a tempo bom ou mau ou a um lugar para passear.

É apropriado levantar a continuidade da análise moral de Jane Austen a George Eliot, porém isso só pode ser feito com inteligência se reconhecemos o que mais está acontecendo nesse processo literário: um reconhecimento de outros tipos de gente, outros tipos de campo, outros tipos de ação aos quais é necessário dar uma ênfase moral. Pois, do mesmo modo como a diferença entre Jonson e Crabbe não reside no advento histórico dos "pobres nativos trabalhadores", e sim numa mudança de orientação literária que permite que eles de repente passem a ser vistos, assim também a diferença entre Jane Austen e George Eliot, e entre essas duas escritoras e Thomas Hardy, não é a súbita desintegração de uma ordem rural tradicional, e sim uma mudança de orientação literária, focalizando um distúrbio rural persistente que antes era excluído ou permanecia indistinto.

Assim, George Eliot situa a ação de *Adam Bede* na época de Jane Austen: a passagem do século XVIII para o XIX. O que ela vê, é claro, é muito diferente: nem tanto por ter o campo mudado, mas por ter a autora uma tradição social diferente à sua disposição.

> O germe de *Adam Bede* foi um incidente que me foi relatado por minha tia Samuel, que era metodista [...] um incidente que ela própria vivera. [...] Posteriormente comecei a pensar em combinar esse episódio com outras recordações de minha tia em uma mesma história, com alguns detalhes tirados da juventude de meu pai e de sua personalidade.[1]

Dessa forma, a casa da família de proprietários continua aparecendo, a dos Donnithorne. Agora, no entanto, vemos a família trabalhando para garantir sua renda, lidando com os arrendatários:

> — Uma beleza, esta velha cozinha! — disse o sr. Donnithorne, olhando à sua volta com admiração. Sempre falava no mesmo tom calculado, bem talhado, polido, fossem suas palavras adocicadas ou venenosas. — E a senhora a mantém tão limpa, sra. Poyser. Sabe, gosto desta casa mais do que de qualquer outra da propriedade.[2]

Já encontramos antes esse jeito de falar "calculado, bem talhado, polido", mas agora ele não está sendo usado para se dirigir a uma pessoa relativamente do mesmo nível social que o falante, assim como o modo de olhar do velho proprietário agora não é apenas um detalhe de caracterização, e sim da caracterização de um relacionamento social preciso e dominante. Conforme a sra. Poyser comenta, "é como se a gente fosse um inseto, e ele fosse cutucar a gente com a unha".

A proposição expressa por meio da polidez é, na verdade, uma reorganização do arrendamento, por interesse do proprietário, que vai retirar da posse dos Poyser as plantações de cereais; vem acompanhada de uma ameaça: pois o provável novo vizinho, "que é homem de posses, gostaria de arrendar as duas fazendas, já que seria muito conveniente trabalhar com as duas juntas. Mas não quero abrir mão de um arrendatário antigo como o senhor".[3]

Não se trata de um evento particularmente dramático, porém é o reconhecimento crucial de uma experiência cotidiana que sempre existiu, só que agora está sendo examinada de um ponto de vista modificado. A polidez do melhoramento tem como contraponto necessário a dura realidade do poder econômico, e uma ênfase moral diferente torna-se inevitável. Em seguida, faz-se uma extrapolação. O jovem proprietário está ansioso para melhorar as terras — do ponto de vista dos arrendatários, "haveria uma abundância de porteiras novas, cal e lucros de 10%" — e contrata Adam Bede como administrador dos bosques. Mas, dentro de uma visão essencialmente idêntica, ele toma Hetty Sorrel como namorada e termina por desgraçá-la. A tendência a usar as pessoas conforme seus interesses é um aspecto de um caráter pessoal — essa ênfase não é diminuída —, mas é também um aspecto de relações socioeconômicas específicas. De qualquer modo, observa George Eliot ironicamente:

> Seria ridículo querer esmiuçar e analisar em tais casos, como quem investiga o caráter de um secretário. A respeito de um jovem bem-nascido e rico, usamos qualificativos vagos, gerais, apropriados a um cavalheiro.[4]

Jane Austen esmiuçara e analisara, sim, mas só dentro de um grupo limitado de pessoas, na medida em que se relacionavam umas com as outras. Agora, a análise é feita sem limitações de classe; as relações socioeconômicas são necessariamente consideradas elementos — e muitas vezes elementos determinantes — da conduta.

É mais importante enfatizar esse aspecto da contribuição de George Eliot ao desenvolvimento do romance do que a inclusão por ela feita de novas experiências sociais, em termos de documentário. Certamente é importante ver fazendeiros e artesãos, e quase trabalhadores, como personagens importantes da ação. Porém temos aqui algumas dificuldades significativas. Com frequência se diz que os Poyser em *Adam Bede*, ou os Glegg e os Dodson em *The mill on the Floss*, são composições maravilhosas (ou humanas, ou vivas, ou encantadoras). Mas o que tal comentário faz é apontar para um problema recorrente da consciência social da escritora. As relações de George Eliot com os fazendeiros e artesões — suas relações enquanto Mary Ann Evans* — transparecem repetidamente na fala de tais personagens. Caracteristicamente, a autora os apresenta acima de tudo através do diálogo. Mas, se em termos de fala esses personagens formam uma comunidade, basta realizarem alguma ação significativa para sofrerem uma mudança qualitativa. O que Adam, Dinah ou Hetty dizem quando estão agindo enquanto indivíduos não é particularmente convincente. Num romance ainda fundamentado na análise da conduta individual, os fazendeiros e os artesãos podem ser incluídos como "gente do campo", porém já não é tão fácil tratá-los como indivíduos que vivem ativamente experiências pessoais. Quando Adam, Dinah e Hetty falam em momentos supostamente de crise pessoal — ou, mais tarde, num exemplo mais gritante, quando Felix Holt fala —, caímos no nível das atitudes generalizadas ou da retórica. Em outras palavras, podemos dizer que George Eliot, embora recoloque os habitantes verdadeiros da Inglaterra rural em seus lugares, numa paisagem até então socialmente seletiva, não vai muito além de recolocá-los *como elementos de uma paisagem*. Começam a falar, como que coletivamente, formando o que alguns críticos de classe média ainda chamam ingenuamente de "uma espécie de coro", como se numa balada tradicional. Mas, enquanto indivíduos, só têm presença social e só adquirem consciência pessoal por meio de atitudes e ideias formuladas externamente.

Não quero fazer dessa observação uma acusação, pois trata-se de uma dificuldade séria. É uma contradição intrínseca ao romance, tal como George Eliot o herdou e o desenvolveu, o fato de que a ênfase ética dada à conduta — e portanto a estra-

* O nome verdadeiro da escritora cujo pseudônimo é George Eliot. (N. T.)

tégia técnica de unificar os tons narrativo e analítico — deve necessariamente revelar-se incompatível com qualquer sociedade — a "comunidade cognoscível" do romance — na qual a orientação ética foi extrapolada para relações sociais substanciais e antagônicas. Não gostaríamos de abrir mão dos Poyser, dos Glegg e dos Dodson, mas é significativo que possamos falar deles assim, no plural, enquanto a direção emocional do romance é no sentido do indivíduo separado. Uma comunidade cognoscível pode ser, como acontece em Jane Austen, socialmente selecionada; nesse caso, o que lhe falta em abrangência social lhe garante uma unidade em termos de linguagem em todas as suas utilizações principais. Contudo, basta ler um romance de George Eliot para perceber a dificuldade da coexistência, dentro de uma mesma forma, entre um observador da conduta, com consciência analítica e com um vocabulário analítico desenvolvido, e pessoas representadas como personagens que vivem e falam seguindo basicamente fórmulas costumeiras; pois o que predomina não é a precisão da observação detalhada, e sim a maneira inclusiva, socialmente atraente, frouxa e repetitiva. Há um novo tipo de ruptura na textura do romance, uma evidente falta de continuidade entre a linguagem necessária do romancista e a linguagem reproduzida de muitos dos personagens.

Não se trata, cabe enfatizar, de um problema factual. A consciência dos fazendeiros e comerciantes era tão forte e tão desenvolvida quanto a dos proprietários estabelecidos e manipuladores do mundo de Jane Austen; essas pessoas também são — e inclusive são mostradas como tal — socialmente atraentes, frouxas e repetitivas; é uma maneira comum de falar em qualquer época. Mas, enquanto em Jane Austen o idioma da romancista está ligado ao idioma dos personagens, em George Eliot a descontinuidade é o fato mais evidente, e a própria romancista é quem mais tem consciência disso. Em Jane Austen, fala, narrativa e análise estão ligadas por uma convenção *literária*. Enquanto o idioma "calculado, bem talhado, polido" é produto de uma formação específica e dos relacionamentos ociosos e dominantes aos quais essa formação servia, ele é também idealizado, convencionalizado; os poderes da romancista para criar efeitos e observar com precisão são atribuídos sem hesitação aos personagens, porque, apesar de todas as discriminações éticas individuais, sente-se que autora e personagens pertencem ao mesmo mundo. Nos momentos de crise emocional e confronto isso se torna particularmente óbvio, e é a romancista quem exprime uma experiência individual, de certo modo em favor de seu grupo, e para lhe conferir um idioma. Mas então fica claro que George Eliot não está *com* ninguém neste sentido exato: o próprio reconhecimento do conflito, da existência de classes, divisões e contrastes entre modos de sentir e falar, torna impossível uma unidade de idioma. George Eliot empresta sua própria consciência, muitas vezes disfarçada em dialeto pessoal, aos personagens com quem se sente realmente solidária; mas a artificialidade do recurso costuma transparecer — em Adam, Daniel, Maggie ou Felix Holt. Para os outros personagens, ela estende uma espécie de afeto generalizante que pode chegar a uma acuidade generalizante (comparecem-se os Poyser com os Glegg e os Dodson), mas que não chega a reconhecer existências individualmente estruturadas a partir de uma origem comum; na verdade, como se diz no tipo de elogio ingênuo que já mencionamos, os personagens são "composições". Pois nos romances de George Eliot muitas vezes chega-se a um ponto no qual a autora torna-se consciente de que os personagens que está descrevendo são "diferentes" de seus prováveis leitores; então ela se propõe a conhecê-los, e a torná-los "cognoscíveis", de um modo nada autêntico, porém socialmente eficaz. Com base na própria dificuldade que sente, George Eliot utiliza a fórmula complacente que se revelou tão poderosa no romance inglês: os personagens rurais "nobres", "adoráveis", de fala pitoresca e vida honesta. Embora observe com muita nitidez a condescendência do poder econômico — "calculado, bem talhado, polido" no exercício de seu controle ostensivo —, ela cai, sem querer, num outro tipo de condescendência: pois, as pessoas que respeita em conjunto (e, naturalmente, por bons motivos), essas ela não consegue respeitar suficientemente, a menos que lhes empreste partes de sua própria consciência. Temos, então, três idiomas, combinados de modo pouco homogêneo: o poder analítico integral, frequentemente irônico; um meio-termo entre esse poder, de um lado, e, do outro, ou sentimentos intensos de inquietação ou uma situação de força moral; e o pano de fundo do bom camponês, conscientemente generalizante.

Identifico-me suficientemente com os problemas enfrentados por George Eliot a ponto de me sentir capaz de expô-los a ela pessoalmente; mais, a ponto de sentir que é isso que estou fazendo, de certo modo, já que a forma específica de inteligência e de estrutura de sentimentos que ela representa ainda existe e é relevante. Alguns anos atrás, um crítico ligado ao Conselho Britânico qualificou George Eliot, Thomas Hardy e D. H. Lawrence como "nossos três grandes autodidatas". Foi um desses momentos intensamente reveladores que ocorrem na história cultural da Inglaterra. Pois esses três escritores tinham um interesse ativo no saber e, embora fizessem muitas leituras por conta própria, não eram pessoas desprovidas de instrução formal. Seus pais eram, respectivamente, um meirinho, um empreiteiro e um mineiro. George Eliot cursou a escola até os dezesseis anos e só a deixou porque sua mãe morreu. Hardy cursou a escola secundária de Dorchester até a mesma idade e posteriormente completou sua formação profissional de arquiteto. Lawrence completou a sexta série da escola secundária de Nottingham e, após um intervalo, cursou uma instituição de ensino superior, o Nottingham University College. A questão não é apenas que, pelos padrões das épocas em que viveram, tais níveis de instrução devam ser considerados elevados: o fato é que, na Inglaterra de hoje, 80% da população não tem esse grau de escolaridade.

Assim, a condescendência expressa pela qualificação desses escritores como "autodidatas" só pode remeter a um fato: o de que nenhum dos três frequentou colégio interno e em seguida foi para Oxford ou Cambridge, a trajetória educacional que, na virada do século, já era considerada não apenas um tipo de instrução, mas o único tipo de instrução merecedor do nome: quem não passasse por esse circuito não podia ser considerado "instruído". Em outras palavras: a instrução "padrão" era a recebida por 1% ou 2% da população; todo o resto deveria ser considerado pessoas "sem instrução" ou "autodidatas"; naturalmente, os excluídos também eram vistos ou como ignorantes ridículos ou, quando tinham pretensões intelectuais, como indivíduos desajeitados, exageradamente entusiasmados ou fanáticos. Esse fato veio a ter efeitos profundos sobre a imaginação inglesa.

Mas para muitos de nós, agora, George Eliot, Hardy e Lawrence são importantes porque estão diretamente ligados ao tipo de educação e formação que tivemos. Fazem parte de uma tradição cultural muito mais antiga e mais central, na Inglaterra, do que o circuito relativamente recente e deliberadamente exclusivo das chamadas *public schools*.* E a questão é que, vistos dessa forma, esses escritores continuam a ser relevantes mesmo num período posterior, quando alguns de nós estudamos em Oxford ou Cambridge; para mim, por exemplo, tendo estudado em Cambridge e atualmente ensinando lá. Pois o que está em questão não é a instrução formal, a inteligência desenvolvida; quantas pessoas, no Conselho Britânico ou em qualquer outra instituição, poderiam resistir a uma comparação com George Eliot no nível estritamente intelectual? O que está em jogo é a relação entre instrução — não as notas e os diplomas, e sim a substância de uma inteligência desenvolvida — e as vidas concretas de uma maioria de nosso povo: pessoas que não são, por nenhuma fórmula, objetos de estudo, documentação ou investigação, mas que são, específica e literalmente, nossos familiares. George Eliot é o primeiro romancista maior em quem essa questão está ativa. É por isso que agora falamos dela com um

* As tradicionais escolas particulares que formam alunos para as universidades de Oxford e Cambridge. (N. T.)

respeito fruto da relevância, e com uma dureza — uma espécie de franqueza em família — que aprendemos com nossa própria experiência individual e comum.

O problema da comunidade cognoscível é, portanto, sob um novo aspecto, um problema de linguagem.

> Ao se escrever a história de famílias comuns, tende-se a assumir um tom enfático que está muito longe de ser o tom adotado na sociedade elegante, na qual os princípios e crenças são não apenas extremamente moderados como também são sempre pressupostos, só sendo admitidos assuntos que possam ser abordados com uma ironia leve e graciosa. Mas a sociedade elegante tem seu clarete e seus tapetes de veludo, seus compromissos de jantares com seis semanas de antecedência, sua ópera e seus salões de baile feéricos; espanta o *ennui* montando cavalos puros-sangues, espreguiça-se no clube, tem de esquivar-se de torvelinhos de crinolina; deixa a ciência a cargo de Faraday; a religião, do alto clero que frequenta as melhores casas: como querer que ela tenha tempo ou necessidade de se envolver com crenças e ênfases? Mas a sociedade elegante, que voa com asas diáfanas de ironia leve, é de produção muito dispendiosa, exigindo nada menos que uma extensa e árdua vida nacional condensada em fábricas malcheirosas e ensurdecedoras, espremida em minas, suando em fornalhas, moendo, martelando, tecendo sob a opressão maior ou menor do gás carbônico — ou, então, dispersa em pastagens, espalhada em casas e cabanas solitárias em plantações de solo barrento ou gredoso, onde são melancólicos os dias chuvosos. Essa extensa vida nacional baseia-se inteiramente na ênfase — a ênfase na necessidade, que instiga todas as atividades indispensáveis para a manutenção da sociedade elegante e da ironia leve. [...][5]

Esse parágrafo notável, extraído de *The mill on the Floss*, é ao mesmo tempo o problema e a solução. A ênfase na necessidade sem dúvida ocupa uma posição central em George Eliot, e nesse trecho ela vê o trabalho tal como ele é, sem qualquer contraste sentimental entre o trabalhador rural e o urbano. A ênfase é um sentimento de classe: é isso que ela reconhece e aceita. Nesse ponto, porém, percebe-se que ela escreve sobre isso com seu próprio estilo de ironia; ela fica na defensiva e constrangida no próprio ato de demonstrar a ênfase, de modo que nessa estrutura de comunicação os muito pobres se tornam as "famílias comuns". A seriedade fundamental da autora, convivendo com sua consciência aguda de outras atitudes, com as quais muitas vezes tem afinidade, dá origem ao que, ao mesmo tempo, é um paradoxo de linguagem e de comunidade. É o que encontramos novamente em duas passagens características de *Adam Bede*:

> Pintem para nós, se puderem, um anjo com um manto violeta esvoaçante e um rosto palidamente iluminado pela luz celestial; pintem também, com mais frequência ainda, uma madona, o rosto suave virado para o alto, os braços abertos para receber a glória divina; porém não nos imponham regras de estética que expulsem da região da Arte aquelas anciãs ralando cenouras com as mãos gastas de trabalho, aqueles labregos pesadões espairecendo numa taverna imunda, aquelas costas recurvadas e rostos boçais, engelhados de sol e frio, que sempre se debruçaram sobre a pá e fizeram o serviço pesado do mundo — aquelas casas com panelas de latão, com jarras pardas, cachorros ordinários e réstias de cebola. Neste mundo há muitas pessoas assim, vulgares e grosseiras, que não sentem melancolias sentimentais e pitorescas. É muito importante que nos lembremos da existência delas. [...][6]

> Não tenho vergonha de homenagear o velho Kester: eu e você muito devemos às mãos duras de homens assim — mãos que há muito tempo já se confundiram com o solo que lavram com tanta fidelidade, aproveitando ao máximo os frutos da terra e recebendo um quinhão mínimo como salário.[7]

Mais uma vez, trata-se de uma declaração séria, mas a quem a autora se dirige na súplica ansiosa: "não nos imponham regras de estética que expulsem [...]"? Quem fez o acordo entre "eu e você"? Quem é que deve tanto àquelas mãos? Quem, por fim, provocou a consciência que torna necessária a admissão "não tenho vergonha" e o tipo de linguagem a ela associada, que inclui termos como "labregos" e "rostos boçais", estranhamente combinada com a lembrança carinhosa de cozinhas e a verdade a respeito dos salários, a firme rejeição das "melancolias sentimentais e pitorescas"?

Em passagens como essas, e nos romances nos quais aparecem, George Eliot vai mais longe do que Crabbe em "The village" e, no entanto, é mais constrangida, mais apaziguadora e suplicante em relação ao que parece ser a imagem dominante de um tipo específico de leitor. A comunidade cognoscível é essa vida comum que ela tem prazer em retratar, com uma ênfase necessária; mas a comunidade conhecida é coisa bem diversa — um contrato incômodo, na linguagem, com um interesse diferente e uma sensibilidade diferente.

O que é verdade em relação à linguagem também o é quanto à ação. George Eliot amplia as tramas de seus romances de modo a incluir nelas fazendeiros e comerciantes, bem como os desvalidos. Mas, do mesmo modo como acha difícil individualizar trabalhadores — o que a faz apelar para uma espécie de coro, a fazer descrições generalizantes ou atribuir a tais personagens uma tradução pouco feliz de sua própria consciência —, ela também tem dificuldade em conceber ações globais que decorram da substância dessas vidas e possam ser desenvolvidas até o fim em relação aos interesses delas. *Adam Bede* é o romance que mais se aproxima disso; contudo, no final um interesse externo se impõe: Hetty vive aquele último instante na estrada antes de abandonar seu bebê; mas após aquele momento ela se torna objeto de confissão e conversão — de *atitudes* em relação ao sofrimento. É essa a diferença essencial entre esse livro e *Tess of the D'Urbervilles*, de Thomas Hardy, que tem força para manter o mesmo tema até o final. Adam Bede e Dinah Morris

— ou seja, a dignidade do trabalho honesto e o entusiasmo religioso — acabam se revelando mais importantes. Até mesmo Arthur, mudado e arrependido, é mais importante do que a jovem, que a romancista abandona num gesto moral mais decisivo que o próprio gesto confuso e desesperado de Hetty ao abandonar o próprio filho.

Não obstante, a história que ela escreve é ativa: trata-se de encontrar continuidade na tensão dos sentimentos aprendidos. *The mill on the Floss* é a crise desse desenvolvimento e dessa tensão. É uma ação escrita a partir da ênfase da necessidade: mas agora a necessidade não é algo que leva ao trabalho comum, e sim à privação humana; nos rituais feios e cautelosos a que a sobrevivência leva os pequenos fazendeiros, os Dodson; na independência imprudente de Tulliver, destruída pelas complicações legais e pressões econômicas que ele não compreende. Para George Eliot, a plenitude da vida não pode ser alcançada através de nenhuma dessas maneiras, porém não há outra saída: apenas as fugas imaginadas, a leitura e a história, e então a fuga involuntária e provisória da viagem no rio — uma fantasia de consolo. Tudo que pode ocorrer no final é uma volta à infância e ao rio; uma volta que libera sentimentos, mas enquanto morte e não vida. A partir da história social, concebida como uma força estritamente determinante, há uma diminuição da solidariedade com o indivíduo desprotegido e isolado, no qual se localiza a única ação de valor, de sentimento humano integral. E então aquilo que em *The mill on the Floss* é um isolamento ativo e desesperado se transforma, dentro de uma visão nova, em uma triste resignação.

Pois nas obras subsequentes, apesar dos sinais de maior maturidade e maior controle — um controle baseado precisamente na resignação triste; uma maturidade entendida exatamente como esse sentimento —, as ações tornam-se mais externas em relação àquele mundo comum no qual a ênfase da necessidade fora vista como algo decisivo. Como se derrotados pelo peso morto dos interesses de uma classe isolada de proprietários, os enredos formais das obras posteriores se passam num mundo social diferente. *Felix Holt* gira em torno da herança de uma propriedade, uma capitulação crucial aos interesses típicos da imaginação da classe média no século XIX. Naturalmente, Esther rejeita a herança no final; a ênfase moral de George Eliot é genuinamente a favor de uma atitude de melhoramento, de uma vida construída pelo próprio sujeito, e ela não poderia deixar que Esther aceitasse a herança e encontrasse a saída costumeira. A corrupção daquele mundo de heranças, no qual o preço da segurança é a intriga, é enfaticamente demonstrada na sra. Transome e em Jermyn. Mas agora a ênfase da necessidade é concentrada em Felix Holt: no indivíduo desprotegido, isolado, potencialmente móvel. Isso faz parte de um processo histórico crucial no desenvolvimento do romance, no qual a comunidade cognoscível — o mundo ampliado e enfático de uma Inglaterra real, inicialmente rural e em seguida industrial — passa a ser conhecida basicamente como um problema de relacionamento ambivalente: a questão de como o indivíduo isolado, com a consciência dividida entre pertencer e não pertencer, cria sua própria história moral.

É essa a fonte da perturbação, do mal-estar, da estrutura dividida dos últimos romances de George Eliot (à exceção de *Meddlemarch*, não por acaso mais um romance sobre uma comunidade única, uma cidadezinha pouco antes da ocorrência das grandes transformações históricas). Mas basta comparar George Eliot com seu contemporâneo, Anthony Trollope, para perceber a importância dessa perturbação. Trollope, na série de romances situados no imaginário condado de Barsetshire, está bem à vontade com intrigas de heranças, com a interação de classes e interesses, com acasos felizes e casamentos com pessoas ricas. A única coisa que o interessa é saber como as coisas acontecem, como elas são feitas. Um tom narrativo uniforme e fácil, com um mínimo de análise aprofundada, dá conta de tudo que se exige dele: uma observação acompanhada de uma explicação no nível da mecânica social. Ler *Doctor Thorne* em contraposição a *Felix Holt* é não apenas encontrar tranquilidade em Trollope onde há perturbação em George Eliot;

encontrar um nível de interesse correspondente ao enredo em vez de esforçar-se no sentido de livrar-se de uma complicação externa mantida por obrigação; encontrar o *happy end* convencional em que a propriedade e a felicidade podem coexistir e ser celebradas, em vez de uma resignação constrangida, obstinada, implacável. É também, evidentemente, ver a fonte dessas diferenças numa história social concreta.

Perto do começo de *Doctor Thorne*, Trollope proclama, com uma confiança característica, o estado da Inglaterra rural que ele conhece:

> As verdes pastagens, os trigais ondulantes, os caminhos remotos e ensombrados e — acrescentemos — sujos, as estradas, as igrejas rurais, pardacentas e sólidas, as alamedas ladeadas de faias, e as inúmeras mansões em estilo Tudor, as frequentes caçadas, o refinamento e a atmosfera de clã que há por toda parte, tudo isso faz com que o campo seja, para seus habitantes, uma verdadeira terra de Gessen. É puramente agrícola: agrícola em seus produtos, em sua pobreza e em seus prazeres.[8]

Nesse trecho, o realismo limita-se à admissão de que os caminhos rurais são sujos. No mais, o que se vê é uma estrutura social com adornos bucólicos. A pobreza rural é colocada com facilidade entre os produtos e os prazeres. E, enquanto vigora esse relacionamento fácil, não há nenhum problema moral sério que perturbe a estrutura uniforme e aprovadora.

> A Inglaterra ainda não é um país comercial, no sentido em que esta qualificação lhe é atribuída; e esperamos que não se torne tal coisa tão cedo. Certamente ela poderia ser chamada de feudal, ou cavalheiresca. Se há na Europa ocidental civilizada uma nação na qual vivem senhores de elevada dignidade, em que os proprietários da terra são os verdadeiros aristocratas, a aristocracia em que se confia como a melhor e a mais competente para exercer o poder, esta nação é a inglesa.

Como descrição da Inglaterra em meados do século XIX, isso é ridículo; mas, como uma maneira de vê-la sem questionamento, é perfeito. O que se faz é assumir os valores sem questioná-los e, em seguida, examinar com uma precisão persistente as dificuldades internas da classe, especialmente o problema da relação entre as famílias de proprietários por direito de herança e os militares e profissionais liberais em ascensão. Trollope está interessado em entrar para essa classe, o que é o objetivo final da trama da herança na maioria das vezes, e ele sabe descrever os processos em questão sem nenhuma ilusão adicional, uma vez aceita a ilusão básica de ver os proprietários rurais como uma aristocracia. George Eliot, em contraste, questionando de modo profundamente ético as relações verdadeiras e fingidas entre propriedade e qualidade humana, aceita a ênfase dada à herança como ação central e, em seguida, tem de torná-la externa, contraditória e por fim irrelevante, à medida que seu interesse verdadeiro se desloca para o indivíduo isolado e desprotegido — o qual se torna tristemente resignado ou, então, é obrigado a ir embora. O que acontece com a terra dos Transome em *Felix Holt*, ou com a de Grandcourt em *Daniel Deronda*, não é mais decisivo; mas é em torno das complicações motivadas por esses interesses que gira boa parte de cada um desses romances. Nesse sentido, os romances de George Eliot representam a transição entre a forma que terminava numa série de acomodações, em que as soluções sociais e econômicas situavam-se na mesma dimensão das realizações pessoais, e a forma que, ampliando, complicando e por fim destruindo essa dimensão, termina com uma pessoa isolada indo embora sozinha, tendo conseguido realizar seu crescimento moral distanciando-se ou desvencilhando-se. É um caso de consciência dividida entre fazer ou não fazer parte de um mundo; pois as soluções sociais ainda são levadas a sério até o último momento de crise pessoal, e o que é então realizado como desenvolvimento moral individual tem de se exprimir através de alguma forma de renovação física ou espiritual — um afastamento, ao mesmo tempo resignado e esperançoso, do que fora proposto como um mundo social decisivo.

As complicações da trama da herança, com seu pressuposto de uma relação definida entre propriedade e qualidade humana, na verdade já haviam sido utilizadas num romance notável, o qual, significativamente, é baseado numa ação integral e não na análise individual. *Wuthering Heights*, de Emily Brontë, é notável porque aborda a crise da herança em seu valor humano integral, sem deslocamentos para as atitudes externas e representativas de classes incorpóreas. Há um contraste formal de valores entre as duas casas, Wuthering Heights, vulnerável e sustentada pelo trabalho, e Thrushcross Grange, protegida e vivendo de aluguéis; e as complicadas relações entre as famílias são sempre determinadas pelo poder e pela resistência de Wuthering Heights. No entanto, a criação é tão global que se transcende o mecanismo da herança. Considerações de classe social e propriedade afastam Heathcliff de Cathy, e é com a alteração positiva dessas relações que se chega a uma solução na geração seguinte. Mas em momento algum a solução humana é vista em termos de mudança social. O que é criado e mantido é uma espécie de conexão, de intensidade humana que constitui a base sobre a qual a vida continua. Sem ser afetada pelas soluções de acomodação, ela sobrevive a estas e, dentro de uma ênfase trágica tradicional, sobrevive e é reaprendida através da morte. Essa separação trágica entre intensidade humana e qualquer acomodação social possível é aceita desde o início, em toda a concepção e o idioma do romance. A complicação da trama é então mantida por um sentimento único: o ato de transcendência. George Eliot, em contraste, atuando num mundo mais criticamente realista, concebe, mas não consegue manter, soluções sociais aceitáveis; assim sendo, termina não na transcendência, e sim na resignação melancólica. Historicamente, as duas soluções têm importância decisiva, pois ambas são retomadas, uma pelo sucessor de George Eliot, outra pelo de Emily Brontë: Thomas Hardy e D. H. Lawrence.

A ação rural do *Daniel Deronda* de George Eliot transcorre em Wessex. Mas, se o Loamshire e o Stonyshire de *Felix Holt* faziam parte da Inglaterra de George Eliot, o Wessex de *Daniel*

Deronda podia bem ser o Hampshire ou o Derbyshire de Jane Austen: as grandes casas e as casas não tão grandes, e a "comunidade cognoscível" escolhida, tal como reaparecerá depois em Henry James e outros romances situados em mansões rurais do século XX. *Daniel Deronda* foi concluído em 1876, mas a essa altura já havia um novo Wessex no romance: a terra de Hardy. Passar de um para o outro é repetir, com ironia, a passagem do mundo dos arredores de Chawton para o mundo de *Adam Bede*: um reaparecimento, um refazer da vida geral, com sua comunidade conhecida e sua dura ênfase na necessidade.

Pois George Eliot, ao escrever seu único romance passado em sua própria época, havia se afastado muito do mundo completo e conhecido de suas obras anteriores. Ela tinha bons motivos para isso. Se a história realmente decisiva era a do caráter e da frustração dos impulsos humanos num mundo inaceitável, porém inevitável, ela não precisava criar senão as condições para esse tipo de história moral, intelectual e ideal. As condições sociais que permitiram uma história de valores mais gerais estavam, em todos os sentidos, no passado.

E é essa, a meu ver, a maneira correta de apresentar a questão das importantes atitudes de George Eliot em relação ao passado, especialmente o passado rural. Em *Adam Bede*, por exemplo, ela havia olhado com um afeto generalizante para os primeiros anos do século XIX, "aqueles velhos tempos sem pressa", e concluíra:

> O lazer desapareceu — desapareceu onde não há mais rodas de fiar, nem burros de carga, nem carroças lerdas, nem mascates vendendo pechinchas às portas em tardes ensolaradas. Talvez haja filósofos engenhosos que afirmem que o grande feito da máquina a vapor seja o de criar lazer para a humanidade. Não acreditem neles: ela cria apenas um vácuo rapidamente preenchido por pensamentos ansiosos. Até mesmo o lazer é ansioso agora — ansioso por entretenimento: propenso a passeios de trem, museus de arte, periódicos e romances empolgantes; propensos até mesmo

a teorizações científicas e olhadelas rápidas no microscópio. O velho Lazer era um personagem bem diverso: lia apenas um jornal, virgem de editoriais, e desconhecia aquela periodicidade de sensações que denominamos "hora do correio". Era um cavalheiro meditabundo, um tanto corpulento, cuja digestão era excelente — cuja percepção tranquila não padecia do mal da hipótese: feliz em sua incapacidade de conhecer as causas das coisas, preferindo a elas as coisas em si. Morava principalmente no campo, entre vivendas e propriedades agradáveis, e gostava de perambular por entre as árvores frutíferas, inalando o odor dos damascos aquecidos pelo sol matinal, e de abrigar-se sob os ramos das árvores ao meio-dia, quando caíam as peras no verão. Jamais ouvira falar em ir à igreja nos dias de semana, e não tinha queixas do sermão dominical se este lhe permitia dormir desde a passagem das Escrituras até a bênção — preferindo a todos os outros o culto vespertino porque nele as orações eram mais curtas, o que admitia sem vergonha alguma; pois tinha uma consciência relaxada e alegre, tão corpulenta quanto ele próprio, capaz de aguentar grandes quantidades de cerveja e vinho do Porto — livre das dúvidas e escrúpulos e elevadas aspirações que tornam outras consciências melindrosas. Para ele a vida não era uma tarefa, e sim uma sinecura; ele apalpava os guinéus em seu bolso, fazia suas refeições e dormia o sono dos irresponsáveis; pois não fazia ele jus a seus direitos indo à igreja nas tardes de domingo?

Ah, velho Lazer! Não sejam severos com ele, nem o julguem por nossos padrões modernos; ele nunca foi a Exeter Hall, nem ouviu um pregador popular, nem leu *Tracts for the times* ou *Sartor resartus*.[9]*

* Os *Tracts for the times* eram publicações do Movimento de Oxford, uma tendência pró-católica e antiprotestante dentro da Igreja Anglicana; *Sartor resartus* é uma obra de Thomas Carlyle, de cunho autobiográfico, na qual o autor relata sua conversão religiosa. (N. T.)

A passagem é escrita num tom bem leve; é uma ruminação irônica sobre o passado, que chega a ser uma espécie de história; uma personificação, um dos recursos mais simples da ficção, significativamente muito diferente das personificações ativas de Dickens: corporificações de forças contemporâneas. O velho Lazer é história, uma época; mas, com seus damascos e seu pomar, seu jornal único, seu vinho do Porto e seus guinéus no bolso, representa uma classe que pode se dar ao luxo de perambular, que tem lazer ao preço do suor de outros homens. Essa redução, essa seleção, essa indulgência especial são todas características do que veio a se tornar uma das principais formas modernas da retrospecção rural.

No entanto, por ser expressa num tom leve, por comunicar uma imagem clara e, ao mesmo tempo, estar sempre disposta a fazer ressalvas, a sorrir e seguir em frente, essa retrospecção parece protegida contra precisamente aqueles sentimentos — inclusive a ênfase da necessidade — que ela tem o efeito de mediar e ocultar. Pois não foram os *Tracts for the times*, nem o *Sartor resartus*, nem os jornais, nem a ciência que perturbaram o velho Lazer a apalpar seus guinéus. Foi (mas como dizê-lo em meio a uma reminiscência sorridente?) a existência de homens que, nessa mesma época, estavam sendo destruídos pelo trabalho incessante e pela falta de pão; o velho Lazer desempregado, o velho Lazer com o P de "pobre" estampado nas costas, o velho Lazer no asilo como recompensa por cinquenta anos de trabalho no campo. Porém, há ao mesmo tempo um outro lazer, uma tranquilidade, de alguns dias na infância, com o pai dormindo numa tarde de domingo, que pode de repente, por desatenção, transformar-se em todo um passado, toda uma visão da história.

A retrospecção rural mais extensa de George Eliot — importante por ser apresentada não como um sonho ao pé da lareira, e sim como uma interpretação histórica consciente — é a introdução de *Felix Holt*. É mais persuasiva e mais substancial do que o sonho do velho Lazer, mas em toda a sua estruturação revela com mais clareza ainda a estrutura de sentimento que estava sendo imposta ao campo. A descrição de prados e sebes tem o toque afetuoso da observação e da memória; é a linguagem verde de Clare. Mas o passageiro na boleia da diligência, por cujos olhos somos convidados a ver, é mais que um poeta da natureza; juntamente com essas percepções ele possui, de modo natural, por assim dizer, um conjunto sólido de pressupostos sociais. Quando vê o pastor "de passos lentos e ombros caídos", ele sabe, por meio de alguma alquimia, que o pastor não sente "nenhum ressentimento senão para com os trabalhadores indigentes e o azar responsável por estações más e doenças de carneiros".

Que ressentimento para com os "trabalhadores indigentes"? O temor de vir a se tornar um deles, o que era sempre possível e até mesmo provável? Ou era porque eles incomodavam os que pagavam seus impostos? Nesse momento de contemplação, em que a paisagem silenciosa é de "uma imobilidade imutável, como se o próprio Tempo fizesse uma pausa", e em que "era fácil para o viajante imaginar que cidade e campo não tinham nenhum ritmo em comum", há uma súbita fusão, a formação de um estereótipo dos "ingleses do campo", para quem a "Reforma* era uma mistura confusa de queimadores de medas, sindicatos e arruaças em Nottingham, e, de modo geral, tudo aquilo que obrigasse à convocação da milícia".

Quem, pois — o viajante poderia perguntar durante a pausa do Tempo —, a milícia era convocada para enfrentar? Quem, sempre em algum outro lugar, estava queimando medas ou unindo-se ante a ameaça de degredo? Esses outros, com a fusão no estereótipo de "ingleses do campo", são efetivamente abolidos.

O passageiro na boleia percebia que essa era uma região de otimistas convictos, certos de que a Inglaterra era o melhor

* O processo de ampliação do sufrágio, mediante a redistribuição de distritos eleitorais e concessão do direito de votos a categorias de cidadãos antes excluídos, através de três leis (as *Reform Acts*), promulgadas em 1832, 1867 e 1884. (N. T.)

> de todos os países possíveis e que, se havia quaisquer fatos que lhe tinham escapado à observação, seriam fatos que não valia a pena observar: o distrito de cidadezinhas comerciais, limpas, sem fábricas, de gordos benefícios eclesiásticos, clérigos aristocráticos e baixas taxas de assistência à pobreza.[10]

E essa, portanto, não é a comunidade conhecida, e sim a cognoscível: uma sociedade selecionada por um ponto de vista selecionado. As baixas taxas de assistência à pobreza — um índice da ênfase da necessidade — representam uma ironia ou um conforto? Pois quando os pobres se fazem presentes de repente não é como pessoas, e sim como "um pauperismo vigoroso, a procriar incessantemente" — a palavra "procriar", que George Eliot usa com tanta frequência quando se refere aos pobres, como se fossem animais; em todo caso, não como homens, mas como uma doença, um "ismo". E "vigoroso"? — engordando e criando músculos, sem dúvida, graças às taxas de assistência à pobreza.

Então, de repente, revela-se o sentido dessa ilusão voluntária: são a indústria e as ferrovias que estão destruindo essa velha Inglaterra. O mito moderno entra em foco, em sua totalidade.

> O hálito da cidade industrial, que nublava o dia e gerava uma escuridão avermelhada à noite no horizonte, espalhava-se por toda a região, enchendo o ar de uma intranquilidade ansiosa. Aqui havia uma população que não estava convicta de que a velha Inglaterra era a melhor possível.

A intranquilidade — ou seja, um produto da industrialização —, ao ser posta ali, após o idílio campestre, pode ela própria ser colocada e rejeitada na íntegra. Assim, o que está sendo adquirido dessa perspectiva da boleia é um conforto político: uma posição que reconhece um conjunto de causas do radicalismo, porém dentro de um contraste confortável com o conteúdo estabelecido da velha ordem rural. A posição social do observador está, então, bem clara: toda uma realidade é admitida nas regiões industriais; apenas uma realidade seletiva no meio rural.

> Após sacolejar sobre as ruas de uma cidade industrial, cenário de arruaças e reuniões de sindicatos, a diligência o levaria, em dez minutos, a uma região rural, onde a proximidade da cidade só se percebia nas vantagens de ter à mão um mercado para trigo, queijo e feno, e onde homens com polpudas contas bancárias costumavam dizer que "nunca se metiam em política".

É claro; porque a intranquilidade visível da cidade, numa ação global, é comparada não com a totalidade da comunidade cognoscível da região rural, e sim com a situação e o ponto de vista dos "homens com polpudas contas bancárias". Agora, uma ilusão voluntária e tranquilizadora da tradicional vida campestre rendia seus dividendos políticos. Uma natural tranquilidade campestre é contrastada com uma antinatural intranquilidade urbana. O "mundo moderno", tanto em seu sofrimento quanto, de modo crucial, em seu protesto contra o sofrimento, é mediado pela referência a uma situação perdida que é melhor que ambos e que pode situar ambos: uma situação imaginada a partir de uma paisagem e de uma observação e uma memória seletivas.

É essa, pois, a estrutura sobre a qual devemos fixar nossa atenção, pois ela está ligada de forma crucial ao desenvolvimento de George Eliot. Uma sociedade que atribui valores, a situação comum de uma comunidade cognoscível, idealmente pertence ao passado. Pode ser recriada lá para uma ampla gama de ações morais. Porém o passo decisivo que se tomou foi no sentido de recuar de toda e qualquer resposta integral a uma sociedade existente. O valor está no passado, como uma situação retrospectiva geral, e só aparece no presente como uma sensibilidade individual e privada, a ação ética individual.

A combinação dessas duas conclusões veio a ser tremendamente poderosa; moldou e formou toda uma tradição literária.

E é este o significado do Wessex de George Eliot, no único romance situado na época da autora: limitar as pessoas e situações àquelas que são capazes, em termos tradicionais, de se limitarem a uma ação ética individual; apagar todas as outras, do mesmo modo como a maioria da população do campo era apagada da perspectiva da boleia; recriar, após toda a ênfase da necessidade das obras anteriores, uma Inglaterra de mansões senhoriais, uma Inglaterra classista na qual apenas algumas histórias têm importância, e à qual a sensibilidade — amarga e franca — do observador moral isolado pode tornar-se apropriada. A autora consegue conscientemente estreitar seu âmbito de interesses porque a comunidade mais ampla, a cotidiana ênfase da necessidade, é situada num passado já desaparecido com a velha Inglaterra. Tudo que resta é uma série de relacionamentos pessoais e de observações intelectuais e morais, numa história que, para todos os fins de atribuição de valores, terminou, desastrosamente.

Compreendemos então por que o sr. Leavis, o mais notável expoente dessa estrutura de sentimento, persiste no delineamento da grande tradição, de George Eliot a Henry James. Há uma transição óbvia da Inglaterra das mansões senhoriais retratada em *Daniel Deronda* (naturalmente, com extensões referentes à Europa continental e a ideias, como o sionismo de Deronda, a respeito de outros lugares) para a Inglaterra das mansões senhoriais que se vê em James. Mas o desenvolvimento importante que ocorreu no romance inglês não é o que se dá em James, e sim naquele mesmo Wessex, na volta a uma história geral e inevitável, o que leva aos romances de Hardy.

17. O CAMPO EM SEGUNDO PLANO

Examinando a verdadeira Inglaterra rural do início do século XIX, sem dúvida é fácil ver-se uma forma antiga de vida colocada em segundo plano pelo desenvolvimento tumultuado do novo sistema industrial. As forças decisivas da economia nacional eram o desenvolvimento geral, industrial e financeiro, e as crises do comércio. De certo modo, a Inglaterra rural foi o lugar onde os últimos choques foram sentidos e o preço final foi pago. Mas isso não se deu por estar a agricultura, enquanto atividade isolada, em declínio. Ainda na década de 1830, época em que a população nacional estava crescendo rapidamente, a agricultura doméstica abastecia bem mais do que 90% da demanda de cereais, e a produção de alimentos de modo geral deu continuidade ao prolongado processo de expansão iniciado com os melhoramentos do século XVIII. Contudo, o que aconteceu com os trabalhadores e os pobres nas aldeias a partir de 1815 foi tão ruim quanto o que houve em qualquer outro período nos longos séculos de exploração e degradação. Para a maioria dos observadores da época, era pior do que tudo que eles já haviam visto antes.

É realmente muito difícil determinar as causas fundamentais desse aparente paradoxo. Basicamente, a pobreza e o sofrimento que atingiram níveis críticos após 1815 foram consequência do estabelecimento de uma ordem capitalista na agricultura: aquele longo processo de transformação que já se estabelecera em caráter definitivo em meados do século XVIII. Desde então, tivemos vivência suficiente da economia capitalista para sabermos que não é paradoxo nenhum, dentro de uma ordem capitalista, o aumento da produção coexistir com desemprego generalizado e miséria substancial. Pois, ao submeter a economia às disciplinas do trabalho assalariado e do mercado, o capitalismo expõe o homem a novos tipos de perigo, com crises de crédito e de preços. Porém sempre houve uma contradição no capitalismo agrário inglês: sua economia era a de uma ordem mercantil; sua política era a de uma oligarquia de aristocratas e proprietários rurais, que exercia disciplinas e controles "tradicionais" bem diferentes. Essa contradição (segundo Hobsbawm e Rudé)[1] seria a explicação mais convincente do famigerado sistema Speenhamland e seus efeitos. Esse sistema, implementado em 1795, foi uma última — e desastrosa — tentativa de preservar a ordem social das aldeias, subsidiando os salários mais baixos com fundos provenientes das taxas de assistência à pobreza, segundo uma escala calculada em função do preço do pão e do número de filhos. Era uma reação política em termos de um tipo mais antigo de sociedade — o "direito à vida" derivado do próprio fato de se estar vivo e pertencer a uma comunidade, ainda que com um *status* subordinado. Quanto a suas intenções, o sistema tem bastante mérito, quando comparado, por exemplo, com a Lei de Assistência da década de 1830, de caráter especificamente capitalista. Porém, era um reflexo ético que vinha após um evento claramente imoral: uma tentativa de garantir o sustento de todos aqueles trabalhadores e pobres que — devido a uma longa sequência de iniciativas de uma mesma classe de proprietários, que aumentaram a produção, as propriedades fundiárias e os aluguéis — haviam perdido suas moradas e agora estavam desprotegidos. Não é necessário idealizar a situação anterior do trabalhador para compreender o alto preço que então ele teve de pagar pela confusão dos senhores. Em todas as situações prévias, o trabalhador arcara com o custo real da expansão e do melhoramento; mas agora ele o fazia, cada vez mais, na condição de indigente, de objeto de caridade: uma situação que já fora antevista nesse ou naquele lugar, nesse ou naquele período, havia muitas gerações, mas que agora, com o agravamento da crise, veio a se configurar como uma espécie de sistema. E enquanto isso, aos trabalhadores sem-terra, aos que haviam perdido suas cabanas, vinham somar-se os pequenos arrendatários que perdiam as terras com o prolongado processo de concentração de propriedades e aumento dos aluguéis. Com a elevação dos preços durante as guerras napoleônicas, muitos desses pequenos fazendeiros haviam sobrevivido. Com a depressão do pós-guerra, milhares deles faliram, e o número de pessoas sem terra e de migrantes desesperados aumentou muito depressa.

Tornar pobres e dependentes milhares de homens e depois lhes oferecer auxílio pode parecer uma atitude humanitária. Não obstante, a classe dos proprietários exigia a dependência, tanto em termos sociopolíticos quanto em termos diretamente econômicos. Lentamente, durante esse período, foi surgindo em muitas aldeias um conflito político direto. O estabelecimento e controle do auxílio à pobreza se deu paralelamente ao aumento de importância das leis de regulamentação da caça. A figura do *poacher* [caçador clandestino] torna-se característica. O direito de propriedade sobre a natureza, os animais selvagens agora "preservados" como "reserva de caça", era direta e repetidamente desafiado por homens que viviam e encontravam seu sustento em sua própria terra, mas que agora, pela arbitrariedade da lei, foram transformados em criminosos, ladrões, marginais.

A história das leis da caça, e dos homens que as desafiaram, é um elemento central da luta de classes na sociedade rural do século XIX. Dentro das visões ortodoxas, a moralidade e a estética dos chamados proprietários, que justamente nessa época criaram seus elaborados rituais de tiro e caça, foram amplamente divulgadas, e muito mais tarde — quando a questão já não tinha mais importância — chegou a haver uma espécie de culto ao *poacher* enquanto "personagem"; o malandro vagabundo e simpático. Mas havia sempre uma outra moralidade, que me lembro de ter ouvido em conversas de pequenos agricultores e trabalhadores. A imensa presunção desse direito de propriedade sobre coelhos, peixes e aves —

E todos os bichos da Criação
Ofereceram-se em multidão[2]*

— era ao mesmo tempo violentamente afirmada e habilmente contestada. Ouvia meu avô falando do "jantar de trabalhador" num tom que, na época, me parecia — e ainda hoje me parece — de um orgulho compreensível: um coelho apanhado atrás da sebe, uma rutabaga arrancada da beira do caminho — uma refeição para oito crianças. Se agora alguém lamenta o desaparecimento da velha vida campestre, que lamente a sorte dos *poachers* quando eram apanhados e barbaramente punidos, até que uma nova consciência urbana começasse a exercer algum controle. E, se há quem queira atacar aqueles que destruíram os costumes do campo, que ataque os ladrões que transformaram em roubo a prática de procurar comida.

É difícil dizer isso, mas, apesar de tudo o que se fala a respeito da degeneração do trabalhador (e as condições objetivas a ele impostas eram, fora de qualquer dúvida, o que hoje em dia entendemos por "desumanizadoras"), o que mais vejo, nesse período terrível, é um desenvolvimento de fibra e habilidade. Com frequência afirma-se que, com o processo de industrialização e urbanização, todas as pessoas capazes foram para as fábricas e para as cidades, ou resolveram emigrar, restando apenas os lerdos, os incapazes e os ignorantes. Até historiadores radicais falam do "bravo campesinato" do século XVIII e do "desalentado proletariado rural" do século XIX. Sem dúvida havia homens arrasados e desalentados, muitos milhares deles. Eles tiveram antecessores, ao longo dos séculos. Mas onde poderemos encontrar, no século XVIII, homens com a força e o caráter daqueles que organizaram as campanhas de queima de medas do Capitão Swing, os confrontos de "pão ou sangue", as destruições de debulhadoras ou o sindicato de Tolpuddle?

A história do campo no século XIX é, com frequência, vista

* And every beast did thither bring/ Himself to be an offering.

por uma perspectiva liberal e condescendente: é a única alternativa aparente à visão reacionária que idealiza o campo e o contrapõe à cidade. Mas, embora o sofrimento e a pobreza fossem intensos e duradouros, havia mais ânimo, mais organização autônoma e, em última análise, mais realizações entre os trabalhadores rurais do que houve no tempo da maioria de seus antecessores, supostamente em melhor situação. Creio que o problema é a imagem das medas sendo incendiadas. Atos desesperados de homens desesperados e ignorantes! Tenho minhas dúvidas quanto a isso. Esses homens recebiam salários de fome. Viam muita riqueza a seu redor, e viam que a lei protegia essas desigualdades gritantes. Eles queriam ter o bastante para garantir-lhes a existência, "e por bem ou por mal vamos conseguir". O que mais me impressiona, pelo espírito criativo, é a coragem e a disposição de agir, encontrando ações que teriam algum efeito, no sentido de aliviar a miséria e a fome extremas, uma causa que agora (mas agora não interessa; os filhos desses homens estavam passando fome na época) seria defendida por qualquer um.

> Agora vocês não lidam com uma gente tão submissa quanto antes.[3]

É um consertador de rodas que fala, dirigindo-se a magistrados na década de 1830. Sua voz é a voz de muitos e tem de ser respeitada. A violência não resolve nada? A submissão também não resolvia nada. Os lordes da época aceitavam a deferência com um aceno e acrescentavam mais uma ala a suas mansões.

> Se não fossem as queimas, a gente estaria ganhando no máximo dez xelins por semana; agora estamos ganhando onze.

Foi o que concluíram os trabalhadores de Norfolk. Um cura de Kent registrou uma frase corrente em sua aldeia:

Aquelas arruaças e queimas foram muito boas para os pobres.[4]

Sem dúvida que foram boas, mas não conseguiram o bastante, quando se tem uma perspectiva histórica mais abrangente. A campanha do Capitão Swing e os tumultos do "pão ou sangue" foram apenas o começo do que seria necessariamente uma longa campanha, contra a ganância dos proprietários e as condições aparentemente objetivas de um sistema agrícola que sofria crises recorrentes. No tempo do Capitão Swing, os homens que trabalhavam na terra já eram, em sua maioria, trabalhadores sem terra: cinco sem-terra para cada dois que ocupavam roças. A população havia aumentado nos condados rurais: duplicara entre 1750 e 1830, sendo que o processo fora particularmente rápido nos anos de crise que culminaram em 1830. As falências e confusões da sociedade rural haviam gerado desemprego generalizado, e nesse período a taxa de emigração era bem inferior à taxa de crescimento natural. Das 686 mil famílias de trabalhadores rurais, cerca de 300 mil pessoas, na década de 1830, estavam recebendo auxílio à pobreza. Os que estavam empregados recebiam salários que variavam muito, por vezes — ironicamente — em função da distância entre as aldeias onde moravam e as novas fontes de trabalho urbano e industrial: por semana, ganhava-se de catorze xelins, nas fazendas da região industrial de West Riding, a não mais de sete xelins — raramente nove — nos condados ainda inteira ou basicamente agrícolas do sul e do oeste.

Eram essas as verdadeiras condições de vida da maioria das famílias na "velha Inglaterra". Acima delas, a estrutura social do capitalismo agrário continuava a desenvolver-se. O trabalho agrícola continuava em expansão, se bem que numa proporção cada vez menor diante de uma população total que aumentava muito rapidamente. Quanto aos padrões de posse da terra, havia uma tendência geral, se bem que lenta, no sentido de predominarem as grandes fazendas. Metade dos fazendeiros ainda cultivava suas terras exclusivamente com o auxílio de seus familiares. Em 1851, as fazendas com mais de 120 hectares já ocupavam mais de um terço da terra cultivada, enquanto as fazendas com menos de quarenta hectares ocupavam apenas um quinto. Ao mesmo tempo, continuava a existir a tradicional gradação de classes rurais intermediárias: pequenos fazendeiros (até quarenta hectares), 134 mil famílias; fazendeiros médios (de quarenta a 120 hectares), 64 mil famílias; grandes fazendeiros (mais de 120 hectares), 17 mil famílias. De todos esses agricultores, os proprietários residentes em suas terras ocupavam cerca de 20% da terra no início do século XIX; no final do século, cerca de 12%.

No ápice dessa estrutura ficavam os grandes proprietários. No século XVIII, cerca de metade das terras cultivadas pertencia a 5 mil famílias, e quase um quarto delas estava nas mãos de apenas quatrocentas famílias. Em 1873, o mesmo tipo de predominância era evidente: metade do país estava nas mãos de cerca de 7 mil pessoas, numa população rural de aproximadamente 10 milhões. No decorrer do século XIX, com as reformas eleitorais, o poder político dos proprietários diminuiu, se bem que essa perda de poder só tenha sido decisiva na década de 1870. Ao mesmo tempo, porém, a estrutura social da Inglaterra rural não podia mais ser isolada da estrutura social do país como um todo. Isso é verdade na medida em que, após a Revolução Industrial, a agricultura, embora não decaísse, passasse a constituir uma parcela muito menor do total da economia. No início do século XIX, ela era responsável por 40% do produto nacional; em meados do século, 20%; no final, menos de 10%. No início do século, um terço de todos os trabalhadores atuava na agricultura; em meados do século, um quinto; no final, menos de um décimo; porém, mais uma vez, em termos de números absolutos a mudança não foi acentuada (os dados referentes a 1801 e 1881 — 1 700 000 trabalhadores rurais — são idênticos). Dentro desse processo, no entanto, não podemos estabelecer uma distinção nítida entre uma classe de industriais e outra de proprietários rurais no sistema capitalista emergente. Já no século XVIII, os proprietários rurais estavam envolvidos nas indústrias extrativas e manufatureiras. Durante o século XIX, as rendas dos proprietários rurais provenientes de outras fontes —

> títulos do governo e ações de bancos, participação acionária em canais e ferrovias, aluguéis de terrenos urbanos, mais os lucros e direitos de exploração de instalações portuárias e minas de diversos tipos, pedreiras, fundições, olarias e outros empreendimentos[5]

— foram se tornando cada vez mais importantes. E esses proprietários rurais não formavam uma classe exclusiva. Como já vinha ocorrendo desde o século XVI, havia um intercâmbio constante entre propriedade fundiária e outros tipos de propriedade e renda. O historiador da sociedade dos proprietários rurais ingleses no século XIX, F. M. L. Thompson, observou que a absorção de outros tipos de homens e de propriedade na classe dos proprietários rurais

> deve ser considerada um dos fatores fundamentais que impediram que se formasse entre os capitalistas e os proprietários rurais um fosso intransponível.[6]

As complicações dessa interação, que vêm à tona, por exemplo, na controvérsia a respeito das Leis do Trigo,* tornam impossíveis as concepções de uma "Inglaterra rural" única que se contraponha a uma "Inglaterra industrial" única. Pelo contrário, justamente devido à natureza de seu próprio desenvolvimento em direção a um capitalismo agrário, a agricultura, ao mesmo tempo que conservava muitos interesses específicos que se opunham a outros tipos de produção e, naturalmente, continha

* Leis que regulamentavam a importação e a exportação de cereais (basicamente trigo). Foram abolidas em 1846, favorecendo os industriais e prejudicando os proprietários rurais. (N. T.)

conflitos entre interesses específicos diferentes (como o que havia entre a pecuária e a cultura do trigo), não constituía uma base para o estabelecimento de um contraste entre duas formas de vida diferentes. A crise social da Inglaterra do século XIX tinha seus aspectos específicos e suas questões específicas no meio rural; tratava-se, no entanto, de uma crise geral, devido às intricadas interconexões entre propriedade rural e propriedade urbana, produção industrial e produção agrícola, e entre mão de obra e padrões de habitação na indústria e na agricultura. A crise da Inglaterra rural oitocentista assumiu inúmeras formas: o prolongado conflito referente a valores e prazos dos contratos de arrendamento, entre proprietários e arrendatários; o prolongado conflito a respeito de preços, e a relação entre produção nacional e exportações, numa economia livre-cambista em desenvolvimento; o prolongado conflito entre a demanda de mão de obra barata e os direitos dos homens, mulheres e crianças, especificamente o direito à educação. Cada um desses conflitos se deu dentro das estruturas sociais da Inglaterra rural, mas a questão não é apenas que cada um deles se situou no contexto da sociedade e da economia como um todo, sofrendo as pressões intrínsecas a elas, mas também que cada conflito representava uma forma de uma sociedade e uma economia especificamente capitalistas, e cada vez mais era encarado nesses termos.

Assim, toda a situação foi profundamente afetada pela diminuição da importância da agricultura no quadro geral da economia, conforme já observamos. Contudo, a relação-chave, na consequente interação entre a Inglaterra urbana e a rural, a industrial e a agrícola, era sem dúvida o mercado. Mais para o final do século, chegou-se a um ponto em que o desenvolvimento da produção industrial e as consequentes mudanças na política econômica nacional levaram a uma situação em que se exportavam bens manufaturados e se importavam produtos alimentares estrangeiros a preços baixos. Naturalmente, essa situação jamais se configurou de modo total. Em 1868, cerca de 80% dos alimentos consumidos na Inglaterra ainda eram de produção nacional. As importações passaram a crescer rapidamente a partir da década de 1870, porém no contexto de um mercado ainda em expansão, tanto em termos de população geral quanto de aumento da demanda de carne e laticínios em relação ao de pão, reflexo do aumento do padrão de vida geral. Esse processo teve importantes efeitos globais sobre a agricultura e acelerou seu declínio relativo. Mas não foi um processo simples. Os efeitos mostraram-se mais acentuados na produção de cereais (afetada pela abertura das pradarias norte-americanas, bem como pelos navios a vapor e estradas de ferro) do que na de carne e laticínios, caso em que a demanda estava aumentando e os preços nacionais caíram muito menos. Houve então variações regionais de importância crucial nos efeitos dessas alterações do mercado: os condados triticultores do sul e do leste se viam numa situação muito diferente da dos condados do norte e do oeste, onde predominavam as pastagens; além disso, devido a pressões do mercado, houve um movimento geral no sentido de favorecer a pecuária em detrimento do cultivo de cereais. A grande depressão iniciada na década de 1870, que perdurou até a década de 1890, à qual se dá tanta importância na historiografia tradicional, foi um fenômeno muito complicado, no qual, em termos gerais, os produtores de cereais perderam sua vantagem e os pecuaristas (em parte por causa da expansão do mercado e em parte por causa da queda do preço da ração, por sua vez causada pela própria perda dos produtores de cereais) saíram ganhando. O que aconteceu com essa mudança do mercado foi um redirecionamento da produção agropecuária, e isso, por sua vez, se deu no contexto da crise socioeconômica de uma sociedade rural inserida numa Inglaterra capitalista.

Assim, os ganhos e perdas no mercado, que tiveram um efeito diferenciado sobre a agricultura como modo de produção capitalista, terminaram por afetar toda uma estrutura socioeconômica, na qual os problemas clássicos da Inglaterra rural — propriedade da terra, meios de produção, posse e função do capital para investimentos e os problemas persistentes de salários, habitação e educação — eram também os problemas predominantes da sociedade como um todo. Num certo sentido importante, algumas estruturas sociais rurais, já estabelecidas havia muito, impediram a comunhão dos problemas dos trabalhadores rurais e urbanos. Não obstante, uma certa ligação entre eles acabou por se fazer. Da década de 1850 à de 1890, intensificou-se a migração das aldeias para as cidades, especialmente em certas partes do país. Estritamente falando, não houve um esvaziamento do campo, se bem que alguns condados sofreram perdas absolutas permanentes. De modo mais geral, o que aconteceu foi que a população rural não cresceu, enquanto a população urbana continuou a se expandir de modo extraordinário, no contexto de um aumento geral da população, ao mesmo tempo que a emigração para outras terras sofreu um aumento notável.

É significativo que as famílias que abandonaram as aldeias nesse período fossem, em primeiro lugar, de trabalhadores sem terra e, em segundo lugar, de muitos dos artesãos mais antigos, os quais estavam sendo prejudicados por novas formas de produção industrial. Assim, a estrutura vigente de propriedade fundiária revelou-se, sob um aspecto importante, no caráter da migração. O que ficou evidente, de modo gritante, quando a população começou a abandonar o campo, foi a maneira como as terras estavam até então distribuídas.

No entanto, ao final do século XIX havia mais gente vivendo nos distritos rurais do que em todo o país apenas um século antes. E, apesar de todas as mudanças, essas pessoas ainda viviam numa ordem rural capitalista: uns poucos proprietários, muitos arrendatários e trabalhadores sem terra. Esse sistema vigorava na "idade do ouro" que foi da década de 1850 até o início dos anos 1870; vigorava também durante a "grande depressão" dos anos 70 e 80. Períodos de vantagens comerciais e de catástrofes no comércio eram ambos filtrados através desse sistema dominante. Por fim — o que chega a merecer uma certa comemoração —, muitos dos proprietários foram embora, mas isso só se deu no século XX: a maior onda de transferência de propriedades para os agricultores ocorreu após 1914: num período de treze anos, um quarto das terras da Inglaterra e do País de

Gales passaram das mãos de grandes proprietários para agricultores que trabalhavam suas próprias terras. Isso, contudo, foi feito a um certo preço, é claro; na verdade, o capital foi convertido em moeda para ser investido em coisas mais lucrativas.

E, durante todo esse processo de transformação, os trabalhadores rurais estavam presentes: agora representavam uma proporção muito menor do total da população operária, à medida que aumentava o número de empregos industriais e urbanos, mas em termos absolutos eram tantos no final do século XIX quanto haviam sido no início. Eram eles que apareciam na literatura com o nome "Hodge".*

Ouvimos alguns deles conversando em *Whistler at the plough*, obra de Alexander Somerville publicada em 1862. Somerville era filho de um trabalhador escocês: ordenhava as vacas, empurrava carrinhos; fazia parte de uma família de pequenos agricultores, trabalhadores, artesãos; as mulheres trabalhavam ao lado dos homens. Sua *Autobiography of a working man* (1848), em que relata sua juventude, é um clássico: não apenas por seus detalhes — os pais do autor possuíam uma pequena vidraça e a levavam, para utilizá-la como janela, para cada choupana onde iam morar — mas também pela descrição daquele mundo instável de trabalho árduo e marginal. O destino pessoal de Somerville foi extraordinário: após anos vivendo como trabalhador e *poacher*, tornou-se soldado, para escapar do desemprego, e após alistar-se escreveu a um jornal dizendo que os soldados não iriam reprimir uma manifestação a favor da Lei de Reforma. Foi descoberto e barbaramente açoitado. Tornou-se um herói nos meios radicais, mas acabou virando delator. *Whistler at the plough* foi escrito em prol da Liga Antilei do Trigo.** Posteriormente, Somerville emigrou para o Canadá.

A trajetória de Somerville por si só já é significativa, e

* O equivalente ao "Jeca Tatu" brasileiro. (N. T.)

** Organização que representava os interesses da burguesia industrial contra os dos proprietários rurais, visando à abolição dos impostos sobre a importação de trigo. (N. T.)

exemplifica a ambiguidade de alguns dos observadores mais conscientes da vida dos trabalhadores rurais. Como os "poetas camponeses", dependiam de protetores para publicar suas obras e arranjar empregos; na única ocasião em que manifestou sua opinião de modo totalmente independente, Somerville foi brutalmente castigado. Porém o que ele e outros documentam, apesar das dificuldades que enfrentam, ajuda a demolir o mito do "velho Lazer" ou da "velha Inglaterra", reduzindo-o a detalhes duros e reais. O medo experimentado numa situação de dependência vergonhosa é algo que nunca pode ser esquecido. É o que vemos neste relato, no qual Somerville apresenta um trabalhador falando em Wiltshire:

> Perry me parecia ter cerca de 35 anos de idade. Era de estatura mediana, usava um chapéu de palha, um lenço vermelho no pescoço e um casaco de fustão. [...] De início estava um tanto agitado, e hesitava tanto que alguns de seus vizinhos gritavam: "Não tenha medo de falar, William". Foi em resposta a tais gritos que ele disse não ter motivo para ter medo de falar [...]
>
> [...] Tinha cinco filhos, o mais velho com dez anos, os outros com oito, seis, quatro e três. Ganhava sete xelins por semana para sustentar sua família. [...] Naquele dia havia caminhado três milhas e meia para ir ao trabalho. Levou um pedaço de pão consigo e bebeu um pouco d'água; e bebeu mais um pouco ao chegar em casa. ("Todos nós sabemos que isto é verdade." Uma voz: "Por que você treme tanto?".) Respondeu Perry: Se em casa eu tivesse feito uma boa refeição acompanhada de uma boa cerveja, eu não estaria tremendo.[7]

Outro trabalhador, vizinho de Perry, disse lamentar que o proprietário local não tivesse ainda adotado a política de preservação da caça; se tivesse, "a gente não estaria tão mal de comida".

"Mas e a cadeia?", disse eu. "Neste caso, vocês poderiam parar na cadeia, não é?"

"Ora", responderam eles, "a cadeia não é tão ruim quanto o asilo; e qualquer coisa é melhor que passar fome."

Quando, mais tarde, Somerville visitou Perry, soube que o fazendeiro para quem Perry trabalhava dissera à esposa deste que, embora ela tivesse tantos filhos pequenos, ela teria de ir trabalhar no campo, porque ele estava "precisando de gente no feno". O fazendeiro disse também que

> "queria saber quais de seus homens haviam sido os primeiros a falar na reunião: ele daria um jeito de fazê-los se arrependerem".[8]

Porém Perry não se opôs a que Somerville publicasse seu relato.

> Eles achavam que pior do que estavam não podiam ficar.[9]

Esse depoimento mostra não apenas as condições de vida, das quais é necessário que nos lembremos, mas também o fortalecimento do ânimo de tantos homens simples. Já ouvi tantas histórias semelhantes, contadas inclusive por gente da geração de meu pai, que acredito ser isso uma verdade fundamental. Certamente, devemos enfatizar o sofrimento dos trabalhadores e suas famílias, mas estaremos sendo extraordinariamente injustos com eles se aceitarmos a visão ortodoxa de que eles eram pessoas derrotadas e ignorantes. Conheci meu avô paterno muito bem. Quando foi expulso de sua cabana, antes de 1914, ele contou o que lhe havia ocorrido numa reunião da aldeia, e meu pai me disse o quanto ficou atônito quando, ouvindo aquele homem duro e forte falando, viu-o de repente ser dominado pela emoção e chorar. Houve muitos William Perry, antes e depois de seu tempo.

Pensemos em Joseph Arch, nascido em 1826; seu pai com frequência ficava desempregado, e sua mãe, como tantas, havia trabalhado como criada e agora sustentava a família lavando roupa para fora, cortando fatias de pão de cevada para as crianças. Não havia como obter carne fresca senão através da caça clandestina: "não é exagero dizer que metade dos homens que se conhecem são *poachers*", e Arch os defende. Em 1872, Arch, juntamente com outros, fundou o sindicato:

> Subi em meu banco e falei alto e em bom som em favor do sindicato.[10]

Arch acabou sendo eleito para o Parlamento, pelos votos dos trabalhadores de Norfolk, depois da última lei de extensão do sufrágio masculino. Muito de seu ânimo inicial terminou manipulado e canalizado, como aconteceu com a maioria dos representantes dos trabalhadores urbanos. Mas quando Arch escreve, em sua autobiografia, sobre seu trabalho de organização do sindicato, seus discursos, o modo como resistiu às ameaças, ele revela uma força extraordinária.

Ou então pensemos em Joseph Ashby de Tysoe, cuja memória foi conservada admiravelmente por sua filha, M. K. Ashby. Nascido em 1859, filho ilegítimo de uma criada, Ashby trabalhou em sua aldeia e seu distrito não apenas com força e coragem, mas também com uma inteligência notável e um autodidatismo impressionante. Sua coleção de documentos históricos locais faz parte dessa cultura mantida em segundo plano; e seu pendor democrático também é extraordinário. Nas aldeias, como nas cidades industriais, havia muitos homens como Ashby: inteligentes, autodidatas, fortes e honrados. Dedicando suas vidas inteiras a um trabalho árduo e mal pago, cada um deles viveu uma segunda vida, dedicada a sua gente.

Precisamos manter em mente tais homens quando nos defrontamos com Richard Jefferies, que — de modo bem diverso — também entrou para a tradição literária. Quando Joseph Arch estava criando o sindicato, em meio a intensa polêmica nacional, o *Times* publicou três cartas de Richard Jefferies, de Coate Farm, Swindon, e o jornal as elogiou num editorial. O que diziam as cartas?

> Jamais, em toda minha experiência, ouvi um trabalhador fazer um agradecimento; e, no entanto, posso afirmar com certeza que não há nenhuma classe de pessoas na Inglaterra que receba tantas atenções e benefícios de seus superiores quanto a dos trabalhadores do campo.[11]

Era o tipo da coisa que se queria ouvir em oposição a Arch. Mas quem escrevera essas cartas?

Jefferies nasceu em 1848, em Coate, perto de Swindon. Seu bisavô era moleiro e padeiro em Swindon e, em 1800, comprou cerca de dezesseis hectares de terra a uns quatro quilômetros da cidade. O avô de Richard assumiu a empresa de Swindon em 1816, mudando-se de Londres para lá. Em 1822 foi construída em Coate uma casa que permaneceu vazia por alguns anos. Escreveu o pai de Richard mais tarde:

> Eu fui o primeiro a morar nela, depois que larguei a escola aos catorze anos — minha irmã mais velha trabalhava como governanta e ordenhadeira para meu pai.

Mais tarde, a respeito da descrição de Coate feita por Richard, seu pai comentou:

> Como é que ele pôde descrever Coate como um lugar tão agradável, não consigo imaginar, aliás nada que ele menciona fica exatamente em Coate e lá em Coate não tem nada que preste, Snodshill era o nome de minha carroça, ele chamou de Coate Farm [Fazenda Coate], aquilo não merecia o nome de fazenda, não tinha quarenta acres [dezesseis hectares] de terra.[12]

Cinco hectares e meio dessa terra precisaram ser vendidos no final da década de 1860, e em 1878, alguns meses antes de Jefferies começar a escrever *Hodge and his masters*, seu pai vendeu o resto da terra e mudou-se para Bath, onde passou a viver de biscates como jardineiro.

Quando Richard tinha quatro anos, foi morar com uma tia em Sydenham. Lá ficou até completar nove anos; todos os anos vinha passar um mês de férias em Coate. Quando voltou a morar com os pais, passou a estudar em pequenas escolas particulares em Swindon. Aos dezesseis anos, com um primo, ele fugiu de casa, passou uma semana na França, acabou preso pela polícia em Liverpool e foi levado de volta para Swindon. Seu primeiro emprego foi de repórter, no *North Wiltshire Herald*, um novo jornal conservador de Swindon, em caráter irregular, entre 1866 e 1868; mais tarde, trabalhou no *Wiltshire and Gloucestershire Standard*, também de forma não regular, até 1873. Em 1874 casou-se com a filha de um fazendeiro vizinho e mudou-se para Swindon. Suas cartas para o *Times* lhe trouxeram mais oportunidades de escrever artigos sobre agricultura e vida campestre, e ele passou a maior parte do ano de 1875 morando em Surbiton, com a tia com quem havia morado quando pequeno. Mudou-se com sua família para Swindon em 1877, e foi lá que escreveu *Hodge and his masters*. Na década de 1870, além de inúmeros artigos, publicou três romances, *The scarlet shawl*, *Restless human hearts* e *World's end*, e mais três livros sobre o campo, *The gamekeeper at home*, *Wild life in a Southern county* e *The amateur poacher*. Jefferies escreveu *Hodge and his masters* numa época em que estava adquirindo certa reputação como escritor, após anos de pobreza e incertezas. Nos anos 1880 continuou a produzir artigos e publicou muitos livros: *Wood magic* e *Bevis*; *Nature near London*, *The life of the fields*, *The open air*; *Greene Ferne Farm*, *The dewy morn*, *After London*, *Amaryllis at the fair*, *The story of my heart*. Mas havia adoecido na juventude, e a partir do início da década de 1880 sua saúde foi piorando cada vez mais. Mudou-se para Sussex e morreu em Goring, a 14 de agosto de 1887. Oficialmente, a causa de sua morte foi "consumpção fibrosa crônica — exaustão". Tinha 38 anos.

Vale a pena lembrar essa trajetória social e pessoal quando tentamos compreender o caráter e o desenvolvimento de sua obra. Jefferies deu uma importante contribuição à história social da Inglaterra rural. No entanto, trata-se de uma história social que é, explícita e implicitamente, uma obra de arte, escrita — como, sintomaticamente, tantas vezes acontece — por um homem cuja relação com seu material é, sob certos aspectos, marginal e paradoxal. Existe um mito Jefferies, e os livros ajudam a criá-lo: o homem que viveu a vida toda no campo, descendente de gerações de pequenos agricultores, imbuído da suposta "importância moral do padrão agrícola atemporal subjacente". A realidade é outra, e é mais interessante. O escritor e jornalista suburbano, recriando o campo de sua adolescência numa pequena propriedade que mal consegue sobreviver; o homem doente, talvez o mais brilhante observador imaginativo das árvores, dos animais, das flores e do tempo de todo o século, observando e escrevendo até afirmar, no fim: "nada há para o homem na natureza [...] a menos que ele possua o Além"; ou, em seu último ensaio: "talvez com o tempo eu também termine constatando, após minha morte física, que na verdade a Terra jamais existiu"; o jovem ambicioso e trabalhador, defendendo em seus escritos os interesses dos proprietários rurais e dos empregadores, afirmando, em suas cartas ao *Times*, que "as afirmações feitas pelo 'Filho de um trabalhador de Wiltshire'" só podiam despertar nele "ressentimento em nome dos fazendeiros deste condado", de "Coate Farm", Swindon.

A realidade social é igualmente significativa. Trata-se da região do norte de Wiltshire e sul de Gloucestershire, onde uma debulhadora portátil fora inventada e onde trabalhadores rebelados, pouco depois da mudança do pai de Jefferies para Coate, haviam lutado contra a milícia local; onde em Swindon, bem perto dali, estava sendo construída uma oficina ferroviária — a cidade cresceu rapidamente por ser um entroncamento e um centro de reparos —; lá, no tempo em que Jefferies estava começando a trabalhar como repórter, o longo período de depressão agrícola iniciava-se. O próprio Jefferies escreveu:

> As mudanças que se acumularam nos últimos cinquenta anos foram tão numerosas e tão importantes que seria qua-

se razoável supor que, por agora, já se atingiu o limite, e que as próximas gerações já encontrarão ocupação suficiente em assimilar as novas condições da existência. Porém, muito pelo contrário, todos os fatos atuais apontam inevitavelmente para a conclusão de que a era de desenvolvimento está apenas começando.[13]

A maior parte do material contido em *Hodge and his masters* foi absorvida por Jefferies quando ele era um jovem repórter do *Wiltshire and Gloucestershire Standard*, no início dos anos 1870: é esse o "velho jornal" mencionado no capítulo três do segundo volume, do mesmo modo como "Fleeceborough" é Cirencester e os arredores de Badminton. Jefferies não era considerado particularmente bom como repórter, mas o fato é que ele estava observando as coisas por conta própria, seguindo seus próprios interesses. Nele encontramos desde a observação precisa de um efeito de luz sobre uma paisagem, como na brilhante descrição logo no início de "Hodge's fields", ou de incidentes como o do leite sendo levado até o trem em "Haymaking", ou a descrição de uma estação de província em "Mademoiselle, the governess"; passando por observações mais gerais que dão o quadro de toda uma instituição, como em "The solicitor" ou "The bank"; até uma espécie de observação global, que abarca personagens individuais e toda uma forma de vida, como em "Leaving his farm", "Going downhill", "An ambitious squire" ou "Hodge's last masters". Em cada uma dessas formas seu gênio se evidencia, e na última, em particular, Jefferies está trabalhando essencialmente como romancista. É sintomático que ele se dispunha a publicar *Amaryllis at the fair* ou como "romance" ou como "cenas da vida rural". Aqueles elementos que, nas suas obras explicitamente apresentadas como ficcionais, ele acrescentava à força imaginativa, à percepção aguçada das conexões entre personalidade, sociedade e meio físico, reveladas em seus ensaios e crônicas, evidenciam tanto as deficiências da forma romance em sua época quanto uma deficiência pessoal sua, uma certa propensão a uma forma diluída e tardia de idealização e romantismo pré-rafaelistas. Por outro lado, quando lemos a frase inicial de *Hodge and his masters*, à porta da "estalagem Jason em Woodbury", sentimos o vigor da tradição do romance realista.

As limitações se manifestam nas leituras subsequentes, e uma delas, em particular, pede uma definição. Apesar de se dizer um "espírito justo e imparcial", Jefferies não era um observador neutro. Eventualmente era um escritor engajado, que conhecera a fundo toda a crise dessa civilização rural e tinha compromissos firmes e nítidos. Mas também era, às vezes, um repórter a serviço de uma classe, até mesmo pau-mandado de um partido, como se vê no servilismo desagradável das últimas páginas de "Fleeceborough", na linguagem bombástica e mesquinha do final de "A winter's morning", nos estereótipos fáceis de "The cottage girls". De vez em quando, durante uma crise social, fica bem claro que ele está dizendo o que seus leitores querem ouvir, do mesmo modo como suas cartas ao *Times* foram um ataque a Arch e ao Sindicato dos Trabalhadores Rurais. O que seus leitores viam, e ele próprio via às vezes, não eram homens e mulheres caracterizados (como ele próprio enfatizava, no caso dos fazendeiros) para "individualidade de caráter", e sim a figura simplista, a abstração, do Operário, ou de Hodge.

Para compreender esse processo, as ilusões evidentes e por vezes patéticas, as simpatias contraditórias, ainda que frequentemente enfáticas, devemos compreender a ambiguidade da posição social de Jefferies: filho de um pequeno proprietário obrigado a vender sua terra e virar trabalhador diarista; aquela insegurança social que tantas vezes gera o tipo de bajulação das camadas superiores da sociedade e a tendência a estereotipar e denegrir as classes inferiores que, na cidade, seriam rotuladas de atitudes pequeno-burguesas. Porém é preciso ver também, tal como no caso de Lawrence, o jovem talentoso que utilizava a literatura como uma maneira de sair de toda aquela situação, necessariamente por intermédio dos que lhe eram socialmente superiores, e que sofria uma diversidade de pressões severas e constantes.

Pois Jefferies não terminou onde começou. Em seus últimos ensaios (e a mesma trajetória é visível em Lawrence) manifesta-se uma posição diferente.

> Vale a pena possuir dinheiro ganho por meio de tanto esforço? Veja-se o braço de uma mulher que trabalha na colheita — fino, musculoso, rijo, quase negro, produto da faina constante. Depois de muito tempo trabalhando assim, ela se deforma, o pescoço perde o contorno arredondado e os tendões se destacam, o peito se aplaina. [...] Há muita coisa no trigo, muitos volumes de meditações; ele fala ao coração. Por trás desses aspectos belos aparece a realidade do trabalho humano — horas e horas de calor e esforço; a realidade de uma vida rude, em que, no final, pouco se ganha. O trigo é belo, mas a vida humana é trabalho.[14]

A esse reconhecimento humano Jefferies acrescentava — e não admira que isso tenha sido tão pouco enfatizado — uma perspectiva econômica e política cada vez mais dura. Em *Thoughts on the labour question*, especialmente na segunda seção, "The divine right of capital", ele vai além da constatação de que o trabalho é árduo.

> "Mas eles são pagos para fazê-lo", diz a Respeitabilidade Acomodada. [...] Pois vá você mesmo descer às minas. [...] Por que eles o fazem? Porque são impelidos pela Fome e pela Sede: são estes os temíveis flagelos, os açoites piores que o cnute, que estão por trás do Capital e lhe dão poder.[15]

Observando as consequências políticas da extensão do sufrágio, Jefferies relembra o antigo sistema e as opiniões que dele têm os trabalhadores:

> Falando às claras, o poder do pároco e do senhor, do arrendatário e do guardião de pobres,* atualmente inspira-lhes repugnância. É-lhes preferível ir embora.

Defendeu a democratização do campo:

> A total ausência de qualquer autoridade, de qualquer centro comum, tende a fomentar o que parece ser total indiferença.

Porém

> o espírito de independência só pode surgir quando a aldeia governar a si própria através de seu próprio conselho, sem depender do pároco, do senhor, do arrendatário nem do guardião de pobres.[16]

Um conselho paroquial, uma sala de leitura, um ginásio, cabanas construídas pelo conselho, um instituto de mulheres: eram esses alguns dos meios para se atingir uma nova independência no meio rural.

Trata-se de um reconhecimento crucial. Está ligado à minha própria opinião, formada no seio de uma família que viveu toda essa experiência, de que há mais espírito comunitário verdadeiro na aldeia moderna do que em qualquer época passada de que se tenha memória. As mudanças que ocorreram, através da democratização e das lutas econômicas, suavizaram e purificaram a velha ordem. Mas apegar-se a essa realidade é reconhecer uma extensão, um vínculo, pois, no sentido estrito, não se trata de uma visão rural. Ou, pelo menos, não parece, quando comparada com aquela estrutura de sentimentos que, de certo modo, é derivada do primeiro Jefferies.

* Membro de um conselho eleito para administrar as leis de assistência à pobreza num distrito ou paróquia. (N. T.)

Fui obrigado a fazer este levantamento em minha mente, numa espécie de autoanálise, e Jefferies, mais do que qualquer um, proporciona um meio de fazê-lo. Nele encontramos a intensidade, uma intensidade solitária, de seus sentimentos em relação ao mundo físico: a linguagem verde que o vincula a Clare e Lawrence. Contudo, o mundo do trabalho rural, onde é mais comum encontrar as experiências físicas, está indubitavelmente mudando. Os trabalhadores estão firmemente a favor das mudanças. Nesse contexto, um equívoco pode ocorrer, uma falha na estruturação da mente. A defesa do "campo ameaçado de extinção" — do "ar livre", da "vida rural" — pode se confundir com aquela defesa da velha ordem agrária que é feita pelos proprietários, os *rentiers* e os literatos a serviço deles. A aversão física ao barulho e à pressa da cidade pode se transformar — tal como se dá em *After London*, de Jefferies — na visão impressionante, porém acrimoniosa, da metrópole sendo devorada pelo pântano e do reaparecimento de uma sociedade feudal e silvestre (o equivalente "rural" do "medievalismo" de William Morris). Assim, estranhamente associada ao amor às árvores, flores e pássaros, encontramos uma extensão praticamente inconsciente dos valores e das simpatias de uma sociedade injusta e arbitrária. "Foram-se as sebes, foram-se os proprietários": já ouvi essa frase textualmente, como se se tratasse de um único processo. As raízes dessa confusão ainda hoje permanecem, teimosamente emaranhadas.

Jefferies não viveu o suficiente para chegar a resolver essa dificuldade. Podemos senti-la com toda a força, tendo em mente a estrutura social comum das "defesas do campo" da época, lendo um de seus últimos ensaios, "Primrose gold in our villages",[17] no qual ele descreve, com raiva, as novas formações políticas conservadoras da Inglaterra rural: os herdeiros daqueles que haviam lutado contra a extensão do sufrágio aos trabalhadores agora se mudavam para o interior para organizar, com muita habilidade, esses novos votos. "*Primrose gold*" [ouro de prímulas]: expressão é exata. A flor singela como símbolo da manipulação política; o amarelo da flor e do dinheiro que é a verdadeira fonte de poder; a inocência natural, o domínio político: tudo isso está expresso nela.

Flores e privilégio; fumaça de fábricas e democracia. Essa imagística estava sendo formada, num campo relegado ao segundo plano, à sombra do desenvolvimento da indústria e das cidades. É uma imagística persistente; porém havia sempre uma outra tradição: Cobbett, Arch, Ashby; o último Jefferies; Thomas Hardy.

18. WESSEX E A FRONTEIRA

Thomas Hardy nasceu a alguns quilômetros de Tolpuddle, poucos anos após a deportação dos trabalhadores rurais que haviam se reunido para organizar um sindicato. Esse fato deveria bastar para nos lembrar que Hardy veio ao mundo numa sociedade rural em processo de transformação e conflito, e não naquele fim de mundo retrógrado e imutável ao qual ele é tantas vezes relegado. Lembra-nos também que ele escrevia numa época na qual, embora ainda houvesse comunidades locais, havia também a rede visível e poderosa de uma sociedade global: o sistema judiciário e o econômico; as ferrovias, os jornais e os correios; um novo tipo de educação e um novo tipo de política.

A terra de Hardy, como se sabe, é Wessex: ou seja, basicamente Dorset e os condados vizinhos. Mas a verdadeira terra de Hardy, conforme veremos em breve, é aquela terra fronteiriça em que muitos de nós vivemos: entre a tradição e a instrução, entre o trabalho e as ideias, entre o apego ao torrão natal e a vivência das mudanças. Não há como questionar o compromisso de Hardy com sua terra e, por uma associação natural, com o passado dela, como indica a escolha do nome Wessex.* Porém seus romances, principalmente os últimos, tematizam a questão das mudanças. São situados num período que vai desde logo antes da época em que ele nasceu até o momento em que estava escrevendo: os últimos romances, os mais profundos, *Tess* e *Jude the obscure*, são, sintomaticamente, os mais contemporâneos. Neles há sempre a presença acentuada de um velho

* Os romances de Hardy se passam numa região da Inglaterra onde, na Idade Média, ficava o reino de Wessex, e Hardy utiliza o nome antigo. (N. T.)

mundo rural: velho em seus costumes e na memória, mas velho também num sentido relativo aos novos tempos de educação formal, velho enquanto parte da história, e mesmo da pré--história: a consciência da transformação adquirida através da instrução. Nos grandes romances de Hardy, de vários modos diferentes, a experiência da mudança e a da dificuldade da escolha são centrais, até mesmo decisivas.

É essa centralidade da mudança, e das complicações por ela acarretadas, que omitimos quando vemos Hardy como escritor regionalista, o cronista inigualável de seu Wessex, última voz de uma velha civilização rural. Esse reconhecimento, mesmo quando feito com intenção de elogio, é acompanhado da ideia de que sua obra está cada vez mais distante de nós: de que Hardy não pertence ao nosso mundo, nem mesmo ao século XIX, mas é apenas o último representante da velha Inglaterra rural ou do campesinato.

Os sentimentos e ideias de grande complexidade que se manifestam nos romances de Hardy, inclusive os referentes à vida e à gente do campo, fazem parte de um mundo que não morreu. Hardy escreve, com mais consistência e profundidade do que qualquer outro romancista inglês, a respeito de algo que ainda está muito próximo de nós, onde quer que moremos: algo que pode ser expresso abstratamente como o problema da relação entre a vida regida pela tradição e a orientada pela instrução formal; entre os sentimentos e pensamentos ligados aos costumes e os que são frutos da educação. É esse o problema que vimos em George Eliot e que voltaremos a ver em Lawrence. É a base da ligação significativa que há entre esses escritores.

A maioria das pessoas, antes de adquirir qualquer educação literária, aprende a conhecer e dar valor à vida tradicional — bem como a sentir as tensões por ela impostas. Vemos e aprendemos com base no modo como nossas famílias vivem e se sustentam; um mundo de trabalho e costumes locais, e de crenças tão profundamente dissolvidas nas ações cotidianas que de início nem sequer sabemos que são de fato crenças, passíveis de mudança e questionamento. Muitas vezes, a educação que recebemos nos fornece uma maneira de encarar essa vida que nos permite enxergar outros valores alheios a ela: foi o que Jude viu quando olhou para as torres de Christminster, além de sua terra. Muitas vezes sabemos, bem no fundo de nós mesmos, o quanto são necessários esses valores advindos da instrução, esses interesses intelectuais, nos lugares onde tradição equivale a estagnação, ou onde velhas ilusões continuam a ser repetidas como se fossem verdades atemporais. Sabemos, em particular, o quanto tais valores são necessários para que se possa entender a mudança — a mudança ocorrida no coração daqueles lugares onde vivemos, onde trabalhamos, onde fomos criados.

As ideias, os valores, os métodos instruídos, naturalmente, podem ser adquiridos se conseguimos chegar a um lugar como Christminster — se, ao contrário do que aconteceu com Jude, somos admitidos ali. Mas, juntamente com a oferta, vez após vez surge uma outra ideia: a ideia de que o mundo do trabalho comum e das famílias comuns é inferior, distante; de que, agora que conhecemos esse mundo de saber, não podemos sentir respeito — nem, naturalmente, afeto — por aquele outro mundo, que ainda nos é tão familiar. Se ainda conservamos por ele algum afeto, o mundo de Christminster tem um nome para designá-lo: nostalgia. Se conservamos algum respeito, Christminster também nos dá um nome: política, ou, pior ainda, "sociologia".

Porém a questão é mais do que aprender termos e tons; é o que acontece conosco, o que realmente acontece conosco, quando tentamos atuar como mediadores desses mundos em contraste: quando nos colocamos na posição de um Jude que teve permissão de entrar; ou quando voltamos para nosso lugar de origem, nossa família, e percebemos, em termos de ideia e de sentimento, o que significa a expressão "a volta do nativo".* Isso

* Título de um dos romances de Hardy, *The return of the native*. (N. T.)

tem uma importância especial para uma geração específica, de pessoas que vieram de famílias comuns, chegaram à universidade e têm de descobrir, durante toda uma existência, o que representa essa experiência. Mas tem também uma importância muito mais geral; pois na Grã-Bretanha, de modo geral, o que vem acontecendo é isto: velhos costumes, lugares, ideias e sentimentos são abandonados; descobrem-se no novo certos problemas imprevistos, crises inesperadas e muito agudas, conflitos entre desejos e possibilidades.

Nesse mundo característico, arraigado e móvel, conhecido e no entanto só recentemente tornado consciente e autoconsciente, a figura de Hardy se destaca como um marco. Não é de um velho mundo rural nem de uma região remota que Hardy agora se dirige a nós, e sim do âmago de uma experiência ainda ativa, do conhecido e do mutável, que podemos apreender enquanto ideia mas que, em última análise, é importante no que se manifesta como pressões pessoais — relacionamentos que se formam e que fracassam, crises da personalidade física e mental —, os quais o romancista Hardy ao mesmo tempo relata e dramatiza.

Mas é claro que não vemos nada disso, ou, se vemos, não sabemos como falar a respeito nem como lhe dar valor, se aprendemos a encarar Hardy com o tom de condescendência que é agora tão comum.

> Quando as senhoras se retiraram para a sala de estar, vi-me sentado ao lado de Thomas Hardy. Lembro-me de um homenzinho com rosto de camponês. Apesar do traje a rigor e da camisa engomada, havia nele um estranho ar telúrico.[1]

Temos aqui uma das típicas narrativas pós-prandiais de Somerset Maugham. Talvez Hardy jamais devesse ter se aproximado desse mundo, se exposto a ele. Mas o tom e a atitude são significativos, na distância revelada entre aquela sala de jantar e aquele "ar telúrico" de um mundo rural longínquo. A distância que, para alguns, os separa da terra, do trabalho, que se faz presente na ponta do garfo sob forma de legume, ou do trabalhador que se apresenta em meio àquela gente civilizada com seu "rosto de camponês". É o que vemos, mais uma vez, quando Henry James fala no "pequeno Thomas Hardy, tão bonzinho", ou quando F. R. Leavis diz que *Jude the obscure* possui lá seus méritos apesar do que tem de "desajeitado".

Um tom de condescendência social, fundamentado em suposições simplistas e diretas com base na origem geográfica, vem associado, de modo interessante, a um tom de condescendência literária e a uma intenção desabonadora, com uma forte suposição preconceituosa acerca da substância da ficção de Hardy. Se ele era um homem do campo, um camponês, então é esse o ponto de vista, o ponto de vista literário essencial, de seus romances. Ou seja: a ficção é não apenas a respeito de camponeses de Wessex como também é obra de um deles, o qual, naturalmente, conseguiu obter alguma instrução (se bem que não suficiente). Por conseguinte, torna-se necessário fazer certas discriminações em termos de atitudes e de fatos.

Em primeiro lugar, é melhor abandonar o termo "camponês". Na região em que Hardy vivia e trabalhava, como na maioria das outras regiões da Inglaterra, conforme já vimos, praticamente não havia camponeses, embora o termo "campesinato" ainda fosse utilizado pelos escritores para se referirem, de modo genérico, aos habitantes do interior. Na realidade, essas pessoas eram proprietários, arrendatários, comerciantes, artesãos e trabalhadores, e essa estrutura social — que constitui, no sentido social, a matéria-prima dos romances — é radicalmente diferente, quanto a sua variedade, suas nuanças e muitas de suas atitudes humanas básicas, da estrutura de um campesinato. Em segundo lugar, Hardy não pertence a nenhum desses grupos. À parte seu trabalho de escritor, ele era um dos muitos profissionais liberais que trabalhavam nessa estrutura social, muitas vezes sem saber com certeza se realmente faziam parte dela. Uma sutil gradação de classes é uma característica do capitalismo em qualquer lugar e é claramente visível no capitalismo rural também. O pai de Hardy era um empreiteiro que empregava seis ou sete trabalhadores. Hardy não gostava que chamassem sua casa de cabana, porque tinha consciência de que seu pai era um empregador. A casa é de fato bem pequena, mas no fundo dela há uma pequena janela através da qual os empregados recebiam seu pagamento, e as outras habitações da rua são certamente menores. Ao mesmo tempo, quando caminhava para a escola, Hardy via a mansão de Kingston Maurward (agora felizmente transformada em faculdade de agronomia), na qual seu pai fazia algumas obras, e isso revelava um desnível social que fazia as outras distinções parecerem relativamente pequenas, se bem que não insignificantes. Ao tornar-se arquiteto e fazer amizade com a família de um pároco (aliás, sua mulher também vinha de uma família desse tipo), Hardy passou a ocupar uma posição diferente na estrutura social, ligada à classe dos instruídos, mas não à dos proprietários, porém mantendo ao mesmo tempo, através de sua família, as ligações com aquele grupo de pequenos empregadores, comerciantes, artesãos e sitiantes que nunca se distinguiam completamente dos trabalhadores.

Como escritor, sua posição é semelhante. Hardy não é nem proprietário nem arrendatário, nem comerciante nem trabalhador, e sim observador e cronista, muitas vezes, mais uma vez, sem saber exatamente qual é sua situação. Além disso, não escrevia para a gente do campo, mas sim sobre ela; seu público era basicamente metropolitano, sem vínculos com o meio rural. Esses dois fatos ressaltam a necessidade de voltar a atenção para o que realmente importa: a tentativa de Hardy no sentido de descrever e valorizar uma forma de vida que ele conhecia bem, mas com a qual tinha vínculos incertos, e os métodos literários decorrentes da natureza dessa tentativa. Como é tão comum acontecer, quando os estereótipos sociais atuais são removidos, o problema crítico adquire uma clareza nova.

Trata-se do problema crucial de boa parte da ficção inglesa, a partir da mobilidade social ambígua do século XIX, concreta e ao mesmo tempo incompleta. E é tanto uma questão de substância quanto de método. É comum reduzir a ficção de Hardy ao impacto de um elemento urbano estranho sobre o "padrão atemporal" da vida rural inglesa. No entanto, embora esse dado esteja por vezes presente, o mais comum é a relação entre a natureza cambiante da vida rural, determinada tanto por suas próprias pressões internas quanto pelas vindas "de fora", e um ou mais personagens que em maior ou menor grau separaram-se dela, porém permanecem inextricavelmente envolvidos por causa de algum vínculo familiar. É nesse ponto que os valores sociais são dramatizados de uma maneira muito complexa, e é aqui que parece surgir a maioria dos problemas do texto de Hardy.

Podemos ilustrar esta argumentação com dois exemplos, um menor e outro maior, em caráter preliminar. Quase todos os leitores tendem a encarar Tess como simplesmente uma jovem camponesa passional, seduzida por um forasteiro; contudo, é surpreendente constatar que, bem no início do romance, tem-se uma explicitação inequívoca de uma experiência clássica de mobilidade social:

> A sra. Durbeyfield costumava falar em dialeto; sua filha, que havia concluído a sexta série na Escola Nacional com uma professora formada em Londres, falava duas línguas: o dialeto em casa, mais ou menos; o inglês comum fora de sua casa e com pessoas de maior distinção.[2]

Grace, em *The woodlanders*, e Clym, em *The return of the native*, representam essa experiência de modo mais completo; mas, seja como for, trata-se de um tema constante, num nível muito mais importante do que o das trivialidades de sotaque. E, quando levamos tal fato em conta, torna-se desnecessário fazer o que fazem tantos críticos contemporâneos, que isolam *Jude the obscure* como um tipo de romance totalmente diverso.

Exemplo mais notável do que representa esse tipo de separação, e do que ela envolve, vamos encontrar numa descrição de Clym em *The return of the native* que se enquadra muito bem na argumentação por mim apresentada em *Culture and society*:

> Yeobright adorava gente como ele. Estava convicto de que o que a maioria dos homens precisava era de um tipo de conhecimento que leva à sabedoria e não à riqueza. Queria elevar a classe em detrimento dos indivíduos, e não os indivíduos em detrimento da classe. Mais ainda, estava disposto a ser imediatamente a primeira unidade sacrificada.[3]

A ideia de sacrifício vem associada, em toda a trama, ao velho tema da vocação frustrada ou prejudicada por um casamento equivocado; teremos de voltar a examinar, mais adiante, esse impasse característico da obra de Hardy. Mas está associada também ao tema geral da mudança social, cuja presença é uma constante. Como sempre ocorre na ficção realista séria, a qualidade e o destino dos indivíduos e a qualidade e o destino de toda uma forma de vida são vistos na mesma dimensão, e não como questões separadas. É como observador que Hardy prepara esse contexto para um fracasso individual:

> Na passagem da vida bucólica para a intelectual, as etapas intermediárias são, normalmente, no mínimo duas, e com frequência bem mais numerosas; e uma delas é invariavelmente a ascensão mundana. É quase impossível imaginar a placidez bucólica transformando-se em metas intelectuais sem haver uma fase de transição de metas sociais. A peculiaridade local de Yeobright era o fato de que, ao almejar pensamentos elevados, ele ainda se atinha a uma vida austera — mais ainda, a uma vida sob muitos aspectos agreste e pobre, e ao convívio fraterno com labregos. Era um João Batista cujo bordão era o enobrecimento e não o arrependimento. Mentalmente, vivia num futuro provinciano; ou seja, em relação a muitas questões estava à altura dos principais pensadores citadinos de seu tempo. [...] Devido a essa posição relativamente avançada, Yeobright poderia ser considerado infeliz. O mundo rural não estava preparado para ele. Um homem só deve estar parcialmente à frente de sua época; estar completamente na vanguarda em suas

aspirações é fatal para a fama. [...] Aquele que advoga o empenho estético e despreza o esforço social normalmente só é compreendido por uma classe para a qual o empenho social é uma questão já morta. Tentar defender a possibilidade de a cultura vir antes do luxo perante o mundo bucólico pode ser uma posição correta, porém é uma tentativa de perturbar uma sequência à qual a humanidade há muito se habituou.[4]

A sutileza e a inteligência dessa argumentação, desenvolvida no final da década de 1870, provêm de uma mente acostumada com o relativismo e o pensamento histórico, não apenas em termos abstratos, tal como lhe fora ensinado por Mill e Darwin, mas no ato de observar uma experiência pessoal de mobilidade social. Aqui, o que está em questão não é a oposição entre campo e cidade, nem mesmo, em termos simples, entre tradição e inteligência consciente. Trata-se de um processo histórico mais complicado e mais urgente, no qual a instrução está ligada à ascensão social no contexto de uma sociedade de classes, de modo que se torna difícil — salvo no caso de uma excêntrica demonstração pessoal — comprometer-se ao mesmo tempo com a instrução e com a solidariedade social (ele "queria elevar a classe"). É também o processo por meio do qual a cultura e a prosperidade passam a ser reconhecidas como metas incompatíveis, seja qual for o prejuízo para ambas, e o reconhecimento cínico de que, em qualquer mundo real, a segunda meta será sempre a primeira prioridade.

Assim, a relação entre o migrante e seu grupo de origem será excepcionalmente complicada. Sua lealdade o leva a fazer coisas que o grupo considera insensatas, já que os valores explícitos do grupo sustentam a associação entre instrução e ascensão pessoal que seu novo grupo forjou mas que, por isso mesmo, o migrante não pode aceitar.

— Estou abismado, Clym. Como é que você pode querer coisa melhor do que o que você já tem?

— Mas eu detesto esse meu trabalho. [...] Quero fazer algumas coisas meritórias antes de morrer.

— Depois de tudo que se faz para lhe dar uma ajuda inicial, quando tudo que você precisa fazer é seguir em frente até ficar rico, você diz que... Fico perturbada, Clym, ao saber que você voltou com essas ideias. [...] Jamais me passou pela cabeça que você pudesse querer andar para trás por livre e espontânea vontade. [...]

— Não posso fazer nada — disse Clym, num tom intranquilo.

— Por que você não pode... ter sucesso como os outros?

— Não sei, só sei que há muitas coisas a que as outras pessoas dão valor, e eu não dou. [...]

— E, no entanto, você bem que podia ter enriquecido se tivesse perseverado. [...] Pelo visto, você vai acabar como seu pai. Como ele, você está enjoando do sucesso.

— Mamãe, o que é o sucesso?[5]

A pergunta é bem conhecida, mas mesmo depois de tantos anos não há outra mais relevante nem mais radical. Dadas essas pressões complexas, a volta do nativo tem uma certa nulidade inevitável, e as únicas ações concretas que estão a seu alcance parecem meros frutos do espírito de contradição. Assim, a necessidade de identificar-se socialmente com os trabalhadores gera a característica identificação negativa de Clym com eles; Clym acaba ele próprio tornando-se trabalhador, e seu objetivo original fica muito mais difícil de alcançar: "a monotonia de seu trabalho o tranquilizava, e era ela própria um prazer".

Hardy entende e controla tudo isso, mas a pressão tem outros efeitos, menos conscientes. Em *Anna Karienina*, a opção de Levin pelo trabalho braçal inclui algumas motivações semelhantes; em última análise, contudo, representa a opção pelo homem em oposição a uma Natureza abstrata — a opção por trabalhar com homens em vez de se perder numa força natural. Porém essa distinção crucial é obscurecida pelas tradicionais discussões a respeito do apego de Hardy à vida campestre, que funde numa massa indiferenciada os urzais e bosques "atemporais" e os homens que neles trabalham. O impulso humanitário original — ele "adorava gente como ele" — pode certamente tornar-se anti-humano: os homens podem passar a ser vistos como criaturas que rastejam nessa imensidão atemporal, o que é sugerido de forma poderosa pelas imagens dos urzais e do trabalho de Clym nessa paisagem. Trata-se de uma transição muito comum na literatura desse período, mas Hardy nunca se sente muito à vontade com ela, e o impulso original, tal como se dá em *Jude the obscure*, insistentemente reaparece e estabelece identificações mais precisas.

Ao mesmo tempo, o nativo que voltou não está separado apenas dos padrões do mundo instruído e próspero "de fora". Está também — o que é em certo grau inevitável — separado das pessoas que não seguiram a mesma trajetória que ele; ou, mais frequentemente, trata-se de uma separação que pode se disfarçar de apego romântico a uma forma de vida na qual as pessoas são meros instrumentos: figuras numa paisagem ou, quando o tom literário falha, numa balada. Torna-se fácil, então — num enfoque aparentemente afetuoso —, observar, para divertir uma plateia urbana, a rudeza e as limitações, mas também o lado pitoresco, o humor grosseiro, a inocência rústica do "bucólico". A complexidade da ficção de Hardy se revela simplesmente no fato de que ele cobre toda a gama de enfoques que vai da observação externa de costumes tradicionais, modulada por um afeto claramente condescendente (como em *Under the greenwood tree*); passando por uma identificação muito positiva entre, de um lado, as intuições da natureza e os valores do trabalho compartilhado e, de outro, a profundeza e a fidelidade humanas (como em *The woodlanders*); até a percepção humanitária, bem mais notável, porém muito mais difícil, das limitações que não podem ser resolvidas pela nostalgia, pelo charme, nem pelo misticismo simples da natureza, mas que são vivenciadas por todos os personagens, na vida real da qual todos fazem parte, as limitações dos instruídos e ricos estando organicamente relacionadas às dos ignorantes e pobres (como se dá em trechos de *Return of the native* e em *Tess* e *Jude*). Mas, para fazer essas distinções e observar as variações entre as diferentes reações com a clareza necessária, precisamos ir além dos estereótipos de autodidata e camponês e ver Hardy em sua identidade verdadeira: ao mesmo tempo observador instruído e participante apaixonado, numa época de transformações gerais e radicais.

A escrita de Hardy — ou, para fazer uma abstração, seu estilo — é evidentemente afetada pela crise que venho descrevendo, a da volta do nativo. Sabemos que ele se preocupava com a forma de sua prosa e que era levado, pelos pressupostos comuns às pessoas instruídas da época, a estudar Defoe, Fielding, Addison, Scott e o *Times*, como se eles pudessem ajudá-lo. Sua complexa posição como escritor, escrevendo a respeito da vida rural para um público que, quase invariavelmente, via o campo ou como natureza vazia ou como o lugar onde trabalhavam aqueles que eram socialmente inferiores foi, de qualquer modo, crítica em relação à questão da linguagem. Aquelas qualidades que costumam ser apontadas como suas virtudes — a narrativa em forma de balada, a imitação literária prolongada de formas tradicionais de fala — a meu ver são basicamente deficiências. Esse é o tipo de coisa para o qual seus leitores estavam preparados: uma "tradição" em vez de seres humanos. Fosse como fosse, esses recursos não poderiam servir a suas obras maiores, nas quais era precisamente a perturbação, e não a continuidade, que tinha de ser comunicada. Seria fácil relacionar o problema do estilo de Hardy às duas línguas de Tess: a conscientemente instruída e a inconscientemente costumeira. Mas essa comparação, ainda que sugestiva, não é adequada, pois na verdade nenhuma das duas serviria para comunicar a experiência de Hardy, já que em última análise ambas eram insuficientemente expressivas: a instruída, muda em termos de intensidade e limitada em termos de humanidade; a costumeira, cerceada pela ignorância e tornada complacente pelo hábito. Sem dúvida, encontramos em Hardy momentos em que ele se rende a uma ou outra, mas o grosso de sua obra madura representa um experimento mais difícil e complicado. Por exemplo:

> A estação desenvolvia-se e amadurecia. Mais uma cota anual de flores, folhas, rouxinóis, tordos, tentilhões e demais criaturas efêmeras que vinham assumir seus postos em lugares onde apenas um ano antes outras haviam estado, quando estas de agora ainda não passavam de germes e partículas inorgânicas. Os raios do sol nascente faziam brotar rebentos e os esticavam em longos caules, puxavam para cima a seiva em fluxos silenciosos, abriam pétalas e arrancavam odores em invisíveis jatos e hálitos.
>
> Os rapazes e raparigas da leiteria de Crick seguiam suas vidas confortáveis, plácidas, até alegres. A posição que ocupavam na escala social era talvez a mais feliz de todas, estando acima da linha onde termina a necessidade e abaixo da outra em que as *convenances* começam a estorvar os sentimentos naturais e a tensão das vaidades baratas começa a transformar o bastante em insuficiente.
>
> Assim passava o tempo das folhas, em que a arborescência parece ser o único objetivo do mundo exterior. Tess e Clare inconscientemente se examinavam um ao outro, sempre equilibrados na beira de uma paixão e, no entanto, aparentemente conseguindo não cair nela. E enquanto isso convergiam, seguindo uma lei inexorável, exatamente como dois riachos num mesmo vale.[6]

Esse trecho não representa nem o melhor nem o pior de Hardy, mas revela as inúmeras e complexas pressões atuantes no interior do que necessariamente parecia uma intenção única. "O tempo das folhas, em que a arborescência..." é um exemplo de estilo "instruído" pomposo, porém a utilização de *convenances*, que pode parecer simples modismo, exprime um sentimento preciso. "Cota" e "efêmeras" também são termos utilizados com precisão, numa frase que revela principalmente a força do que deve ser qualificado como ponto de vista instruído. A consciência do processo natural, em "germes e partículas inorgânicas" (certamente ele aprendera isso com Darwin, o qual, juntamente com Mill, era sua principal influência intelectual), é, para os objetivos de Hardy, um acompanhamento necessário das descrições mais diretas e aprazíveis da natureza na primavera. Temos uma perda, e não um ganho, quando Hardy cai na abstração mais simples e mais grosseira de "os rapazes e raparigas da leiteria de Crick", que superficialmente pode parecer a voz do homem do campo, mas é na verdade a do observador distanciado e pouco interessado. Quanto mais Hardy utiliza os recursos do idioma, como observador meticuloso, mais competente é sua prosa. Há mais força em "inconscientemente se examinavam um ao outro", que é ao mesmo tempo instruído e envolvido, do que em "dois riachos num mesmo vale", onde se vê, como em "lei inexorável", algo de sintético, o autor representando o papel de romancista rural.

O estilo maduro de Hardy é ameaçado, de um lado, pelo "latinismo" forçado da dicção ou da construção, do qual é fácil encontrar muitos exemplos (coisa que todos nós fizemos na faculdade, como uma forma de vingança), e, de outro lado, por essa artificialidade que é percebida muito mais raramente, pois é aceita com facilidade, devido à atitude de condescendência que já vimos, como a voz do homem do campo (e por vezes trata-se mesmo da voz do homem do campo, literalmente, um toque pitoresco que é uma forma de condescendência do autor em relação a seus personagens rurais). O estilo maduro em si é claramente um estilo instruído, em que a extensão do vocabulário e a complexidade da construção são necessárias à intensidade e precisão da observação que constitui a posição e o atributo essenciais de Hardy.

> Os tons acinzentados da alvorada não são as tonalidades acinzentadas do pôr do sol, ainda que a intensidade seja a mesma. No crepúsculo matutino a luz parece ativa, a escuridão, passiva; no crepúsculo vespertino é a escuridão que é ativa e crescente, e a luz, seu reverso modorrento.[7]

Eis o observador instruído, ainda profundamente envolvido com o mundo que está observando, e o sabor local dessa prosa é o tom decisivo de suas obras maiores.

O que complica a situação é que Hardy está numa posição muito difícil e vulnerável. Sem as intuições da história conscientemente aprendida e da compreensão instruída da natureza e do comportamento, ele simplesmente não consegue observar, num nível de respeito humano sustentado por mais tempo. Até mesmo a percepção do chamado "atemporal" — que na verdade nada mais é do que o senso histórico, a observação dos túmulos antigos, das ruínas romanas, da ascensão e queda das famílias, as placas e monumentos das igrejas — é, como já afirmei, uma função da educação. A verdadeira percepção da tradição é algo a que só tem acesso aquele que já leu a respeito dela, ainda que o que esteja em questão seja sua terra natal, à qual ele já está profundamente ligado através da memória e de experiências de outro tipo: uma família e uma infância; uma intensa associação de pessoas e lugares, que formam sua história pessoal. Ver a tradição dessas duas maneiras é, de fato, o dom peculiar de Hardy: a terra natal e a experiência dela, mas também a instrução, a investigação consciente. Mas ver, depois disso, as pessoas concretas, no contexto dessa complexa visão do passado e do presente, é outro problema. Hardy vê com olhos de participante e observador ao mesmo tempo; é essa a fonte de tensão. Pois o processo que lhe permite observar é claramente, na época de Hardy, um processo que inclui, em seu apego a sentimentos de classe e divisões de classe, uma alienação decisiva.

> Se estes dois percebiam a inépcia social crescente de Angel, ele percebia suas limitações mentais crescentes. Felix lhe parecia puramente Igreja; Cuthbert, puramente Universidade. Para um, o mundo girava em torno de sínodos e visitas episcopais; para o outro, de Cambridge. Cada um dos irmãos reconhecia abertamente a existência de alguns milhões de pessoas sem importância na sociedade civilizada, que nem

> pertenciam à Universidade nem à Igreja; contudo, bastava tolerar tais pessoas, não sendo necessário nem levá-las em conta nem respeitá-las.[8]

Temos aí um exemplo do que é visto às vezes como ressentimento da parte de Hardy, mas que na verdade é apenas observação fria e precisa. O que Hardy vê e sente a respeito do mundo instruído de seu tempo, preso a seus preconceitos sociais arraigados e, consequentemente, a sua alienação humana, é tão evidentemente verdadeiro que a única coisa a causar espanto é a constatação de que os críticos atuais ainda se identificam suficientemente com tal mundo — o mundo que, fria e grosseiramente, se fechava para Jude e milhões de outros homens — a ponto de realizar, na literatura, a mais desgastada das táticas políticas: a transferência de ressentimento, de uma mentalidade puramente classista, daqueles que excluem para aqueles que protestam. Mas o isolamento que pode advir da posição do observador que adota procedimentos instruídos, mas não consegue sentir empatia pela classe instruída existente, é um isolamento profundo. Temos aqui não o homem do campo pouco à vontade com suas roupas citadinas, e sim a tensão mais relevante — a qual, naturalmente, vem acompanhada de mal-estar e surtos de ressentimento e nostalgia — do homem envolvido por sua história pessoal na crise geral das relações entre educação e classe, relações essas que, na prática, são entre inteligência e solidariedade. Observa Hardy, em relação aos irmãos Clare:

> Talvez, tal como ocorre com muitos homens, as oportunidades de observação que tinham não fossem tão boas quanto as de expressão.[9]

Tais oportunidades, afinal, são inexistentes, numa época em que a educação é usada para formar membros de uma classe e separá-los dos outros homens tão completamente quanto de suas próprias paixões (pois há interconexões profundas entre os dois processos). Assim, Hardy vê esse processo nos outros, enquanto formadores de uma classe, mas a história verdadeira de suas obras revela que ele conhecia pessoalmente a experiência da separação: uma separação paradoxal, pois uma experiência mais comum ainda era próxima e real.

Devemos ter em mente essa complexa pressão ao examinarmos o meio rural que Hardy estava descrevendo. Se ele era tão sensível a esse meio, era porque sua própria mobilidade situava-se numa sociedade também móvel e em mutação. Era desse modo que ele via os outros, em seu excelente ensaio a respeito do trabalhador de Dorsetshire, *Dorsetshire labourer* (que pode ser comparado com o que Jefferies escreveu sobre o de Wiltshire, em *Wiltshire labourer*):

> Eles estão perdendo a individualidade, porém estão ampliando o âmbito de suas ideias e ganhando liberdade. Seria demais querer que eles permanecessem estagnados e antiquados para o deleite de espectadores românticos.[10]

Esse movimento duplo, de perda e libertação, de vulnerabilidade e vantagem, é a característica que ele tem em comum com o mundo rural em que vive.

> Um Wessex moderno de ferrovias, correio, máquinas de ceifar e colher, oficinas sindicalizadas, fósforos de fricção, trabalhadores alfabetizados e crianças em escolas públicas.[11]

A questão não é o fato de que Hardy reconhece essas inovações modernas, e sim o de que praticamente todas as que ele menciona já existiam antes de seu nascimento (a estrada de ferro chegou a Dorchester quando Hardy tinha sete anos). Os efeitos dessas mudanças certamente continuaram, e os efeitos complexos da tendência geral da economia, com impactos contrastantes em diferentes áreas e seções de uma sociedade rural na qual ainda havia um movimento de migração em direção às cidades, iam se fazendo sentir gradativamente. O campo não era atemporal, mas também não era estático; de fato, foi porque o processo de transformação mostrou-se demorado (o que Hardy sabia) que a crise assumiu suas formas específicas. Foi de modo detalhado, vendo os efeitos gerais na sociedade como um todo, mas também os processos internos e seus complicados efeitos sobre a estrutura social rural, que Hardy registrou e explicou esse processo, como por exemplo neste trecho de *Tess*:

> Todas as mutações cada vez mais visíveis ocorridas nas aldeias não se originavam exclusivamente da agitação do campo. Havia também um processo de perda de população. Na aldeia havia antigamente, ao lado dos trabalhadores agrícolas, uma classe interessante, mais bem-informada, que era nitidamente superior à daqueles — a classe à qual haviam pertencido os pais de Tess — e na qual se incluíam o carpinteiro, o ferreiro, o sapateiro, o fruteiro, juntamente com outros trabalhadores que não os de fazenda; um grupo de pessoas que gozavam uma certa estabilidade de objetivos e conduta graças ao fato de terem posse vitalícia da terra, como o pai de Tess, ou eram *copyholders* ou, por vezes, pequenos *freeholders*. Porém, quando expiravam os velhos contratos, as terras raramente eram alugadas para arrendatários do mesmo tipo, e as casas eram normalmente demolidas, quando o proprietário não as pedia para seus próprios empregados. Os trabalhadores que não trabalhavam diretamente na terra eram malvistos, e a expulsão de uns implicava a falência das lojas de outros, que, desse modo, eram obrigados a ir embora também. Essas famílias, que antes formavam a espinha dorsal da vida da aldeia, que guardavam as tradições da aldeia, eram levadas a buscar refúgio nos centros maiores; tal processo, que recebia dos estatísticos o nome jocoso de "tendência da população rural a migrar para as cidades grandes", era na verdade a tendência da água a fluir para o alto dos morros quando forçada a fazê-lo por máquinas.[12]

Temos aqui coisa bem diversa da visão simplista e sentimental do campo como vítima indefesa da cidade. As pressões surgidas dentro da própria sociedade rural são vistas com precisão, e lhes é atribuída uma dimensão humana e social, e não mecânica.

De fato, não vemos quase nada do que Hardy tem para nos mostrar se impomos às relações por ele descritas uma convenção neobucólica que mostra o homem do campo como uma figura antiquíssima, ou uma visão de um interior próspero sendo desintegrado pela revogação da Lei do Trigo, ou pelas estradas de ferro, ou pelas maquinarias industriais. Assim, a questão não se limita apenas ao fato de que a revogação da Lei do Trigo e as importações baratas de trigo tiveram menos impacto sobre Dorset, um condado onde predominavam a pecuária e a policultura, onde a chegada das estradas de ferro foi comercialmente vantajosa para a venda de leite para Londres; é o processo econômico que Hardy descreve, com sua precisão característica, em *Tess*:

> Chegaram à luzinha débil, a qual provinha do lampião fumacento de uma pequena estação ferroviária; uma mísera estrela terrestre, porém num certo sentido mais importante para a Leiteria Talbothays e para a humanidade do que os astros celestiais com os quais fazia um contraste tão humilhante. Os latões de leite fresco foram descarregados na chuva; Tess encontrou abrigo parcial sob um pé de azevinho. [...]
>
> [...] — Amanhã este leite será bebido por gente de Londres no desjejum, não é? — perguntou ela. — Gente estranha, que nunca vimos [...] que nada sabem a nosso respeito, nem sabem de onde ele vem, nem pensam nas duas milhas que viajamos hoje pela charneca, na chuva, para que ele chegasse até eles a tempo.[13]

A nova ligação concreta e, no entanto, dentro dela, as descontinuidades de conhecimento e de situação são as formas específicas desse mundo rural moderno. O que acontecia então na economia global, num mercado urbano e industrial cada vez mais organizado, tinha seus efeitos em parte cegos — uma nova demanda aqui, colapso e queda de preços ali — sobre uma economia rural essencialmente subordinada e, agora, apenas em parte doméstica. Mas as forças de mercado que influíam e atuavam à distância estavam também profundamente arraigadas na própria economia rural: no sistema de arrendamentos e comércio; nos problemas dos proprietários e arrendatários; nas diferentes condições de trabalho nas terras boas e nas más, ou em aldeias socialmente diferentes (como no contraste entre Talbothays e Flintcomb Ash); e no que acontecia com pessoas e famílias dentro da interação entre forças gerais e histórias de vidas individuais — a área complexa de ruína ou sobrevivência, vulnerabilidade ou continuidade. Era essa a sociedade concreta em que Hardy vivia, e não podemos aboli-la em favor de uma "forma de vida rural" abstraída e uniforme.

É verdade que havia continuidades além dessa situação social dominante, nas vidas de comunidades específicas (embora duas ou três gerações, ainda vivendo numa cultura parcialmente oral, muitas vezes pudessem manter uma ilusão de atemporalidade). Do mesmo modo, é óbvio que na maioria das paisagens rurais existem características físicas muito velhas e muitas vezes inalteradas, que mantêm uma escala temporal bem diferente. Hardy dava muita importância a elas, o que não surpreende quando levamos em conta toda a sua estrutura de sentimento. Mas todos esses elementos — como não podia deixar de acontecer num romancista desse tipo — ficam em segundo plano em relação aos relacionamentos interpessoais imediatos e concretos, que se desenrolavam dentro das pressões da época e eram, no máximo, modulados e interpretados pelas continuidades existentes.

Assim, as pressões às quais são submetidos os personagens de Hardy provêm do interior de um sistema de vida, o qual, por sua vez, já se incorporou totalmente a um sistema mais amplo. Não se trata de um contraste simples entre interior rural e exterior urbano. Não é a urbanização, e sim os riscos da situação de um fazendeiro de pouco capital, que transforma Gabriel Oak, fazendeiro independente, primeiro em trabalhador e depois em administrador de uma fazenda. Henchard não é destruído por um novo tipo de comércio, diferente do que já existia, mas sim pelos desdobramentos de seu próprio ramo que ele próprio estimulou. Em Casterbridge, é Henchard quem especula com cereais do mesmo modo como antes especulava com gente; ele é, em todos os sentidos, dentro de uma forma de vida observada, um comerciante, e um comerciante destrutivo, o que compromete sua força. Grace Melbury não é uma jovem interiorana "seduzida" pelo mundo elegante, e sim a filha de um próspero comerciante de madeira que, nesse momento de sua trajetória de ascensão, está interessado em dar à sua filha uma educação refinada. Tess não é uma jovem camponesa seduzida pelo proprietário; ela é filha de um arrendatário vitalício e pequeno comerciante que é seduzida pelo filho de um industrial aposentado, o qual pôde comprar uma mansão senhorial e um nome tradicional. O pai de Tess e, sob pressão, a própria Tess são prejudicados por um processo semelhante, no qual um nome tradicional e o orgulho constituem uma das faces da moeda, e a vulnerabilidade daqueles que a eles estão sujeitos representa a outra. A queda de uma família e a ascensão de outra constituem a história geral — e cruel — da propriedade e de suas consequências para aqueles que a ela eram sujeitados, um processo secular. As migrações sazonais, as feiras de contratação de trabalhadores, o pároco intelectualmente arrogante, o homem de posses que é fazendeiro nas horas vagas, a proprietária rural que gasta seu dinheiro fora da fazenda: todos esses personagens fazem parte da "forma de vida rural" tanto quanto o artesão dedicado, o grupo de trabalhadores e os aldeões a dançar nas terras comunais. A questão não é apenas que Hardy vê as realidades do trabalho, as mãos de Marty South segurando as vigas e Tess na plantação de rutabagas. É também o fato de que ele enxerga a aspereza dos processos econômicos, na herança, no capital, no arrendamento e no comércio, dentro da continuidade dos processos naturais e persistentemente interpondo-se entre eles. O processo social criado nessa interação é um processo de classe e separação, bem como de insegurança crônica, à medida que vão se desenvolvendo a agricultura e o comércio capitalistas. As perturbações profundas que Hardy registra, portanto, não podem ser vistas dentro da ótica sentimental do neobucolismo: o contraste entre campo e cidade. Os indivíduos desprotegidos e isolados que Hardy coloca no centro de sua ficção são apenas os casos mais desenvolvidos de uma situação geral de desproteção e isolamento. No entanto, eles jamais se reduzem a meras exemplificações dessa mudança sofrida por uma forma de vida. Cada um tem sua história pessoal dominante, a qual, em termos psicológicos, está diretamente relacionada ao caráter social da mudança.

Um dos efeitos mais imediatos da mobilidade, dentro de uma estrutura que está ela própria em transformação, é a dificuldade na escolha de um cônjuge. Essa situação reaparece em termos ao mesmo tempo pessoais e sociais: Bathsheba tendo de escolher entre Boldwood e Oak; Grace, entre Giles e Fitzpiers; Jude, entre Arabella e Sue. O elemento especificamente de classe e os efeitos sobre ele exercidos por uma economia insegura fazem parte da escolha pessoal — que, afinal, é basicamente a escolha de uma forma de vida, de uma identidade na identificação com esta ou aquela pessoa. E aqui, de modo significativo, o casamento falso (assunto abordado por Hardy com tanta frequência e tanta profundidade) pode se dar tanto para um lado como para o outro: ou com a frieza polida de Fitzpiers ou com a rudeza de Arabella. É aqui que a situação do migrante interno se revela de modo mais dramático. A alienação social penetra a personalidade e destrói sua capacidade de conseguir qualquer forma de realização amorosa. O casamento de Oak com Bathsheba é um caso de estabilidade atingida após muita perturbação, mas mesmo essa estabilidade tem um ar de resignação inevitável e parece ter chegado tarde demais. É bem verdade que Hardy, sob pressão, por vezes generalizava de modo a projetar esses fracassos muito específicos num fatalismo para o qual o pensamento decadente de sua época dispunha de muitas frases feitas. Do mesmo modo, vendo que a íntima ligação entre homem e terra estava sendo destruída pelos problemas de trabalhar a terra, ele por vezes projetava sua ênfase na proximidade e na continuidade em imagens negativas de uma natureza vazia e de um passado tribal simbolizado pelas pedras de Stonehenge e pelos túmulos antigos, onde o observador isolado podia ao mesmo sentir um fluxo direto de saber. Mesmo esses monumentos, porém, com sua dureza deliberada — a charneca incultivável, as relíquias de pedra nua — confirmam os negativos humanos, no que é aparentemente uma inversão deliberada do bucólico. Neles a alienação geral tem seus monumentos característicos, ainda que muito distantes, no tempo e no espaço, da perturbação imediata e determinante.

Contudo, o que há de mais significativo em Hardy, nessas dificuldades e apesar delas, é o fato de que, mais do que qualquer outro romancista de peso surgido desde o início dessa difícil mobilidade, ele conseguiu, apesar de todas as pressões, centrar seus principais romances nos processos cotidianos de vida e trabalho. É isso que perdemos quando, devido a uma visão global alienante — uma abstração das forças rurais em oposição às urbanas —, o que Hardy deliberadamente interligou é deliberadamente dissociado. O caso mais conhecido é a famosa descrição da debulhadora, em *Tess*, uma passagem com frequência abstraída para servir de argumento em favor da tese de que o movimento essencial da ficção de Hardy é a oposição entre o industrialismo alienígena e a humanidade rural:

> Logo ao pé da meda, e por enquanto quase invisível, ficava o tirano vermelho que as mulheres estavam ali para servir — uma estrutura de madeira, com correias e roldanas —, a debulhadora que, enquanto estava ligada, impunha exigências despóticas à resistência dos músculos e nervos das trabalhadoras.
>
> A pouca distância via-se outra figura indistinta; esta era negra e emitia um silvo constante que denotava uma força muito controlada. A longa chaminé que se elevava ao

> lado de um freixo e o calor que se irradiava daquele local explicavam, apesar da pouca luminosidade, que ali achava-se a máquina que funcionaria como *primum mobile* daquele pequeno mundo. Ao lado dela havia uma criatura escura e imóvel, coberta de fuligem e sujeira, extraordinariamente alta, numa espécie de transe, com um monte de carvão a seu lado. O isolamento causado por seu porte e sua cor faziam-na parecer uma criatura de Tofet,* que havia se aventurado naquela região de ar puro e translúcido, de trigo amarelo e terra pálida, com a qual ela nada tinha em comum, para assustar e perturbar os nativos.[14]

Mas esta visão impressionante de uma máquina alienígena não nos deve fazer esquecer o fato de que se trata também de uma ação numa história — a ação de uma debulhadora concreta. Ela está naquele campo, funcionando durante todo aquele tempo, porque foi alugada — não pelo industrialismo, mas por um fazendeiro. E há seres humanos concretos tentando acompanhar a máquina e o fazendeiro:

> E assim a tarde ia passando. A pilha de trigo ia baixando, a de palha ia crescendo, e as sacas de cereal eram levadas embora pelas carretas.
>
> Às seis horas a pilha de trigo chegava mais ou menos até a altura dos ombros. Porém os feixes não debulhados e intactos ainda pareciam inumeráveis, apesar da quantidade imensa deles que fora engolida pela máquina insaciável, enfiados em sua goela pelo homem e por Tess, cujas mãos jovens haviam manuseado a maior parte dos feixes. [...]
>
> [...] Uma dor latejante percorria todos. O homem que trabalhava com Tess estava exausto, e ela percebeu que sua nuca avermelhada estava coberta de crostas de sujeira e

* *Tophet*: no Antigo Testamento, santuário de Moloch, divindade semita à qual eram oferecidos sacrifícios humanos. (N. E.)

> palha. Ela permanecia em seu posto, o rosto corado e suarento coberto de pó de trigo, seu gorro branco escurecido. Era a única mulher das que trabalhavam com a máquina cujo corpo era sacudido por sua trepidação, e a diminuição da pilha agora a separava de Marian e Izz, impedindo-as de trocar de função com ela, como antes. O tremor incessante, do qual participavam todas as fibras de seu corpo, a deixavam num devaneio entorpecido, e seus braços trabalhavam independentes de sua consciência.[15]

Vemos que há uma relação com Crabbe, na atenção dada aos rostos e corpos dos trabalhadores, mas vemos também o que mudou: a passagem decisiva para uma individuação que, no entanto, não exclui a situação comum. Pois temos aqui Tess enquanto moça e enquanto trabalhadora: o hiato entre sua consciência e seus atos faz parte tanto de sua vida emocional quanto de sua vida de trabalhadora. É enquanto trabalha — nesse episódio e em outros — que Tess toma suas decisões emocionais críticas; é em meio à dor e ao pó da debulhadora que ela vê Alec outra vez. Assim, Hardy atinge uma plenitude que é inteiramente nova, com essa profundidade, em toda a literatura rural: o amor e o trabalho, as dores do trabalho e da escolha, colocam-se numa única dimensão.

E não se trata apenas da ênfase na pressão ou na dor. Com frequência Hardy vê o trabalho, com uma percepção arguta, como uma forma central de aprendizagem e relacionamento:

> Haviam plantado juntos, e juntos haviam derrubado; juntos, com o passar dos anos, haviam mentalmente recolhido aqueles signos e símbolos mais remotos que, vistos em pequeno número, são de uma obscuridade rúnica, mas que, todos reunidos, formavam um alfabeto. Com o toque leve dos galhos que lhes roçavam os rostos quando passavam por eles no escuro, sabiam a que espécie de árvore pertenciam; com o murmúrio do vento ao atravessar um ramo, sabiam identificar a árvore a uma distância grande.[16]

Nesse trecho de *The woodlanders* temos a linguagem da apreensão imediata da "natureza"; mas temos também, mais especificamente, a linguagem do trabalho compartilhado, "com o passar dos anos". Sentindo com muita intensidade a longa crise da separação, no fim chegando a catástrofes mais tragicamente isoladas do que qualquer outro escritor dentro dessa tradição, Hardy conseguiu, não obstante, criar continuamente a força e o afeto de pessoas vivendo juntas: no trabalho e no amor; na realidade física de um lugar.

> Estar trabalhando lentamente num campo e sentir a lenta penetração da água da chuva, primeiro nas pernas e nos ombros, depois nos quadris e na cabeça, depois nas costas, na frente e nos lados, e não obstante continuar trabalhando até a luz plúmbea diminuir e indicar que o sol já se pôs — isso exige uma quantidade pequena, mas perceptível, de estoicismo, até mesmo de bravura. Porém elas não sentiam tanto a umidade quanto se poderia imaginar. Ambas eram jovens, e falavam dos tempos em que viviam e amavam juntas na Leiteria Talbothays, aquele lugar verde e feliz, onde o verão fora pródigo em suas dádivas: substancialmente para todos, emocionalmente para elas.[17]

A estrutura geral de sentimentos de Hardy seria muito menos convincente se não houvesse nada além de alienação, frustração, separação e isolamento, catástrofes finais. O que é derrotado, mas não destruído, no final de *The woodlanders*, ou no de *Tess*, ou no de *Jude*, é um calor humano, uma persistência no amor e no trabalho que constituem a definição necessária do que Hardy reconhece e lamenta como perda. O que é vital — e distingue Hardy de Lawrence, como veremos; uma diferença de geração e história pessoal, mas também de caráter — é que Hardy não celebra o isolamento e a separação. Ele os lamenta e, no entanto, o faz sempre com a coragem de encará-los de frente, com firmeza. As perdas são reais e dilacerantes porque os desejos eram reais, o trabalho compartilhado era real, os impulsos insatisfeitos eram reais. Trabalho e desejo estão muito profundamente relacionados na totalidade de sua imaginação. A paixão de Marty, ou a de Tess, ou a de Jude, é uma força positiva que emerge de um mundo de trabalho e relacionamentos, buscando, de modos diferentes, sua realização viva. O essencial da ação é a frustração de todos: frustração causada por processos muito complicados de divisão, separação e rejeição. As pessoas escolhem mal, porém o fazem sob pressões terríveis: em meio às confusões de classe social, os mal-entendidos por elas gerados, as rejeições calculadas de um mundo dividido e divisor.

O fato de Hardy ater-se a um mundo cotidiano como base de suas principais obras de ficção por si só já é importante. As pressões no sentido de afastá-lo desse mundo, aceitar uma vida mais negociável, por ser menos combativa e menos dividida, eram sem dúvida muito fortes. E é mais importante ainda, como ato de pura afirmação, que Hardy permaneça fundamentalmente do lado de seus personagens centrais; mais ainda, aproxima-se deles cada vez mais à medida que se desenvolve, de modo que a afirmação de Tess e de Jude — uma afirmação através e apesar das derrotas por ele relatadas e lamentadas — é a mais forte de toda a sua obra.

"Desprezado e resistindo": não a história do homem tal como era, distante, limitado, pitoresco; porém desprezado em sua luta para crescer — para amar, para trabalhar com um sentido, para aprender e ensinar —; resistindo na comunidade desse impulso, que se impõe a separações e derrotas específicas. É a continuidade não apenas de uma terra, mas de uma história e um povo.

19. CIDADES DE TREVAS E DE LUZ

Londres — escreveu Hardy, em 1887 —

> parece incapaz de *se ver*. Cada indivíduo tem consciência *de si próprio*, mas ninguém é consciente da coletividade como um todo, fora, talvez, um ou outro basbaque que olha a seu redor, boquiaberto, com ar um tanto parvo.[1]

Essa visão de Londres claramente mantém uma certa continuidade com a de Wordsworth de *The prelude*, se bem que agora é mais enfática. Além disso, com a ideia contrastante de "consciência coletiva", ela foi alterada e estendida pela experiência democrática e industrial do século XIX e pela linguagem a ela associada. Mas ainda permanece a sensação de paradoxo: na própria cidade grande, o lugar e o instrumento da consciência coletiva — ou, pelo menos, assim seria de se esperar —, é a ausência de sentimento comum, o excesso de subjetividade, que parece característico.

Esse sentimento não é encontrado apenas em Hardy. Uma crítica social diferente, mais penetrante, também derivada de Wordsworth, havia se iniciado com Carlyle. Em Coleridge e em Southey, a revolução urbana e industrial fora vista como um instrumento da atomização social. Em 1831, Carlyle escrevera, a respeito de Londres:

> Como os homens são apressados aqui; como são caçados, perseguidos de modo terrível, impelidos a andar a toda velocidade! Assim, por uma questão de autodefesa, eles *não podem* parar para olhar uns para os outros![2]

E, em seguida, ele faz um diagnóstico do isolamento das pessoas na cidade, um isolamento situado no que agora era sintomaticamente chamado de "aglomeração":

> Ali, em suas pequenas celas, separados por paredes de tijolo ou madeira, permanecem estranhos. [...] É um imenso aglomerado de pequenos sistemas, cada um dos quais, por sua vez, é uma pequena anarquia, cujos membros não *trabalham* juntos, e sim engalfinham-se.[3]

E, se isso é rapidamente rotulado, dentro da tradição comum, de antiurbanismo romântico, é relevante ressaltar a continuidade que o liga ao Engels de *A situação da classe operária na Inglaterra em 1844*:

> O próprio burburinho das ruas tem algo de repulsivo, algo contra o qual a natureza humana se rebela. As centenas de milhares de pessoas de todas as classes e condições que passam umas pelas outras na multidão, não serão todas elas seres humanos com as mesmas qualidades e potenciais, e com o mesmo interesse em ser felizes? E não terão elas, em última análise, de buscar a felicidade do mesmo modo, através dos mesmos meios? E no entanto elas continuam passando umas pelas outras como se nada tivessem em comum, como se uma nada tivesse a ver com a outra, e o único acordo que observam, tacitamente, é o que faz com que cada um fique em seu lado da calçada, para não perturbar o fluxo da multidão que vem em sentido contrário, e não ocorre a ninguém dirigir sequer um olhar ao outro como forma de consideração. A indiferença brutal, o isolamento insensível de cada um em seu interesse pessoal, torna-se mais repelente e ofensiva quanto mais esses indivíduos são amontoados dentro de um espaço limitado. E, por mais que se tenha consciência de que este isolamento do indivíduo, este egoísmo estreito, é o princípio fundamental de nossa sociedade em toda parte, em nenhum lugar ele se exibe de modo tão desavergonhado, tão conscien-

> te, quanto aqui, na multidão da cidade grande. A dissolução da humanidade em mônadas, cada uma das quais com seu princípio separado, o mundo de átomos, é levado aqui a suas últimas consequências.[4]

Temos aí um tipo novo de argumento. A confusão e a ambivalência perceptivas que Wordsworth explicitou foram simplificadas e desenvolvidas de modo a gerar uma imagem da condição humana dentro do capitalismo urbano e industrial. Dickens, observando essa situação, havia trabalhado no sentido de revelar uma ligação subjacente prática, no amor e na solidariedade entre os homens. Engels e Marx, prosseguindo em suas observações, trabalharam para revelar uma outra situação subjacente: uma nova consciência — uma autoconsciência — proletária coletiva, que transformaria a sociedade a partir de suas bases na indústria e nas cidades. O que ainda era normalmente visto, na experiência imediata, era uma dissolução social no próprio processo de aglomeração.

Naturalmente, persistiam maneiras mais antigas de ver a cidade. Hardy via Londres como "um monstro cujo corpo tinha 4 milhões de cabeças e 8 milhões de olhos"[5] e escreveu esta admirável descrição de uma multidão, na cerimônia de posse do prefeito, em 1879:

> À medida que a multidão vai se tornando mais densa, ela perde o caráter de aglomerado de uma infinidade de unidades e transforma-se num todo orgânico, uma criatura negra, semelhante a um molusco, que nada tem em comum com a humanidade, que assume as formas das ruas nas quais se coloca e estende horrendas excrescências e membros nos becos vizinhos; uma criatura cuja voz emana de sua superfície escamosa, que tem um olho em cada poro de seu corpo. As sacadas, plataformas e passarelas sobre as ferrovias são ocupadas por pequenas formas destacadas do mesmo tecido, porém de movimentos mais suaves, como se fossem ovas do monstro maior.[6]

O distanciamento do observador, que agora não está mais nas ruas e sim física ou espiritualmente acima delas, é um elemento novo, mas o evidente medo da multidão, com a persistência da imagística do inumano e do monstruoso, representa uma continuação daquela reação à turba que já se evidenciava havia tantos séculos, e que foi tão intensificada pelo tremendo desenvolvimento da cidade. No início do século XX, uma das principais atitudes em relação à cidade — que se manifesta, ainda que com nuanças variadas, tanto num Dickens ou num Hardy quanto no mais reacionário político ou magistrado — ainda identificava a aglomeração excessiva da cidade como uma fonte de perigos sociais: desde a perda dos sentimentos humanos comuns até o acúmulo de uma força poderosa, irracional e explosiva.

Em meados do século XIX, a população urbana da Inglaterra já excedia a rural — pela primeira vez em toda a história da humanidade. Como marca divisória da passagem para um novo tipo de civilização, a data é da maior importância. No final do século XIX, a população urbana já chegava a três quartos do total. Além do mais, não se tratava apenas de uma redistribuição interna da população. Na verdade, a população total estava aumentando de modo extraordinário. Em 1801, havia 9 milhões de habitantes; esse número já havia dobrado em 1851 e dobrou novamente até 1911. No entanto, para chegar a uma compreensão mais aprofundada de todo esse processo, é necessário ir além da classificação geral de "urbanização". Isso é particularmente importante para compreender o que representa a cidade. Em 1871, mais da metade da população ainda morava em aldeias ou em cidades de menos de 20 mil habitantes. Só pouco mais de um quarto vivia nas cidades maiores, e por "cidades maiores" entendemos, nesse contexto, as com no mínimo 100 mil habitantes: em comparação com o que veio a ocorrer posteriormente, o limite ainda é relativamente baixo. Quando, na década de 1840, os escritores começaram a dizer que viviam numa "era de grandes cidades" (é este o título de um livro de Robert Vaughan, publicado em 1843), estavam aludindo à importante novidade que as cidades representavam e a seu papel dominante na economia; a expressão não tinha um sentido absoluto. A vida urbana, até a chegada do século XX, mesmo numa sociedade altamente industrializada, ainda era uma vivência minoritária, porém já encarada por muitos — e com razão — como uma experiência decisiva, cujos efeitos sobre o caráter da sociedade como um todo eram desproporcionais.

Ao mesmo tempo, devemos ter em mente as etapas em que se deu o processo de urbanização, à medida que acompanhamos o desenvolvimento da literatura oitocentista. Boa parte dela ainda tematizava o campo e a cidade pequena (observou Hardy em relação a George Eliot: "ela jamais falara na vida dos campos: ela também achava que a gente do campo de seus romances mais pareciam habitantes de cidades pequenas do que campônios"). A persistência do campo e da cidade pequena como cenários torna-se compreensível quando temos em mente o processo real, ainda que seja necessário levar em conta a força da tradição. Mas ao mesmo tempo, e guardando certa proporção com o crescimento das cidades grandes, um novo tipo de literatura estava também se desenvolvendo rapidamente.

A literatura a respeito de Londres no início do século XIX enfatizava a variedade do meio londrino; temos, por exemplo, uma visão da miscelânea urbana e de prazeres peripatéticos em *Life in London*, de Pierce Egan (1821). Há um interesse acentuado por profissões estranhas e personagens excêntricos, dando continuidade às tradições da literatura popular mais antiga e encontrando seu equivalente urbano organizado nas edições dominicais dos jornais. Dentro do mesmo espírito, há um interesse pelo crime: encontramos a tradição "Newgate",* em obras como *St. Giles and St. James's*, de Jerrold. É fácil ver quantos desses elementos populares aparecem como matéria-prima dos romances de Dickens: seu desenvolvimento artístico é, essencialmente, a transformação de tais materiais. Sua influência, porém, é mais

* Newgate era uma famosa prisão londrina (demolida em 1902), cenário de inúmeras histórias de crime. (N. T.)

ampla. Há, por exemplo, uma relação direta entre a observação amena de Egan e a observação que Henry Mayhew faz dos milhares de trabalhadores londrinos, em *London labour and the London poor* (1861) e seus outros artigos publicados no *Morning Chronicle*. Mas tanto em Mayhew quanto em Dickens existem, ao mesmo tempo, tradição e transformação: os trabalhadores e pobres tornam-se mais que "camaradas alegres"; embora falem por si próprios nos incomparáveis registros de conversações de Mayhew, ainda parecem saltar da página, com uma vivacidade extraordinária:

> Eu compro três *pence* de agrião, aí eu amarro eles numas trouxinha, o máximo que der. Tem que parecer grandinha, senão as pessoas não compra, tem gente que incha elas até não poder mais. O dinheiro todo que eu ganho eu guardo e só tiro pra comprar roupa. É melhor que gastar tudo em bala, pra quem tem que ganhar a vida. Também porque isso de gostar de bala é coisa de quem é criança e não de quem tem que ganhar a vida e comprar comida. Eu não sou criança não, e só sou mulher quando estiver com vinte anos, mas eu já passei dos oito, isso já.[7]
>
> Todas as casa que a gente limpa diz que é o melhor sistema que há, o nosso. "Nunca mais que a gente vai chamar limpador de latrina", é o que eles sempre diz. O senhor sabe, é que o nosso sistema incomoda muito menos o pessoal da casa, e também não tem cheiro não — eu pelo menos nunca que senti cheiro nenhum, e é barato também. Os limpador de privada vai tudo acabar mudando de profissão; isso não tem dúvida, vivem inventando novidade, tem sempre uma profissão de trabalhador que está deixando de existir. Quando não é a máquina a vapor é outra coisa que deixa eles sem ganha-pão.[8]

Não é apenas a reprodução convincente da língua falada; é também a abrangência da visão de Mayhew, seu interesse por detalhes de tantos tipos de trabalho, dinheiro e a maneira de gastá-lo, diferentes estilos de vida. É também sua consciência de fatos como o seguinte:

> a moralidade, para quem ganha 5 mil libras por ano e mora em Belgrave Square, é coisa muito diferente do que é para quem ganha um salário de fome em Bethnal Green.[9]

Porém Dickens foi o único que realmente conseguiu transformar esse tipo de experiência em romance. O irmão de Mayhew, Augustus, escreveu diversos romances sobre a vida londrina — *Kitty Lamere* (1855), *Paved with gold* (1858), *The finest girl in Bloomsbury* (1861) —, e Henry escreveu com ele, a quatro mãos, *The greatest plague of life* (a respeito de uma senhora procurando uma criada, 1847) e *Living for appearances* (1855). Mas, se a precisão de detalhes está presente nesses livros, a transição para a tematização — quanto ao enredo e à construção dos personagens — é limitada por modelos e estruturas do passado. *Alton Locke* (1850) de Kingsley é bem diferente. É uma diatribe, indignada e de grande impacto, contra as confecções que exploravam seus empregados, e sua visão geral dos becos londrinos é enojada e apocalíptica, como Dickens falando de Coketown. É a mesma postura retórica, de um observador externo, que Disraeli adota em *Coningsby e Sybil*, retratando as cidades industriais do norte; um cenário social generalizado com personagens representativos cujo destino é determinado por uma moralidade política abstrata. Sintomaticamente, é em *Hard times* que Dickens mais se aproxima dessa postura. Nos romances londrinos, como já vimos, sua visão é mais acurada e mais complexa: os elementos de rejeição dependem, fundamentalmente, dos elementos de aceitação; e isso se aplica tanto às pessoas quanto às cenas mais gerais das ruas e da cidade.

O único romancista dos meados do século XIX que chega tão perto dos detalhes e paradoxos da experiência urbana quanto Dickens é Elizabeth Gaskell. Sua obra, no entanto, é diferente porque sua cidade é diferente — Manchester situa-se no centro dos conflitos industriais explícitos, ao contrário de Londres. Naturalmente, não se quer dizer com isso que não houvesse conflitos industriais em Londres; mas, devido à variedade de profissões e de funções da capital nos campos da administração, justiça e finanças, havia uma perspectiva diferente, menos isoladora. As descrições do trabalho em Dickens — e há quem diga que esse é um assunto que Dickens ignorou — pertencem a esse quadro complexo. Elizabeth Gaskell escreve numa cidade em que a produção industrial e um mercado dominante constituem os fatores determinantes, e na qual, de modo bem diferente do que se dá em Londres, aparece a nova linguagem áspera do conflito entre classes. *Mary Barton* (1848) recria, num nível muito profundo, ainda que confuso, todas as consequências humanas de uma luta de classes. Não é bem uma história de pobres e marginalizados, e sim de trabalhadores que, com suas famílias, estão passando fome e começando a se dar conta de sua situação comum, bem como a unir-se para modificá-la. É significativo que a criadora de John Barton, "o personagem com quem eu me solidarizava completamente",[10] tenha recuado, pressionada pelos editores e influenciada por suas dúvidas compreensíveis, sem se identificar completamente com o ato de violência consciente contra o opressor: a expressão explícita e atípica do poder da nova organização da classe trabalhadora. Mas o fato de que ela consegue penetrar tão fundo num mundo em que a consciência de classe é uma necessidade, sem jamais perder contato com os indivíduos que são forçados pela exploração sistemática a aprender essa nova maneira de pensar, é algo realmente notável, e um sinal de que estão ocorrendo transformações radicais.

Pois é essa, no período em questão, a diferença visível entre Londres e as novas cidades industriais. Londres tinha uma longa tradição de radicalismo político, que não por acaso envolvia basicamente os artesãos: a classe trabalhadora mais antiga. O radicalismo industrial, com consciência de classe, estava muito mais associado às cidades que estavam sendo construídas de modo a formar uma estrutura mais unificada e visível, e na primeira metade do século essas cidades representavam a tendência dominante. As taxas de crescimento populacional de Manchester, Leeds, Bradford, Birmingham, Liverpool e Sheffield, especialmente entre 1820 e 1850, eram realmente fenomenais (algumas delas cresceram mais de 40% em dez anos). Mas não era só uma questão de número de habitantes; tais cidades haviam sido construídas para servir como lugares de trabalho: fisicamente, eram dominadas pelas fábricas e máquinas, os prédios enegrecidos pela fumaça e os rios enegrecidos pelos despejos industriais; socialmente, caracterizavam-se pela disposição das residências ao redor dos lugares de trabalho, de modo que a relação dominante estava sempre presente. Não admira, pois, que tantos investigadores e visitantes observassem a inexistência de "confiança mútua e vínculos [...] entre as classes mais elevadas e as mais baixas" e afirmassem que os empregadores, talvez até antes do surgimento dos trabalhadores especializados, consideravam-se membros de uma mesma classe, embora competissem entre si. Em Londres havia favelas tão miseráveis quanto as de Manchester, mas as relações sociais em Londres eram mais complexas, mais mistificadas — e, portanto, não apenas eram menos acessíveis à observação geral como também podiam sempre ser interpretadas em termos mais antigos, como uma oposição entre "ricos" e "pobres" e não entre "empregadores" e "empregados".

Essa diferença tem importância crucial para o desenvolvimento da literatura oitocentista. Para ver a Revolução Industrial e suas consequências, que aliás já começavam a transformar a própria Londres, os escritores iam visitar as cidades industriais do norte, o que era compreensível. Foi só mais tarde — no caso de Dickens, só em seu último romance, *Our mutual friend*, e, no caso da maioria dos escritores, só mais perto ainda do final do século — que se passou a ver mais do que os fenômenos da produção industrial e suas consequências sociais e físicas imediatas. O verdadeiro efeito sobre Londres — o desenvolvimento das grandes áreas portuárias e as grandes indústrias a elas associadas, a expansão das atividades bancárias, a nova importância política da Bolsa de Valores — era menos visível, enquanto totalidade interligada. Cobbett já o vira em termos de sistema político, ao denunciar o "tumor" pela primeira vez. Dickens o via como um sistema financeiro, à medida que ia compreendendo cada vez melhor as forças impessoais do dinheiro e das ações. Mas foi só no final do século que um contraponto físico que já se formava havia muito tempo tornou-se visível para todos como imagem interpretativa. Na década de 1880, aparentemente não havia mais ninguém que não percebesse o contraste entre o East End e o West End da cidade e, nas diferenças entre essas duas zonas, a forma perigosa da nova sociedade que havia sido criada em toda a nação.

No entanto, já no século XVII se falava nessa importante divisão interna de Londres. Em 1662, Petty explicava o crescimento da cidade no sentido oeste como uma tentativa de fugir — graças à predominância dos ventos vindos daquela direção — das "fumaças, emanações e fedores de todo aquele amontoado do leste".[11] Um observador de 1780, Archenholz, comentou que

> nos últimos vinte anos tem havido uma verdadeira migração do leste de Londres para o oeste [...] onde campos férteis e jardins agradáveis são, a cada dia que passa, transformados em casas e ruas.[12]

Nessas áreas do oeste, os padrões de propriedade da terra — grandes propriedades aristocráticas — eram diferentes do que havia no leste — propriedades menores, de diferentes tipos —, e as consequências físicas estavam sempre visíveis. Mas no século XIX houve também um acentuado deslocamento das indústrias para o leste. O East End de Londres tornou-se, na verdade, uma cidade industrial, isso mesmo sem se levar em conta a transformação sofrida pela zona portuária entre 1800 e 1850, juntamente com a construção de canais e ferrovias. A divisão social entre East End e West End, que já fora percebida por observadores do início do século, foi se aprofundando e tornando-se cada vez mais óbvia. Em meados do século, já se dizia que as condições de vida no East End eram "desconhecidas" e "inexploradas" (isto é, por aqueles que tinham acesso à imprensa), e nas décadas de 1880 e 1890 já se utilizava a expressão "Darkest London" ("a Londres tenebrosa"). Obras como *Ragged London in 1861*, de John Hollingshead, *A night in a workhouse* (1866) e *The wilds of London* (1874), de James Greenwood, foram seguidas por *How the poor live* (1883), de George Sims, *Children of Gibeon* (1886), de Walter Besant, e *Tales of mean streets* (1894), de Arthur Morrison. As pesquisas da Social Democratic Federation (publicadas no *Pall Mall Gazette* em 1885) foram seguidas pelos estudos exaustivos de Charles Booth, iniciados com o primeiro volume de *Life and labour of the people in London* em 1889 (um levantamento com bases estatísticas, que Booth resolveu fazer por questionar os relatos anteriores, de autoria de radicais), e pelo trabalho do Exército de Salvação, relatado por William Booth em *In darkest England* (1890). A imagem da escuridão e da pobreza da cidade, tendo como exemplo simbólico a zona leste de Londres, passou a ocupar uma posição central na literatura e no pensamento social.

Trata-se de um memorável reconhecimento de uma realidade terrível. Justamente por isso, porém, é importante ver as maneiras muito diferentes de como esse reconhecimento foi abordado na literatura. Já constatamos uma mudança quando passamos, por exemplo, de *London labour and the London poor*, de Mayhew, obra escrita em meados do século, para *Life and labour of the people of London*, de Charles Booth. Hoje em dia é comum preferir-se Mayhew, e sem dúvida sua leitura é mais agradável e acessível. Seus estudos baseavam-se em contatos diretos com pessoas que contavam suas histórias com suas próprias palavras; e, embora ele pretendesse cobrir todo o campo de modo sistemático e muitas vezes submetesse suas conclusões à apreciação daqueles sobre os quais estava escrevendo, sua abordagem fazia parte de um mundo mais antigo, anterior ao momento que a própria magnitude do problema e o demorado exame de soluções sistemáticas propostas alterassem a visão social a respeito. A impessoalidade proposital de Booth — a preparação de mapas e escalas antes da pesquisa de campo, a tabulação sistemática — torna sua leitura menos agradável e interessante, porém ela faz parte de uma visão que a nova sociedade estava produzindo ela própria: aquela versão empírica da imaginação sociológica que viria a ser desenvolvida por Rowntree, por Sidney e Beatrice Webb e pelos investigadores sociais de nossa época. É deficiente sob muitos aspectos: ao reduzir intrinsecamente os pobres à condição de objetos de estudo; ao despersonalizar os indivíduos por meio de classificações e graduações; ao abster-se de elaborar concepções gerais acerca do caráter da sociedade. Contudo, apresenta duas vantagens. É uma visão em que a caridade aleatória é substituída pela noção de serviço social: os próprios serviços (realizados, na época tal como agora, a título de investigação; mas, seja como for, o fato é que eram oferecidos à população) constituem uma tentativa de solução dos problemas da cidade. Além disso, a própria abordagem estatística, que Dickens e outros humanistas do início do período vitoriano achavam destrutiva e odiosa, era uma reação necessária a uma civilização de tal magnitude e complexidade. Não admira que a utilização de estatísticas na investigação social moderna tenha começado de fato em Manchester, na década de 1830: é uma abordagem que faz parte dessa visão do mundo. Mas o fato é que, sem ela, muitas coisas que era preciso ver, no contexto de uma sociedade complexa, muitas vezes opaca e de modo geral dividida, não poderiam sequer ser vistas como base para uma experiência comum e uma ação comum.

Pois agora, para muitas pessoas, a imagem da cidade mostrava-se tão avassaladora que seus habitantes eram com frequência encarados como uma coisa única: uma multidão, as "massas" ou a "força de trabalho". Essa imagem podia receber conotações positivas ou negativas, exprimindo solidariedade ou desprezo; seu caráter indiferenciado, porém, era persistente e poderoso. Em *Demos* (1886) e *The nether world* (1889), George Gissing via na maioria esmagadora das pessoas essa qualidade ou condição única, e sob a pressão dessa experiência o problema do indivíduo em relação à sociedade ganhou, conforme veremos, uma nova e amarga dimensão. O indivíduo era a pessoa que tinha de escapar, ou tentar escapar, daquela massa repulsiva e degradante. Gissing retomava Dickens e admitia que "ele ensinou ao povo inglês uma certa maneira de encarar a cidade grande", mas no próprio Gissing, e talvez na Londres nos anos 1880, a paradoxal reação dickensiana de indignação e reconhecimento já havia se dividido de modo a formar uma estrutura mais simples: indignação ou observação horrorizada em relação aos homens em geral; reconhecimento excepcional e consciente de uns poucos indivíduos. Dentro dessa estrutura, Gissing foi um observador notável, como podemos ver neste trecho, em que ele observa o aspecto mais evidente da organização do trabalho:

> Era a hora em que os homens eram desamarrados. Nas estradas e vielas de Clerkenwell acotovelavam-se trabalhadores, moços e velhos, homens e mulheres. Jorravam das fábricas e oficinas, ansiosos para aproveitar ao máximo as poucas horas que tinham para viver suas próprias vidas. Muitos ainda estavam debruçados sobre suas bancadas, e assim permaneceriam por muitas horas ainda; porém a maioria já podia voltar para seus estábulos. Pelas vias principais, as pistas eram perigosas; cada ônibus que passava sacolejando estava apinhado de passageiros; os que vinham sentados do lado de fora tinham oleados reluzentes sobre os joelhos. Em ambas as direções, as luzes tornavam-se indistintas, num clarão nevoento; o céu era de um negror total, de onde descia a chuva em bátegas. Espirrava-se lama constantemente; havia obstruções do tráfego, acompanhadas de chistes grosseiros e imprecações raivosas; na calçada repleta os transeuntes entrechocavam-se. Os bares começavam a iluminar-se, preparando-se para o movimento da noite. Ruas que fervilhavam de atividade desde manhã cedo agora estavam sendo abandonadas ao silêncio, à escuridão, ao vento impetuoso.[13]

No entanto, essa não é a mesma multidão que aparecia nas observações anteriores. Um movimento previsível, por mais caótico que seja, substituiu a impressão de aleatoriedade e variedade. E as pessoas passam a ser vistas em termos de sua condição geral: "a maioria já podia voltar para seus estábulos" é uma denúncia irônica, mas é também uma maneira de enxergar um movimento geral desesperançado e avassalador.

A cidade enquanto objeto físico também é vista de modo diferente: não a variedade de uma Londres mais antiga, e sim uma uniformidade opressiva e utilitária.

> Que terríveis alojamentos, os Farrington Road Buildings! Amplas paredes nuas, sem sequer uma tentativa de ornamentação; fileiras e mais fileiras de janelas na superfície pardacenta, subindo, subindo, olhos mortos, fendas escuras que traduzem o vazio, a desordem, o desconforto do interior. [...] Ruas e mais ruas com edifícios assim, o tom da sujeira que os recobre indicando a antiguidade relativa de cada um; milhões de toneladas de tijolo e argamassa brutos, esmagando o espírito do observador. Alojamentos, sim, moradias para o exército do industrialismo, um exército em conflito interior, posto contra posto, homem contra homem, em que o sobrevivente terá o que comer.[14]

Essa observação interpretativa e sistemática da realidade relativamente nova de uma Londres industrial está tão distante da imagem anterior de caos e variedade que Gissing chega a observar, no meio de sua descrição, um tipo mais antigo de prédio:

> É-se tentado a dizer que os Shooter's Gardens constituem uma residência preferível. Um pátio interno, asfaltado, bem varrido [...]

Mas mesmo isso foi enquadrado no sistema:

> [...] olhando para o céu como se do fundo de uma prisão.

Ao mesmo tempo que reconhece o poder da visão dickensiana da cidade, Gissing altera o efeito geral:

> [...] Londres enquanto lugar de esqualidez, mistério e terror, do grotesco sinistro, da obscuridade labiríntica e do lúgubre fascínio.[15]

Isso lembra mais Reynolds ou Augustus Mayhew, por exemplo, do que Dickens, mas trata-se assim mesmo da velha Londres, de "mistério" e "obscuridade". A visão do próprio Gissing, mesmo quando está falando de Dickens, é mais unificada e organizada:

> uma grande cidade lúgubre, espécie de teia tecida por uma enorme aranha venenosa;[16]

ou, num estado de espírito diferente, "a Londres tenebrosa, pululante, putrefaciente". Mesmo as variações de situação social exemplificam a desesperança geral, e não diferenças positivas:

> Ao sul fica Hoxton, região de ruas de feira, malcheirosas, de fábricas, depósitos de madeira, armazéns imundos, de becos onde fervilham pequenas lojas e oficinas, de travessas infectas que levam a uma escuridão pestilenta; por toda parte o trabalho em suas formas mais degradantes; as vias trovejando de carroças superlotadas, as calçadas pisadas por trabalhadores da espécie mais grosseira, as esquinas e recantos exibindo a mais feia miséria. Caminhando em direção ao norte, o explorador vai encontrar um ar mais limpo, ruas mais amplas, num bairro estritamente residencial; as estradas parecem entregues aos leiteiros, vendedores de carne de gato e fruteiros. Aqui encontram-se ruas em que há placas anunciando quartos para alugar em cada janela; outras proclamam uma respeitabilidade superior, casas recuadas por trás de pequenos jardins, de vez em quando exibindo pilares recobertos de gesso e uma sacada. É a passagem da desavergonhada luta pela subsistência para o lazer mesquinho e aviltado; é aqui que se refugiam os mais bem pagos membros do grande exército de escravos quando têm liberdade de comer e dormir.[17]

São dois destinos diferentes, mas um não é melhor do que o outro. A única saída é reservada ao indivíduo excepcional; seu destino, contudo, é uma mobilidade árdua e ambígua, na qual, na maioria das vezes, ele ou sucumbe após anos de esforço (Reardon ou Biffen em *New Grub Street*), ou prospera, porém deteriora moralmente (Mortimer em *Demos*, Milvain em *New Grub Street*), pois as únicas maneiras de chegar ao sucesso partindo de uma situação geral destrutiva levam à exploração do trabalho ou das mentes dos outros, e essa exploração só é possível graças à estupidez, indiferença ou brutalidade dos explorados.

Trata-se de uma visão amarga e sombria, atenuada apenas já perto do fim quando são entrevistas outras formas de vida mais antigas: a vida intelectual e a vida no campo, que são explicitamente formas de refúgio e salvação. Gissing relata a história do migrante de modo tão poderoso quanto Hardy, porém com mais acrimônia. O Mortimer de *Demos* pode ser comparado com o Clym Yeobright de *Return of the native*,[18] mas há uma distância em termos de tempo e mentalidade que, em parte, é a distância real entre a cidade e o campo, nessa sociedade em rápida transformação; uma distância que vai reaparecer quando Jude se muda de Marygreen para Christminster. Há mais em jogo, e mais a perder, na cidade; ali o equilíbrio é mais precário, e o perigo, maior; os breves momentos de descanso são mais difíceis de perceber; o sucesso e o fracasso manifestam-se sob formas novas e mais problemáticas. Em *Born in exile* e *The unclassed*, Gissing escreveu relatos clássicos, de uma perspectiva participante, daquela migração interna que veio a se tornar tão importante. O problema colocado por Dickens e George Eliot — em Dickens como parte de uma condição geral, em George Eliot como um desafio moral inevitável — era agora, uma geração depois, mais grave e mais confuso. Verificamos que ele se apresenta numa gama que vai do tom amargo de Gissing, passando pelo desalento de Mark Rutherford, até a tragédia de Hardy e a confiança contestadora e fácil de Wells. Todas essas atitudes, formadas nessa época de estabilização, de mobilidade limitada e de transformação, teriam descendentes diretos no século XX.

É a consciência dos problemas da mobilidade e, com base nisso, muitas vezes indiretamente, dos problemas do observador que diferencia Gissing desses outros escritores que tematizaram Londres nas décadas de 1880 e 1890 e receberam a denominação característica de "escola *cockney*":*

> Billy Chope, caminhando com seu jeito torto na direção oposta, guinou de repente para o outro lado da calçada quando se aproximou dela e, tirando a mão do bolso, agarrou-lhe o braço e torceu-o, empurrando-a contra a parede.
>
> — Ôôô — disse Lizerunt, contentíssima —, me solta. — Pois ela sabia que aquilo era amor.
>
> — Pr'onde é que tu vai, Lizer?[19]

Temos aqui um novo som da cidade. Há nele uma vivacidade, um tom direto de narração, que nos romances e, principalmente, nos contos da década de 1890 torna-se característica. O narrador consciente e autoconsciente, em qualquer das diferentes modalidades que encontramos de Jane Austen a George Eliot, de Dickens a Gissing, foi substituído pelo que passa a ser um tom padronizado de narração profissional. Elizabeth Hunt vira não apenas Liza Hunt, mas Lizerunt, nessa forma literária que valoriza a precisão documentária. Ela "sabia" que o gesto de torcer o braço e empurrar contra a parede "era amor" porque estava disponível para saber, sendo ela exatamente esse tipo de personagem projetado. A fala dos personagens não é qualificada nem ridicularizada entre parênteses (tal como ocorre às vezes em Gissing); agora ela aparece com uma nova legitimidade, mas uma legitimidade que depende da nova convenção geral de narração distanciada.

* *Cockney* é o habitante da zona leste de Londres, que fala um dialeto característico. (N. T.)

A cuidadosa simulação ortográfica* é um sinal importante de mudança. A relação entre a ortografia inglesa e as muitas variedades locais da pronúncia do inglês sempre foi notoriamente problemática. Já encontramos variações ortográficas propositais no período elisabetano: o próprio Shakespeare utilizou esse recurso ao reproduzir a fala de personagens galeses e franceses, e tornaram-se comuns certas versões de um suposto dialeto "rural" — na verdade, um amálgama de diversas falas regionais. Dickens captou certas variedades de fala londrina. Mas a convenção sistemática a respeito de dialetos de classes sociais origina-se no final do século XIX, numa época em que a consciência de classe, cada vez mais acentuada, estava começando a chegar justamente a essas formas de comportamento. Algumas reconstruções ortográficas eram feitas com espírito afetuoso: é o caso dos poemas de William Barnes sobre o condado de Dorset. Porém é significativo que Hardy tenha optado por não usar esse recurso de modo sistemático, alegando que ele tinha o efeito de criar um distanciamento falso reduzindo pessoas a tipos. É justamente nesse sentido que se tornaram convencionais o "dialeto *cockney*" de Arthur Morrison, que escreveu *Lizerunt* em 1893, e de *The record of Badalia Herodsfoot* (1890) e das baladas de soldados de Kipling. Uma redução também está presente em Gissing — por razões que têm a ver justamente com a espécie de observação e relação a que Hardy se opunha. Os leitores dessas obras aprenderam a perceber seus detalhes, com um respeito que consideravam afetuoso, e com o que supunham ser distanciamento.

"*Where yer auf to, Lizer?*"** Mas "*where*" está grafado de modo convencional, que não corresponde a praticamente nenhuma pronúncia concreta em nenhum dialeto; "*yer*" e "*Lizer*" refletem uma tendência geral na pronúncia; "*auf*" é uma grafia duvidosa até hoje, juntamente com sua variante "*orf*", pois o "o" longo,

* No original, a fala dos personagens é transcrita com uma grafia que tenta reproduzir sua pronúncia. (N. T.)

** *Where are you off to, Liza?* [Aonde você vai, Liza?]) (N. T.)

com a possibilidade de um "r" no final, é um fenômeno observado na fala de uma ampla gama de falantes, que vai desde os *cockneys* até a alta classe média. Jamais haverá consenso em relação a nenhum desses detalhes; as relações subjacentes entre grafia e pronúncia, em qualquer dialeto do inglês, são demasiadamente complexas. No entanto, é uma marca significativa de uma visão que já foi elogiada por ser naturalista e por excluir, aparentemente, qualquer forma de comentário consciente por parte do autor. Na verdade, o que ocorre é que agora o "comentário" foi completamente incorporado; faz parte de toda uma visão, que tem um distanciamento "sociológico". O jeito confiante e cativante desses narradores do final do período vitoriano e da época eduardiana depende, precisamente nos seus sucessos mais legítimos, daquele naturalismo descritivo, representativo, cuidadosamente observado, no qual os problemas da consciência e das ideias explícitas e polêmicas foram postos de lado. Assim é o povo: patético ou resistente; os violentos e suas vítimas: pedaços de vida disponíveis: a famosa "fatia" naturalista.

É um tom que faz parte da nova experiência urbana, mas que, quando visto com olho crítico, também se revela uma forma direta de interpretação. Em *The St. George of Rochester*, de Henry Nevinson (1894), ou em *A small talk exchange*, de Edwin Pugh (1895), existe mais continuidade com os registros do que foi ouvido e observado por Mayhew, mas em Kipling e Morrison já se tem uma atitude de apresentação, com acentuadas diferenças de efeito, e em outros escritores, como Adcock e Rook, há uma mistura de modalidades: ora registrando, ora apresentando a gente da cidade. É sintomático que Morrison — o qual de início tinha tanto em comum com Gissing — em suas observações gerais desse tanta atenção, em *A child of the Jago* e *The hole in the wall*, ao crime e à violência. Esses elementos eram muito comuns na cidade nova, tal como já o haviam sido na antiga; contudo, eles se mostravam, caracteristicamente, mais apresentáveis, mais coerentes como narrativa, do que a textura integral, mais variada. Essa seletividade em relação à violência na ficção urbana remonta, em uma dimensão, à longa tradição literária que explora a figura do "malandro"; porém, com sua predominância crescente, faz mais sentido vê-la como uma maneira de vivenciar a vida urbana que apreende, em áreas e incidentes isolados dessa vida, não apenas uma espécie compreensível de interesse respeitável (fascínio e horror, num distanciamento único) mas também a forma mais explícita e isolável de ação, em que não uma sociedade, e sim uma população, está sendo observada e descrita.

Com sua atenção persistente, porém, a ficção de Morrison tem uma substância que, em última análise, é muito diferente da de Kipling, esse criador de mitos; ou, para tomar um termo de comparação significativo e contemporâneo dentro de Londres, da de Conan Doyle. Nas histórias de Sherlock Holmes, Londres torna-se mais uma vez a cidade "da obscuridade labiríntica e do lúgubre fascínio". De fato, o detetive urbano, até certo ponto prefigurado em Dickens e Wilkie Collins, agora começa a emergir como figura significativa e ratificadora: o homem capaz de orientar-se em meio à neblina, capaz de penetrar os labirintos das ruas. A complexidade opaca da vida urbana moderna é representada pelo crime; o explorador de uma sociedade é reduzido à figura do descobridor de causas únicas, o agente isolável e, acima de tudo, sua técnica. A Londres de Conan Doyle adquiriu, com o tempo, uma atmosfera romântica que desperta em alguns leitores sentimentos de nostalgia tão evidentes e sistemáticos quanto os evocados por qualquer retrospecção rural: a neblina, os lampiões de gás, os fiacres, os moleques de rua e, passando por tudo isso, aquela mente aguçada e excêntrica, aquela inteligência quase desencarnada, mas familiarizada com os detalhes locais, capaz de desemaranhar a complexidade, determinar agentes locais e em seguida — pois nesse ponto termina a investigação — entregar a questão à polícia e à justiça: o sistema abstrato e límpido que há por trás do caos e da neblina.

Era uma visão que tinha um poder local intenso. Em autores como Gissing, Morrison e outros, ela nos legou muitas imagens memoráveis daquela cidade específica. Porém há outras imagens, e há outra história. A cidade das trevas, da opressão, do crime e da sordidez, de uma humanidade aviltada, era, naturalmente, vivenciada de modo diferente: não apenas na vitalidade de histórias como *Billy the snide* (1899), de Rook, mas também, de modo particularmente notável, em Wells — que sob esse aspecto, entre outros, faz parte de uma história reduzida ou excluída pelas imagens mais facilmente lembradas.

Pois a cidade ainda podia ser vista como uma cidade de luz. E, de fato, era isso, no sentido físico mais imediato. Já em 1780, Archenholz comentara:

> Os lampiões, que têm dois ou quatro galhos, são encerrados em globos de cristal e fixados em postes, um a pequena distância do outro. São acesos ao pôr do sol no inverno tanto quanto no verão, haja luar ou não. Só em Oxford Road há mais luzes do que em toda a cidade de Paris. Até mesmo nas grandes estradas, dentro de um raio de sete ou oito milhas da cidade, há uma grande concentração de luzes, cujo efeito é extraordinariamente grandioso.[20]

Desde o início do século XIX a iluminação a gás era usada tanto para fazer efeito e impressionar quanto para realmente iluminar, e muitos habitantes e visitantes tinham a mesma impressão registrada, em meados do século, por Hans Christian Andersen:

> a grande metrópole mundial cujo mapa se desenhava em fogo a meus pés.

No final do século, Le Gallienne escrevia:

> *Ó Londres, Londres, esta flor enorme*
> *Que só se abre quando o sol já dorme.*
> *Cidade onde a vida se inicia*
> *Só no momento em que termina o dia.*
>
> *Primeiro um, depois outro lampião*
> *Vão-se acendendo em longa sucessão,*

De um lado e do outro, a luz se expande
Em torno dos férreos lírios da Strand.[21]*

Essa luz era uma imagem óbvia para a impressionante civilização da capital, cuja riqueza e cujo impacto público iam crescendo a olhos vistos. Acontecesse o que acontecesse no East End — e muitas vezes numa relação consciente com o que lá se passava —, o West End estava sendo remodelado e melhorado: Trafalgar Square, um novo palácio, as novas Casas do Parlamento, novos parques e estradas. Um visitante americano, Colman, enfatizou os contrastes visíveis:

> No meio da mais extraordinária abundância, vemos homens, mulheres e crianças morrendo de fome; e ao lado da esplêndida carruagem, ornada de ouro, forrada de seda, com lacaio de libré, correm miseráveis desamparados, abandonados, seminus, meros fragmentos de humanidade.[22]

A ostentação e a magnificência das mansões senhoriais do século XVIII, superpondo-se à pobreza evidente da maioria, estavam agora sendo repetidas, em escala muito maior, nessa cidade opulenta e dividida. Enquanto centro do comércio e da influência política, a capital também estava atraindo, num processo já conhecido, talentos de todos os tipos, oriundos dos quatro cantos do mundo. A impressão de uma "Londres tenebrosa", na quase isolada zona leste, era causada pela forte luminosidade daquela parte da cidade que era uma capital nacional e internacional. É significativo que Conan Doyle — o qual havia criado, no personagem de Sherlock Holmes, uma versão de inteligência pura penetrando a obscuridade que confundia os homens comuns — reunisse evidências estatísticas da preeminência intelectual

* London, London, our delight,/ Great flower that opens but at night./ Great city of the midnight sun,/ Whose day begins when day is done.// Lamp after lamp against the sky/ Opens a sudden beaming eye,/ Leaping a light on either hand/ The iron lilies of the Strand.

de Londres, resultado tanto da presença de talentos nativos quanto da centralização dos "mais brilhantes intelectos de todas as áreas".[23] Essa visão de uma cultura metropolitana reluzente e dominante tinha uma base empírica suficiente para sustentar uma visão tradicional da cidade enquanto centro de luz e cultura, só que agora num grau sem precedentes. A essa altura, a centralização cultural da Inglaterra já estava mais acentuada, em todos os níveis, do que em qualquer outra sociedade comparável. Mesmo para combater e rejeitar a cidade, os homens vinham para a cidade; não havia outra saída.

Mas esse efeito, ainda que importante, era relativamente superficial. A cultura metropolitana muitas vezes confunde sua preeminência — enquanto agente ou consumidora de talentos humanos — com suas fontes, que em muitos casos são diferentes e mais variadas. O que se pode afirmar com mais seriedade, quando se pesa a nova civilização urbana, é que novas formas distintas de pensamento social e organização social estavam sendo criadas dentro dela, ou como reação ao caos ou como aguçamento das faculdades causado pelos estímulos mais evidentes nela encontrados. Hardy criticara a ausência de "consciência coletiva" em Londres, mas era a partir das cidades da Inglaterra — tanto das cidades industriais quanto da capital — que se espalhavam, de modo decisivo, as novas formas e ideias democráticas. Vemos um aspecto desse processo em Wells. Também ele, como qualquer outro, horrorizava-se com a situação social das cidades e, especialmente, com a questão habitacional, esta "catástrofe contínua [...] verdadeiro massacre, degeneração e inutilização de vidas". Como Gissing, ele via

> as calçadas sempre com uma fina camada de lama oleosa e escorregadia, sob céus cinzentos que não continham nenhuma promessa de esperança para [uma multidão infinda de miseráveis], e sim de miséria até a morte.[24]

Para Wells, o East End era uma "selva sórdida", onde as pessoas tinham uma "pele branquicenta e baça, que parecia degenerada e sinistra a um observador do West End". A população não era trágica, e sim débil, ansiosa, necessitada. A alternativa para essa vida sórdida e limitada, tanto no East End como nos subúrbios mais respeitáveis e ansiosos, era muitas vezes concebida em termos do refúgio rural, ou de um refúgio alegre idealizado. Mas Wells via também, particularmente em *Tono-Bungay*, a realidade da ordem rural: a Inglaterra das mansões senhoriais que ele retratou em Bladesover:

> A mansão, a igreja, a aldeia, os trabalhadores e criados em seus lugares devidos [...] um sistema social fechado e completo. A nossa volta havia outras aldeias e grandes propriedades, e de casa em casa, entrelaçando-se, inter-relacionados, os Fidalgos, os Olimpianos, iam e vinham.[25]

Apesar de todas as transformações das revoluções industrial e urbana, esse sistema social predominante sobrevivera. As mudanças concretas não representavam mais que pequenas intrusões ou glosas. No centro de Londres, suas características essenciais ainda permaneciam tão acentuadas quanto nas aldeias. O sistema havia impedido um crescimento verdadeiro. O que aconteceu, em vez disso, foi que a cidade tornou-se mesmo uma excrescência, uma projeção, daquela ordem mais simples. Era, portanto, um câncer:

> a substância desorganizada e abundante de um processo canceroso, um processo que chega a romper os contornos do organismo doente.

É essa a forma doentia de uma cidade e uma civilização. Mas agora o monstro é menos satânico; tem uma forma mais humana. É

> semelhante a um lacaio gordo e orgulhoso, semelhante ao orgulho, à indolência, a tudo que é escuro, pesado e obstrutivo na vida. É matéria e escuridão, é a antialma, é o poder reinante desta terra, a Estupidez.[26]

Ver a cidade dessa forma é dar uma ênfase muito diferente. Wells, com mais clareza do que qualquer antecessor seu, enxergou a ligação entre o poder governante da cidade e o das mansões senhoriais. E, se os fatores comuns desse poder eram orgulho, indolência e estupidez, era possível combatê-los de modo diverso — não por meio da inocência retrospectiva, e sim pelo progresso consciente: através da educação, da ciência e do socialismo.

Assim, Wells reúne e funde tradições que haviam permanecido, no decorrer do século, bem distintas e até mesmo contraditórias. Se a feiura e a mesquinhez do industrialismo e do urbanismo eram resultados cancerosos de um sistema ultrapassado, porém ainda rígido e estúpido, havia uma nova maneira de opor-se à cidade que não apenas não dependia de uma visão idealizada de uma ordem rural como também via justamente aquela ordem como parte da doença. Além do mais, se isso era verdade, existiam forças ativas disponíveis para combatê-la: forças liberadas pelas novas energias civilizadoras, mas contidas por uma ordem social falsa.

Essa visão de Wells, que não pode ser reduzida a uma simples proposta de uma tecnologia ilimitada e cega (muito embora essa ideia estivesse sempre latente e, em meio à tensão das dificuldades sociais concretas, fosse por vezes abstraída), está ligada à visão socialista que vinha se desenvolvendo progressivamente. Pois não eram apenas as realizações da ciência e da produção material que prometiam uma nova civilização. Era também o surgimento de novas formas de organização social nas cidades. Esse fator, na verdade, vinha sendo ignorado na maioria das críticas gerais à cidade. Era bem verdade que havia muita aglomeração, muita atomização na cidade, conforme afirmavam Carlyle e outros. Mas a coisa não se resumia a isso. Havia uma luta no sentido de criar novas formas de governo local: uma reação à superpopulação e ao caos, mas que gerava algo bem melhor que o antigo poder arbitrário dos proprietários rurais — o único sistema existente até então. Lutava-se também pelo direito de voto e pela reforma do

Parlamento, outra luta concentrada nas cidades. Lutava-se pela educação, principalmente nas cidades, uma luta que terminou sendo levada com muita dificuldade às áreas rurais, ainda governadas pelos proprietários e seus dependentes, interessados em manter o povo na ignorância. Desenvolvia-se ativamente uma cultura municipal ao lado da metropolitana: era a luta pelas novas comodidades — as bibliotecas e os institutos — no contexto das novas necessidades das cidades menores. E ainda havia outra coisa, numa dimensão diferente desses importantes melhoramentos liberais: a organização crescente da própria classe trabalhadora, a grande reação civilizadora à tirania e à anarquia da indústria, a criação dos sindicatos a partir da rede de sociedades fraternais e beneficentes das cidades e, além dessa manifestação de uma nova e ativa solidariedade, a visão da reciprocidade como uma nova forma de sociedade: as cooperativas, o socialismo, também nas novas cidades. Crescendo apesar de toda a oposição, no decorrer do século, esse movimento já atingira, nos anos 1880, até mesmo o East End de Londres, aquela selva simbólica descrita por Gissing e outros. Para Engels, ela estava mudando:

> Aquele imenso antro de miséria não é mais a poça estagnada de seis anos atrás. Já se libertou daquele torpor de desespero, voltou à vida e tornou-se a sede do chamado "Novo Sindicalismo", ou seja, a organização da grande massa de trabalhadores "não qualificados".

Essa era a época da organização do sindicato dos trabalhadores do gás, da greve das vendedoras de fósforos, da grande greve dos portuários de 1889. E, como argumentava Engels, esses novos sindicatos e essas novas lutas situavam-se numa dimensão diferente do sindicalismo de artesão do período anterior:

> A fé na eternidade do sistema de salários foi seriamente abalada; os fundadores e promotores do movimento eram socialistas, quer conscientemente, quer na índole.[27]

Com base no próprio caos e miséria da nova metrópole, e difundindo-se a partir dela para renovar um sentimento nacional, a força civilizadora de uma nova visão da sociedade fora criada na luta e combinara os sofrimentos e esperanças de gerações de oprimidos e explorados — e, dessa forma desafiadora e inesperada, dava-se a reação humana da cidade à antiga desumanidade da cidade e do campo.

Wordsworth vislumbrara na cidade, em suas circunstâncias que constantemente se dissolviam e transformavam, uma nova possibilidade de atingir a "unidade do homem". Sob muitos aspectos, essa consciência de formas mais elevadas de organização e cooperação social havia sobrevivido e encontrado novas formas de expressão justamente nas cidades, onde a exploração e a desumanidade eram mais concentradas e mais evidentes. Apesar dos muitos fracassos e períodos de desesperança, havia persistido e crescido: educação, cooperação, democracia, socialismo — ideias e instituições que lentamente ganhavam força. Gissing, que conhecia esse processo e de início o apoiou, acabou achando — o que era até compreensível — que ele terminaria dominado e corrompido pela imensa massa de ignorância e deformidade que as cidades estavam multiplicando. Ele via "aquelas formas brutas de sociedade que enchem de destroços o abismo do mundo infernal". Nesse abismo também haveriam de desaparecer os sonhos de transformação. *Demos*, uma "narrativa de socialismo inglês", prova, com uma acrimônia clássica, a impossibilidade do idealismo socialista. É essa segunda etapa da infelicidade, não apenas o sofrimento material, mas também a morte de tais esperanças, que o leva de volta ao sonho de ficar a "ler Homero dentro de uma cabana". Wells, mais vigoroso e confiante, percebia esse perigo e outros: o triunfo de uma demagogia comercial, no mundo de *Tono-Bungay*, tal como Gissing vira o triunfo de uma imprensa e uma literatura comerciais em *New Grub Street*. As novas liberdades e a nova educação podiam ser corrompidas ou assimiladas, e a cidade geraria seus substitutos degradados numa escala inimaginável. Até mesmo os novos movimentos sociais e políticos, os arautos da civilização, podiam ser confundidos, corrompidos, assimilados: o tumor canceroso podia derrotá-los.

Mas ao menos em Wells, como no novo socialismo, ainda restava a esperança em uma possibilidade: a história podia caminhar para um lado ou para o outro; a única alternativa a uma nova ordem social era um caos crescente, cidades que terminariam por despedaçar-se. Quase um século depois, a luta ainda não terminou. É preciso voltar a examiná-la. Com a chegada do novo século, no entanto, as palavras de Hardy podem ser evocadas, embora num sentido modificado. As novas organizações do movimento operário e as novas instituições educacionais e democráticas representavam a nova visão que Londres e as outras cidades, bem como a nação que elas agora dominavam, começavam a ter de si próprias: estavam se tornando autoconscientes e começavam a ver, justamente nessa consciência — uma consciência coletiva —, as formas de uma sociedade diferente.

20. A FIGURA HUMANA NA CIDADE

No entanto, a percepção das novas qualidades da cidade moderna vinha associada, desde o início, à imagem de um homem caminhando, como se sozinho, pelas ruas. Já a encontramos no início, em Blake:

> *Caminho pelas ruas registradas,*
> *Junto ao Tâmisa registrado e lento.*[1]*

E em Wordsworth:

> *Quantas vezes, em ruas apinhadas,*
> *Em meio à multidão, disse a mim mesmo:*
> *"Mas cada rosto que passa por mim*
> *Encerra algum mistério insondável!"* [...]
> [...] *Até que as formas visíveis*
> *Tornavam-se visões, como as que fluem*
> *Sobre montes imóveis, ou nos sonhos.*[2]**

Nos romancistas urbanos, essa experiência era muitas vezes recriada num personagem, como a Florence Dombey de Dickens:

> [...] os ruídos discordantes, cada vez mais altos, da luta do dia [...] surpresa e curiosidade nos rostos que por ela passa-

* I wander thro' each charter'd street/ Near where the charter'd Thames does flow.

** How often in the overflowing Streets/ Have I gone forward with the Crowd, and said/ Unto myself, the face of everyone/ That passes by me is a mystery [...]/ [...] Until the shapes before my eyes became/ A second-sight procession, such as glides/ Over still mountains, or appears in dreams.

vam rapidamente [...] sombras alongadas voltando pela calçada [...] vozes que lhe eram estranhas a perguntar-lhe aonde ela ia [...] Aonde ir? Sempre a algum lugar, qualquer lugar! sempre adiante; mas aonde? Pensou na única vez anterior em que se vira perdida na grande selva de Londres [...][3]

Em Elizabeth Gaskell, o isolamento está relacionado a um contraste social:

> É belo caminhar por uma rua de lojas iluminadas; a luz de gás é tão brilhante, os produtos exibidos aparecem com muito mais nitidez do que de dia, e de todas as lojas a farmácia é a que mais se assemelha àquelas histórias que conhecemos na infância, desde o jardim de frutas encantadas de Aladim até a encantadora Rosamunda com sua jarra roxa.
>
> Barton não fazia tais associações; e no entanto sentia o contraste entre as lojas bem sortidas, bem iluminadas, e o porão escuro e sombrio, e aborrecia-o pensar que contrastes assim existiam. Não é ele o único a ver nisso o problema misterioso da vida. Ele se perguntava se alguém, em meio àquela multidão apressada, estaria saindo de uma dessas casas enlutadas. Todas as pessoas lhe pareciam alegres, e ele irritava-se com elas. Mas ele não tinha como — ninguém tem como saber a sorte das pessoas que passam pela rua.[4]

É esse o estado de espírito de Dickens, se bem que menos complexo e menos dramático: uma ênfase insistente na solidariedade humana justamente porque os obstáculos, as contradições, os mistérios são vistos com tanta clareza. Isso também se aplica, de modo geral, àqueles episódios que encontramos com tanta frequência, de Dickens a Wells, em que um personagem entra numa cidade adormecida e é dominado pela ideia de que há uma infinidade de vidas ocultas tão perto dele. No entanto, essa experiência, evidentemente, podia ser vivida de duas maneiras opostas: ou como uma afirmação da humanidade comum, ultrapassando as barreiras da estranheza da multidão: ou como uma ênfase no isolamento, no mistério — uma sensação comum que pode tornar-se terrível. Wordsworth explorou ambas as reações, e a literatura oitocentista estendeu essa exploração nos dois sentidos.

Na literatura mundial, em Balzac, Baudelaire e, de maneira diferente, Dostoiévski, a imagem da cidade tornou-se, de certo modo, dominante. Balzac havia demonstrado a complexidade social da cidade e sua mobilidade constante; como seu objetivo era justamente descrever esse aspecto, a imagem resultante, embora complexa, é clara. Dostoiévski, por outro lado, enfatizava os elementos de mistério e estranheza e perda de conexão; de modo comparável a Dickens, porém partindo de reações fundamentalmente diferentes, trabalhava no sentido de criar reconhecimentos. Ele difere de Dickens na medida em que a fonte de reconhecimento não reside numa consciência social sufocada, e sim num reconhecimento espiritual, situado além do desespero do isolamento. Baudelaire, por sua vez, inverteu ambos esses valores. O isolamento e a perda de conexão passaram a ser as condições de uma nova e viva percepção:

> Multidão e solidão: termos que, para um poeta ativo e fecundo, podem tornar-se iguais e conversíveis.[5]

A cidade era uma "orgia de vitalidade", um mundo instantâneo e transitório de "êxtases febris", que ensinava a alma a

> entregar-se completamente, com toda sua poesia e caridade, ao inesperado que surge, ao desconhecido que passa.[6]

Havia uma nova espécie de prazer, um novo engrandecimento da identidade, naquilo que Baudelaire denominou "banho de multidão".[7]

No século XX, essa reação viria a tornar-se importante. Esse caráter social da cidade — no que tem de transitório, inesperado, na processão de homens e eventos, e no isolamento essencial e inebriante — era visto como a realidade de toda existência humana. Nem sempre se reagia com a aceitação extática de Baudelaire: mas numa atitude de fatalismo religioso tardio, num distanciamento estético ou num deleite cotidiano com a variedade e o momentâneo, tal visão difundiu-se, chegando até a predominar em boa parte da literatura ocidental. Ainda havia um contraste entre cidade e campo, baseado nas concepções mais antigas de estabilidade e inocência rurais. Porém o contraste se daria em sentido oposto: entre consciência e ignorância, vitalidade e rotina, entre o que é presente e concreto e o que é passado ou desaparecido. A experiência urbana se generalizava tanto, e um número desproporcional de escritores estava tão profundamente envolvido nela, que qualquer outra forma de vida parecia quase irreal; todas as fontes de percepção pareciam começar e terminar na cidade, e, se havia alguma coisa além dela, estaria também além da própria vida.

É importante levantar os componentes muito diversos dessa tendência. Em Gissing, como já vimos, a figura solitária que caminha pelas ruas sente-se esmagada pela multidão, pela feiura a sua volta. Observou ele, numa passagem mais reveladora de si próprio do que de Dickens, do qual pretende estar falando:

> A Londres tenebrosa, pululante, putrefaciente, uma maravilhosa recriação da impressão sentida por qualquer pessoa imaginativa que, num momento da melancolia, já teve oportunidade de perambular pelas ruas londrinas.[8]

Nos trechos que citei anteriormente, em que Gissing descrevia Londres, omiti essa ênfase no isolamento, para que ela agora fosse vista com mais clareza. Após a viagem através de Hoxton em direção ao norte, relata Gissing:

> Caminhar por um bairro como este é a mais dura tarefa que um homem pode se impor; o coração é esmagado pela uniformidade de miséria apresentável; o observador lembra-se de que cada uma daquelas fachadas mortas, e em muitos

casos cada janela cega, representa um "lar"; e as associações desta palavra sussurram-lhe um desespero vazio.[9]

Leia-se esta descrição dos cortiços de Farringdon Road:

> Passe por lá à noite e faça um esforço de imaginação para visualizar a massa confusa de exaustão humana, de bestialidade, de sofrimento imerecido, de esperança desesperançada, de capitulação esmagada, tudo misturado dentro daquelas paredes ameaçadoras.[10]

Porém Gissing, tal como o otimista Wells, ainda estava diretamente envolvido na observação social de uma cidade concreta. Mas, antes mesmo que ele começasse a escrever, um desespero semelhante havia encontrado expressão numa modalidade literária diferente: aquela em que a cidade aparece como símbolo.

Havia muito tempo a cidade já possuía uma dimensão simbólica, a mais poderosa das quais era a imagem religiosa da Cidade Sagrada, a Cidade de Deus. Numa variante dessa modalidade, William Blake via Londres e a Inglaterra e queria construir Jerusalém. Agora, no entanto, ocorria uma alteração acentuada. Na literatura inglesa, ela se torna mais clara nos poemas de James Thomson: "The doom of a city", escrito em 1857, e "The city of dreadful night", escrito entre 1870 e 1873. Quando lemos esses poemas notáveis, percebemos as ligações substanciais entre eles e algumas das outras obras literárias que já examinamos. Com frequência somos levados a pensar em Dickens, e às vezes também na visão mais conhecida, e posterior, da destruição de uma cidade que aparece em *After London*, de Richard Jefferies (1885). De formas diversas, nesses escritores muito diferentes, uma estrutura de sentimentos comum estava se formando. Mas o que distingue Thomson, observadas todas as ligações com outros autores, é o fato de que sua cidade é projetada e é significativamente completa: trata-se de uma visão simbólica da cidade como a própria condição da existência humana.

"The city of dreadful night" é o poema mais conhecido, mas há uma força impressionante em "The doom of a city", escrito quando o autor tinha apenas 23 anos. Nesse poema, de modo mais consciente, Thomson passa de uma cidade concreta para uma cidade visionária, a Cidade dos Mortos. Ele sai da casa onde estava enjaulado:

A grande Cidade, em silêncio imersa,
Em sonhos esquecia seu tumulto;
Mas não a mim os sonhos confortavam,
A mim, maldito, a quem a dor e o medo
De mil ânsias frustradas torturavam [...]
[...] *E impeliam qual alma possessa.*[11]*

Era uma nova visão da caminhada solitária pelas ruas da cidade:

À luz dos lampiões, a caminhar
Solitário na rua abandonada [...]
[...] *Labirinto da Cidade enterrada,*
Onde habitam mortos, sempre a sonhar
Com nascimento e morte — com uma vida
    Em que dias, meses, anos
São cheios de alegrias, desenganos;
E lutam contra seus próprios destinos,
Vencendo ou perdendo a luta renhida,
E jazem em seus túmulos, supinos.[12]**

* The mighty City in vast silence slept,/ Dreaming away its tumult, toil and strife;/ But sleep, and sleep's rich dreams were not for me,/ For me, accurst, whom terror and the pain/ Of baffled longings, and starved misery [...]/ [...] Drove forth as one possest.

** I passed through desert streets, beneath the gleam/ Of lamps that lit my tumbling life alone [...]/ [...] Within a buried City's maze of stone;/ Whose peopling corpses, while they ever dream/ Of birth and death—of complicated life/ Whose days and months and years/ Are wild with laughter, groans and tears,/ As with themselves and Doom/ They wage, with loss or gain, incessant strife,/ Indeed, lie motionless within their tomb.

Ele atravessa o "mar deserto", "sem mapa ou estrela", e chega a uma cidade, a qual é aquela visão concretizada, uma cidade agitada e malévola que foi transformada em pedra:

Estátuas de pedra em todas as vias,
Umas em grupos, outras isoladas;
Algumas mostrando mercadorias
A uma freguesia petrificada.[13]*

Essa é a cidade silenciosa, que o poeta foi obrigado a encontrar:

Do meu mundo comum em que vivia,
Por semelhantes cercado e tolhido,
Angústia e medo expulsaram-me um dia,
Pra que eu buscasse o Desconhecido.[14]**

É a "larga e populosa solidão" do reino da Morte, porém trata-se de uma morte que é a imobilização de uma vida turbulenta:

O vasto mar de vida a meu redor,
A vida feroz, ruidosa, incessante [...]
[...] *Imobilizada em meio ao furor.* [15]***

Estamos, por fim, em COSMÓPOLIS. Chega-se lá através do isolamento:

As cordas que deviam vincular-me
À humanidade em doce comunhão

* Stone statues ali throughout the streets and squares,/ Grouped as in social converse or alone;/ Dim stony merchants holding out rich wares/ To catch the choice of purchasers of stone.

** In my old common world, well fenced about/ With myriad lives that followed well my own,/ Terror and deadly anguish found me out/ And drove me forth to seek the dread Unknown.

*** The whole vast sea of life around me lay,/ The passionate, heaving, restless, sounding life [...]/ [...] Arrested in full tumult of its strife.

Puxei a meu redor, a apertar-me,
Estrangulando minha vida em vão.[16]*

É a "Solidão em meio a uma grande Cidade", onde cada "ato, palavra, gesto e olhar" se espalha entre os incontáveis habitantes, afetando a todos; mas a união misteriosa foi destruída, e a consequência é a cidade da morte. O que ele vê então é a destruição da cidade, causada pelo fogo, pela tempestade e pela chegada das feras. Os homens de pedra, que constituem toda a população, são destruídos juntamente com os prédios com os quais se confundem:

Do orgulho palaciano da Cidade,
De todos os feitos da humanidade [...]
[...] *Nada restava.*[17]**

Quando o poeta retorna a sua cidade,

Recuei daquela vida, horrorizado;
O próprio ar não parecia livre,
Porém espesso, quente, dominado
Por incontáveis hálitos humanos;
As casas e os navios, feios, informes,
Eram nuvens de tempestade, enormes,
Capazes de eclipsar o sol.[18]***

A tempestade também chegará aqui. A Cidade afirma ser "rica e forte [...] sábia, boa e livre", mas sua maldade é tão evidente

* The cords of sympathy which should have bound me/ In sweet communication with earth's brotherhood/ I drew in tight and tighter still around me./ Strangling my lost existence for a mood.

** Of the City's vast palatial pride/ Of all the works of man on every side [...]/ [...] Remained no vestige.

*** Its awfulness of life oppressed my soul;/ The very air appeared no longer free,/ But dense and sultry in the close control/ Of such a mighty cloud of human breath,/ The shapeless houses and the monstrous ships/ Were brooding thunderclouds that could eclipse/ The burning sun of day.

quanto seu poder; sua culpa, tão clara quanto sua riqueza. O legado da Cidade é imenso e rico, porém nela

As leis sociais parecem feitas pra manter
Uns no luxo, outros sem ter o que comer;
Tuas orgulhosas mansões e templos veneráveis
Estão sitiados por cortiços miseráveis [...]

E mais:

As ruas à noite afrontam os céus tolerantes
Com blasfêmias, pecados, crimes revoltantes.[19]*

Assim, essa cidade, essa Londres, está condenada, a menos que se arrependa.

Em "The city of dreadful night", a projeção é mais completa.

A Cidade é da Noite, mas não dorme;
Não traz o sono à mente sua doçura.
As horas se arrastam, lentas e enormes,
A noite não tem fim. E, se a tortura
Da consciência cessa por um instante,
Logo volta ainda mais angustiante
E, mais que a própria dor, leva à loucura.[20]**

É uma cidade projetada, onde um modo de ser específico, "a tortura da consciência", foi concretizado.

* Chief social laws seem strictly framed to secure/ That one be corruptingly rich, another bitterly poor,/ And another just starving to death; thy fanes and mansions proud/ Are beleaguered with filthy hovels wherein poor wretches crowd [...]/ [...] flaring streets each night affront the patient skies/ With a holocaust of woes, sins, lusts and blasphemies.

** The City is of Night, but not of Sleep;/ There sweet sleep is not for the weary brain;/ The pitiless hours like years and ages creep,/ A night seems termless hell. This dreadful strain/ Of thought and consciousness which never ceases,/ Or which some moment's stupor but increases,/ This, worse than woe, makes wretches there insane.

Ninguém sabe como chegou a ela [...]
[...] *Mas, ao chegar, se sente cidadão* [...]
Pobre infeliz, que chega e não imagina
Que esta cidade é agora a sua sina.[21]*

Eis a condição comum dos habitantes dessa Cidade da Noite:

São racionais, porém enlouquecidos
De uma loucura externa, incontrolável;
Enquanto a razão, num ponto esquecido
No centro do cérebro, inalcançável,
Vê a loucura, prevê a destruição
À sua frente, enquanto tenta, em vão,
Recusar-se a encarar o inevitável.[22]**

Todos eles, ricos ou pobres, são

Os mais tristes e cansados da Terra.[23]***

Mas seria possível fazer com que "nossas unidades isoladas [...] agissem juntas por um fim comum"? Chega à catedral uma longa procissão, com representantes de todo tipo de atividade humana, e lá todos aprendem uma nova visão da vida, que é a percepção da ilusão:

Ó melancólicos Irmãos da treva!
[...] *Era a ilusão de um sonho negro apenas* [...]
[...] *Só nos cabe esta existência mesquinha* [...]

* How he arrives there none can clearly know [...]/ [...] But being there one feels a citizen [...]/ Poor wretch, who once hath paced that dolent city/ Shall pace it often, doomed beyond all pity.

** They are most rational and yet insane/ An outward madness not to be controlled;/ A perfect reason in the central brain/ Which has no power, but sitteth wan and cold,/ And sees the madness, and foresees as plainly/ The ruin in its path, and trieth vainly/ To cheat itself refusing to behold.

*** The saddest and the weariest men on earth.

[...] *As leis que nos comandam, universais,*
Não nos abriram exceções jamais.[24]*

Agora, a perda da crença nos sonhos falsos de Deus, ou da imortalidade, ou de qualquer objetivo convincente para a existência, é a condição da cidade e a condição humana. Porém a perda do objetivo da existência se dá no contexto de uma aglomeração humana sem precedentes:

Onde quer que haja homens reunidos
O ar está cheio de pensamentos,
Preces e maldições, risos, gemidos,
E todos os tipos de sentimentos
Deixam gravadas suas vibrações;
E mesmo as mais recônditas paixões
Penetram-nos, trazidas pelo vento.

Assim, o próprio ar que respiramos
Não é como o dos montes ou do prado;
Com ele, vida e morte inspiramos,
O bem e o mal, prazer e desagrado,
Saúde, doença, estupidez, saber;
E aquele que lá vive, sem querer,
Afeta tanto quanto é afetado.

A atmosfera da Cidade é densa,
Ainda que poucos sejam os exilados
Que nela exercem sua má influência,
Envenenando o ar envenenado;
Vertendo germes de tristeza pura,
Vertendo germes de raiva e loucura,
Do desespero mais alucinado.[25]**

* O melancholy Brothers, dark, dark, dark!/ [...] It was the dark delusion of a dream [...]/ [...] This little life is all we must endure [...]/ [...] We bow down to the universal laws/ Which never had for man a special clause.

** Wherever men are gathered, all the air/ Is charged with human feeling, human thought;/ Each shout and cry and laugh, each curse and prayer,/

Essa visão poderosa reúne, numa estrutura tremendamente influente, embora pouco reconhecida, a realidade da cidade e a da nova consciência angustiada. A luta, a indiferença, a perda de objetivo, a perda de significado — elementos da experiência social oitocentista e de uma interpretação comum da nova visão do mundo proposta pela ciência — encontraram na Cidade uma moradia e um nome. Pois a cidade não é apenas, dentro dessa perspectiva, uma forma da vida moderna; é a concretização física de uma consciência moderna decisiva.

Podemos encontrar exemplos dessa visão em diversas contextos na literatura do século XX; um exemplo direto é T. S. Eliot.

Cidade irreal,
Numa fria manhã de névoa pardacenta,
Na London Bridge a multidão é tamanha,
Eu não sabia que a morte era tamanha.
Suspiros, breves, raros, exalavam-se,
E cada um fitava o chão a sua frente.
Desceram, foram por King William Street
Até Saint Mary Woolnoth, onde as nove horas
Soaram com um som morto na última batida.[26]*

Are into its vibrations surely wrought;/ Unspoken passion, wordless meditation,/ Are breathed into it with our respiration;/ It is with our life fraught and overfraught. // So that no man there breathes earth's simple breath,/ As if alone on mountains or wide seas;/ But nourishes warm life or hastens death/ With joys and sorrows, health and foul disease,/ Wisdom and folly, good and evil labours,/ Incessant of his multitudinous neighbours;/ He in his turn affecting all of these.// That City's atmosphere is dark and dense,/ Although not many exiles wander there,/ With many a potent evil influence,/ Each adding poison to the poisoned air;/ Infections of unutterable sadness,/ Infections of incalculable madness,/ Infections of incurable despair.

* Unreal City,/ Under the brown fog of a winter dawn,/ A crowd flowed over London Bridge, so many,/ I had not thought death had undone so many./ Sighs, short and infrequent, were exhaled,/ And each man fixed his eyes before his feet./ Flowed up the hill and down King William Street,/ To where Saint Mary Woolnoth kept the hours/ With a dead sound on the final stroke of nine.

Essa é a cidade da morte na vida, tal como Thomson a vira. É o *wasteland* moderno, e através dele uma poderosa convenção de imagística urbana tornou-se quase corriqueira. No início da carreira de Eliot, suas imagens são mais particularizadas e mais isoladas, porém a continuidade é evidente:

> *Os dias fumacentos que se esvaem ao fim.*
> *E agora vem o vento úmido*
> *Envolver restos imundos*
> *De folhas secas em torno de teus pés*
> *E jornais vindos de terrenos baldios* [...]
> [...] *A manhã vem à consciência*
> *De vagos cheiros rançosos de cerveja*
> *Vindos da serragem da rua*
> *Com todos os seus pés enlameados*
> *Que nos cafés se ajuntam.*
> *Com todas as outras imposturas*
> *Pelo tempo retomadas,*
> *Vem a imagem de mãos mudas*
> *Suspendendo estores imundos*
> *Em mil e um quartos mobiliados.*[27]*

No fim, temos algo tão recorrente e convencional quanto o bucolismo. De fato, encontramos aqui uma imagística neourbana, do mesmo tipo literário que o neobucólico isolado. Uma paisagem urbana selecionada veicula um desespero geral do observador isolado. Sintomaticamente, veicula também um desprezo social ainda mais azedo que o de Gissing:

* The burnt-out ends of smoky days./ And now a gusty shower wraps/ The grimy scraps/ Of withered leaves about your feet/ And newspapers from vacant lots [...]/ [...] The morning comes to consciousness/ Of faint stale smells of beer/ From the sawdust-trampled street/ With all its muddy feet that press/ To early coffee-stands./ With the other masquerades/ That time resumes,/ One thinks of all the hands/ That are raising dingy shades/ In a thousand furnished rooms.

Pratos retinem nas cozinhas dos porões,
E vou pelas margens pisoteadas da rua
Sentindo as almas úmidas das criadas
Que brotam melancólicas nos portões das áreas.[28]*

Numa fase posterior, Eliot associa a perda do significado na cidade à perda de Deus. Implícita ou explicitamente, as habitações rurais — isoladas e remotas, visitadas por quem mora na cidade — adquirem, ainda que apenas por exclusão, um significado tradicional. Essa associação regular da vida rural com o passado e a tradição, e então — por meio de uma associação simbólica e não histórica — com a fé religiosa, veio a tornar-se um lugar-comum, Assim, a cidade era o que o homem havia feito sem Deus.

Podeis guardar a Cidade que o SENHOR convosco não guarda?
Nem mil guardas de trânsito saberão dizer-vos
De onde vindes e para onde ides [...]
[...] *Onde não há templo, lares não haverá,*
Ainda que tenhais asilos e instituições,
Precárias moradas onde se paga aluguel,
Porões que afundam, onde procriam ratos,
Ou casas higiênicas, com números nas portas,
Ou uma casa um pouco melhor que a do vizinho;
Quando o Estranho perguntar: "Que significa esta cidade?
Viveis apinhados porque vos amais?"
O que responderão? "Vivemos todos juntos
Para ganhar dinheiro um do outro"? ou "Isto é uma comunidade"?
E o Estranho irá embora, de volta para o deserto.[29]**

* They are rattling breakfast plates in basement kitchens,/ And along the trampled edges of the street/ I am aware of the damp souls of housemaids/ Sprouting despondently at area gates.

** Can you keep the City that the LORD keeps not with you?/ A thousand policemen directing the traffic/ Cannot tell you why you come or where you go [...]/ [...] Where there is no temple there shall be no homes,/ Though you have shelters and institutions,/ Precarious lodgings while the rent is paid,/ Subsiding basements where the rat breeds/ Or sanitary dwellings with numbered doors/

O Estranho vem de Thomson, mas a ideologia agora está mais desenvolvida. A pergunta do Estranho nunca é colocada, por exemplo, para a aldeia de Crabbe. Implicitamente, a "Cidade regida pelo tempo" é contrastada com os ritmos naturais do sangue, do dia e noite, das estações; o passado rural é associado à fé ou à inocência: uma nova versão do bucolismo, através da ênfase nas negações urbanas. A experiência das ruas, do estranho inseguro, é então elaborada, a partir de suas originais confusões sociais e perceptuais, criando-se uma analogia com o purgatório:

Na hora incerta antes da manhã
Perto do fim da noite interminável
Ao final recorrente do infindo
Depois que a pomba preta de língua rápida
Cruzou o horizonte de sua volta,
As folhas mortas tinindo como lata,
No asfalto onde não havia outro som
Entre três bairros fumacentos, vi
Alguém que andava, com uma pressa lenta,
Como as folhas metálicas levadas
No vento urbano e matinal, passivas,
E ao fixar no vulto cabisbaixo
O olhar firme com que desafiamos
O primeiro estranho do amanhecer
Súbito vislumbrei um mestre morto
Que eu conhecera, olvidara e agora
Quase lembrava, uno e múltiplo, as feições
Queimadas de um fantasma conhecido,
Plural, íntimo, inidentificável.

Or a house a little better than your neighbour's;/ When the Stranger says: 'What is the meaning of this city?/ Do you huddle close together because you love each other?'/ What will you answer? 'We all dwell together/ To make money from each other'? or 'This is a community'?/ And the Stranger will depart and return to the desert.

Assumindo um papel duplo, gritei
E ouvi outro gritar: "Você está aqui?!"
Embora não estivéssemos. Eu era
O mesmo, mas sabia ser um outro —
E ele, um rosto em formação; mas as palavras
Enfim forçaram o reconhecimento.
Cedendo ao vento, tão mutuamente estranhos
Que nenhum mal-entendido era possível,
Concordando, naquela interseção,
Não haver encontro, antes nem depois,
Seguimos juntos, em patrulha morta.[30]*

O pessimismo cético de Thomson, o pessimismo social de Gissing, o pessimismo religioso de Eliot: cada um deles encontrou uma paisagem na cidade. Mas a imagística típica da consciência urbana também se desenvolveu de outras maneiras. Em Virginia Woolf, a descontinuidade, a atomização da cidade eram vivenciadas esteticamente, como um problema de percepção que levantava problemas de identidade — e que era resolvido, de modo característico, com a chegada ao campo:

* In the uncertain hour before the morning/ Near the ending of interminable night/ At the recurrent end of the unending/ After the dark dove with the flickering tongue/ Had passed below the horizon of his homing/ While the dead leaves still rattled on like tin/ Over the asphalt where no other sound was/ Between three districts where the smoke arose/ I met one walking, loitering and hurried/ As if blown towards me like the metal leaves/ Before the urban dawn wind unresisting./ And as I fixed upon the down-turned face/ That pointed scrutiny with which we challenge/ The first-met stranger in the waning dusk/ I caught the sudden look of some dead master/ Whom I had known, forgotten, half recalled/ Both one and many; in the brown baked features/ The eyes of a familiar compound ghost/ Both intimate and unidentifiable./ So I assumed a double part, and cried/ And heard another's voice cry: 'What! are *you* here?'/ Although we were not. I was still the same,/ Knowing myself yet being someone other—/ And he a face still forming; yet the words sufficed/ To compel the recognition they preceded./ And so, compliant to the common wind,/ Too strange to each other for misunderstanding,/ In concord at this intersection time/ Of meeting nowhere, no before and after,/ We trod the pavement in a dead patrol.

> Old Kent Road estava muito cheia na quinta-feira, 11 de outubro, 1928. Gente transbordava das calçadas. Havia mulheres com sacolas de compras. Crianças corriam. Nas lojas de fazendas havia liquidações. As ruas alargavam-se e estreitavam-se. Longas perspectivas diminuíam e fundiam-se. Aqui, um mercado. Aqui, um funeral. Aqui, uma procissão, com bandeiras onde se lia "Ra-Un", mas o que mais? A carne estava muito vermelha. Os açougueiros esperavam às portas dos açougues. As mulheres quase perdiam os calcanhares, cortados. Amor Vin — escrito sobre uma sacada. Uma mulher à janela de um quarto, profundamente contemplativa, absolutamente imóvel. Applejohn e Applebed, Agentes Fun... Nada podia ser visto por inteiro nem lido do início ao fim. O que se via iniciar — como dois amigos que se encontravam, um de cada lado da rua — nunca se via terminar. Depois de vinte minutos o corpo e a mente ficavam semelhantes a pedaços de papel rasgado caindo de um saco, e de fato a impressão que se tem quando se sai de Londres num carro em alta velocidade lembra tanto o esfacelamento da consciência que precede a inconsciência e talvez a própria morte que não está claro até que ponto se pode dizer que Orlando estava existindo naquele instante exato. E teríamos mesmo substituído Orlando por uma pessoa inteiramente desmontada, não fosse o fato de que aqui, por fim, um painel verde levantou-se à direita, e contra esse fundo os pedacinhos de papel caíam mais lentamente; e depois outro levantou-se à esquerda, de modo que agora era possível ver os pedacinhos individuais revirando-se por si sós no ar; em seguida, os painéis verdes tornaram-se contínuos nos dois lados, de modo que sua mente retomou a ilusão de conter coisas dentro de si, e ela viu uma cabana, um pasto e quatro vacas, todas elas exatamente em tamanho natural.[31]

Essa experiência fragmentária — agora acelerada pelo "carro em alta velocidade" — permanece até hoje como uma condição perceptiva. Está intimamente relacionada a diversas formas características de imagística moderna, sendo particularmente evidente na pintura e, mais ainda, no cinema, um meio que contém boa parte de seu movimento intrínseco. Há, de fato, uma relação direta entre o cinema, especialmente o corte e a montagem, e o movimento característico do observador no ambiente denso e heterogêneo das ruas. Isso, porém, deve alertar-nos para o fato de que a experiência perceptual em si não implica necessariamente algum estado de espírito específico e, menos ainda, alguma ideologia. Essa experiência do movimento urbano já foi usada, nos mais diversos níveis de seriedade e jocosidade, para exprimir toda uma gama de sentimentos, do desespero ao prazer. A visão monocórdia da imagística de Eliot, de fumaça, coisas rasgadas, sujeira, sordidez, revelou-se muito poderosa, porém não avassaladora. É o que podemos ver, com mais clareza do que em qualquer outra obra, no *Ulysses* de Joyce, a mais extensa e memorável realização, na literatura inglesa, desses modos de percepção e identidade fundamentalmente alterados.

Wordsworth, ainda no início, havia perdido suas referências tradicionais:

> *Tudo que rege o ato, o pensamento,*
> *A fala, para mim tornou-se incógnito.*[32]*

Contudo, à medida que a experiência foi se prolongando, tornou-se claro que o que "regia" tais coisas não eram propriamente leis, e sim convenções. Gerações de homens e mulheres aprenderam a ver de novas maneiras, embora fosse necessário o gênio de Joyce para que essas novas maneiras fossem incorporadas pela substância mais profunda do próprio método literário. Em Joyce, as leis e convenções da observação e da comunicação tradicionais aparentemente desapareceram. A consciência

* All laws of acting, thinking, speaking man/ Went from me, neither knowing me nor known.

resultante é intensa e fragmentária, basicamente subjetiva — mas inclui, na própria forma de sua subjetividade, os outros que agora, juntamente com os prédios, os ruídos, as vistas e cheiros da cidade, fazem parte dessa consciência única e acelerada. É justamente dessa experiência que participamos quando Bloom caminha por Dublin:

> Atravessou para a calçada mais clara, evitando a tampa solta do porão do setenta e cinco. O sol estava chegando ao pináculo da igreja de Jorge. Acho que hoje vai fazer calor. Mais ainda com essa roupa preta. O preto conduz, reflete (ou será que refrata?) o calor. Mas eu não podia ir com aquele terno claro. Como se fosse a um piquenique. A toda hora as pálpebras baixavam discretamente enquanto ele caminhava no calor gostoso. O carro do pão de Boland entregando em bandejas o nosso de cada dia mas ela prefere crostas de pão da véspera torradinhas em coroas quentes. Faz a pessoa se sentir remoçada. Lá para os lados do leste: manhã cedo: sair ao nascer do sol, seguir à frente dele, roubar-lhe um dia de caminhada. Se não parar nunca a rigor nunca envelhece nem mais um dia. Caminhar por uma praia, terra estranha, chegar a um portão de uma cidade, uma sentinela, velho sargentão, os bigodões do velho Tweedy apoiados numa espécie de lança comprida. Vagando por ruas toldadas. Rostos sob turbantes que passam. Cavernas escuras de lojas de tapetes, homenzarrão, Turko o Terrível, sentado de pernas cruzadas fumando um narguilé comprido. Gritos de mascates pelas ruas. Beber água perfumada com funcho, frutas. Perambular o dia inteiro. Talvez esbarrar num ou dois ladrões. Paciência. Quase hora do entardecer. As sombras das mesquitas ao longo dos pilares: sacerdote com pergaminho enrolado. Estremecer de árvores, sinal, o vento do entardecer. Sigo em frente. Dourado do céu morrendo. Parada à porta a mãe olha para a rua. Chama os filhos para casa em seu idioma escuro. Muro alto: atrás tangem cordas. Céu noturno lua, violeta, cor das ligas novas de Molly.

> Cordas. Ouvir. Uma jovem tocando esse instrumento como é mesmo que chama: saltério. Eu passo.[33]

Aqui, a fantasia da cidade oriental parte do cheiro de pão do carro de Boland, mas cada coisa que Bloom vê, cada som que ouve, cada cheiro que sente desencadeiam em sua consciência uma de suas preocupações íntimas. Sob a pressão de suas necessidades, uma cidade é tão real quanto a outra.

Esta é a alteração profunda. As forças da ação tornaram-se interiores, e de certo modo não se tem mais uma cidade, mas apenas um homem caminhando por ela. Lembremos que Elizabeth Gaskell passava da vitrine da farmácia para o "jardim de frutas encantadas de Aladim", porém dentro de uma estrutura objetiva rigidamente controlada: as "histórias que conhecemos na infância" — uma lembrança comum a escritora e leitor; "Barton não fazia tais associações" —, o personagem visto objetivamente, separado em termos de situação e de cultura, torna-se nitidamente distinto. Em *Ulysses* a relação entre ação e consciência, mas também a relação entre narrador e personagem, foi modulada a ponto de alterar toda a forma da linguagem:

> Aproximou-se da loja de Larry O'Rourke. Da grade do porão subia o odor flácido de cerveja preta. Da porta aberta do bar brotavam cheiros de gengibre, pó de chá, massa de biscoito. Mas o ponto é bom: exatamente onde acaba o trânsito da cidade. Por exemplo, o M'Auley logo ali: como ponto, péssimo. Claro que se abrem uma linha de bonde pela North Circular ligando o mercado de gado ao cais do porto o valor dispara.
>
> Cabeça calva na janela. Velho esperto. Perda de tempo perguntar se ele quer botar anúncio. O fato é que ele entende do negócio dele como ninguém. Lá está ele, esse Larry, encostado na lata de açúcar, em mangas de camisa, vendo o empregado de avental limpando o chão com balde e esfregão. O Simon Dedalus imita ele igualzinho, os olhos revirados. Sabe o que eu vou lhe dizer? O quê, sr.

O'Rourke? Sabe o quê? Esses russos, os japoneses traçam eles no café da manhã.

Entrar e trocar umas palavrinhas: sobre o funeral talvez. Que coisa, coitado do Dignam, não é, sr. O'Rourke.

Virando em Dorset Street disse com voz alegre pela porta aberta:

— Bom dia, sr. O'Rourke.

— Bom dia pro senhor também.

— Beleza de dia.

— É mesmo.[34]

Aqui o contraste entre as dimensões é direto: a substância das observações de Bloom, de suas especulações e lembranças — sustentadas por um mínimo fio narrativo —, é um intercâmbio ativo, uma comunhão, mesmo, dentro da fala imaginada, enquanto na realidade o que é dito quando ele chega ao bar é vazio e externo: aquilo em que as convenções tradicionais se transformaram. A realidade substancial, a variedade viva da cidade, está na mente do caminhante:

Ele caminhava ao longo do meio-fio. Rio da vida [...]

[...] Plenacidade sumindo, outra plenacidade surgindo, sumindo também: outra surgindo, sumindo. Casas, fileiras de casas, ruas, quilômetros de calçadas, tijolos, pedras empilhadas. Trocando de dono. Este, depois aquele. Proprietário não morre nunca, diz-que. Outro ocupa o lugar dele quando ele recebe a notificação do despejo. Compram o lugar com ouro mas continuam com todo o ouro na mão. Alguma trapaça aí. Empilhadas nas cidades, desgastando-se com o passar dos séculos. Pirâmides de areia. Construídas à base de pão com cebola. Escravos. Muralha da China. Babilônia. Sobraram pedras grandes. Torres redondas. No mais, só entulho, subúrbios esparramados, tudo feito a tapa, as casas-cogumelos de Kerwan, feitas de vento. Abrigo para a noite.

Ninguém é nada.[35]

A originalidade de Joyce nesses trechos de sua obra é notável. É uma inovação necessária para que esse modo de ver — fragmentado, promíscuo, isolado — possa concretizar-se nos sentidos, em uma nova estrutura de linguagem.

A genialidade de *Ulysses* está na dramatização de três formas de consciência (três personagens, três caracteres) — Bloom, Stephen e Molly. A interação entre eles, mas ao mesmo tempo a falta de conexão entre eles, é a tensão da própria composição da cidade. Pois o que cada um representa para o outro é um papel simbólico, e a realidade à qual eles talvez venham a relacionar-se não é mais um lugar e um tempo, apesar da preocupação do autor em datar aquele dia em Dublin. É um padrão abstraído — mais exatamente, imanente — de homem e mulher, pai e filho; uma família que não é uma família, nascida do contato, da procura mútua, através de um mito e uma história. A história não está nessa cidade, mas na perda de uma cidade, a perda dos relacionamentos. A única comunidade cognoscível está na necessidade, no desejo, das formas de consciência aceleradas e separadas.

No entanto, é preciso dizer também que, tal como vemos essa nova estrutura, a comunidade humana mais profundamente sentida é a própria linguagem. Há um paradoxo no fato de que em *Ulysses*, em meio a suas situações de perda e frustração, há não apenas procura mas também descoberta: de uma linguagem cotidiana, ouvida com uma clareza jamais atingida anteriormente no romance realista; um fluxo positivo daquela fala humana mais ampla, até então filtrada pelas convenções sociais dominantes: convenções de separação e redução, na história real. A grandeza de *Ulysses* reside nessa comunidade de fala. É nisso que difere de *Finnegans wake*, em que uma voz única — a voz que se propõe a falar por tudo e todos, "Here Comes Everybody" — leva a dissolução a uma mudança em que as tensões já evidentes nas últimas seções de *Ulysses* (antes do monólogo final) são tão acentuadas que o intercâmbio de vozes — públicas e privadas, as vozes de uma cidade ouvidas e entreouvidas — é substituído por uma linguagem isolada universal, substituta. Se *Ulysses* era o clímax, *Finnegans wake* é a crise do desenvolvimento que vimos levantando: do romance e da cidade; o romance do homem em "ato, pensamento e fala".

Esse desenvolvimento, porém, tem um outro significado. Ele nos leva de volta à observação de Hardy, para quem em Londres

> cada indivíduo tem consciência *de si próprio*, mas ninguém é consciente da coletividade como um todo.[36]

A intensa autoconsciência, a subjetividade perceptual, foi, como já vimos, desenvolvida de forma muito poderosa, enquanto modalidade literária. Está diretamente relacionada não apenas ao chamado "fluxo de consciência" ou "monólogo interior" mas também àquela versão modernista do "simbolismo", na qual o isolamento e a projeção de objetos significativos é uma consequência da subjetividade separada do observador. Esses processos compõem uma reação poderosa àquilo que se entende, até mesmo convencionalmente, como experiência urbana; mas, mesmo quando mantidos em níveis que parecem ser diretamente estéticos, estão profundamente ligados aos modelos subjacentes de vida e sociedade — tão claramente, em última análise, quanto estão quando se sobrepõem de modo explícito a versões ideológicas de um isolamento, uma alienação e uma perda de comunidade essenciais. Assim, é irônico que a maioria das versões modernas do passado rural sejam elementos convencionais e subsidiários justamente desses métodos e ideologias: projeções retóricas da conexão, da comunidade ou da crença.

Porém há ainda outro tipo de desenvolvimento, mais relacionado a Joyce. Dados os fatos do isolamento, de uma subjetividade aparentemente intransponível, reaparece uma "consciência coletiva", mas sob forma modificada. Trata-se da "consciência coletiva" do mito, o arquétipo; o "inconsciente coletivo" de Jung. Nessas subjetividades intensas, pressupõe-se uma "comunidade" metafísica ou psicológica, e caracteristicamente, ainda que apenas em estruturas abstratas, ela é universal; os termos médios das sociedades reais são excluídos, por serem efêmeros, superficiais ou — na melhor das hipóteses — contingentes e secundários. Assim, uma perda de reconhecimento e consciência sociais é, de certo modo, transformada em qualidade positiva: uma condição da compreensão e da percepção. Faz-se, então, uma ligação direta entre subjetividade intensa e uma realidade atemporal: uma é um meio para chegar-se à outra, e os termos alternativos não passam de elementos perturbadores. O problema, historicamente variável, de "indivíduo e sociedade" ganha uma definição nítida e específica, na medida em que "sociedade" torna-se uma abstração e o coletivo só flui através dos canais mais voltados para o interior. Não apenas as experiências comuns de isolamento aparente mas também toda uma gama de técnicas de autoisolamento são então reunidas para dar sustento à experiência paradoxal de uma coletividade em último grau, além e acima da comunidade. As versões sociais da comunidade são vistas como variantes do "mito" — o significado codificado — que, sob uma ou outra de suas formas, é a única consciência coletiva a que se tem acesso. Existe uma linguagem de mente — muitas vezes, mais estritamente falando, do corpo —, e existe essa linguagem universal pressuposta. Entre elas, enquanto coisas, enquanto signos, enquanto material, enquanto agentes, ficam as cidades grandes e médias e as aldeias: sociedades humanas concretas.

No século XX, tem havido um conflito profundo e confuso, não solucionado, entre esse reaparecimento do coletivo, em suas formas metafísicas e psicológicas, e aquela outra reação, também dentro das cidades, que em novas instituições e novas ideias e movimentos sociais propõe-se a criar o que Hardy e outros julgavam nelas faltar: uma consciência coletiva capaz de ver não apenas os indivíduos mas também os relacionamentos entre eles, alterados e em processo de alteração, e de, ao ver os relacionamentos e suas causas sociais, encontrar meios sociais de transformação.

De fato, foi nas cidades que surgiram estas duas grandes ideias transformadoras modernas: o mito, em suas formas variáveis, e a revolução, em suas formas variáveis. Cada uma delas, sob pressão, propõe-se a converter a outra segundo seus próprios ditames. Porém é melhor encará-las como reações alternativas, pois em milhares de cidades, ainda que de modo confuso, elas vivem num conflito acirrado, direto e necessário.

21. O HOMEM DO CAMPO DE HOJE

A Inglaterra rural tornou-se subsidiária, consciente de que o era, a partir do final do século XIX. Não obstante, uma parte tão grande do passado rural, de seus sentimentos e sua literatura, estava ligada à experiência rural, e tantas de suas concepções a respeito da boa vida, desde o estilo da mansão senhorial até a simplicidade da cabana, persistiram e foram até mesmo fortalecidas, que chega quase a haver uma proporção inversa, no século XX, entre a importância relativa da economia rural atuante e a importância cultural das ideias rurais. Isso influenciou as formas de expressão e de desenvolvimento das ideias, porém trata-se de uma influência complexa, que inclui resultados positivos e negativos.

Podemos isolar três linhas principais, todas elas complexas. Temos a persistência e o desenvolvimento do que veio a ser chamado de romance "regionalista", em parte derivado de George Eliot e Hardy, mas com uma limitação de alcance significativa. Porém esse quadro é complicado, conforme veremos, pela persistência e degeneração do romance centrado na mansão senhorial. Temos, em seguida, um desenvolvimento, talvez originado em Meredith, de sentimentos a respeito da terra e da vegetação natural que, em uma de suas modalidades, dá prosseguimento à descrição de paisagens e à poesia da natureza, na linguagem verde de Clare, mas que, em outra modalidade, é uma imagística dos relacionamentos humanos, especialmente do amor e do desejo. Em terceiro lugar, e superpondo-se em parte à descrição da natureza, temos uma tendência importante representada por memórias, observações e descrições da vida rural, muitas delas dominadas pela consciência do desaparecimento do passado, nesse sentido aproximando-se das coleções de relatos tradicionais ou mesmo folclóricos; outras, no entanto, destacam a utilização e a destruição da terra, as relações com um mundo natural ameaçado e as condições de um meio ambiente humano. Em nenhuma dessas três linhas podem-se fazer julgamentos simples. De fato, muitos dos problemas vão surgir porque sentimentos verdadeiros e falsos, ideias verdadeiras e falsas, visões históricas verdadeiras e falsas encontram-se um bem perto do outro, muitas vezes dentro da mesma obra.

Uma forma claramente decadente pode ser identificada de saída. Já se evidencia no mundo centrado na mansão senhorial de *Daniel Deronda* que uma forma nova e fraca está surgindo: um mundo centrado não na terra, mas no capital. Porém há uma transformação evidente, por exemplo, nas mansões senhoriais de Henry James, que se tornaram cenários para reuniões festivas de um grupo social metropolitano e internacional, de um drama social mais geral. E não é que Henry James force essa diferença; a vida que ele via, muitas vezes de modo crítico, de fato existia. Sua dimensão determinante não é mais a terra, e sim o dinheiro; casas, parques e móveis são, agora, explicitamente objetos de consumo e troca. As pessoas pechincham, exploram e usam umas as outras, e essas casas são o cenário de sua ambição e suas intrigas. O dinheiro adquirido fora do meio rural é um tema explícito e dominante. O cultivo social, que em Jane Austen ainda está associado ao processo geral de melhoramento, é agora um complexo processo, que decorre de uma sociedade maior. O capital isolado, a renda isolada, o consumo isolado, o intercâmbio social isolado habitam e abandonam, visitam e esvaziam essas casas convertidas, que sobrevivem por acaso. Um processo interno de capitalização, consumo e indiferença em relação aos vizinhos tornou-se externo e móvel, acentuando todos os seus vícios inerentes. As casas são locais onde ocorrem eventos preparados fora delas, e que continuam a desenrolar-se fora delas, de modo transitório e complexo.

Há quem afirme que James não conheceu nem entendeu o melhor da sociedade das mansões senhoriais inglesas, mas a meu ver ele a conhecia muito bem. Pois a superfície, a fachada, de uma forma de vida bem diferente era agora a realidade. Era possível, naturalmente, isolar essa fachada do meio exterior, concentrar-se meticulosamente em suas involuções internas, tal como fizeram Ivy Compton-Burnett e alguns outros sucessores. Na maioria das vezes, contudo, a fachada é apresentada de modo cada vez mais grosseiro, enquanto as ansiedades morais de James são reduzidas a uma transitoriedade e complexidade mecânicas. Agora, quem quisesse isolar os relacionamentos humanos podia atuar dentro desse cenário convencional, teatral, isolado. Na nossa geração encontramos alguns exemplos ridículos de romances desse tipo que se pretendem sérios. Encontramos também algumas idealizações conscientemente reacionárias dessa classe imaginada e da sua forma de vida, como em Evelyn Waugh.

Mas o verdadeiro destino do romance da mansão senhorial foi transformar-se na história de detetive pequeno-burguesa. Foi justamente por ser uma abstração e, ao mesmo tempo, uma sobrevivente superficialmente importante do passado que a mansão senhorial pôde ser transformada no lugar onde era reunido e isolado um grupo de pessoas cujas relações imediatas e transitórias podiam ser decifradas através de um método abstrato de detecção, sem necessidade da análise plena e encadeada de uma forma de compreensão mais geral. Às vezes, a fórmula é um mero instrumento, como em Agatha Christie e outros. Às vezes, como em Dorothy Sayers, ela aparece em combinação com fantasias pequeno-burguesas a respeito da natureza humana dos habitantes tradicionais das mansões senhoriais. Fora isso, porém, a tradição reduz-se a móveis velhos, árvores velhas e um ou outro fantasma. A meu ver, é perfeitamente adequado que uma forma de análise dos relacionamentos humanos nascida em Baker Street, nas neblinas da cidade transitória, tenha encontrado uma residência temporária nessa forma de vida reduzida a uma fachada, antes de reencontrar seu lugar verdadeiro nas ruas. Pois a mansão senhorial, enquanto pôde conservar sua força emocional, era mesmo o cenário adequado para uma opacidade que pode ser penetrada numa dimensão única: todas as questões concretas de relacionamentos sociais e pessoais são deixadas de lado, a não ser por sua capacidade de instigar uma decifração instrumental. Muito recentemente, ela voltou a ser utilizada, como centro de planejamento de crimes, ou de espionagem, ou de polícias secretas. Mas a questão é que a mansão senhorial, no século XX, possui esta qualidade de disponibilidade abstrata e indiferença de função. No mundo real, essas casas podem ser qualquer coisa — escolas e faculdades, hospitais, casas de campo de empresas, escritórios de propriedades e museus públicos. Analogamente, no plano emocional, podem ser centros de um poder isolado, de suborno ou intriga, ou dos chamados "símbolos de *status*" — isto é, as abstrações — do sucesso, do poder e do dinheiro adquiridos em outro lugar, que, de modo conveniente, não são enfocados. Não caberia lamentar o triste fim das mansões senhoriais; pelo contrário, é um fim adequado. As características essenciais sempre existiram, e boa parte do processo histórico que transformou essas casas teve origem nelas, em sua função original e duradoura de centros de dominação e alienação.

Em Meredith, a mansão senhorial já está em situação precária: a imagem tradicional interage com o reconhecimento crescente da confusão e da culpa. O radicalismo genuíno de Meredith começou e terminou dentro dessa dimensão. Mas em suas margens desenvolveu-se um fenômeno mais interessante: uma versão das virtudes da "gente simples". Desde o início, essa postura era ambígua, como havia sido em trechos de George Eliot. Meredith foi muito influenciado por uma das piores coisas que ela escreveu: um ensaio publicado em 1856, intitulado "The natural history of German life", que tem recebido atenção na crítica recente. Analisando Riehl, George Eliot passa para uma descrição do "camponês" que veio a ter uma influência interessante.

> Para ele, o costume substitui o sentimento, a teoria e, em muitos casos, a afeição. [...] O camponês jamais questiona a

> obrigatoriedade dos laços de família — não questiona costume algum —, mas o afeto terno, tal como é encontrado na parte mais refinada da humanidade, é para ele algo quase tão estranho quanto mãos brancas e unhas em forma de avelã.[1]

A transição direta da Alemanha para a Inglaterra, onde não havia "camponeses", já é problemática. O mais importante, contudo, é que essas frases desdenhosas dão forma a uma figura convencional que nunca mais desapareceu, com seu jeito grosseiro. Grosseiro, porém honesto — é o que normalmente se alega. Ele não é a figura simples e natural de Wordsworth; ele é algo que em breve será comparado às forças da natureza. Rude terra, rude luta com a natureza, rudes sentimentos, rude honestidade. Ainda é possível olhá-lo com desdém, do modo como Maugham viu Hardy: "rosto de camponês [...] estranho ar telúrico". Porém, ainda que não o saiba, ele tem um destino romântico. Que representam as mãos brancas e as unhas em forma de avelã em comparação com esses braços fortes, queimados de sol, esse rosto magro, curtido pelas intempéries, esse conhecimento íntimo do crescimento apaixonado que se manifesta nos touros e no trigo?

Em seus romances, Meredith dá mais ênfase às limitações; o homem do campo é duro, teimoso, resistente, confinado. Mas as virtudes da Terra, no novo sentido fértil da palavra, estavam prestes a brotar. Quem lê *Rhoda Fleming* antevê o esboço de muitos romances posteriores, mas quem lê os poemas já ouve o novo ritmo:

> *Ensina-me a sentir em mim*
> *A árvore e não a folha seca.*
> *Eu, que estou fixo, aguardo o escuro fim.*
> *Ó verde e frutuosa Terra!*
> *Mãe bacante, severa com aquele*
> *Que do teu seio gaio se desterra;*
> *Morte não temo, amando-te assim* [...]
> [...] *A Terra não vê desolação*

Porém pressente vida nova
No úmido odor de podridão.[2]*

Essa passagem é da "Ode to the spirit of earth in autumn". Essa postura, como tantas, deve muito a Wordsworth e aos primeiros românticos; no entanto, está se transformando numa ação nova e mais sugestiva, como vemos de modo significativo em "Modern love":

Mas na amplidão da terra, ao cair da tarde,
Nossos espíritos cresciam, lado a lado.
O instante era mulher pra mim, pra ela amado.[3]**

E também em sua coletânea *A reading of the earth*:

Ela peneira, ela peneira forte,
E o escolhido afunda em sua fonte.[4]***

Compreendemos assim o que Charles Sorley tinha em mente quando afirmou, em 1912, contemplando o passado:

> Tennyson é particularmente pueril e superficial quando canta a natureza, a terra. Não demorou para que ele aprendesse nos belos espartilhos da verborragia aliterativa. Meredith foi o primeiro a romper essa barreira e descobrir a verdade da natureza.[5]

* Teach me to feel myself the tree/ And not the withered leaf./ Fixed am I and await the dark-to-be./ And O, green bounteous Earth!/ Bacchante Mother! stern to those/ Who live not in thy heart of mirth;/ Death shall I shrink from, loving thee? [...]/ [...] Earth knows no desolation/ She smells regeneration/ In the moist breath of decay.

** But in the largeness of the evening earth/ Our spirits grew as we went side by side./ The hour became her husband and my bride.

*** She winnows, winnows roughly; sifts/ To dip her chosen in her source.

Essa relação consciente com a Terra, com sua fusão entre a imagística agrária e a sexual (ver as descrições da terra sendo arada e das vacas sendo ordenhadas no primeiro capítulo de *The rainbow*, de Lawrence), veio a tornar-se um modalidade dominante; dominante, também, no sentido específico em que a imagística é masculina, em relação à Terra feminina. A base emocional para a figura do amante camponês e rude, as paixões profundas dessa vida telúrica, encontra-se aqui, mas é apenas uma de suas facetas.

Pois havia também projeções sobre figuras rurais observadas, que eram aguçadas pelo tradicional contraste com o materialismo frenético das cidades. Uma grande distância separa a simplicidade das figuras bucólicas observadas por Wordsworth daquelas que Meredith viu:

Jane, viúva de um rude aldeão,
Viveu um dia uma revelação:
Estremeceu-lhe o corpo de repente,
E transformou-se numa harpa vivente,
Que o vento dedilhava, e ela ouvia
Onde nem música nem voz havia.[6]*

Mas essa consciência silenciosa do corpo físico, essa liberação de energia natural em oposição às frustrações de uma civilização mecânica, calou fundo numa imaginação confusa. Tinha-se o ato físico simples, a vida palpitante da terra, e tinha-se também, igualmente disponível, a volta à natureza, a fusão tranquilizadora com ela:

Imerso neste mundo mercenário,
Onde o Dinheiro ruge qual vulcão,
Eu só queria ter o necessário,
Entre os simples viver com meu quinhão.[7]**

* A revelation came on Jane,/ The widow of a labouring swain:/ And first her body trembled sharp,/ Then all the woman was a harp/ With winds along the strings; she heard/ Though there was neither tone nor word.

** Imbedded in a land of greed,/ Of Mammon-quakings dire as Earth's,/ My care was but to soothe my need;/ At peace among the littleworths.

Assim, o campo como lugar de trabalho estava voltando a ser — porém de modo diferente — um lugar de regeneração física e espiritual. Agora, tinha-se a vida palpitante da natureza isolada, ou o ritmo sazonal dos processos vitais básicos. Em si, nenhum desses sentimentos era novo. O que havia de novo era a fusão dos dois de modo a originar uma estrutura de sentimentos em que a terra e suas criaturas — animais e camponeses quase em pé de igualdade — constituíam uma afirmação de vitalidade e da possibilidade de repouso conscientemente contrastada com a ordem mecânica, as rotinas artificiais, das cidades. A versão mais forte dessa atitude era um panteísmo socialmente adaptado. A versão mais estranha era um deslocamento da sexualidade, na confusa trajetória do processo de libertação no período vitoriano: uma imagística de transição, na qual o ato de arar era sexual, um canteiro de campainhas era um seio: as duas atividades não chegavam a ser descritas, os dois objetos não chegavam a ser vistos; a intensidade fazia parte do segredo confuso. Mas do lado da dúvida ficava a morbidez fria do dinheiro e da cidade; propriedade, repressão, feiura; a frustração das convenções e rotinas mundanas.

O que veio a ser chamado de romance regionalista não é apenas isso, porém a metáfora rural-sexual é uma presença constante, ainda que subterrânea: em Lawrence, evidentemente; em T. F. Powys, embora suas fábulas situem-se numa dimensão de observação mais irônica; em toda uma série de romances de paixões submersas em paisagens; e numa vigorosa tradição de histórias rurais licenciosas. Lawrence e Powys tinham interesses mais amplos, mas nas formas mais óbvias vamos encontrar uma verdadeira dissolução, seguida da exploração, de uma realização oitocentista. Alguns dos exemplos mais vulneráveis foram vítimas da paródia óbvia de *Cold Comfort Farm*,* mas não é fácil falar sobre essa obra curiosa. Os gestos excessivos de al-

* Obra de Stella Gibbons, publicada em 1932, em que a autora parodia as convenções do romance regionalista inglês. (N. T.)

guns dos romances regionalistas conduziram diretamente a esse tipo de sátira, mas ela também explora uma certa intranquilidade suburbana, uma tensão entre atração e repulsa, um humor frágil que é uma espécie de evasão através de caricaturização. *Cold Comfort Farm* é normalmente mencionado como parte de um grupo indeterminado de obras escritas por mulheres — Mary Webb e Sheila Kaye-Smith são alguns dos nomes mais óbvios — mas na verdade deveria ser lido ao lado de *Wuthering Heights*, *Adam Bede* e *Tess of the D'Urbervilles*, por exemplo. Pois, ao compararmos sintoma com sintoma — romantização com paródia — em vez de investigarmos as causas de uma perda de realidade comum aos dois, facilmente perdemos de vista os fatos.

Em parte, trata-se apenas da perda de um mundo verossímil compartilhado. O grau de isolamento que nos romances oitocentistas é uma realidade pode facilmente tornar-se, em seus sucessores aparentes, um artificialismo. *Wuthering Heights* não seria o que é, com sua tensão verdadeira, se só existisse Wuthering Heights e não Thrushcross Grange. George Eliot e Hardy, com as dificuldades que vimos, admitiram e exploraram a tensão de uma sociedade cada vez mais intrincada e interdependente: não apenas as transformações trazidas pela urbanização e a industrialização mas também a nova mobilidade social, bem como as ideias e a educação de uma cultura em expansão. Nos seus momentos mais fracos, que devem ser encarados como um reflexo de defesa, o romance "regionalista", ao excluir tudo que não seja a região escolhida, excluía não apenas outros lugares como também aquelas forças sociais e humanas profundas que estavam explicitamente ativas na região em questão. Havia uma tendência persistente no sentido de fugir para as extremidades da ilha, para a Cornualha ou para Cumberland, onde isso poderia parecer mais plausível. Mas, assim como o Dorset de Powys, quase duas gerações depois de Hardy, é uma abstração deliberadamente imaginada num tempo longínquo, fora do tempo, mais remoto do que qualquer coisa encontrável em Hardy, assim também, nessas paisagens observadas com mais cuidado e, muitas vezes, com mais paixão, é excluído aquilo que — para dar apoio à metáfora natural e ao contraste com a cidade — tem de ser encarado como estranho. Quando esse elemento é incluído de forma clara, tal como ocorre em Francis Brett-Young, é apenas enquanto ponto de partida, uma base a partir da qual se explora o "intacto"; veja-se *Mr. Lucton's freedom*. Os lugares amados são os lugares "intactos", e ninguém concorda com essa afirmação com mais veemência do que aqueles que vivem nos lugares "estragados".

Por vezes essa atitude é inocente, ao menos em intenção; de certo modo, quanto mais completa a exclusão imaginária, mais convincente a concentração simples. Mas há, em certos casos, uma posição muito diferente, que de um ponto de vista social em muito se assemelha ao modo como foram recebidas as crianças evacuadas das cidades bombardeadas durante a Segunda Guerra Mundial. Sob o fascínio das pastagens, os habitantes da cidade são encarados como grosseirões e crianças endiabradas: não apenas devido a coisas óbvias como lixo urbano, danos à natureza e barulho, mas também às formas sociais mais profundas do ódio à multidão, aos sindicatos, aos destruidores da "Velha Inglaterra". Isso seria mais aceitável se, dentro da visão rural, a exclusão de transformações reais, que ocorriam nessas mesmas pastagens, não fosse tão completa. Mas a vida rural não servia apenas como imagem das paixões naturais. Ela tornou-se também a sede do reacionarismo inconsciente e, em seguida, de modo mais agressivo, daquele reacionarismo consciente que ou era uma atitude militante de *tory* instalado no campo ou, em um ou dois casos significativos, algo que se aproximava do fascismo ou a ele se associava.

A Inglaterra rural sobrevivente merecia coisa bem melhor que isso. De modo geral, no entanto, os romances foram decepcionantes, ainda que possamos encontrar o que há de melhor no romance regionalista em Constance Holme, em *The lonely plough*, onde vemos uma tensão significativa entre a perspectiva por ela definida como "os verdes portões da visão" — uma forma sobrevivente autêntica, porém especializada, da linguagem verde de Clare — e uma observação cortante, definidora e observada das pessoas e eventos que, embora voltada para objetos rurais, na verdade, enquanto perspectiva e tom, pertence a um outro mundo social: a linguagem do observador de classe média.

Mas a descrição de paisagens campestres e gente do interior se realizou com mais sucesso nos diários e memórias. Quando lemos *A shepherd's life* ou *Far away and long ago*, de W. H. Hudson, encontramos uma simplicidade e uma intensidade de visão vigorosas e autênticas, sempre moduladas pelo pensamento. Assim como lemos a imagística telúrica de Meredith, Forster e Lawrence, ou o animismo simples de alguns dos georgianos,* vale a pena reler o capítulo "A boy's animism" de *Far away and long ago*, em que a força do impulso, algo que é sempre vulnerável no contexto de um humor urbano forçado, é registrado, reconsiderado e modestamente pesado de modo tão convincente que o leitor, em vez de entregar-se de forma acrítica ao texto ou rejeitá-lo e parodiá-lo de modo igualmente acrítico, começa a estabelecer ligações entre o texto e experiências que em muitos casos já viveu e ainda relembra: experiências que precisam ser descritas e encaradas dentro do espírito de Hudson.

É também dessa maneira que devemos reler os georgianos. Há neles muito de vulnerável, porém a definição crítica tem de ser feita com muito cuidado. Há, naturalmente, fraquezas evidentes e memoráveis, dentro da modalidade que vimos tomar forma em Meredith. Em Abercrombie, por exemplo:

Passou por um arbusto espinhoso
E um ramo lhe cingiu o seio, ansioso
Por rasgar-lhe o vestido e abrir feridas
Nas alvas virgindades escondidas.[8]**

* Isto é, os autores — principalmente poetas — do reinado de Jorge V (1910-36). (N. T.)

** As an unheeded bramble's reach she crost/ Her breast a spiny sinew did accost/ With eager thorns, tearing her dress to seize/ And harm her hidden white virginities.

Os gestos maiores do arbusto espinhoso como símbolo de culpa, ou do céu como "a grande cerimônia azul", são ainda mais significativos. É o que acontece em "Moonlit apples", de John Drinkwater, quando as maçãs enfileiradas no alto da casa se tornam, com uma certa inevitabilidade, as "maçãs enluaradas dos sonhos" e têm

em ramos de pomares
Encontros amorosos com a lua.[9]*

Trata-se de uma conjunção específica do corriqueiro e coloquial com uma espécie de fantasia pusilânime. A observação concentrada de pessoas e coisas se dissolve, sem transição, em formas de fantasia que no final revelam-se, de fato, historicamente mais significativas. Porém é melhor observar esse fenômeno na parte mais forte do movimento: em Edward Thomas, por exemplo.

Em sua prosa, Thomas deu prosseguimento — com certas modificações — a algumas das modalidades de observação que vimos em Jefferies (se bem que num contexto rural economicamente menos ativo). Ele compreendia o enfoque de Cobbett, embora estivesse mais diretamente ligado ao mundo de Stevenson e Borrow, o qual remonta, em suas formas mais simples, a Gilpin. Esse amálgama de impulsos contraditórios — que, mantido por um breve instante, é a essência do georgianismo — aparece com muita clareza na prosa de Thomas.

> Embora já tenha quase setenta anos, é rijo e aprumado, e passa a maior parte do tempo a cavalo, com seu rosto calmo de arenito, de feições largas. [...]

Temos aí uma observação desenvolvida; apenas "rijo" atua em sentido contrário. Porém, antes mesmo de terminar a frase, o fazendeiro

* on orchard boughs/ They keep tryst with the moon.

> [...] traz à mente a imagem de um Centauro. [...] Trinta séculos atrás um tal homem, vivendo numa harmonia tão extraordinária com a terra, ficaria na memória dos homens como um semideus ou o favorito dos faunos. [...] Seus chistes banham o recinto ou a vereda na luz de uma Idade do Ouro. [...]

Só que (mas haverá mesmo contradição?) ele

> então se vira sem suspirar e sorve um grande gole de sidra no celeiro fresco. Ele levanta-se bem cedo e, no entanto, chega ao campo tão alegre quanto estava ao deitar-se.[10]

Nesse trecho, de *The heart of England*, vemos o âmago do problema dos georgianos. A observação é muitas vezes clara e intensa, mas à medida que vai se formando a atmosfera há uma irrupção de imagens estranhas: aquele conjunto de ideias a respeito do "rural" e do "bucólico", filtradas através de uma versão da tradição clássica, tão diferente de qualquer manifestação da literatura rural clássica, mas que, nas primeiras décadas do século XX (com algumas extensões que sobrevivem até nossa época), representava uma convicção intelectual profunda, ainda que convencional: uma lente levada, com um gesto calculado e orgulhoso, ao olho observador e honesto. Faunos, Pã, centauros, a Idade do Ouro, pastores, Lícidas, zagais, rijos camponeses, igrejas, passado imemorial, semideuses, presenças, o ritmo atemporal das estações. Se não tivesse sido vivenciada, como parte de um processo que podemos levantar, essa extravagante justaposição seria impossível de deduzir. "Volta à terra" era o slogan que já vinha sendo repetido por alguns dos opositores da industrialização. Mas, quando os poetas georgianos se instalaram perto de Ledbury e começaram a publicar *New Numbers*, o que se viu foi algo diferente: uma fuga da cidade, certamente; uma apreciação honesta da beleza e tranquilidade do campo; um respeito pelo trabalho. Já houvera um caso significativo: a carreira de Edward Carpenter. Homem sensível, abandonara os privilégios de sua classe e um intelectualismo rotineiro em troca da simplicidade e de uma ligação com a vida comum: uma sensibilidade voltada para o simples e o espiritual; a democracia, o socialismo e a educação popular, que era necessário levar aos pobres; a liberdade sexual e, no mesmo movimento, uma sexualidade da natureza, deslocada.

Tais homens *vieram* para o campo: essa é a questão crítica. Seus nervos já estavam tensos, suas mentes já estavam formadas. Jonson vira dríades nos bosques de Kent, porém o fizera de modo convencional, livre de tensões. Esses homens de agora estavam tensos; por isso haviam ido para lá. E esse impulso estava ligado, como ainda está, às vidas de tantos outros: a experiência concreta do que estava sendo rejeitado. Se eles pudessem chegar ao campo e simplesmente olhar, o que às vezes acontecia, as coisas teriam se dado de modo diferente. Contudo, trouxeram consigo das cidades, e das escolas e universidades, uma versão da história do campo que foi misturada, numa combinação extraordinária, com uma interpretação literária traduzida e remota. O passado honesto, o espírito pagão: essa ligação foi feita não apenas pelos georgianos mas também por duas ou três gerações de intelectuais e observadores de formação literária. E esse fato não teria tido tanta importância, não teria influenciado tantos homens e tantas modalidades diferentes, se não tivesse atualizado nessa literatura — a única largamente difundida — o que se via — dessa perspectiva, através e para além dela — de uma realidade rural ainda presente e atuante na Inglaterra.

> O homem do campo está morrendo, e quando ouvimos sua voz, tal como ocorre no *Betteswort book* de George Bourne, ela é para nós algo mais estrangeiro do que o francês.[11]

Esse tom melancólico, tão frequente, é importante pela referência feita a obras como a de Bourne; que apresentam registros detalhados para o uso de terceiros. A verdadeira população campesina era realmente uma minoria: a agricultura passara a ocupar uma posição marginal. Mas essa outra modalidade elegíaca, neobucólica, foi estabelecida; era isso que os escritores diziam um para o outro, que os críticos diziam um para o outro, citando trechos de livros como o de Bourne.

Quando *New Numbers* estava sendo criada em cabanas na região de Ledbury, as pessoas da família de minha mãe trabalhavam em fazendas dessa área; ouvi muitas delas falando. Para mim, suas vozes não eram "algo mais estrangeiro que o francês", nada tinham de estrangeiro naquela comunidade rural economicamente ativa. Na verdade, eram bem menos remotas do que os centauros e a Idade do Ouro. Mas, se para alguns as vozes dessa gente não passavam de fala de caipiras, os poetas de *New Numbers* as ouviam — e nem sempre de longe — com respeito, quase com reverência, um sentimento imediatamente modulado por uma esmagadora sensação histórica de perda: a perda dos bons tempos de outrora. As coisas estavam cada vez melhores, dizia sempre minha família: antigamente as coisas eram muito ruins; as aldeias de agora eram menos opressivas e menos miseráveis; agora havia sufrágio, havia trens, havia escolas. Talvez minha família estivesse enganada: algumas coisas estavam fora do alcance de sua experiência. Mas essas pessoas não eram, e não são, personagens de uma decadência. A crise da Inglaterra rural, cujas consequências concretas elas sentiram na carne, não era a crise que fora projetada com base na experiência urbana e universitária. Era uma crise de salários, condições de vida e preços; do uso da terra e do trabalho na terra. Naturalmente, tais argumentos eram ouvidos de longe, como uma reclamação vaga, e muitas vezes inspiravam solidariedade. Contudo localizavam-se numa dimensão muito diferente daquela em que se situavam a perda das dríades e da possibilidade de reencontrá-las. Na verdade — e aqui há uma perda concreta para as duas partes envolvidas —, as pessoas do campo falavam principalmente umas com as outras, e os observadores georgianos, que viajavam pelo campo e ouviam o que elas diziam umas às outras, falavam principalmente uns com os outros. Assim eram as coisas naquela sociedade.

O estereótipo histórico deixou muitos vestígios literários. Penso, por exemplo, no *Lob* de Edward Thomas. Aqui o poeta vê, de modo característico,

> *Um rosto de ancião, que o tempo encheu de ranhuras,*
> *Que tem da noz a aspereza, a cor e a doçura,*[12]*

porém perde contato com o que vê. Quando tenta encontrar o homem novamente, fazendo indagações entre aqueles que talvez o tivessem conhecido, o filho de um proprietário por fim lhe fala de um velho

> [...] *tão inglês*
> *Quanto este portão, essa lama, essas flores,*[13]**

que deu às flores seus nomes locais, que inventou os provérbios locais, que morreu nas batalhas de Waterloo, Hastings, Agincourt e Sedgemoor, e que foi conhecido por todos os nomes do campo, de Robin Hood e Jack Cade a Lob-lie-by-the-fire. Sem dúvida, isso é bem diferente do Estudante Cigano de Arnold*** — uma espécie de intelectual vagabundo —, mas não deixa de ser também uma projeção intelectual: uma versão da história que tem o efeito de suprimir a verdade histórica. Todos os homens do campo, de todas as épocas e condições sociais, fundem-se numa única figura lendária. Os diferentes dialetos de diferentes comunidades rurais — as flores, por exemplo, têm muitos nomes locais diversos — são reduzidos não apenas a um único idioma rural como também têm sua criação atribuída a um inventor lendário, atemporal, visto com mais facilidade do

* An old man's face, by life and weather cut/ And coloured—rough, brown, sweet as any nut.

** [...] English as this gate, these flowers, this mire.

*** No poema "The scholar gypsy", Matthew Arnold conta a história de um estudante de Oxford do século XVII que vai viver entre os ciganos e torna-se imortal, encontrando uma existência serena e pura no seio da natureza. (N. T.)

que qualquer pessoa de carne e osso. E é nesse ponto que a imaginação georgiana fracassa: o respeito pela observação autêntica é sobrepujado por uma fantasia subintelectual — um trabalhador transforma-se num velho imaginário e, em seguida, numa figura onírica em que o trabalho rural e as revoltas rurais, as guerras estrangeiras e as guerras dinásticas intestinas, a história, a lenda e a literatura se misturam de modo indiscriminado, num gesto emocional único. Lob ou Lud, o camponês, pequeno proprietário ou trabalhador rural imemorial: agora essa figura estava estabelecida, e seu nome era Velha Inglaterra. O patriotismo interesseiro do período áureo do imperialismo inglês encontrou sua forma mais adocicada e traiçoeira numa versão do passado rural.

Há uma diferença crucial entre isso e, por exemplo, Hardy:

Só uma fumaça fina a se elevar,
Sem chama, desses montes de capim;
Isto pra sempre há de continuar
Embora dinastias cheguem ao fim.[14*]

Temos aqui a percepção da persistência do trabalho rural, apesar dos acontecimentos aparentemente remotos da história política. Mas a versão georgiana usou a Inglaterra rural como imagem de suas próprias ideias e sentimentos interiores.

Esse tipo de elaboração oblíqua era comum na época, partindo de muitas fontes aparentemente diversas. Tinha-se aquela espécie acrítica e abstraída de antropologia literária, para a qual as narrativas folclóricas e lendas tornam-se parte de um passado não localizado e não histórico; o interesse acrítico pelos mitos, que transformava a terra e as pessoas em um cenário com personagens, nos quais tudo podia ser projetado, com ou sem vestígios de uma formação classicizante. Tinha-se o desenvolvimento extraordinário de uma literatura fantástica com raízes

* Only thin smoke without flame/ From the heaps of couch-grass;/ Yet this will go onward the same/ Though dynasties pass.

rurais, de Barrie e Kenneth Grahame a J. C. Powys e T. H. White, chegando até nossos dias com Tolkien. Tinha-se a definição abstrata e limitadora de "canção folclórica", que em Cecil Sharp baseava-se na forma plena do mito rural dos "vestígios" do "campesinato" e excluía explicitamente, por não fazer parte do "folclórico", as antigas canções dos trabalhadores industriais e urbanos — que não se encaixavam na imagem mas continuavam a criar, numa autêntica cultura popular, aquilo que, para essa época e para essa classe, tinha necessariamente de ser encarado como um mundo perdido. Assim, a questão não é apenas a falsificação da realidade de uma terra e de sua gente: todo um mundo rural inglês, tradicional, que ainda sobrevivia, foi coberto de garranchos, a ponto de quase desaparecer — garranchos que, na verdade, são de autoria de pessoas semiletradas dos subúrbios.

É esse estrago que não pode jamais ser esquecido. E a ironia é que alguns dos responsáveis foram homens que realmente viram a realidade do campo, aprenderam com ela e, como Edward Thomas, tinham por esse mundo uma afeição genuína. Disse o próprio Thomas, a respeito da primeira *Georgian anthology*:

> A antologia mostra muita beleza, força a mistério, e um pouco de magia — muita aspiração, pouco desafio, nenhuma revolta —, e traz à tona com muita inteligência muitos aspectos deste interesse contemporâneo pelo simples e primitivo, tal como é encontrado nas crianças, nos camponeses, nos selvagens, nos homens primitivos, nos animais e na Natureza em geral.[15]

É difícil imaginar uma formulação mais ambivalente que essa. Porém a mentalidade de uma obra como *Lob* não era uma coisa isolada; podemos até mesmo vê-la em formação. O menino da cidade é levado para o campo e lá vê uma mulher empurrando um carrinho:

> Aquela mulher, seguindo alegre, e sagaz, e lenta, era tão estranha e fascinante como qualquer mulher que mais tarde eu viria a encontrar em poemas ou romances, e tão distante de meu mundo quanto uma tal personagem.[16]

Observando e participando do trabalho, ele vê, nas palavras de sua mulher,

> os trabalhadores lentos e vividos, cujo saber lhes viera como vêm aos carvalhos as bolotas, cuja habilidade lhes viera como vem às andorinhas sua arte, satisfeitos com a dura vida que levam tal como os carvalhos e as andorinhas com suas existências.[17]

Assim, o respeito genuíno transformou-se numa forma de elogio que excluía o conhecimento humano, reduzindo os trabalhadores à categoria de seres não humanos, e sim "naturais". Outro exemplo: mais tarde, em suas viagens, Thomas observa

> o ceifeiro, o homem que trabalha em sua plantação de cebolas [...] a própria solidão da estrada já nos preparou para transformá-las em criaturas de sonho. [...] São tão irreais quanto os personagens das poemas bucólicos. [...] Os habitantes mais verossímeis são Mertila, Florimel, Córin, Amarílis, Dorilo, Dóron, Dafne, Sílvia, Aminta e pastores cantando para seus rebanhos. [...][18]

Se isso fosse tudo, poderíamos esquecê-lo. No entanto, há também uma reação mais concreta:

> *A casa de fazenda e seu telhado*
> *De telhas de brilho baço* [...]*

* The steep farm roof,/ With tiles duskily glowing [...].

— uma sensação de paz e estabilidade que mais uma vez, num processo aparentemente inevitável, cai no velho estereótipo:

desde o tempo em que a Inglaterra,
Já velha, tinha a alcunha de Alegre.[19]*

Vez após vez, os poemas demonstram interesse pela maneira como uma coisa vista é captada por essas ideias preconcebidas externas:

Tirou-se a cumeeira do telhado de barro
Que cobre as rutabagas, e o sol bateu
Nas folhas alvas, douradas, roxas, enroscadas,
Virgens de sol.[20]**

Mas, ao mesmo tempo em que essa cena é vista e lembrada, ela é comparada com a descida a um túmulo egípcio, onde "Amenotepe dorme sem sonhos seu sono milenar". Um crítico moderno comentou — e aparentemente se trata de um elogio — que "os signos sutis se acumulam, e por fim o leitor percebe que a cena externa está subordinada a um teatro interior".[21] "Subordinada"? O que é necessário afirmar é que os detalhes observados são, vez após vez, convincentes, e são as convenções do "teatro interior" que quase chegam a destruí-los. Thomas anotou em seu caderno:

> O verde da grama nova de um tom lindo após uma chuva revigorante [...][22]

Quando essa anotação é transformada em um poema, tal detalhe vem, por assim dizer, entre parênteses:

* since/ This England, Old already, was called Merry.

** They have taken the gable from the roof of clay/ On the long swede pile. They have let in the sun/ To the white and gold and purple of curled fronds/ Unsunned.

Verde perfeito lavado mais uma vez.
"A grama nova vai ser bela", disse o estranho,
Um andarilho. Eu, porém, quedei-me imóvel,
Inundado de desejo.[23]*

Há um exemplo mais feliz que ilustra o mesmo processo de desenvolvimento, partindo de uma anotação no diário a respeito de uma trepadeira cujo nome popular é "barba-de-velho" e culminando no poema "Old man" [Velho], no qual a planta transforma-se em memória e perda. O "teatro interior" estava atulhado de velhas histórias e costumes, porém a observação e o sentimento resistiam o tempo todo: em "The source"; em "Haymaking", onde é tão acurada a observação e descrição, a imagem de um mundo fora do tempo —

mais velho que Clare e Cobbett, Morland e Crome[24]**

—, uma referência que parece inevitável, mas agora é vista e entendida como uma aspiração, a verdadeira aspiração: "Todos nós estamos além do alcance da mutabilidade". O sentimento reaparece em "As the team's head-brass": a terra é observada com precisão; os fragmentos de conversas são convincentes:

e pela derradeira vez
Vi os torrões se desmanchando atrás
Do arado e dos bois desajeitados.[25]***

"Derradeira vez" porque Thomas tem de voltar para a guerra, a experiência que lhe gravou na memória essa cena de trabalho cotidiano e paz.

* Drenched perfect green again. 'The lattermath/ Will be a fine one.' So the stranger said,/ A wandering man. Albeit I stood at rest/ Flushed with desire I was.

** older than Clare and Cobbett, Morland and Crome.

*** and for the last time/ I watched the clods crumble and topple over/ After the ploughshare and the stumbling team.

Em "February afternoon", ouvindo os estorninhos, o poeta experimenta uma tensão de sentimentos, entre essa consciência de atemporalidade —

Homens ouviram este rugido [...]
Tal como agora, mil anos a trás[26]*

— e a consciência da guerra, na qual, num sentido diverso, "O tempo escorre ante meus olhos". Por trás das imagens e alusões convencionais, há uma consciência de perda mais profunda, como em "I never saw that land before": o campo imaginado e o real —

O gado, a grama, os freixos desnudos [...]
[...] *Os abrunheiros com feridas vivas*
De um amarelo como o do açafrão
Deixadas pela foice precisa
*Que ontem os cortou***

— e, através de tudo isso, a incerteza real:

Eu nada esperava
Nem lembrava; mas atingi
Alguma meta [...][27]***

Tem-se a consciência de ser levado de volta a uma linguagem oculta, que "não deve ser traída", uma alienação inexprimível. Esse sentimento mais profundo e mais complicado está presente, por fim, em "For these", em que as imagens convencionais do refúgio rural georgiano — "um acre de terra entre costa e

* Men heard this roar [...]/ A thousand years ago even as now.

** The cattle, the grass, the bare ash-trees [...]/ [...] The blackthorns down along the brook/ With wounds yellow as crocuses/ Where yesterday the labourer's hook/ Had sliced them cleanly.

*** I neither expected anything/ Nor yet remembered; but some goal/ I touched then [...]

serra", a casa, o jardim — são esboçadas, mas terminam sendo rejeitadas:

Tais coisas não peço; mas não é cedo nem tarde
Pra que eu almeje apenas o contentamento.
Quero ter o bastante para contentar-me;
Nenhuma ambição maior eu acalento.[28*]

Numa situação-limite, é essa a aspiração mais difícil e mais necessária.

A estrutura subjacente torna-se então clara. Uma crítica de toda uma dimensão da vida moderna era expressa, juntamente com muitas questões gerais necessárias, mas ao mesmo tempo era reduzida a uma convenção, assumindo a forma de uma versão detalhada de uma Inglaterra rural em parte imaginada, em parte observada. Trata-se de uma convenção que, desde então, vem determinando a forma de muitas vidas. Em todo o decorrer do século XX encontramos escritos a respeito do campo que oscilam — às vezes de modo ostensivo, às vezes imperceptivelmente — entre o registro e a convenção, entre a convenção e o registro, até que as duas coisas chegam a parecer inextricáveis. Isso se dá até mesmo nos textos do tipo aparentemente mais simples: as memórias e os diários. O leitor de George Bourne percebe essa fusão de registro detalhado, como em "The wheelwright's shop", em que todas as minúcias de um ofício são observadas, com uma versão convencionalmente simplificada da história, como em "Change in the village". Há alguns documentos insubstituíveis, como *Lark Rise to Candleford*, de Flora Thompson, e uma obra mais recente, *Akenfield*, de Ronald Blythe. Há relatos pessoais mais limitados, como as obras de Adrian Bell, *Corduroy*, *Silver Ley* e *Cherry tree*. Contudo, temos também livros convencionais, em que há duas partes de ideo-

* For these I ask not, but, neither too late/ Nor yet too early, for what men call content,/ And also that something may be sent/ To be contented with I ask of fate.

logia para cada parte de registro, dos quais o exemplo mais óbvio é *The English countryman*, de Massingham. Pouquíssimos escritores que abordaram o campo no século XX conseguiram escapar dessa estranha mistura em que observação, mito, registro e pseudo-história aparecem tão intimamente entrelaçados. Um dos melhores observadores, George Ewart Evans, é o autor do livro do qual extraí o comentário sobre a continuidade que viria desde os tempos de Virgílio, e a ironia desse fato é, para mim, profundamente melancólica. Escritores com quem tenho tanta coisa em comum, em termos de experiência e memória, passam a ser, no instante de uma alusão, os estranhos que não deveriam ser. E a ironia mais profunda reside no fato de que a história verdadeira, na medida em que a conhecemos, viria corroborar de modo muito mais enfático as observações concretas, os sentimentos autênticos, que esses escritores mantêm vivos.

Podemos realizar um teste simples. Se lemos qualquer número de *The Countryman*, esse extraordinário periódico cuja circulação por si só já é um índice significativo, encontramos, numa única convenção, esses diferentes elementos que foram aglutinados. É impossível ler um número qualquer sem aprender algo a respeito de árvores, aves, animais; e não apenas história natural como também muitos fatos a respeito do trabalho rural. Porém vamos encontrar, juntamente com essas coisas, algo muito diferente: uma compilação pequeno-burguesa de pitorescos ditos de roceiros, escritos naquela ortografia convencionalmente deturpada que caracteriza a voz do nativo ouvida de longe. Quem, portanto, são os homens do campo, dentro dessa convenção? Os que contratam trabalhadores e criados, observam os comportamentos dos texugos e produzem frutas. Trata-se, evidentemente, do constructo de uma classe, uma classe que quase se apropriou do conceito de campo. Há uma antologia, *The countryman book*, o exemplo mais perfeito que conheço daquilo em que se transformou a literatura rural dentro dessa convenção: observações e registros precisos; reminiscências rurais de primeiros-ministros; histórias de comunidades; receitas antigas; histórias de bruxas e superstições; cabanas rústicas de escritores; ditos engraçados de roceiros; belas fotografias e pinturas. Em face dessa extraordinária mixórdia, somos tentados a entregar os pontos. O campo teria, por fim, sido absorvido por uma classe, justamente com todas as coisas reais nele incluídas.

Mas isso não é tudo. Havia também outras vozes. Em Swindon, Alfred Williams escrevia a respeito do campo ao mesmo tempo que trabalhava numa estação ferroviária. Suas observações eram mais concretas e mais gerais; em relação ao "dialeto rural", ele comentou:

> A gente da cidade não o fala, porém gosta de lê-lo [...] a gente da aldeia o fala, mas não gosta de lê-lo.[29]

Mais importante ainda é a autobiografia de um trabalhador rural moderno, uma verdadeira preciosidade: *Brother to the ox*, obra de Fred Kitchen, de 1939. Porém, por solicitação da editora, o livro contém, à guisa de prefácio, uma absurda carta de recomendação assinada pelo duque de Portland — à maneira dos antigos protetores nobres dos poetas camponeses. O que é mais notável na obra, para o leitor já habituado às convenções rurais da classe média, é o registro direto de todos os tipos de trabalho rural e de condições de vida no campo, o autêntico amor aos campos e aos seres vivos, sem nenhum dos gestos estereotipados a respeito do passado ou do bucolismo. Fred Kitchen mora em cabanas rurais e fala sobre elas do modo como fala a maioria das pessoas de campo, mencionando inclusive a umidade e as ratazanas. Vive em sua propriedade, numa aldeia onde a mineração é a principal atividade, e apresenta uma visão astuta e positiva de uma comunidade urbana moderna. Descreve o trabalho na estrada de ferro e numa fábrica de coque; embora ele opte pelo trabalho agrícola, mais uma vez sente-se uma continuidade entre os diferentes tipos de trabalho, que foi obscurecida pela convenção. E vê os observadores de seu ângulo: num desses episódios ele diz a um pároco que gosta de ler; o pároco lhe faz algumas perguntas e depois lhe diz, de modo não muito simpático, que ele deve ler os clássicos; Kitchen tenta encontrar na biblioteca uma obra intitulada *Os clássicos*, mas acaba lendo mesmo o que encontra por lá, inclusive Dickens e George Eliot. Em outra passagem, quando se refere ao mundo da cultura, observa:

> Os artistas fazem pinturas agradáveis que mostram o pastor conduzindo seu rebanho por uma encosta gramada, ou contemplando, pensativo, o sol poente, mas não há quadros que mostrem o pastor numa plantação de nabos cheia de lama; o pastor, acompanhado de um garoto, andando na lama do cercado de carneiros, com cestos cheios de nabos cortados; ou o garoto, abaixando-se para limpar as gamelas, levando uma galante chifrada no traseiro, de um bode brincalhão. [...] É esta, pois, a imagem que tenho do pastor, tal como o vi; e, embora haja também uma cabana nesta imagem, ela só pode ser usada como abrigo na hora das refeições.[30]

Com sua veracidade, apresentando os dias difíceis juntamente com os dias bons, as frustrações com as satisfações, *Brother to the ox* representa a voz autêntica do homem do campo de hoje, que sobrevive num mundo basicamente urbano e industrial, que entra e sai desse mundo sem perder os vínculos concretos do trabalho e da comunidade. O que desperta admiração não é apenas a ausência de mitos, alusões e pseudo-história, e sim a percepção do contexto, das maneiras como homens sem terra e sem dinheiro trocam de emprego, numa economia em mutação, sentindo na carne o que normalmente é abstraído, mesmo numa visão histórica verdadeira. Esse é o mundo reconhecível do trabalhador moderno observador e inteligente, no caso um trabalhador rural durante a maior parte de sua vida, mas não toda ela. O mineiro, o trabalhador industrial, o estivador caminham a seu lado, observados com argúcia, sem ideias preconcebidas oriundas de uma outra classe. Nesse contexto, é significativo que, após anos de leitura não dirigida, Fred Kitchen fosse incentivado a escrever numa turma da Associação Educacional dos Trabalhadores, a qual, visando a servir homens como ele, nas minas, fábricas e fazendas, havia iniciado suas atividades nas cidades.

Brother to the ox, um dos pouquíssimos relatos diretos e imediatos da vida de um trabalhador rural a que temos acesso, precisou, nesse sentido, aguardar a chegada do século XX e de um processo histórico diferente. Mas é assim, afinal de contas, que a maioria dos trabalhadores rurais ainda vê sua própria história; desde as feiras de contratação de trabalhadores de que Kitchen participou ainda menino, e das quais não guarda nenhuma saudade, até as leis que regulamentaram os salários dos trabalhadores rurais e a luta incessante por uma existência condigna no campo que caracteriza a maioria da população rural, que não possui terra nem capital. Uma história individual, meticulosamente observada, funde-se com uma história comum, tal como deve ser.

22. DE NOVO A FRONTEIRA

É fácil separar o campo da cidade e, em seguida, distinguir as modalidades de literatura correspondentes: a rural ou regional e a urbana ou metropolitana. A própria existência dessas formas diversas, no século XX, em si já é significativa, como reação a uma história concatenada. Mas há sempre alguns escritores que enfatizam as conexões, e entre eles há uns poucos que veem a transição em si como algo decisivo, na complexidade de uma interação e de um conflito de valores.

Nesse sentido, é interessante traçar uma comparação entre D. H. Lawrence e Lewis Grassic Gibbon. A obra de Lawrence é tão mais abrangente e difundida que, sob certos aspectos, é difícil fazer tal comparação. Porém cada um se entregou, com entusiasmo, a uma versão do movimento do meio rural para o urbano, e ambos revelaram estar ativamente conscientes de uma crise: da existência de uma problemática terra fronteiriça e de fronteiras que era necessário cruzar.

Lawrence foi criado numa atmosfera por ele caracterizada como "uma mistura estranha da velha Inglaterra com a nova": as aldeias de mineiros inseridas em um meio agrícola.

> A vida era um curioso cruzamento de industrialismo com a velha Inglaterra agrícola de Shakespeare, Milton, Fielding e George Eliot.[1]

É interessante e característico o fato de Lawrence ver a "velha Inglaterra" em termos de escritores. Mas ele vivia numa fronteira que não separava apenas as fazendas das minas. Em seu próprio desenvolvimento, que retoma vez após vez em seus escritos, Lawrence estava numa fronteira cultural. A escolha não era apenas entre a fazenda e a mina, mas também entre as duas, de um lado, e o mundo da arte e da educação que se abria, do outro. Nisso ele é um sucessor direto de George Eliot e Thomas Hardy, mas a crise da mobilidade e o processo histórico do qual ela faz parte são, em última análise, vistos de modos bem diferentes.

Em *Sons and lovers*, as duas paisagens, os dois tipos de trabalho, as duas formas de vida, são evocadas de modo direto, porém dentro delas o conflito é interno e subjetivo; é a história de um personagem que cresce e vai embora, que luta no sentido de afirmar sua identidade e adquirir a capacidade de estabelecer relacionamentos dentro do contexto do conflito entre seus pais e o mundo que os frustra. O relacionamento difícil e absorvente com a mãe é tão intenso que termina por sobrepujar a situação mais geral que também foi evocada. No romance seguinte, *The rainbow*, Lawrence parte da situação geral, mas numa versão específica, a qual jamais pode ser separada inteiramente daquilo que aprendeu em sua própria família. Ele acompanha a trajetória da família Brangwen através de diversas gerações até chegar, em Ursula, à velha crise de educação, relacionamento e identidade. Contudo, as formas assumidas por essa crise exercem uma pressão que influencia a maneira como a história é vista.

O capítulo inicial de *The rainbow* é uma leitura muito comovente, mais, se o leitor tem consciência da maneira como o processo histórico havia transcorrido e das abordagens anteriores, ele se dá conta do quanto o capítulo é original e surpreendente. Temos a famosa invocação da vida natural nas gerações de uma família de agricultores:

> O céu e a terra pululavam a seu redor, e como poderia aquilo terminar? [...] Eles conheciam o intercurso entre céu e terra, o sol sorvido pelo seio e pelas entranhas, a chuva sorvida durante o dia, a nudez que é causada pelo vento no outono. [...] Assim eram suas vidas e inter-relacionamentos: sentir o pulso e o corpo da terra, que se abria para o arado e para o grão, e tornava-se macia e maleável depois, e aderia-lhes aos pés com um peso que puxava feito dese-

> jo. [...] Eles montavam em seus cavalos e prendiam a vida entre os joelhos. [...][2]

Essa modalidade é reconhecível. É a imagística sexual da terra e do trabalho agrícola, que vai de Meredith aos romancistas regionalistas. Porém, mais especificamente, é uma imagística sexual masculina, e esse é um fator decisivo nessa versão da história.

> Para os homens, bastava que a terra arfasse e abrisse seus sulcos para eles. [...] Porém a mulher queria uma outra forma de vida que não essa, alguma coisa que não fosse intimidade de sangue. [...] Ela pôs-se em pé para ver o mundo longínquo de cidades e governos, domínio ativo do homem. [...] Virou-se para o lado de fora, para onde os homens moviam-se, dominadores e criativos, tendo eles dado as costas para o calor latejante da criação.[3]

Assim, a vida agrícola já é uma metáfora, mas uma metáfora com uma situação histórica, para um tipo específico de ser: ativo, físico, inconsciente; o corpo em oposição à mente, inseparável dos processos da natureza. Outros homens adotaram essa forma de vida, o "mundo das cidades e governos", "para ampliar seu âmbito, seu alcance, sua liberdade". Olhando para fora do que ela considera um meio natural limitado, a mulher incentiva seus filhos a estudar:

> Era isto, esta instrução, esta forma mais elevada de vida, que a mãe queria dar aos filhos, para que eles também pudessem viver a forma suprema de vida na terra.[4]

Esse sentimento, contudo, já está emaranhado com uma perspectiva de classe: as vidas do vigário e do cura, da esposa do proprietário, são consideradas superiores pela mulher:

> Seus filhos, pelo menos os de seu coração, possuíam aquela natureza completa que devia ocupar seu lugar em pé de

> igualdade com a gente viva e vital da terra, e não ficar estagnada, na obscuridade, entre os trabalhadores.[5]

Isso é apresentado sob a forma aparente de uma narrativa histórica, embora seja difícil não vê-la como uma projeção das atitudes da mãe, tais como Lawrence as descrevera diretamente em *Sons and lovers*. Mas o mais interessante é que muitas das tensões reais da história são retrabalhadas criativamente, de modo a assumir essa forma específica. A vitalidade é vista em ambas as direções ao mesmo tempo: na vida de trabalho físico ativo, sem reflexão, e na mente exploradora. A vocação que leva a essa exploração é irresistível, mas para segui-la é necessário enveredar por uma terra inóspita, feia e vazia: o sistema industrial e seus hábitos mentais mecânicos. O que terminará por substituí-lo será uma nova forma de vida, que há de surgir desse mundo áspero, desintegrado e alienado:

> corpos nus, novos e limpos, nasceriam para uma nova germinação, um novo crescimento.[6]

Porém o que Lawrence tem a dizer jamais pode ser reduzido a uma argumentação. Para ele, o esquema histórico tem importância e é reintroduzido constantemente sob várias formas, mas o que ele tem a dizer diz respeito sobretudo à vida e à morte nos relacionamentos, em que as forças sociais e históricas estão presentes porém são retrabalhadas, transformando-se em formas de vida e morte. Repetidamente, contudo, o industrialismo e as formas de propriedade e posse a ele associadas são encarados como sinais de morte. No entanto, o que se opõe a elas não é, na trajetória de sua obra, uma comunidade agrícola, e sim um primitivismo, às vezes com alguma base social ou histórica, como no caso dos índios do Novo México, porém na maioria das vezes, e de modo mais significativo, acessível como uma forma de vida em contato direto com os processos naturais — animais, aves, flores, árvores, mas também o corpo humano, explorado em sua nudez, e os relacionamentos físicos.

Assim, a reação aparentemente convencional à "velha Inglaterra agrícola" deve ser encarada como um tema menor, ainda que presente. Foi sob essa forma convencional que a história chegou, mas trata-se apenas da forma, por vezes enganadora, de uma ênfase essencialmente diversa que caracteriza a visão de Lawrence. Isso fica particularmente claro no que ele diz acerca da cidade:

> A cidade grande significa beleza, dignidade e um certo esplendor. É este o lado do inglês que tem sido frustrado e traído de uma maneira chocante.

Outro exemplo:

> Vivemos em cidades por opção, quando aceitamos nossa grande forma civilizada. A nostalgia pelo campo não é *tão* importante assim. O importante é que nossas cidades são *falsas* — cada rua é um soco, cada esquina, uma punhalada.[7]

Tais passagens devem ser colocadas ao lado desta, na qual ele exprime uma insistência mais convencional:

> A verdadeira tragédia da Inglaterra, a meu ver, é a tragédia da feiura. O campo é tão lindo: a Inglaterra feita pelo homem é tão horrenda.[8]

Pois o sintoma da feiura não é a cidade, e sim a cidade falsa, e a raiz de sua falsidade é o sistema e o espírito do individualismo possessivo, que

> frustra aquele instinto comunitário que nos faria unir em orgulho e dignidade no gesto maior do cidadão, não do camponês.[9]

Seu elogio da cidade, a queixa de que "o caráter inglês não conseguiu desenvolver o verdadeiro aspecto *urbano* do homem, o lado cívico", não se limita às cidades italianas que cita, com tanta frequência, como exemplos. Lawrence chega a dizer:

> As novas cidades da América são muito mais genuínas como cidades, no sentido romano, do que Londres ou Manchester.[10]

E sua acusação às cidades inglesas segue um modelo oitocentista tradicional:

> Nottingham é um lugar enorme, espalhado, aproximando-se da marca do milhão, e não passa de um aglomerado amorfo. Nottingham não *existe*, no sentido em que existe Siena.

A conclusão é uma proposta de reconstrução:

> Que seja demolida minha aldeia nativa, até o último tijolo. Que se planeje um núcleo e se estabeleça um foco. Que se esboce um gesto belo de irradiação a partir do foco. E então construam-se grandes prédios, imponentes, em torno de um centro cívico.[11]

É significativo que um dos periódicos no qual esse programa apareceu pela primeira vez foi a *Architectural Review*. Mas naturalmente é difícil conciliar essa ênfase na reconstrução e no urbanismo com a insistência com que Lawrence reafirma a necessidade de recuperar o contato físico natural, os processos vivos mais simples. A dificuldade dessa conciliação decorre do fato de que não se tem aqui, em última análise, uma argumentação, uma posição, e sim o registro criativo de inúmeros impulsos, sofrendo as pressões contraditórias da época. Lawrence via quase tudo com uma insistência apaixonada, porém dilacerante. Estava profundamente dividido entre um compromisso com o físico, que ele abordou de modo mais intenso e convincente do que qualquer um em sua geração, e um compromisso com o intelecto, que o fazia reagir e argumentar dentro de um mundo crítico. Tem-se o mundo da flor, que ele descreveu tantas vezes, mas tem-se também o mundo da célula vista ao microscópio, trazendo novas perspectivas para a visão dos processos vivos mais profundos. As contradições sociais — ser inconsciente, comunidade consciente — são intensas e sérias.

Pode-se dizer que Lawrence reduziu essas contradições a uma ênfase na descoberta do relacionamento primal, mas em *Women in love*, em que esse fato parece mais evidente, as pressões de outras dimensões ainda estão próximas, e a descoberta, consequentemente, é até o fim problemática. *Lady Chatterley's lover* é uma descoberta física necessária, ligada a uma rejeição da feiura da cidade industrial e a um interesse pelo cultivo direto da vida natural. No entanto, a descoberta não é o clímax, e o problema continua a ser o modo como essa chama de vida pode ser mantida acesa, num mundo em que o trabalho é necessário. Num fragmento autobiográfico escrito já bem no final de sua vida, Lawrence, adotando uma das modalidades de sua época, voltou-se para uma visão do futuro. Ele vê a aldeia de mineiros onde nasceu transformada:

> Eu sabia, ao olhar para ela, que aquela era a cidadezinha onde eu nascera, aquele feio vilarejo de mineiros, feito de sujos tijolos vermelhos. Criança ainda, vindo de Moorgreen para casa, eu via as casas quadradas dos mineiros — construídas pela Companhia, elevando-se do alto do morro à luz da tarde como os muros de Jerusalém — e desejava que fosse uma cidade dourada. [...][12]

É uma visão bem semelhante à de Morris, em *News from nowhere*, e o que é significativo — e contraditório — até o fim é que se trata de uma cidade mas também, ao mesmo tempo, de uma aldeia rural: uma ênfase física, "suave e dourada como a carne dourada de uma cidade".

O que Lawrence concentrou em sua obra foi aquele complexo não resolvido de impulsos e apegos que, no século XX, tinha como forma mais imediatamente acessível a relação entre campo e cidade, enquanto estados mentais e sentimentos. O leitor que passa de Lawrence para *A Scots Quair* encontra muitas semelhanças; em última análise, porém, existe uma diferença importante; na verdade, uma diferença crucial para o desenvolvimento subsequente justamente dessas ideias. O que Lawrence rejeita vez após vez — ainda que o fato de ser constantemente atraído por essa possibilidade seja igualmente significativo — é a ideia e a prática dos agentes sociais da mudança. Lawrence hesita sempre entre um conceito de regeneração e um de revolução. Ele dá muito mais ênfase ao futuro do que ao passado e antevê uma mudança absoluta, da raiz à folha. Contudo, encara os movimentos revolucionários existentes como simples disputas a respeito de propriedade; quer uma visão diferente, uma nova apreensão da vida, para que possa se comprometer; senão não será regeneração, e sim um colapso final.

A Scots Quair, de Grassic Gibbon, é uma trilogia que percorre o processo histórico clássico de campo à cidade. Começa numa fazenda e termina nas ruas, nas passeatas contra a fome. O primeiro livro, *Sunset song*, é, à sua maneira, uma abordagem clássica do que é entendido como a dissolução do campesinato. E é significativo que Grassic Gibbon tenha enxergado a história através dessa perspectiva. O longo processo de transformação da Inglaterra rural — que, antes de qualquer outro país, ocasionou a dissolução de um campesinato autêntico, substituindo-o pelas estruturas de aluguéis e salários de uma agricultura capitalista — havia deixado para trás, em regiões marginais, áreas socialmente distintas: na Irlanda, em partes da Escócia, em partes do País de Gales. Se lemos a literatura da Irlanda, da Escócia e de Gales, já em pleno século XX, encontramos formas de vida que praticamente não existiam mais nas aldeias inglesas após as mudanças ocorridas no século XVIII. Não se deve, porém, exagerar essa diferença. Ela tem tanto a ver com um sistema de proprietários ausentes e estranhos à região e com a sobrevivência de um forte espírito nacional e comunitário quanto com as diferenças econômicas acentuadas pela situação marginal. O que nunca chegou a se realizar plenamente nessas três regiões — embora na Escócia e em Gales a penetração tenha sido maior (e a extensa industrialização de partes dessas áreas ocasionou certas mudanças) — foi a integração social da ordem rural capitalista inglesa, por mais conflituosa que tenha sido. Diferentes versões do espírito comunitário persistiram por mais tempo, nutridas por sentimentos nacionalistas específicos que eram, por sua vez, nutridos por elas. Não se trata exatamente de um campesinato, e sim de uma comunidade rural subordinada e relativamente isolada, consciente, em formas antigas e novas, de sua vida difícil, mas independente. Quem lê os escritores rurais irlandeses e galeses, cobrindo toda a gama emocional que vai do pitoresco ao ressentimento, encontra, em cada uma de suas formas, criativas e destrutivas, uma autossuficiência espiritual, a qual representa, muito mais do que o sistema de propriedade, a modalidade social decisiva.

É também isso que Grassic Gibbon mostra, num sistema agrícola que segue o padrão tradicional de arrendamento, aluguel e propriedade da fidalguia. De fato, ele inicia com uma visão histórica que demonstra essa evolução padrão. Mas dentro dele há uma ideia social diferente: "a raça austera dos sitiantes, descendentes dos pictos de outrora",[13] e é o espírito dessa gente que sobrevive nos pequenos policultores daquela terra rude. Essa versão de uma história espiritual, uma continuidade que remonta à pré-história, evocada no sentimento experimentado diante de monólitos, é emocionalmente predominante no delineamento de uma comunidade de nosso século que é considerada extinta já na época da Primeira Guerra Mundial. As amargas lembranças dos desmatamentos, os lamentos da Alta Escócia, as lendas pré-históricas — tudo isso é incorporado a um tecido que cobre a pobreza e, ao mesmo tempo, a desafia. Trata-se de uma típica ênfase nacionalista: uma autodefinição, motivada por razões contemporâneas, baseada em quaisquer elementos, por mais implausíveis que sejam, que possam ser encarados como inerentes a uma terra específica. Aqui ela funciona por ser veiculada por uma prosa muito específica e poderosa, que utiliza um ritmo e um vocabulário locais. Desse modo cria-se um mundo contemporâneo cheio de vida, ainda espiritualmente autossuficiente, no decorrer do próprio processo de absorção de elementos tradicionais da retrospecção rural mais dependente. Até mesmo a Idade do Ouro está presente:

> Os caçadores um dia vagaram por esses morros, nus e alegres, numa Idade do Ouro, sem medo, nem esperança, nem ódio, nem amor, vivendo intensamente na corrida do vento e na corrida da vida.[14]

É o que Lawrence imaginava e queria recriar, em oposição ao que Grassic Gibbon denomina "todas as esperanças sombrias e loucas". Mas a força de *Sunset song* não está nesse tipo de gesto, e sim na vida dos personagens: Chae Strachan, Long Rob, Chris Guthrie. As exigências da guerra intervêm e destroem a estabilidade da comunidade, e o lamento pelo "Último dos Camponeses, o último dos Velhos Escoceses", é uma maneira de prantear, quando prantear se torna necessário.

Mas o fascinante é que, na subsequente mudança para a cidade, o legado espiritual ainda sobrevive, apesar da alteração radical sofrida pelas condições de vida. Um novo sistema predatório levou da terra o povo para lutar nas guerras, mas

> haverá alguma dúvida quanto ao partido que eles tomariam se vivessem hoje?[15]

Temos aqui uma estrutura de sentimento claramente diferente. O apego espiritual à terra e ao trabalho, a ênfase "pagã" sempre implícita na imagística da terra (muito semelhante ao Lawrence do início de *The rainbow*, apesar da diferença de ritmos), está presente e é salientado nas novas lutas: durante a Greve Geral, no período de *Cloud Howe*, chegando à época das passeatas contra a fome, no período de *Grey granite*. Até mesmo as lendas reforçam a transição, pois sua ênfase espiritual possibilita a rejeição de uma Igreja que, abertamente, tomou o partido da propriedade e da opressão. Numa visão mais histórica e mais convincente, a independência radical dos pequenos agricultores, artesãos e trabalhadores é encarada como uma fase de transição, levando à militância dos trabalhadores da indústria. Nesse momento, toda uma história tem sua forma transformada de maneira decisiva.

Chris Guthrie, filha da terra, encara a mudança como destino, que "nenhum sonho humano é capaz de deter";[16] apenas a terra persiste. Seu filho, porém, é um revolucionário, visto sem idealização; as dificuldades e fraquezas são assumidas numa narrativa que, com mais clareza do que qualquer outro romance, encarna o movimento trabalhista ativo dos anos 1930.

É essa transição que torna interessante a comparação com Lawrence e com toda uma vasta literatura da perda e da lembrança do campo. Pois não se trata apenas de reordenar uma ideia, e sim de uma maneira de atrair a atenção para uma fase real de nossa história, que foi muito pouco abordada mas certamente existe, uma parte do longo processo de transição. Os trabalhadores, artesãos e pequenos agricultores expulsos da terra não aprenderam a radicalizar-se quando vieram para as cidades. O que aprenderam, em circunstâncias mudadas, foi uma série de novas formas de organização, novas diretrizes, confirmando e ampliando uma velha postura de ressentimento, independência e aspirações.

Temos aqui uma divergência crítica de uma tradição geral. Os homens e mulheres que vieram do campo para as cidades não precisavam que lhes dissessem o que haviam perdido, como também não precisavam que lhes dissessem o que poderiam ganhar nesse novo mundo se lutassem para consegui-lo. Mas era de importância crucial saber se a experiência rural — em toda a sua realidade, desde o amor à terra e seus prazeres naturais até os sofrimentos impostos da privação, do trabalho pesado e mal pago, da perda do trabalho e da moradia — atuava a seu favor ou contra eles, em sua luta para reajustar-se. Uma seleção de experiências — a visão do proprietário ou a dos que vivem na terra, a descrição "bucólica" ou a "tradicional" — foi concebida e utilizada, enquanto ideia abstrata, contra seus filhos e netos: contra a democracia, contra a educação, contra o movimento trabalhista. Nessa forma moderna específica, a retrospecção rural tornou-se explicitamente reacionária, e com a quebra de continuidade têm-se ouvido muito poucas vozes do outro lado. Por isso Grassic Gibbon é especialmente importante, já que fala por muitos cujas vozes nunca foram registradas.

Isso também nos leva a uma pergunta relevante, em relação a Lawrence, uma pergunta importante, em função do gênio desse escritor. Conforme já vimos, suas ligações com a retrospecção rural simples eram apenas convencionais. Lawrence a transcendeu, chegando a ideias de independência natural e renovação, e viu, com muita clareza, o sistema industrial materialista e capitalista como inimigo. Porém, num gesto bem característico seu e muito significativo, ele colocou as ideias de independência e renovação humanas — as ideias da própria natureza — em oposição à democracia, à educação e ao movimento trabalhista: uma oposição inquieta, muitas vezes contraditória, que se tornou particularmente acrimoniosa no período entre a guerra e os meados dos anos 1920, e que foi repensada e de certo modo emendada, numa visão mais bem concatenada, nos ensaios reflexivos de seus últimos anos de vida. O nó de Lawrence é apertado demais para que o desatemos agora: o nó de toda uma existência vivida sob contradições e pressões esmagadoras. Mas, vendo-o transformar-se numa convenção — especialmente nos estudos literários —, eu o encaro como um insulto, numa crise persistente, numa fronteira persistente. A canção da terra, a canção do trabalho rural, a canção do amor por tantas formas de vida com as quais todos nós partilhamos nosso universo físico, é importante demais, comovente demais, para que abramos mão dela sem resistência, numa traição odiosa, e a entreguemos à arrogância dos inimigos de todas as formas significativas e concretas de independência e renovação.

23. A CIDADE E O FUTURO

De uma vivência das cidades nasceu uma vivência do futuro. Numa crise da experiência metropolitana, as histórias sobre o futuro sofreram uma mudança qualitativa. Havia modelos tradicionais para esse tipo de projeção. Em todas as literaturas conhecidas, sempre houve uma terra além da morte: um paraíso ou um inferno. Nos séculos de explorações e viagens, novas sociedades foram descobertas, vistas como promessas ou como alertas, em novas terras: em muitos casos, ilhas; muitas vezes, a ilha feliz, ela própria um elemento que dá forma ao mito. Mas, dentro da experiência metropolitana, esses modelos, ainda que muito utilizados, terminaram sendo transformados. O homem não atingia seu destino, nem descobria seu lugar ditoso: ele descobria, no orgulho ou no erro, sua própria capacidade de realizar uma transformação coletiva de si próprio e de seu mundo.

Já no século XVIII, Louis Sébastien Mercier escreveu, ao lado de uma obra topográfica contemporânea, *Tableau de Paris* (1782-9), uma narrativa situada num futuro laicizado, *L'an 2440* (1770). Mas foi no final do século XIX, e — sintomaticamente — em Londres, que a grande transformação ocorreu. Podemos vê-la em escritores tão diferentes quanto William Morris e H. G. Wells. Cada um a sua maneira, ambos utilizam a nova consciência coletiva que é o produto social da experiência urbana, mesmo quando seu impulso é no sentido da crítica e da rejeição. Em *News from nowhere* (1890), de Morris, o protagonista acorda, durante uma noite agitada, após uma discussão sobre política, e se descobre na Londres do século XXI. Duas características do que segue são significativas: a espécie de cidade que Morris antevê, a qual representa um salto qualitativo; e os sentimentos e as ideias sociais que a criaram, os quais mantêm uma continuidade com o movimento socialista da época do autor. Basta olharmos para a Londres imaginada por Morris para encontrarmos o lado sonhador, muitas vezes retrospectivo, do autor:

> As fábricas de sabão, com suas chaminés que vomitavam fumaça, haviam desaparecido; como também haviam sumido as oficinas mecânicas e fundições; e o vento oeste não trazia nenhum som de marteladas dos lados de Thorneycroft's. E a ponte? Talvez eu já houvesse sonhado com uma ponte assim, mas jamais vira nada semelhante senão em algum manuscrito iluminado. [...]
>
> [...] Abri meus olhos para o sol mais uma vez, e olhei a meu redor, e exclamei, entre as árvores sussurrantes e flores odoríferas: — Trafalgar Square![1]

Trata-se de uma Londres descentralizada, que ainda mantém alguns dos trechos velhos melhores; porém os bairros miseráveis foram restaurados e transformados em cidadezinhas e aldeias separadas. As cidades industriais, "como o deserto de tijolo e argamassa de Londres, desapareceram".[2] As cidades menores, em sua maioria, sobrevivem, mas seus centros foram refeitos; os subúrbios "dissolveram-se, fundindo-se com o campo".[3] Temos aqui uma combinação do que é essencialmente restauração, uma volta ao passado utilizando elementos medievais e rurais, com o que viria a manifestar-se, em termos formais, como planejamento urbano, a instauração de uma ordem e um controle urbanos. É uma Londres antiga imaginada, antes da industrialização e da expansão metropolitana, e uma Londres nova projetada, no sentido contemporâneo de uma comunidade planejada. Esses impulsos contraditórios nunca são inteiramente conciliados e não podem ser resolvidos sem que seja considerada a nova ideia social tomada como diretriz. Pois as energias que levam a tais mudanças são, no livro, a miséria da Londres oitocentista e o movimento socialista que dela se originou: energias de rejeição irada, de uma nova mentalidade de cooperação e confiança. O novo movimento social, antes apenas uma visão, foi endurecido pela luta, como, por exemplo, na experiência do "Domingo Sangrento" em Trafalgar Square,* encontrando então organizadores capazes de liderá-lo durante a guerra civil necessária, até chegar à nova sociedade pacífica.

Basta comparar isso com, por exemplo, *Doom of a city* e *City of dreadful night*, de Thomson, para se ver a mudança essencial. Os juízos morais são semelhantes, como também é a convenção narrativa. Mas o que surgiu e alterou a experiência foi justamente essa consciência histórica do crescimento de um movimento. A crítica social de Thomson é tão severa quanto a de Morris, porém seu observador permanece isolado. Em Morris, a energia negativa encontra uma causa positiva.

A visão de Wells é ainda mais severa. Ele acrescenta não apenas uma dimensão histórica como também uma outra, evolucionária. Como ele próprio comentou a respeito de *When the sleeper awakes* (1899) (que retoma a modalidade narrativa formal de Thomson ou Morris, mas a desenvolve, seguindo Edward Bellamy, no sentido de enfatizar ainda mais o componente de movimento histórico), trata-se

> essencialmente de uma exacerbação de tendências contemporâneas: prédios mais altos, cidades maiores, capitalistas mais malvados e trabalhadores mais oprimidos e mais desesperados do que nunca.[4]

Mais especificamente, no entanto, como em *A story of the days to come* (1899), há uma extensão direta de uma visão mais antiga da cidade:

> um enorme tumor ensandecido, gerando uma torrente cada vez mais intensa de selvageria embaixo, e em cima um refinamento cada vez mais inconsistente e ridículo.[5]

* Manifestação socialista ocorrida a 13 de novembro de 1887 em Londres, em que William Morris liderou uma passeata até Trafalgar Square. A polícia dissolveu a manifestação com violência. (N. T.)

Essa é a visão que recebera uma dimensão evolucionária em *The time machine* (1899), quando a "selvageria embaixo", dos trabalhadores pobres, vai se transformar na cegueira e brutalidade dos Morlocks, e a inconsistência ridícula dos ricos resulta na infantilidade dos Eloi, que são também o alimento dos Morlocks. Tal imagem com frequência reaparece sob formas diferentes: o "mundo infernal" de Gissing passa a ser a área subterrânea dos trabalhadores escravizados. Essa visão sombria de um homem dividido entre trabalho bruto e consumo trivial, e da cidade fisicamente estruturada de modo a refletir essa divisão, é manifestada vez após vez, e virá a tornar-se muito influente. Um de seus sucessores mais notáveis é o filme de Lang, *Metropolis*, na década de 1920.

A visão sombria de Wells, portanto, é o reverso da visão mais amena e mais idílica de Morris. Mas, do mesmo modo como o ideal de Morris não pode ser separado de sua consciência de um novo movimento social, assim também a visão apocalíptica de Wells não pode ser separada de sua consciência de uma nova ideia social. Ambas as concepções, cada uma a sua maneira, tiveram origem na experiência urbana. Em Wells, a tecnologia é apenas em parte a solução, embora seja sem dúvida um componente importante: os novos meios de comunicação e transporte haverão de dissolver a horrível concentração gerada pelo desenvolvimento industrial e metropolitano do século XIX; novos padrões sociais e físicos de ocupação urbana estarão então disponíveis. Porém isso depende fundamentalmente de um novo conceito de sociedade — o que Well denomina "ecologia humana": uma nova consciência coletiva, científica e social, capaz de assumir o controle de um ambiente de modo absoluto, orientando-o no sentido da realização humana. Essa dimensão de pensamento é algo de novo, e é uma decorrência da observação do efeito de um desenvolvimento não planejado, ignorante e agressivo, sobre os seres humanos e os animais. A nova cidade, quando surgir, será um mundo novo, dirigido por uma nova espécie de ciência.

É importante ver essas posições de Morris e Wells no contexto da crise da civilização metropolitana e industrial. Com frequência as visões desses autores são encaradas como sonhos inconsequentes ou projeções voluntariosas e arrogantes. No entanto, estavam mais próximas da realidade de uma crise concreta, que continua e se aprofunda até hoje, do que as posições de alguns escritores subsequentes, os quais se limitaram a reagir às visões anteriores.

Brave new world, de Huxley (1931), e *Nineteen eighty-four*, de Orwell (1949), ainda são muitas vezes encarados como corretivos necessários em relação à visão de Wells. Não obstante, são também "corretivos" em relação à visão de Morris, e de todo aquele movimento positivo em prol das mudanças sociais. Huxley apresenta um mundo que atingiu uma espécie de prosperidade morrisiana através de meios wellsianos (técnicas científicas de procriação, progressos nas áreas de produção e transporte, drogas, uma ordem social científica). Huxley mostra o vazio desse mundo e o contrasta com uma visão primitiva: uma nova versão, algo influenciada por Lawrence, de uma vitalidade rural simples, agora não inocente e sim selvagem; os ritmos do sangue. Orwell estilhaça a visão, mostrando o clímax do movimento socialista no Ingsoc, um sistema totalitário de mentiras, torturas e policiamento do pensamento, com a cidade que o sedia reduzida à sujeira, à decadência, eternamente em guerra. O século XX deu bons motivos para essas reações, mas é importante observar que a crise central, abordada por Morris e Wells com visões tão poderosas, é de certo modo esquecida. Os movimentos em prol das mudanças, e não a situação que a eles deu origem, passam a ser o foco do interesse crítico. Sendo as críticas muitas vezes justificadas, a crise em si pode acabar parecendo algo secundário. Orwell, aliás, sob muitos aspectos seguia os passos de Gissing: em suas explorações detalhadas da esqualidez urbana, à qual ele reagiu com uma repulsa angustiada semelhante à de Gissing, porém chegando a uma posição muito mais sutil e mais generosamente humana: uma resolução que atinge o clímax em sua homenagem a Barcelona, a cidade revolucionária. Profundamente desiludido com o desenvolvimento do socialismo, ele voltou, nas suas obras da última fase, como *Coming up for air* (1939), a uma visão do campo, o velho campo intacto, encarado como lugar de refúgio e repouso, uma inocência que estava sendo agressivamente destruída pela nova civilização, fosse ela capitalista ou socialista. A cidade suja, feia, exposta e solitária de *Nineteen eighty-four* é o resultado de uma perversão da ideia de coletividade.

Essas posições constituíram reviravoltas importantes dentro de um movimento de ideias. No entanto, enquanto isso a crise ia se mostrando mais aguda e mais generalizada. O que no início do século XIX era fundamentalmente um fenômeno inglês estava então se tornando internacional e, num certo sentido, universal, estendendo-se por todas as regiões industrializadas da Europa ocidental e da América do Norte no final do século XIX e início do século XX e atingindo a Ásia e a América Latina ainda na primeira metade do século XX. Nos Estados Unidos, agora considerado muitas vezes como modelo de civilização metropolitana, a população rural ainda era maior que a urbana em 1910 e só foi ultrapassada por ela no período do entreguerras. No mundo em geral, a população vivendo em cidades com mais de 5 mil habitantes cresceu, entre 1850 e 1950, de 7% para quase 30%. Mais importante ainda: na primeira metade do século XX, a população morando em cidades de mais 100 mil habitantes aumentou em 250%. Em muitas partes do mundo, velhas cidades transformaram-se em metrópoles, durante um período em que a população total aumentou rapidamente. Não era apenas uma transformação fundamental dos padrões de habitação, mas também o surgimento de novos tipos de problemas: problemas de relações entre população e alimentos; problemas de utilização da terra e poluição; e, afetando a fundo a imaginação, formas de ataque massificado, como nos bombardeios da Segunda Guerra Mundial e, no caso extremo, na destruição de cidades por bombas atômicas. James Thomson imaginara uma tempestade natural destruindo a cidade dos homens de pedra. Wells imaginara um ataque de marcianos contra Londres, com a "Fumaça Negra" e o "Raio Térmico": os habitantes paralisados da cidade expostos a essa destruição avassaladora são salvos apenas pelo acidente de uma infecção bacteriana. Numa época de guerra, crescimento populacional e crise social internacional, a imagem da cidade sofreu mais um desenvolvimento acelerado.

Isso se torna particularmente evidente no gênero que atualmente chamamos de ficção científica, o descendente direto da visão wellsiana da cidade. E havia ainda um elemento adicional, também derivado de Wells: as civilizações alternativas de outros planetas e outros sistemas solares. James Thomson, olhando para as estrelas da cidade onde se encontrava, escrevera:

> *Se a elas voássemos com voo inaudito,*
> *Veríamos mundos tão tristes quanto a Terra,*
> *Sóis que, como o nosso, hão de ser consumidos,*
> *Junto com os planetas que a sua volta erram.*[6]*

Na ficção científica propriamente dita, o sentimento oposto — as estrelas concebidas como a nova fronteira para a expansão e o progresso do homem — torna-se um elemento óbvio. Cidades reluzentes, dotadas de todas as maravilhas tecnológicas, já foram imaginadas em milhares de planetas. (Um exemplo representativo, diretamente derivado das ideias de Wells, é *The underprivileged*, de Brian Aldiss; outro é *The city and the stars*, de Arthur C. Clarke.) Imaginam-se também civilizações que evoluíram a ponto de ultrapassar a fase urbana e técnica, onde as pessoas vivem num meio que é claramente o velho cenário bucólico — campo aberto, pequenas aldeias — mas detêm grande poder por terem internalizado as capacidades de comunicação e produção da fase urbano-científico-industrial (um dos muitos exemplos possíveis é *Forgetfulness*, de Don A.

* If we could near them with the flight unflown,/ We should but find them worlds as sad as this,/ Or suns as self-consuming as our own/ Enringed by planet worlds as much amiss.

Stuart). Todos os elementos da longa história das representações da cidade e do campo já foram projetados desses modos.

No entanto, é importante observar também uma projeção da própria cidade de caráter profundamente pessimista, que já se tornou uma convenção. Uma antologia de histórias ambientadas no futuro, organizada por Damon Knight sob o título convencional de *Cities of wonder*, contém alguns exemplos que são, na verdade, descendentes diretos da ficção urbana do século XIX e da forma que ela assumiu ao ser transmutada por Wells. Temos, entre elas, *Billennium*, de J. G. Ballard, por exemplo, em que

> noventa e cinco por cento da população estava permanentemente presa em enormes conurbações. [...] O campo, enquanto tal, não existia mais. Cada metro quadrado de chão produzia alguma coisa. Agora, os antigos campos e prados do mundo eram, na verdade, chãos de fábricas.[7]

Outra imagem é a da cidade quase inteiramente destruída por bombas e radiações, como em *Dumb waiter*, de Walter M. Miller: ela ainda funciona fisicamente, controlada eletronicamente pelo Coordenador Central, porém tornou-se um lugar perigoso para quem quiser recuperá-la. Temos também a cidade que, para resolver seus problemas internos de água, alimento, energia e lixo, torna-se — em *Jesting pilot*, de Henry Ruttner — "tão artificial que ninguém podia usá-la", e a sobrevivência de seus habitantes só se torna possível através da hipnose coletiva.[8] Essas cidades automáticas e autônomas, cujos habitantes não acreditam na existência de um mundo fora de seus muros, são reimaginadas repetidamente, muitas vezes tematizando uma tentativa de fugir delas para as terras selvagens a seu redor. Um dos exemplos mais antigos é *The machine stops*, de E. M. Forster, que termina com "a cidade inteira [...] quebrada como um favo" pela queda de uma aeronave, enquanto do lado de fora, "em meio à névoa e aos pântanos", uma outra gente, os Sem-Lar, aguarda a hora de assumir o controle — mas não a reconstrução — da máquina destruidora.[9] E temos também a cidade que se transformou num organismo, como em *Single combat*, de Robert Abernethy:

> Por trezentos anos a cidade vinha crescendo [...] como um câncer que começa com umas poucas células descontroladas. [...] À medida que crescia, tirava seu sustento de uma área cada vez maior de campo circunjacente — cem quilômetros, mil quilômetros; era para ela que a terra gerava sua fartura e as florestas eram derrubadas como trigais, e mesmo os homens e animais viviam para saciar sua fome cada vez maior. [...] E, enquanto comia, a cidade ia despejando seus detritos no mar e exalando seus venenos no ar, tornando-se cada vez mais imunda quanto mais poderosa ficava. Aos poucos foi desenvolvendo um sistema nervoso central de fios esticados no ar e cabos subterrâneos. [...] Foi evoluindo e, de invertebrado imenso, de crescimento descontrolado, transformou-se numa criatura superior, dotada de atributos objetivos correspondentes aos conceitos subjetivos de *vontade*, *propósito* e *consciência*. [...][10]

Por fim, em viagens à Utopia e a outros lugares da galáxia, temos as cidades voadoras de *Earthman, come home*, de James Blish, que vão até mundos novos, mas recapitulam, em seus meios ambientes totalizantes, todas as fases da história da humanidade.

Essas ficções de cidades do futuro interagem, na mente, com as antigas ficções bucólicas. Contudo, se no desenvolvimento do bucólico houve um afastamento progressivo das realidades da vida campestre, nessa ficção urbana há uma convergência visível com outros textos de tipo bem diferente: de sociologia e planejamento urbano; estudos a respeito da administração de cidades; estudos sobre o meio ambiente físico de uma civilização industrial e metropolitana: em todos eles, apesar das variações de ênfase, os problemas da cidade — do tráfego à poluição, dos efeitos sociais aos psicológicos — são muitas vezes considerados avassaladores e, por vezes, insolúveis.

Trata-se de uma situação estranha, porque coexiste não apenas com um crescimento metropolitano que continua rápido, e muitas vezes não planejado, mas também com planejamentos específicos em escala ainda maior: cidades lineares de mais de cem quilômetros; novas cidades concebidas e construídas de modo confiante, com base em mapeamentos e projeções. A consciência predominante é claramente heterogênea. Num certo sentido, tem-se a impressão de que se pode acreditar ao mesmo tempo em tudo que já se disse a respeito da cidade, desde as visões de esplendor até as perspectivas apocalípticas. Uma das fontes dessa heterogeneidade é a complexidade das pressões e problemas existentes. Mas há uma outra, mais difícil de perceber: a abstração da cidade, como um grande problema isolado, uma ideia muito fortalecida pelas imagens tradicionais da cidade. Pois é necessário perceber, ao contemplarmos os fatos e imagens referentes à cidade, que ambos se desenvolveram no contexto maior de um processo histórico mundial no qual, numa nova e surpreendente dimensão, tanto a cidade quanto o campo receberam definições novas, quase irreconhecíveis à primeira vista.

24. A NOVA METRÓPOLE

Atualmente, as grandes sociedades industriais são com frequência qualificadas de "metropolitanas". À primeira vista, pode parecer que o termo designa apenas seu desenvolvimento interno, no qual as metrópoles tornaram-se dominantes. Mas quando examinamos a questão mais a fundo, no contexto de seu desenvolvimento histórico, constatamos que o que se faz, ao empregar o termo, é estender ao mundo como um todo aquela divisão de funções que, no século XIX, se dava no interior de um determinado Estado. As sociedades "metropolitanas" da Europa ocidental e da América do Norte são os Estados "avançados", "desenvolvidos", industrializados; são centros de poder econômico, político e cultural. Contrastando de modo flagrante com esses Estados, apesar da existência de muitos estágios intermediários, têm-se outras sociedades, consideradas "subdesenvolvidas": as que ainda são basicamente agrícolas ou "subindustrializadas". Os Estados "metropolitanos", através de um sistema de comércio, mas também de todo um complexo de controles econômicos e políticos, extraem alimentos e — mais importante ainda — matérias-primas dessas áreas de abastecimento, esse interior que constitui a maior parte da superfície terrestre e contém a maioria de seus povos. Assim, um modelo de cidade e campo, em termos de relações econômicas e políticas, transcende as fronteiras da nação-Estado e é visto — mas é também contestado — como modelo do mundo.

É muito significativo que, em suas formas modernas, esse processo tenha se iniciado na Inglaterra. Boa parte da história da cidade e do campo, dentro da própria Inglaterra, é, desde tempos antigos, um processo de extensão de um modelo dominante de desenvolvimento capitalista, de modo a abarcar outras regiões do mundo. E não se tratava, ao contrário do que às vezes se afirma agora, de ocorrer "desenvolvimento" aqui e haver "subdesenvolvimento" lá. O que estava acontecendo na "cidade", na economia da "metrópole", determinava e era determinado pelo que acontecia no "campo", primeiro o interior inglês e depois amplas regiões fora dele, nas terras de outros povos. O que aconteceu na Inglaterra vem acontecendo posteriormente por toda parte, numa expansão crescente, com a formação de novas relações de dependência entre todas as nações industrializadas e todos os outros países, "subdesenvolvidos" porém economicamente importantes. Assim, um dos últimos modelos de "cidade e campo" é o sistema que agora denominamos imperialismo.

A expansão europeia pelo resto do mundo já tivera o efeito, nos séculos XVI e XVII, de trazer para a Europa uma riqueza considerável, que passou a fazer parte do sistema interno. Partes importantes do sistema centrado na mansão senhorial, do século XVI até o XVIII, foram construídas com base nos lucros provenientes de tal comércio. Especiarias, açúcar, chá, café, fumo, ouro e prata: esses produtos, sob a forma de lucro mercantil, introduziram-se na ordem social inglesa, ao lado dos proventos obtidos com a agropecuária inglesa. Nessa etapa, era ainda basicamente um ganho proveniente do comércio, da atividade de trazer produtos de um tipo de economia para outro, se bem que muitas vezes a força física fosse utilizada para dar apoio ao processo. As mansões senhoriais que representavam o ápice de um sistema local de exploração tinham, pois, muitas ligações com essas terras distantes. Já havia, no entanto, um outro processo em andamento: um outro tipo de "melhoramento". A demanda desses produtos valiosos e exóticos aumentava progressivamente, e as sociedades europeias e seus colonos emigrantes começavam a organizar o aumento da produção. Para esse fim, nas regiões tropicais, começaram a organizar a "mão de obra", um eufemismo para referir-se ao comércio de escravos africanos — indo de 3 milhões de indivíduos no século XVII a 7 milhões no XVIII. A nova economia rural das plantações tropicais —

açúcar, café, algodão — fundamentava-se nesse comércio de homens, e mais uma vez os lucros foram engordar o sistema nas mansões senhoriais: não apenas os lucros oriundos dos produtos mas também, até o final do século XVIII, os derivados do tráfico de escravos. Em 1700, 15% do comércio inglês se dava com as colônias; em 1775, a proporção já subira para um terço. Num complexo processo de interação econômica, sustentado pelas guerras entre as nações comerciantes, que disputavam o controle das áreas de abastecimento, um sistema colonial organizado e o desenvolvimento de uma economia industrial transformaram a natureza da sociedade britânica.

Os eventos sem precedentes do século XIX, que fizeram da Inglaterra uma sociedade predominantemente industrial e urbana, com a agricultura transformada em atividade marginal, seriam inexplicáveis e impossíveis sem esse desenvolvimento colonial. Havia uma exportação em massa da nova produção industrial. Boa parte do comércio mundial utilizava a navegação e outros serviços da Inglaterra, que ocupava uma posição dominante nas áreas de transportes, operações bancárias e seguros: era a nova *City* de Londres. Explorando esses ramos lucrativos, em muitos casos a ponto de excluir outros que teriam sido possíveis, a economia já chegara, em meados do século XIX, a uma situação em que a população britânica não podia ser alimentada com base apenas na produção nacional. O tradicional relacionamento entre cidade e campo foi então completamente reestruturado em escala internacional. Terras distantes passaram a atuar como áreas rurais para a Inglaterra industrializada, com um impacto devastador sobre o interior da Grã-Bretanha. Ao mesmo tempo, a busca de mercados industriais e de matérias-primas fez com que metade do mundo fosse abarcada pelo sistema britânico. Já no século XVIII as mais importantes das colônias, situadas na América do Norte, haviam atingido a independência, e algum tempo depois seguiriam pelo mesmo caminho da ex-metrópole, de modo ainda mais enfático. A partir da década de 1870, em particular, as sociedades industriais emergentes começaram a disputar de modo acirrado os mercados, as matérias-primas e as áreas de influência. Essa luta se manifestava no comércio e em muitas guerras coloniais. Na Inglaterra, ela deu origem ao estabelecimento formal de novas formas de controle político sobre as áreas coloniais: o Império Britânico no sentido político do termo. No século XX, a mesma rivalidade levou a disputa ao próprio território europeu: foi a Primeira Guerra Mundial.

Os efeitos de tais processos sobre a imaginação inglesa são tão profundos que é difícil localizá-los. E ao mesmo tempo, no contexto deles, prosseguia a interação entre campo e cidade, da qual já vimos tantos exemplos. Mas, pelo menos a partir de meados do século XIX, e até com importantes exemplos anteriores, toda ideia e toda imagem eram consciente e inconscientemente afetadas por esse contexto maior. Nos romances de temática industrial de meados do século XIX, vemos de que modo a ideia de emigração para as colônias foi considerada uma solução para os problemas da pobreza e da superpopulação das cidades. Milhares de trabalhadores rurais expulsos da terra já haviam seguido esse caminho. *Mary Barton*, de Elizabeth Gaskell, termina no Canadá, numa atmosfera idílica de refúgio rural tão poderosa quanto qualquer imagem inglesa anterior. Em *Wuthering Heights*, *Great expectations*, *Alton Locke* e muitos outros romances da época, a ida para essas terras longínquas é sempre uma maneira viável de abandonar os conflitos da sociedade inglesa, uma saída que não é apenas a fuga para uma terra nova mas, como aconteceu em alguns casos reais, também é a aquisição de uma fortuna que possibilite a volta ao conflito, numa situação mais favorável. Alexander Somerville e alguns dos Mártires de Tolpuddle, vítimas da crise da sociedade rural, terminaram suas vidas no além-mar. Muitas das vítimas da crise urbana, entre elas alguns dos líderes do movimento cartista, tiveram o mesmo fim. As terras do Império eram refúgios idílicos; recorria-se a elas para fugir das dívidas ou do opróbrio, ou para tentar fazer fortuna. A classe média, em expansão, passou a encontrar oportunidades de fazer carreira regular no estrangeiro, à medida que a guerra e a administração de terras distantes foram se tornando atividades mais organizadas. Novas sociedades rurais entraram para a imaginação inglesa, à sombra do controle político e econômico: as *plantations* da ficção de Kipling, Maugham e do jovem Orwell; o mundo comercial de Conrad e Joyce Cary.

A partir de cerca de 1880, portanto, ocorreu essa expansão vigorosa da paisagem e das relações sociais. Houve também um desenvolvimento acentuado da ideia da Inglaterra como "lar", no sentido especial em que "lar" representa uma lembrança e um ideal. Algumas das imagens desse "lar" são do centro de Londres: a capital poderosa, prestigiosa e consumidora. Porém muitas imagens são de uma Inglaterra rural: uma paz verdejante que contrasta com as paisagens tropicais ou áridas em que se trabalha; o espírito de vizinhança, de comunidade, idealizado no contraste com as tensões do domínio colonial e o isolamento numa sociedade estranha. Podemos sentir a força dessa ideia em muitas imagens da Inglaterra rural do próprio século XX. Afinal, a sociedade de onde vieram essas pessoas era a mais urbanizada e industrializada do mundo, e normalmente era precisamente em nome dessas coisas que elas haviam partido de lá. Talvez isso tivesse apenas o efeito de intensificar a saudade e a idealização. Além disso, em termos práticos, a recompensa pelo serviço, se bem que antevista com mais frequência do que recebida na realidade, era a volta a um cenário rural dentro dessa Inglaterra urbana e industrial: a Inglaterra rural "residencial", a "casinha no campo"; a menos que o serviço fosse lucrativo o bastante para possibilitar uma alternativa mais antiga, a "mansão senhorial" autêntica. Os pássaros, as árvores, os rios da Inglaterra; os nativos falando uma língua não tão diferente: eram esses os elementos desse cenário real ou imaginário. O campo, agora, era um lugar para onde ir depois da aposentadoria.

É fácil perceber tal fenômeno nas gerações de oficiais coloniais, funcionários públicos, administradores de fazendas e comerciantes. Mas, dentro de sua classe, esses eram os menos bem-sucedidos. A aristocracia rural havia perdido boa parte de sua identidade específica e de seu poder político no decorrer do desenvolvimento industrial e imperialista. Sua imagística social, porém, continuava a predominar. A estrutura de renda proveniente de propriedades e da especulação era agora não apenas industrial mas também imperial. E, como já ocorrera tantas vezes antes, era utilizada numa forma de exibição explicitamente rural. As mansões senhoriais dos últimos romances de George Eliot, de Henry James e de seus sucessores anêmicos representam, como já vimos, mais o capital do que a terra. De modo mais significativo e ritualizado do que jamais ocorrera antes, desenvolveu-se uma modalidade rural, enquanto superestrutura cultural, com base nos lucros do desenvolvimento industrial e imperial. Era uma espécie de jogo — uma concretização fácil da velha imagística de Penshurst: esportes, pescarias e, acima de tudo, cavalos; muitas vezes um interesse marginal pela conservação da natureza e "os velhos costumes do campo".

Enquanto isso, ainda havia, no interior da Grã-Bretanha, um pequeno proletariado rural, e os fazendeiros, como já vimos, estavam se tornando, em número cada vez maior, pequenos proprietários, ajustando-se — muitas vezes com dificuldade — à situação subordinada da agricultura nacional, porém utilizando com eficiência crescente os recursos de uma sociedade científica e industrial. Em tom menor, algumas das velhas imagens sobreviviam. Mas agora finalmente eram minoritários em relação às novas imagens, elas próprias transmutadas pela alteração de função que haviam sofrido. Um refúgio tranquilo para a aposentadoria, ou um lugar para se viver um estilo de vida rural: essas eram então as ideias dominantes, tanto em termos literários quanto históricos.

Enquanto isso, no entanto, havia um imenso proletariado rural, despercebido nas terras distantes. Orwell, que vira pessoalmente alguns desses proletários, escreveu em 1939:

> O que nunca levamos em conta é o fato de que a maioria esmagadora do proletariado britânico não vive na Grã-Bretanha, e sim na Ásia e na África.[1]

De fato, era esse o sistema que estava se desenvolvendo. Milhões de escravos; milhões de trabalhadores contratados; milhões de trabalhadores rurais recebendo salários tão baixos que mal podiam sobreviver. Foi dessas "áreas rurais" que terminaram surgindo, em meio a lutas sangrentas, movimentos a favor da independência política. Em diversas etapas, para proteger essa ordem, jovens oficiais, oriundos de mansões senhoriais, comandavam outros ingleses — e irlandeses, escoceses e galeses expropriados — em batalhas coloniais que causaram a morte de tantos. Estranho destino: os desempregados das áreas mais miseráveis das cidades, os trabalhadores sem terra tornados supérfluos, o camponês espoliado, todos eles encontraram trabalho no ofício de matar e disciplinar gente pobre no interior dos países subjugados.

Hoje é comum dizer-se, com sentimento de culpa, que todo o povo britânico lucrou com o sistema imperialista. Se fizermos as contas da transferência de riqueza, não teremos dúvida de que isso é verdade. O aumento de padrão de vida geral dependia, em grande parte, da exploração de milhões de seres humanos encarados como nativos primitivos. Ainda restava muito desse sentimento de culpa, desse ódio e preconceito gerados através de várias gerações, quando, ironicamente, o desemprego nas colônias gerou uma migração em sentido contrário, e, seguindo um modelo antigo, os que eram deslocados das áreas do "campo" vieram — atraídos pela riqueza e pelas histórias de gente que havia conseguido enriquecer — para o centro "metropolitano", onde imediatamente se perderam no meio da massa de pobres nativos, tal como vinha acontecendo em toda a história do desenvolvimento das cidades. Porém é preciso ter em mente que o total de riqueza que vinha para a metrópole, e que continua a vir, não era distribuído de modo uniforme. Londres vivia uma fase de glória como centro do imperialismo na época em que criou um centro desesperado de miséria e sofrimento no East End. Pois a riqueza do Império, que passava por tão poucas mãos, era uma fonte crucial do poder político e econômico que a mesma classe dominante continuava a exercer. As vantagens de se viver numa cidade industrial desenvolvida, ainda que no ponto mais baixo da escala social, eram, naturalmente, difundidas de modo mais amplo. Mesmo nessa época, internamente, esses trabalhadores estavam sendo diretamente explorados. Mas os trabalhadores britânicos tinham de pagar por muitas dessas vantagens: com sangue, em guerras incessantes que pouco ou nada tinham a ver com seus interesses imediatos; e, num plano mais indireto, com a confusão, a falta de direção, a deformação de espírito. É a história da cidade e do campo assumindo sua forma mais brutal, e numa escala de complexidade inimaginável.

Atualmente a crença geral na Grã-Bretanha é de que esse sistema não existe mais. Porém o imperialismo político sempre foi apenas uma etapa. Foi precedido por controles econômicos e comerciais, quando necessário apoiados pela força. Foi sucedido por controles econômicos, monetários e comerciais que mais uma vez, sempre que encontram resistência, são imediatamente apoiados pela intervenção política, cultural e militar. Nesse sentido, as relações dominantes continuam sendo do tipo cidade-campo, e a exploração é levada ao ponto máximo.

O que se propõe enquanto ideia para ocultar essa exploração é uma versão moderna da velha ideia de "melhoramento": uma hierarquização das sociedades humanas culminando, teoricamente, com uma industrialização universal. Todo o "campo" haverá de se transformar em "cidade": eis aí a lógica desse desenvolvimento: uma simples escala linear, ao longo da qual podem-se assinalar graus de "desenvolvimento" e "subdesenvolvimento". Mas a realidade é bem diversa. Muitas das sociedades "subdesenvolvidas" foram desenvolvidas justamente a fim de satisfazer as necessidades dos países "metropolitanos". Povos que praticavam a agricultura de subsistência foram transformados, através da força econômica e política, em economias centradas em grandes fazendas, na mineração ou na monocultura. O controle dos preços, aos quais essas áreas que dependem das necessidades da metrópole têm de se adaptar, está totalmente nas mãos dos mercados de produtos situados na metrópole. O investimento concentrado nesse tipo de oferta, e na infraestrutura político-econômica que ela pede, traz a essas áreas "rurais" especializadas um fluxo constante de riquezas, que por sua vez tem o efeito de acentuar ainda mais as inter-relações de dominação. A situação é essencialmente a mesma, seja o produto em questão café ou cobre, borracha ou estanho, cacau, algodão ou petróleo. E a chamada "ajuda" concedida aos países pobres é, com raras exceções, uma acentuação desse processo: o desenvolvimento de suas economias de modo a se adaptarem às necessidades da metrópole; a preservação de mercados e esferas de influência; ou a perpetuação do controle político indireto, mantendo no poder um regime dócil; opondo, pela intervenção militar se necessário, todo e qualquer processo que vise proporcionar a essas sociedades um desenvolvimento independente, basicamente voltado para os interesses locais. A história do mundo, em meados do século XX, é em grande parte a história desse relacionamento crucial e de suas consequências turbulentas. A esse conflito sobrepõe-se uma camada ideológica: o conceito abstrato de "desenvolvimento", segundo o qual o país pobre está caminhando no sentido de tornar-se um país rico, do mesmo modo como, na Inglaterra industrial do século XIX, o homem pobre era encarado como alguém que, se tivesse a mentalidade correta e se esforçasse, poderia caminhar no sentido de tornar-se um homem rico, mas no momento ainda estava numa etapa inicial de seu desenvolvimento. O fato, porém, é que o abismo entre nações ricas e nações pobres está aumentando, com consequências tão importantes que estão determinando o futuro do mundo.

Dentro dessa perspectiva ampla, as imagens mais antigas da cidade e do campo parecem obsoletas. Algumas, contudo, ainda são relevantes; a história e as ideias ainda são relevantes. Ainda podemos, a qualquer momento, encontrar literatura rural, em suas formas mais tradicionais, só que cada vez é preciso ir mais longe para achá-la. Encontramos histórias sobre terras distantes, mas nelas podemos reconhecer algumas de nossas vivências tradicionais. Os detalhes locais são diferentes, o que é natural em se tratando de povos diferentes, porém muitas das experiências históricas são essencialmente semelhantes. Se lemos o belo romance de Yashar Kemal sobre os colhedores migrantes da Anatólia, *The wind from the plain*, nos defrontamos com um tipo de experiência vivida por muitos em nossa terra: uma comunidade que se transformou em mão de obra disponível para trabalhos sazonais especulativos numa outra terra; as dificuldades da longa caminhada; no final, a constatação, tão comum, de que se foi ludibriado. Encontramos um conflito entre dois tipos de gente, duas formas de vida rural, em *The river between* (1965), de James Ngugi. Temos o mundo aldeão de *The concubine* (1966), de Elechi Amadi, e os arrozais da Guiana em *The far journey of Oudin* (1961), de Wilson Harris. Vemos a vida rural da Índia meridional em *Swami and friends* (1935), de R. K. Narayan, e os conflitos rurais em *The village* (1939), de Mulk Raj Anand.

Muitas dessas narrativas contêm temas internos característicos: lutas com proprietários; perdas de safras e dívidas; a penetração do capital em comunidades camponesas. São essas, com todas as variações encontradas em diferentes sociedades e tradições, as tensões internas que reconhecemos como formas características, em diversos casos referentes a etapas muito antigas de nossa história. Porém o que nelas há de mais interessante para nós é a visão da experiência imperialista e colonialista nela refletida. Na própria Grã-Bretanha, o processo de colonização situa-se num passado tão remoto que não há nenhum registro dele, ainda que algumas de suas consequências tardias apareçam na literatura rural da Escócia, de Gales e, principalmente, da Irlanda. Ele já se tornou parte do sistema milenar idealizado como a "Velha Inglaterra" ou a "economia natural": o resultado de séculos de penetrações e dominações sucessivas. O importante nessa literatura moderna dos povos colonizados é que nela vemos a história acontecendo, se construindo, a partir de uma Inglaterra que, na nossa própria literatura, é apresentada de modo muito diferente.

Assim, existe todo um cabedal de lembranças amargas nos

povos às custas dos quais foram criadas as fortunas que, na Inglaterra, converteram-se em mansões senhoriais e no estilo de vida correspondente: vivências nas plantações de cana-de-açúcar e no tráfico de escravos. Há muitos relatos diretos desse processo, em sua etapa mais organizada e expansiva. Todos conhecem as obras dos ingleses que viveram as tensões de tal sistema: *A passage to India*, de E. M. Forster; *Burmese days*, de Orwell; os importantes romances africanos de Joyce Cary — *Aissa saved*, *The African witch*, *Mister Johnson*. De modo característico, essas obras exemplificam a visão liberal da vivência, da geração crítica e autoquestionadora que sucedeu a de Kipling. Porém vamos encontrar, nos autores indianos, africanos e antilhanos, uma perspectiva diferente e necessária. A fazenda de chá é vista do outro lado por Mulk Raj Anand em *Two leafs and a bud* (1937). *Things fall apart* (1958), de Chinua Achebe, termina com um branco recolhendo material para um livro sobre "A pacificação das tribos primitivas do Baixo Niger", e a força dessa ironia está no fato de que já lemos muitos relatos semelhantes, só que agora vemos o processo do ponto de vista da comunidade rural à qual chegam os homens brancos — missionários, oficiais —, juntamente com seus soldados mercenários e sua polícia. O que é notável em *Things fall apart* é que nesse romance, tal como em alguns romances ingleses que tematizam as mudanças sofridas pelo meio rural (como ainda são os de Hardy), as tensões internas da sociedade são reveladas com clareza, de modo que compreendemos as modalidades de penetração, que inevitavelmente viria a ocorrer, em seu processo de expansão. Os primeiros a se converterem à religião estrangeira são os indivíduos marginalizados pela sociedade tradicional. A lei e a religião dos estrangeiros despertam ressentimento e resistência, mas o posto comercial de azeite de dendê é bem recebido, pois representa um acréscimo a uma agricultura de subsistência centrada na produção de inhame e no método dos desmatamentos e queimadas. O mais forte dos homens, Okonkwo, é destruído num processo muito complexo de contradições internas e invasão externa.

Vamos encontrar a mesma complexidade, numa etapa posterior e em sociedades diferentes, nos movimentos de resistência da gente do campo contra o poder inglês, no Quênia de *Weep not, child* e *A grain of wheat*, de James Ngugi, ou na Malásia de *An the rain my drink*, de Han Suyin. O processo que é oficialmente apresentado para os leitores ingleses como selvageria seguida de terrorismo é aqui mostrado em termos reais: inúmeras sociedades rurais, não idealizadas, cada uma com suas próprias tensões, invadidas e transformadas por um sistema estrangeiro, que nada compreende e muitas vezes age com brutalidade. É significativo que a idealização do camponês, na moderna tradição inglesa de classe média, não foi estendida, numa época em que isso poderia ter sido importante, aos camponeses, aos trabalhadores e cules dessas sociedades ocupadas. Entretanto, num sentido novo e universal, isso representava a penetração, transformação e subjugação do "campo" pela "cidade": comunidades rurais havia muito estabelecidas desarraigadas e reestruturadas pelo poder militar e econômico de um imperialismo metropolitano em desenvolvimento. E não se trata de um processo limitado ao passado ou ao passado recente; para se convencer do contrário, basta ler os escritos do sul-africano Ezekiel Mphahlele.

Mas então o que vemos também é o processo secundário, mais complicado. No sentido mais geral — por trás da visão de que as nações imperialistas são a "metrópole" —, a imagem do campo penetrado, transformado e subjugado pela cidade, aprendendo a resistir de maneiras velhas e novas, ainda vigora. Mas um dos efeitos da dominação imperialista era o desencadeamento, dentro das sociedades dominadas, de processos que passam a seguir, internamente, padrões estrangeiros de desenvolvimento. Uma história interna de oposição campo-cidade ocorre, às vezes de forma exacerbada, dentro das comunidades coloniais e neocoloniais. Esse fato é particularmente irônico, pois a cidade, no pensamento ocidental, está agora intimamente associada às formas mais modernas de desenvolvimento — enquanto na verdade, em escala mundial, o crescimento mais espetacular de grandes cidades no século XX vem ocorrendo nos continentes "subdesenvolvidos" e "em desenvolvimento". Dentro das sociedades industrializadas, a urbanização prossegue, se bem que em países como a Inglaterra há algum tempo as proporções tornaram-se relativamente estáveis. De fato, vem ocorrendo um movimento importante de afastamento da cidade em sua acepção mais antiga, com as grandes demolições no centro das cidades para a construção de centros comerciais e administrativos e a construção de subúrbios, cidades planejadas e centros industriais em áreas rurais ou semirrurais, como resultado de uma política de descentralização relativa. A cidade concentrada está sendo substituída, nas sociedades industriais, por uma verdadeira rede de transportes: a conurbação, a região metropolitana, o eixo Londres-Birmingham. Assim, a cidade chega à terceira etapa de seu desenvolvimento, quando se torna uma verdadeira província, ou mesmo um Estado.

Enquanto isso, na outra extremidade do processo imperialista, cidades intensamente superpovoadas estão se formando como resultado direto do desenvolvimento econômico imposto e suas consequências internas. Atuando inicialmente como centros do comércio e da administração coloniais, essas cidades atraíram, tal como aconteceu em nossa história, as pessoas supérfluas e os trabalhadores deslocados das áreas rurais. Trata-se de um processo a longo prazo, que ainda continua, intensificado pelo rápido crescimento da população global. Os velhos problemas típicos da cidade que se expande caoticamente vão se repetindo, em todo o mundo, em muitos dos países mais pobres. Quem fala na crise da cidade pensando em Londres, Nova York ou Los Angeles deveria pensar também nas crises ainda mais sérias que afetam Calcutá, Manilha ou dezenas de outras cidades da Ásia, da África e da América Latina. Uma população rural deslocada vai sendo atraída pelos centros de uma economia financeira dirigida por interesses muito diferentes dos da população. A última imagem da cidade, no mundo ex-colonial e neocolonial, é a da capital política ou porto comercial, cercada de favelas, que em muitos casos crescem com uma velocidade extraordinária. No momento em que escrevo, no Peru, uma pequena extensão de deserto transformou-se, em duas semanas, numa "cidade" com 30 mil habitantes; e isso é apenas um exemplo da longa interação entre comunidades rurais alteradas e destruídas e um processo de agricultura e industrialização capitalistas, por vezes comandado internamente, na maioria das vezes externamente.

Assim, é tarde demais para que as sociedades industriais ricas alertem o resto do mundo para os efeitos desse processo dramático. Há uma tendência falsamente conservacionista e reacionária que gostaria, na verdade — tal como Hardy observou em relação à Inglaterra rural —, de manter as sociedades em desenvolvimento eternamente tal como são, pobres e pitorescas, para deleite dos observadores. Mesmo quando essa posição se reveste de um caráter mais razoável, como quando dá ênfase às consequências humanas do desenvolvimento, ela peca por má-fé, se argumenta que o processo deveria cessar nos níveis atuais de vantagem e desvantagem relativas. Pois é necessário admitir, não apenas como fato histórico mas também como realidade atual, que as linhas de desenvolvimento, em seus resultados previstos e imprevistos, se originam nos centros de poder imperialista — econômico, político e militar. Entre as sociedades rurais destruídas incluem-se não apenas as economias latino-americanas mas também a devastação do Vietnã, causada por bombas e incêndios. Assim, o desenvolvimento independente, que exige uma luta renhida, oferece a única oportunidade de crescimento possível no interesse da maioria. E, embora seja verdade que, ao somarmos todos os desenvolvimentos e subdesenvolvimentos, a crise global é algo terrível, o fato é que se trata de um processo que não pode ser detido em um de seus setores. De fato, as mudanças decisivas, para que possam acontecer, terão de se originar nos países "metropolitanos", cujo poder atual distorce todo o processo e torna impossível qualquer sistema genuíno de interesse e controle comuns. Mas quando contemplamos o poder e o ímpeto dos impulsos metropolitanos, muitas vezes acelerados pelas crises internas, não há como não ver que, para encontrar uma direção diferente, será necessário fazer mudanças revolucionárias. A profundidade da crise e o poder daqueles que continuam a dominar são tão grandes que nenhuma solução mais fácil ou mais simpática seria viável.

Dentro dessa ampla mobilidade, que é a história cotidiana de nosso mundo, a literatura continua a corporificar a variedade quase infinita de experiências e interpretações. Relembramos nossa antiga literatura da mobilidade e do efeito corruptor das cidades, e vemos muitos de seus temas reaparecerem nas literaturas africana, asiática e antilhana, escritas, o que é característico, em idiomas metropolitanos que são eles próprios consequências dessa mobilidade. Lemos sobre as aldeias inquietas de muitos países distantes, em obras como *Danda*, de Nkem Nwankwo; *In the castle of my skin*, de George Lamming. Uma linguagem mista, aprendida no processo de mobilidade, transparece em *New day*, de V. S. Reid. E Chinua Achebe, que em *Things fall apart* e *Arrow of God* mostrava a chegada do sistema estrangeiro nas aldeias, mostra-nos o complicado processo de mobilidade educacional e novos tipos de trabalho urbano em *No longer at ease* e *Man of the people*. Porém estamos tão acostumados a pensar em experiências comuns através dos filtros alienantes proporcionados pelas diferenças de nacionalidade e raça que com frequência encaramos a particularidade dessas histórias como simples exotismo. Um processo social está acontecendo, numa sociedade à primeira vista estranha, e é isso que importa. Mas, à medida que vamos adquirindo uma perspectiva, com base na longa história da literatura do campo e da cidade, vemos o quanto, em lugares e épocas diferentes, há um unificador numa história que, em última análise, deve ser encarada como comum a todos.

25. CIDADES E CAMPOS

I

O campo e a cidade são realidades históricas em transformação tanto em si próprias quanto em suas inter-relações. Temos uma experiência social concreta não apenas do campo e da cidade, em suas formas mais singulares, como também de muitos tipos de organizações sociais e físicas intermediárias e novas.

No entanto, as ideias e imagens do campo e da cidade ainda conservam sua força acentuada. Essa persistência é tão significativa quanto a grande variedade, social e histórica, das ideias em si. O contraste entre campo e cidade é, de modo claro, uma das principais maneiras de adquirirmos consciência de uma parte central de nossa experiência e das crises de nossa sociedade. Isso, porém, dá origem à tentação de reduzir a variedade histórica de formas de interpretação aos chamados símbolos e arquétipos, ou seja, de abstrair até mesmo essas formas tão evidentemente sociais e dar-lhes um *status* basicamente psicológico ou metafísico. Muitas vezes, tal redução acontece quando constatamos que certas formas, imagens e ideias importantes persistem durante períodos de grandes transformações. Mas, se percebemos que a persistência depende das formas, imagens e ideias em mudança — ainda que muitas vezes de modo sutil, interna e, por vezes, inconscientemente —, podemos ver também que a persistência indica alguma necessidade permanente ou praticamente permanente, que se reflete nas diferentes interpretações que vão surgindo. Creio que há, de fato, uma tal necessidade, e ela é criada pelos processos de um desenvolvimento histórico específico. Contudo, se não vemos esses processos, ou se só os vemos por acaso, recaímos em formas de pensamento aparentemente capazes de criar a permanência sem a história. Isso pode nos proporcionar satisfação emocional ou intelectual, mas então só teremos encarado metade do problema, pois em todas essas grandes interpretações é a coexistência de persistência com transformação que é realmente impressionante e interessante, e que é preciso explicar sem que uma seja reduzida à outra. Ou, em termos mais teóricos, devemos saber explicar, em termos relacionados, tanto a persistência quanto a historicidade dos conceitos.

As ideias da cidade e do campo estão entre os casos mais importantes a que esse problema se refere. Está claro, por exemplo, que uma ideia derivada da experiência de uma cidade medieval não pode ser encarada, em termos de uma continuidade meramente nominal, como uma ideia a respeito de uma metrópole do século XX, da mesma forma como uma concepção bucólica da Beócia rural não pode ser tomada como uma interpretação relevante do interior da Inglaterra moderna. Do mesmo modo, porém, não podemos dizer que o ideal de inocência bucólica ou o da cidade como agente civilizador, que surgem em tantas épocas e sob tantas formas, representem meras ilusões, sendo suficiente denunciá-las ou negá-las. A denúncia e a negação muitas vezes são de importância crucial, mas basta ter em mente as ideias em si para termos consciência desse fato, na persistência comparável de ideias a respeito da idiotice do campo ou da corrupção da cidade. Assim, somos levados a formular outras perguntas: que tipos de experiência essas ideias parecem interpretar, e por que certas formas ocorrem ou recorrem nesse ou naquele momento?

Para responder a essas questões, precisamos levantar, histórica e criticamente, as diversas formas assumidas pelas ideias. No entanto, vale a pena também parar em determinados momentos e realizar cortes transversais específicos: perguntar não apenas o que está acontecendo, num dado período, com as ideias do campo e da cidade, mas também a que outras ideias, dentro de uma estrutura mais geral, elas estão associadas. Por exemplo, temos de observar que a cidade está associada, nos séculos XVI e

XVII, ao dinheiro e à lei, e, no século XVIII, à riqueza e ao luxo; que há uma associação persistente, chegando ao auge no final do século XVIII e no XIX, à imagem da turba, das massas; que, nos séculos XIX e XX, a cidade é associada à mobilidade e ao isolamento. Cada uma dessas ideias tem uma certa persistência, mas o isolamento, por exemplo, só aparece como tema importante durante a fase de desenvolvimento metropolitano, enquanto a associação entre cidade e dinheiro vai desde a constatação de atos isolados de corrupção e intriga até a visão de um sistema comercial e político. Também há diferenças radicais como essas nas ideias relacionadas ao campo: a ideia de estabilidade, por exemplo, em oposição ao conceito de refúgio rural, que implica mobilidade. Cada ideia pode ser encontrada em períodos muito diferentes e parece depender de variações de classe, enquanto o outro contraste óbvio — entre uma ideia de campo cultivado, no qual o cultivo representa o crescimento honesto, e a ideia de terra selvagem ou intacta, em que se tem a natureza isolada em vez de cultivo — tem uma perspectiva histórica mais clara, por envolver, de modo evidente, uma atitude em relação a toda uma forma de vida determinada, em grande parte, por fatores estranhos a ela. O grau em que a realidade do trabalho humano se inclui na observação de um meio rural economicamente ativo é também, como já vimos, historicamente condicionado. Porém, dentro de um mesmo período podemos ver que numa ideia — como a da Idade do Ouro — uma semelhança aparente, ao ser examinada, acaba revelando-se um aglomerado de ideias diferentes, dependendo de seu usuário ser um aristocrata, um pequeno proprietário ou um trabalhador sem terra. Frequentemente, nesses casos de associação e variação interna, é mais importante saber que outras coisas estão sendo ditas do que saber o que se diz sobre o campo — do mesmo modo como, nos séculos XIX e XX, muitas vezes é mais importante saber que outras coisas estão sendo ditas do que saber o que está sendo dito, de modo convencional, a respeito da cidade.

Essa complexidade se dá em níveis muito profundos. Assim, por exemplo, faz sentido examinar três períodos em que são particularmente comuns lamentos campestres evocando explicitamente um passado mais feliz: o final do século XVI e início do XVII; o final do século XVIII e início do XIX; o final do século XIX e início do XX. E então fica bem claro que cada um desses períodos corresponde a uma época de mudanças excepcionais na economia rural, cujos reflexos diretos podemos ver de diversas formas. Mas a questão não é apenas que cada um desses reflexos encerra outras ideias sociais ou metafísicas, mas também que a convenção que vê a vida no campo como uma existência tranquila perturbada por mudanças indesejáveis vindas de fora vem se tornando mais complexa, no século XX, devido ao surgimento de ideias muito semelhantes acerca das cidades. Reclamam das transformações ocorridas no campo os pequenos proprietários ameaçados, os habitantes das terras comunais ou mesmo, no século XX, os membros de uma classe de proprietários rurais, mas é fascinante ouvir as mesmas queixas — referentes à destruição de uma comunidade local, à expulsão dos que não têm muitas propriedades, à indiferença em relação aos costumes tradicionais — nas inúmeras campanhas a respeito dos efeitos da erradicação de bairros miseráveis, do planejamento urbano e das construções de aeroportos e autoestradas em muitas cidades do século XX, inclusive Londres. Certa vez ouvi uma defesa de Covent Garden,* em oposição aos planos de reurbanização da área, que em praticamente todos os detalhes era idêntica às defesas das terras comunais no tempo dos cercamentos realizados por ordem do Parlamento. Sem dúvida, as ideias a respeito do campo e da cidade têm conteúdos e desenvolvimentos históricos específicos, mas também está claro que, em determinados momentos, elas representam formas de isolamento e identificação de processos mais gerais. É muito comum dizer-se "a cidade" para se referir ao capitalismo, à burocracia ou ao poder centralizado; e "o campo", como já vimos,

* O antigo mercado de Londres, que nos anos 1970 foi demolido e transformado num centro comercial e cultural. (N. T.)

em cada época tem um significado diferente, associado a ideias tão diversas quanto a independência e a pobreza, o poder da imaginação ativa e o refúgio da inconsciência. A cada momento, é necessário confrontar essas ideias com as realidades históricas, que por vezes as confirmam, outras vezes as negam. Contudo, precisamos também, ao ver o processo como um todo, confrontar as realidades históricas com as ideias, pois há ocasiões em que estas exprimem — não apenas de modo disfarçado e deslocado, porém mediando ou tentando, e às vezes conseguindo, transcender — interesses e objetivos humanos a que não temos como nos referir de outro modo. O problema não é apenas a dificuldade ou impossibilidade de encontrar outros termos e conceitos mais específicos; a questão é que no campo e na cidade, fisicamente presentes e substanciais, a experiência encontra um material que corporifica os pensamentos.

Fiz, portanto, um levantamento dos processos que julgo mais importantes, com suas principais variações, dentro de uma determinada literatura e de uma determinada sociedade: uma literatura, a inglesa, que é talvez mais rica do que qualquer outra em termos da gama de temas referentes ao campo e à cidade; e uma sociedade que atravessou um processo de desenvolvimento histórico — primeiro numa economia e numa comunidade rural, depois num contexto urbano — muito cedo e de modo muito completo; em última análise, é apenas uma história específica, mas ela tornou-se, sob alguns aspectos importantes, um modo de desenvolvimento dominante em muitas partes do mundo. Cada uma das fases dessa história pode ser examinada com mais profundidade isoladamente, e há formas alternativas de encarar a sequência, a interação e o desenvolvimento. Evidentemente, seria necessário realizar mais estudos comparativos: já existe muito material no campo da literatura francesa e da russa, nas quais tanto o campo quanto a cidade têm significados relacionados, porém específicos; do pensamento e da literatura alemãs, em que a ideia da cidade como centro cultural seguiu um curso particularmente positivo; da literatura e da cultura norte-americanas, em que a velocidade e a magnitude do processo geraram ideias e imagens muito poderosas, por vezes universais; da cultura italiana, não apenas como fonte, mas também no caráter dramático de sua transição contemporânea; e, como já vimos, das literaturas do mundo em desenvolvimento, nas quais outras maneiras de ver um processo relacionado estão encontrando expressão literária. Espera-se que tudo isso venha a ser estudado de modo específico e comparativo, e essa esperança provavelmente se concretizará.

II

Mas a questão não é, como nunca foi, apenas estudar. O próprio fato de o processo histórico, em alguns de seus aspectos principais, ter se tornado internacional significa que agora dispomos de algo além de simples material para comparações interessantes. Estamos lidando — e sabemos que o estamos fazendo — com formas de uma crise geral. Contemplando a história da Inglaterra, principalmente no momento em que ela culmina com o imperialismo, vejo nesse processo de transformação das relações entre campo e cidade a força motriz de um modo de produção que efetivamente transformou o mundo. Assim, concordo em ver a cidade como representação do capitalismo, tal como muitos estão fazendo agora, desde que possa afirmar também que esse modo de produção teve origem especificamente na economia rural da Inglaterra e lá produziu muitos dos efeitos característicos — aumento de produção; reorganização física de um mundo totalmente disponível; deslocamento de comunidades tradicionais; a formação de um resíduo humano que veio a se transformar numa força, o proletariado — que foram posteriormente encontrados, em diversas formas, em cidades e colônias e em todo um sistema internacional. E não me surpreende ver que os protestos referentes à destruição de Covent Garden refletem as queixas feitas pelos moradores das terras comunais, já que as forças do melhoramento e do desenvolvimento, sob essas formas específicas — uma combinação de poder financeiro e poder político com objetivos diferentes dos de qualquer comunidade local, mas com sua própria lógica interior específica — são, sob um aspecto fundamental, semelhantes, enquanto fases do empreendimento capitalista.

O que as companhias de petróleo e de mineração fazem é o mesmo que faziam os proprietários de terras, o mesmo que faziam e fazem os donos de grandes fazendas coloniais. E muitos, seguindo seu exemplo, passaram a encarar a terra e suas propriedades como objetos de exploração com fins lucrativos: um lucro tão nítido que as necessidades muito diversas das diferentes comunidades locais são ignoradas, muitas vezes de modo brutal. Por mais difícil e complexo que seja esse processo, já que os aumentos de produção e a formação de novas formas de trabalho e riqueza são indubitavelmente reais, normalmente é mais necessário ver esse tipo de contraste — entre formas de comunidades e formas de exploração — do que ver o contraste mais convencional entre desenvolvimento agrícola e desenvolvimento industrial: o campo seria um empreendimento em cooperação com a natureza, a cidade e a indústria seriam empreendimentos que se sobrepõem à natureza e a transformam. Há uma diferença qualitativa visível entre os resultados da agricultura e os resultados da mineração, mas, se só vemos esse contraste, só vemos alguns dos resultados. Os efeitos sobre as comunidades humanas, bem como sobre formas de vida tradicionais e com peculiaridades locais, são em muitos casos bem semelhantes. A terra, encarada em termos de fertilidade ou de riqueza mineral, em ambos os casos é vista abstratamente. Ela é utilizada num empreendimento que, durante certo tempo, deixa de lado todas as outras considerações. Após as radicais transformações físicas ocasionadas pela Revolução Industrial, tornou-se fácil para nós não ver como foram profundas as alterações que a agricultura causou na terra, de modo visível até hoje. Alguns dos mais antigos e notáveis efeitos ambientais, tanto negativos quanto positivos, decorreram de práticas agrícolas: em alguns casos, a terra tornou-se mais fértil, mas em outros lugares a utilização excessiva de um prado como pasto reduziu a terra a um deserto; por vezes os desmatamentos criaram terras boas para o cultivo, mas em outras circunstâncias a derrubada das árvores destruiu a terra e provocou a erosão. Alguns desses efeitos são mais antigos que a ordem capitalista, porém o modo de produção capitalista continua a ser, em termos de história do mundo, o agente mais eficiente e poderoso de todos esses tipos de transformação física e social. A cidade é apenas uma maneira convencional de se ver essa espécie de transformação; e o campo, como agora quase todos sabem, é sem dúvida outra. De fato, a mudança da atitude mais antiga de admiração pela terra cultivada para o amor intenso aos lugares em que a natureza permanece "intacta" é um registro preciso desse processo persistente, e de seus efeitos em uma de suas etapas mais ativas.

Mas nesse caso também é preciso traçar uma distinção entre tais técnicas de produção e o *modo* de produção que é sua forma social específica. Damos a essas transformações técnicas os nomes de melhoramento e progresso, aplaudimos alguns de seus efeitos e criticamos outros, e acabamos nos sentindo indiferentes ou divididos, um estado mental em que, repetidamente, as ideias mais abstratas e ilusórias a respeito de uma forma natural de vida no campo nos tentam ou, ao menos, nos fascinam. Ou então acabamos dizendo que é esta a condição humana: a escolha irresolúvel entre um materialismo necessário e uma humanidade igualmente necessária. Muitas vezes tentamos resolver o dilema estabelecendo uma divisão entre trabalho e lazer, ou sociedade e indivíduo, ou cidade e campo, não apenas mentalmente mas também em subúrbios e cidades planejadas, casas de campo e apartamentos na cidade, na distinção entre dias úteis e fins de semana. Nesse ponto, contudo, normalmente constatamos que os iniciadores dos melhoramentos, os comandantes das transformações, já chegaram há mais tempo e estabeleceram raízes mais profundas — já realizaram uma divisão bem-sucedida, em proveito próprio. A mansão senhorial, como já vimos, foi uma das primeiras formas que essa solução temporária assumiu, e, no século XIX, ao mesmo tempo que os novos senhores da produção capitalista construíam mansões novas, recuperava-se igual número de mansões antigas, outrora dos antigos senhores — por vezes ancestrais dos novos — da velha ordem rural. É notável o grau em que esse padrão tem sido fisicamente imitado, resultando até em casas de campo geminadas e modos de lazer de fim de semana. Em todas as suas etapas, um capitalismo imensamente produtivo ampliou tanto os recursos quanto os modos de produção que, ainda que de modo desigual, criam e reprimem reações a seus efeitos.

Assim, muitas vezes é difícil, diante desse processo contínuo que contém a substância de uma parte tão substancial de nossas vidas, reconhecer de modo adequado o caráter específico do modo capitalista de produção, o qual não consiste na utilização de máquinas nem de técnicas de melhoramento, e sim no fato de que a propriedade de tais coisas está concentrada nas mãos de uma minoria. De fato, à medida que a concentração de propriedade, primeiro da terra, depois de todos os meios de produção importantes, foi dando forma a um sistema e um Estado, com muitos tipos de mediação política e cultural, foi natural que a percepção diminuísse, embora a realidade se intensificasse. Muitos ruralistas modernos, muitos conservacionistas urbanos veem "o Estado" e "o planejamento central" como seu principal inimigo, embora seja evidente que o que o Estado está administrando e os planejadores estão servindo é um sistema econômico capitalista em todos os seus objetivos, procedimentos e critérios mais importantes. O sistema rodoviário, as demolições de prédios decadentes, a substituição de bairros compostos de residências e pequenas lojas por grandes edifícios comerciais e supermercados podem aparecer sob a forma de um plano social, mas não se conhece um caso em que as prioridades de um sistema capitalista não tenham sido consideradas desde o início. Pode tratar-se de um simples projeto industrial ou de mineração: nesse caso, a decisão original foi tomada e será por fim determinada por proprietários interessados no lucro. O sistema rodoviário levará em conta suas necessidades e preferências quanto a modos de distribuição e de transporte, e são essas preferências que determinam as prioridades, seja no caso do favorecimento ao caminhão em detrimento do trem, ou na situação mais geral em que a própria terra é encarada, abstratamente, como uma rede de transporte — do mesmo modo como, num outro contexto, pode ser vista, de modo igualmente abstrato, como uma oportunidade para a produção. As demolições e o déficit habitacional estão igualmente relacionados às modificações sofridas pelos padrões de habitação em consequência de uma série de decisões, tomadas por uma minoria, a respeito de onde serão oferecidos empregos, seguindo-se critérios de lucro e conveniência interna. As chamadas políticas regionais são tentativas de remediar as consequências dessas prioridades, e não de atuar de modo decisivo contra elas. O equilíbrio entre indústria e agricultura, sob todas as suas manifestações físicas nas relações entre cidade e campo, é o produto, ainda que mediado por outros fatores, de um conjunto de decisões sobre o investimento de capitais tomadas pela minoria que controla o capital e determina a sua utilização mediante cálculos de lucratividade.

Quando vivemos há muito tempo no contexto de um sistema assim, é difícil não cair no erro de ver nele uma realidade prática necessária, ainda que censurável sob diversos aspectos. Mas a questão é que não foram apenas as histórias específicas do campo e da cidade e de suas inter-relações imediatas que foram determinadas, na Inglaterra, pelo capitalismo. A questão é que o caráter global do que denominamos sociedade moderna também foi determinado do mesmo modo. A indiferença competitiva e a sensação de isolamento nas cidades grandes têm uma relação profunda com as formas de competição social e alienação que são promovidas exatamente por esse tipo de sistema. Essas experiências nunca são exclusivas, já que, no contexto dessas pressões e limitações, as pessoas encontram outras soluções, formam outras ligações e tentam viver com base em outros valores. Porém o impulso central permanece.

Do mesmo modo, a maioria das pessoas já vive em cidades há tanto tempo que se tornaram necessárias novas formas de comunicação, as quais por sua vez revelam tanto a extensão quanto a mobilidade do processo urbano e industrial e apropriação e exploração desses mesmos meios para fins capitalistas. Não me refiro apenas à publicidade, embora ela seja uma deformação específica da cidade capitalista. Também não me refiro apenas à concentração minoritária da propriedade dos órgãos da imprensa, com a consequente especialização de seus objetivos. Refiro-me à conversão de um modo social necessário em formas específicas. É muito surpreendente o fato de que, em reação à cidade e a uma sociedade e um mundo mais profundamente inter-relacionados, desenvolvemos hábitos específicos concernentes à informação, num sentido modificado. O jornal matutino, o programa de rádio da hora do café da manhã, a programação noturna da televisão são, nesse sentido, formas de orientação nas quais nosso senso social fundamental é ao mesmo tempo visado e, de modos específicos e limitados, confirmado.

Wordsworth percebeu que, quando nos sentimos inseguros num mundo de pessoas aparentemente estranhas, mas que exercem um efeito comum decisivo sobre nós, e quando a nosso redor circulam forças que irão alterar nossas vidas de modos aparentemente externos e irreconhecíveis, podemos buscar segurança recuando para uma subjetividade profunda, ou então podemos procurar no mundo que nos cerca imagens sociais, signos sociais, mensagens sociais, com as quais possamos nos identificar enquanto indivíduos, mas de modo a descobrir, de alguma forma, um senso comunitário. Boa parte do conteúdo das comunicações modernas consiste nesse tipo de sucedâneo de relações com o mundo diretamente encontráveis e transitivas. Pode ser corretamente relacionado à escala e complexidade da sociedade moderna, cujo exemplo mais evidente é sempre a cidade, porém generalizou-se, atingindo as mais remotas regiões rurais. É uma forma de consciência compartilhada, mais do que um mero conjunto de técnicas. E, enquanto forma de consciência, não pode ser entendida através de analogias retóricas como "aldeia global". Nada poderia ser mais diferente de qualquer espécie de aldeia ou comunidade ativa estável. Pois, em suas utilizações principais, as comunicações modernas constituem uma forma de consciência desigualmente compartilhada de eventos persistentemente externos. Trata-se do que parece acontecer, transmitido e mediado através desses veículos poderosos, num mundo com o qual não temos quaisquer outras ligações perceptíveis, mas que sentimos ser ao mesmo tempo um elemento central e um fator marginal em nossas vidas. Esse paradoxal conjunto de relação unilaterais, que por si só determina o que consideramos informações e notícias relevantes, é, portanto, uma forma específica de consciência, inerente ao modo de produção dominante, no qual, de modos curiosamente semelhantes, nossas habilidades, nossas energias, nossa organização cotidiana de nossas vidas, nossas conceitualizações da forma de toda uma vida são em grande parte definidas e determinadas por formulações externas de uma realidade necessária: aquela realidade externa, conscientemente produzida — externa porque seus meios são controlados por uma minoria —, com a qual, numa parte muito grande de nossas vidas, aparentemente somos obrigados a aprender, por falta de opção.

Com frequência manifestam-se relações sociais subjacentes desses modos habituais e convencionais. O sistema de comunicações não é constituído apenas pela rede de informações, mas também pela rede de transportes. A cidade, evidentemente, sempre foi associada a uma concentração de tráfego. Nos sistemas de transportes modernos, isso continua a acontecer, e o problema chega a parecer insolúvel em muitos casos. Mas o tráfego não é apenas uma técnica; é também uma forma de consciência e uma forma de relações sociais. Não estou me referindo apenas ao fato evidente de muitos dos problemas do tráfego decorrerem de uma série de decisões quanto à localização dos lugares de trabalho e à centralização do poder político; decisões que, na verdade, jamais foram tomadas socialmente, e sim impostas pelas prioridades de um modo de produção. Refiro-me também às formas do tráfego moderno. É impossível ler as primeiras descrições de movimentadas ruas de metrópoles — as pessoas vistas como átomos isolados, fluindo nesta ou naquela direção; uma corrente comum de identidades e direções separadas — sem ver, ao lado delas, esse modo de relação representado pelo automóvel: privado, fechado, um vínculo individual num fluxo comum que o pressiona e é apenas um aglomerado de indivíduos; certas convenções subjacentes de controle externo, mas dentro delas uma rápida sucessão de sinais de alerta, proibição, concessão, irritação, enquanto seguimos, cada um o seu caminho individual, porém num modo comum. E isso não é mais apenas um traço da cidade, embora seja mais evidente nela. Em toda uma rede que se estende sobre a terra, é assim que, num determinado nível, nos relacionamos; mais ainda, é uma forma de comunidade, entremeada com aquilo que, numa concepção mais antiga, entendemos como comunidades — cidades grandes e pequenas, aldeias — e muitas vezes as influencia de modo crucial.

Em todas essas relações sociais concretas e formas de consciência, concepções do campo e da cidade, muitas vezes de um tipo mais antigo, continuam a atuar como intérpretes parciais. Mas nem sempre percebemos que, em seu direcionamento geral, elas representam posicionamentos em relação a um sistema social global. Particularmente a partir da Revolução Industrial, mas a meu ver já desde os primórdios do modo capitalista de produção agrícola, as poderosas imagens que temos da cidade e do campo constituem maneiras de nos colocarmos diante de todo um desenvolvimento social. É por isso que, em última análise, não podemos nos limitar a contrastá-las; precisamos também examinar suas inter-relações e, através destas, a forma concreta da crise subjacente.

Por exemplo, é significativo que a imagem comum do campo seja agora uma imagem do passado, e a imagem comum da cidade, uma imagem do futuro. Se as isolarmos desse modo, fica faltando o presente. A ideia do campo tende à tradição, aos costumes humanos e naturais. A ideia da cidade tende ao progresso, à modernização, ao desenvolvimento. Assim, num presente vivenciado enquanto tensão, usamos o contraste entre campo e cidade para ratificar uma divisão e um conflito de impulsos ainda não resolvidos, que talvez fosse melhor encarar em seus próprios termos.

Nesse ponto, podemos ser auxiliados por aspectos da história das ideias. Já vimos que com frequência uma ideia do campo é uma ideia da infância: não apenas as lembranças localizadas, ou uma lembrança comum idealmente compartilhada, mas também a sensação da infância, de absorção deliciada em nosso próprio mundo, do qual, no decorrer do processo de amadurecimento, terminamos nos distanciando e nos afastando, de modo que essa sensação e o mundo tornam-se coisas que observamos. Em Wordsworth e Clare, bem como muitos outros escritores, essa estrutura de sentimento é expressa de modo poderoso, e já vimos de que modo ela frequentemente é em seguida convertida em ideias ilusórias do passado rural: temos aquelas sucessivas, sempre retrospectivas, "Inglaterras felizes da minha infância". Mas agora o interessante é que já temos um número suficiente de histórias e memórias de infâncias urbanas para perceber esse mesmo padrão. A velha comunidade urbana proletária: o prazer das lojinhas de esquina, lampiões de gás, fiacres, bondes, quiosques, tudo isso — é a impressão que se tem — vem desaparecendo em gerações sucessivas. Esses costumes e objetos urbanos parecem ter, na literatura, a mesma substância emocional concreta que têm os riachos, as áreas comunais, as sebes, as cabanas e os festivais no cenário rural. E ao dizer isso não se quer negar nem denegrir esse tipo de sentimento, e sim perceber o verdadeiro processo de mudança descrito nesses textos de memórias, à medida que descobrimos o processo comum a todos eles.

Pois o que está em questão, em todos esses casos, é um crescimento e uma alteração da consciência: um processo histórico repetido em muitas vidas e muitos lugares que é, fundamentalmente, uma alteração da percepção e dos relacionamentos. O que antes era fechado, absorvente, familiar, percebido internamente, torna-se separado, distinguível, crítico, mutável, observado externamente. Esse processo se dá nas terras comunais e nas ruelas tranquilas, na aldeia ou no bairro. Podemos, é claro, dizer que se trata de um processo inevitável; que essa formação da consciência adulta é profundamente necessária, mesmo que seja apenas para constatar que esses mundos a que se tem apego eram, e são, criações do homem. Mas temos de dizer também que a aldeia ou ruela da criança não é e não pode ser a aldeia ou ruela do adulto contemporâneo, que trabalha. Projetar lembranças de infância, ainda que verdadeiras, como representações da história, sem qualquer ressalva, gera grandes confusões. Finalmente, o que temos a dizer é que vivemos num mundo no qual o modo de produção e as relações sociais dominantes ensinam, inculcam e se propõem a normalizar, e mesmo a petrificar, modos de percepção e ação distanciados, separados e externos: modos de usar e consumir, em vez de aceitar e desfrutar, pessoas e coisas. A estrutura de sentimento das memórias é, portanto, significativa e indispensável enquanto reação a essa deformação social específica. No entanto, essa importância só pode ser reconhecida após realizarmos o julgamento histórico de que essas memórias representam visões infantis, que a experiência adulta contemporânea contradiz ou ressalva, e que um processo de crescimento humano foi ele próprio deformado por essas determinações internas profundas a respeito do que deve ser uma consciência adulta, neste mundo de uso, consumo e abstração. Não é tanto a aldeia antiga ou a ruela de outrora que é significativa, e sim a percepção e a afirmação de um mundo onde o sujeito não é necessariamente um estranho e um agente, onde ele pode ser um membro, um descobridor, numa fonte de vida compartilhada. Naturalmente, por si só isso não basta. Mais ainda: quando elaboradas em fantasias a respeito das aldeias e ruelas do passado, essas lembranças podem mesmo perder sua relevância imediata. A construção de um mundo adulto e produtivo desse tipo exigiria uma consciência crítica arguta e uma prolongada atividade. Contudo, podemos ver aqui, num exemplo central, a verdadeira etiologia de algumas das imagens poderosas do campo e da cidade, quando a experiência não alienada é o passado rural, e a experiência realista é o futuro urbano. Se tomamos apenas as imagens, podemos passar de um para o outro, mas sem nada entendermos. Pois o que é necessário é realmente examinar, tanto no caso do campo quanto no da cidade, os processos sociais concretos de alienação, separação, exterioridade e abstração. E temos de fazer isso não apenas de modo crítico, na história necessária do capitalismo rural e urbano, mas substancialmente, afirmando as experiências que, em muitos milhões de vidas humanas, são descobertas e redescobertas, muitas vezes sob pressão: experiências de relações diretas, recíprocas, cooperativas; e é somente através delas, em última análise, que poderemos definir qual foi a verdadeira deformação.

III

No final dos anos 1940 percebi que finalmente havia me separado da aldeia onde me criei. Comecei a escrever a respeito de minha visão dessa experiência, nas sete versões que acabaram formando o romance *Border country*. Através dessas versões, descobri-me relacionando a minha experiência a um processo histórico mais geral de mobilidade física e social e, além disso, a uma crise de instrução e classe — que explorei e, em seguida, retomei ao ler, como se pela primeira vez, os romances de George Eliot, Hardy e Lawrence. Também fui obrigado a olhar para a aldeia mais uma vez, estabelecendo uma certa tensão entre minhas lembranças de infância e a experiência adulta da geração de meu pai. Mas mesmo isso não era bastante. Muitos leitores acham que o personagem Harry Price, o sinaleiro que cuida de seus jardins, é um retrato de meu pai; mas isso não é bem verdade. Constatei que, para captar o movimento geral, eu teria de distinguir e afrontar o que vira em meu pai como impulsos e modos conflitantes. Precisei imaginar outro personagem, Morgan Rosser, político e comerciante, cujo relacionamento com Harry Price permitisse exprimir e elaborar o que me parecia um conflito interior. Os modos de contemplação e de ação, de absorção no trabalho e de transformações no sentido da mobilidade e da crítica, teriam de ser expressos num relacionamento para que o complexo desenvolvimento da vida da aldeia fosse integralmente representado. Além disso, havia o filho, o observador, mais especificamente distanciado; ligado a esses dois modos, essas duas figuras paternas, e prolongando a ação em seu trabalho na cidade.

Utilizei o mesmo método, de dividir e depois ligar, para exprimir essa crise interna, num romance urbano, *Second generation*, que era essencialmente o mesmo movimento, num meio diferente. Tratava-se de uma imagem de tráfego, de relacionamentos enquanto tráfego e de tentativas de encontrar outros relacionamentos, tão claramente quanto em *Border country*; com sua forma mais simples da ferrovia e das mudanças por ela introduzidas no campo. É desse modo que, de uma forma mais geral, venho encarando todo o problema desde então. A experiência utilizada nos romances transformou-se nas questões que coloquei à tradição.

Mas houve uma ocasião, enquanto eu escrevia *Border country*, em que senti uma tristeza súbita, aparentemente dissociada de meu tema. Senti, creio que porque alguém me dissera isto, que a experiência rural, o campo economicamente ativo, havia morrido; que na Grã-Bretanha ele não passava de algo marginal; e que com o tempo isso se tornaria uma realidade em todo o mundo. Aceitei essa ideia, em um determinado nível, por um tempo que agora me parece impossível. Vejo agora que era um dos impulsos que constantemente me faziam voltar à literatura rural e à história do campo. E já não sei exatamente quando, de repente, me dei conta de que isso simplesmente não era verdade. Mesmo enquanto eu estava mostrando nos romances uma experiência diferente e persistente, essa ideia se mantinha em minha consciência. Quando por fim percebi que era falsa, concluí que devia procurar suas origens. Estas não eram apenas, como se poderia pensar, os ruralistas sentimentais, embora minha própria experiência pessoal me obrigasse a encará-las. Eram também — e isto tinha mais importância — os progressistas da metrópole, muitos deles supostamente internacionalistas e socialistas, cujo desprezo pelas sociedades rurais só podia ser comparado à confiança que depositavam num futuro industrial urbano que eles iriam converter, de um modo ou de outro — através da modernização, da tecnologia de ponta, da revolução —, em socialismo. Ainda há tantos escritores e pensadores de cada um desses tipos que é preciso muito tempo e esforço para se olhar ao redor e afirmar que a ideia de uma economia rural perdida que todos eles aceitam é falsa.

Então não seria ela falsa? Não seria óbvio que na Grã-Bretanha a agricultura tornou-se uma atividade marginal? Foi esse o primeiro tipo de erro que aprendi a perceber: uma persistência, que passa despercebida nos velhos países imperialistas, de uma espécie de chauvinismo abstrato: a ideia de que o que acontecia com eles era o que estava acontecendo, ou viria a acontecer, com todos os outros países. A maioria das nações do mundo ainda era predominantemente rural, mas dentro da divisão do mundo estabelecida pelo imperialismo esses países não contavam; era como se não existissem. Mesmo aqueles que viam essas nações sendo exploradas, dentro da divisão imperialista do mundo, não entendiam necessariamente que, dentro dessa situação e das lutas a ela implícitas, uma agricultura ativa, uma economia rural em uma de suas formas possíveis, teria forçosamente de persistir — nos próprios países explorados e, para que alguns elementos da exploração pudessem ser diminuídos, naqueles países que já eram abstraídos como países metropolitanos desenvolvidos. Talvez hoje em dia mais pessoas já tenham consciência disso. As realidades da crise de alimentos e de população vêm sendo ampla e corretamente divulgadas. Para que possamos sobreviver, teremos de desenvolver e ampliar a agricultura. Assim, a ideia comum de um mundo rural perdido não é apenas uma abstração desta ou daquela etapa de um processo histórico contínuo (e muitas dessas etapas já vão tarde): está em contradição direta com qualquer visão efetiva do futuro, no qual o trabalho agrícola deverá se tornar mais importante e central, e não menos. É uma das mais impressionantes deformações do capitalismo industrial o fato de uma de nossas atividades mais centrais, urgentes e necessárias ter sido tão deslocada, no espaço, no tempo ou em ambos, que só é associada ao passado ou a terras distantes.

Em parte, essa atitude agora está mudando, mesmo na nossa velha Europa imperialista. Mas o futuro da agricultura ainda é visto, aqui e no Terceiro Mundo, basicamente sob formas capitalistas, envolvendo especialmente um deslocamento social em massa. No entanto, há maneiras muito diferentes de realizar isso, que estão sendo postas em prática em outros lugares. E a urgência de fazê-lo de maneiras não capitalistas está vinculada a um outro aspecto complementar da crise: a situação e o futuro das cidades e da indústria. Um dos méritos de alguns escritores rurais, que muitas vezes não é reconhecido por haver outros elementos presentes, é a ênfase que dão à complexidade do meio ambiente natural. Agora que as ameaças a esse meio ambiente se tornaram mais óbvias, nossas ideias mais uma vez são forçadas a mudar. Algumas das imagens mais negras da cidade têm de ser encaradas, literalmente, como futuros possíveis. Um excesso patológico de confiança nos poderes especializados do industrialismo metropolitano nos levou a uma situação em que, por maior que seja a precisão com que avaliamos esses poderes, a ameaça à sobrevivência humana está se tornando evidente, e mesmo se sobrevivermos, como acredito que vamos conseguir, será claramente impossível continuar do modo como estamos.

É necessário dizer isso, à medida que se aprofunda a crise da vida moderna metropolitana e industrial, juntamente com a crise ainda mais séria da miséria persistente e insolúvel do resto do mundo, ainda que tenhamos consciência de que isso pode facilmente levar a mais um lamento bucólico ou a uma atitude de fatalismo cético. É importante ter em mente o grau de destruição do meio ambiente que foi e continua sendo causada pelo modo progressista de agricultura capitalista; não se trata de uma crise causada apenas pela indústria. Analogamente, devemos assumir que o reconhecimento da crise e quase todas as soluções possíveis são funções da conscientização de uma capacidade de observar e intervir flexível e altamente móvel, lançando mão de técnicas e modos de planejamento e conservação, mas atuando também — o que é ainda mais crítico — na área que realmente determinará nosso futuro: a das decisões. À medida que vamos percebendo o meio ambiente como uma totalidade e registrando as consequências de tantas atividades abstraídas e separadas, começamos a ver que todas as decisões importantes dizem respeito a modos de interesse e controle social. Começamos a ver que os poderes ativos do capital, concentrado nas mãos de uma minoria, sob todas as suas formas possíveis, constituem nossos inimigos mais ativos, e que será necessário não apenas persuadi-los, mas sim derrotá-los e ultrapassá-los. A magnitude e o inter-relacionamento das decisões necessárias exigem poderes sociais e recursos sociais que são negados, atacados e alienados pelo capitalismo em todas as suas formas. A consciência social diferente dos trabalhadores espoliados e dos trabalhadores urbanos, fruto do protesto e do desespero, tem de se manifestar de novas formas, como uma sociedade coletivamente responsável. Nem a cidade irá salvar o campo, nem o campo, a cidade. Em vez disso, a velha luta travada em ambos se tornará um conflito generalizado, o que num certo sentido ela sempre foi.

Temos mais com que trabalhar do que normalmente pensamos. A Inglaterra rural costuma ser considerada algo do passado, e sem dúvida as mudanças são evidentes. Mas, se comparamos a ideia com o campo real, vemos o quanto dele ainda está presente, mesmo nessa nação excepcionalmente industrializada e urbanizada. Quatro quintos da superfície de nossa terra: a terra cultivada, boa parte dela mais bem tratada do que jamais foi no passado; a terra inculta, agora mais acessível, por meio de um complicado processo de pressões e abertura. A maior parte das experiências naturais e vivências de trabalho, recriadas de modo tão poderoso pela nossa literatura rural, ainda continuam à nossa disposição. Em muitos lugares o campo ainda é belo, e em muitos casos podemos atuar, de diversas maneiras, no sentido de conservá-lo e embelezá-lo. Já tive oportunidade de desmoitar um bosque e depois ver as prímulas, as campainhas e as dedaleiras voltarem; de consertar e reconstruir velhos muros de pedra; preparar sebes e cavar valas em lugares havia muito tempo abandonados, aprendendo a fazer essas coisas com homens competentes. E, se compararmos a ideia da cidade com a realidade urbana, veremos que, apesar das extraordinárias pressões, muito pode ser feito, com dedicação e inteligência, no sentido de tornar as cidades mais limpas e melhores, de realçar e desenvolver o que elas têm de melhor. Saber essas coisas em primeira mão também implica saber da constante ameaça de destruição, fruto de ação deliberada ou da indiferença. Mas cada processo é um fato; nem nos melhores nem nos piores temos causas ganhas ou perdidas — o que temos é uma luta ativa, imediata e persistente. É também, como veremos, uma luta muito complicada, que atinge todos os setores de nossas vidas.

IV

Venho afirmando que o capitalismo, enquanto modo de produção, é o processo básico por trás da maior da parte da história do campo e da cidade que conhecemos. Ao longo de séculos, seus impulsos econômicos abstratos, suas prioridades fundamentais no campo das relações sociais, seus critérios de crescimento, lucro e prejuízo vêm alterando nosso campo e criando os tipos de cidades que conhecemos. Em suas manifestações finais, sob a forma de imperialismo, ele alterou o mundo.

Encarando a história desse modo, naturalmente estou convicto de que a resistência ao capitalismo é a forma decisiva de defesa humana necessária. Muitas posturas específicas de defesa não chegam a perceber esse processo decisivo, e torna-se necessário desafiá-las a levar as ideias e os sentimentos até as últimas consequências. Muitas outras, porém, afirmam-se integralmente como posturas defensivas, como formas de oposição ao que denominam “mundo moderno”, no qual o capitalismo ou a tecnologia podem até ser incluídos, mas sem especificidade: trata-se de uma reação fundamentalmente defensiva, sem depositar nenhuma confiança em qualquer forma alternativa de vida, ou substituindo essa confiança por visões utópicas ou apocalípticas, que não podem associar-se a nenhuma prática ou movimento social imediato. Mas que movimento — pergunta-se — realmente poderia ser levado a sério? Vejam-se o socialismo e o comunismo: historicamente são os inimigos do capitalismo, mas quanto aos detalhes, e em muitos casos mesmo quanto aos princípios, no que diz respeito ao campo e à cidade, dão prosseguimento ou mesmo intensificam alguns dos mesmos processos fundamentais.

Trata-se de uma dificuldade histórica e política real. Trótski afirmou que a história do capitalismo era a história da vitória da cidade em detrimento do campo.[1] Mas ele próprio, nos anos cruciais que se seguiram à Revolução Russa, esboçou um programa que visava exatamente esse tipo de vitória, em grande escala, com o fim de derrotar o capitalismo e preservar o socialismo. Stálin pôs em prática esse programa, levando-o às últimas consequências, e com tamanha brutalidade que essa "vitória", ou seja, a derrota dos camponeses, constituiu uma das fases mais terríveis de toda a história da sociedade rural. As necessidades e prioridades locais eram desesperadoras: uma economia destruída e uma terrível escassez de alimentos; era o capitalismo rural, ainda que adotando formas novas, que se espalhava. Mas a maneira como o processo se deu, e o espírito dentro do qual foi concebido, não eram apenas brutais: tinham origem em uma ambiguidade do marxismo que, por sua vez, veio a ter consequências importantes para o caráter da sociedade como um todo.

Como já vimos, Engels foi um dos primeiros a ver na cidade moderna uma consequência social e física do capitalismo, construída e vivida em termos capitalistas. Mais tarde, ele acrescentou a ideia decisiva de que os próprios processos de perturbação e empobrecimento, sob essas formas específicas, haviam dado origem a um movimento proletário e socialista capaz de pôr fim ao capitalismo e criar relações sociais diferentes e tipos diferentes de comunidades humanas. No *Manifesto comunista*, Marx e Engels afirmavam que "a burguesia sujeitou o campo ao domínio das cidades [...] criou cidades enormes [...] fez com que países bárbaros e semibárbaros se tornassem dependentes dos civilizados":[2] a já conhecida história do capitalismo e do imperialismo. Afirmavam que essas relações de centralização e dependência haviam criado condições favoráveis à revolução, e num certo sentido tinham razão.

Mas havia uma ambiguidade no âmago dessa argumentação. Marx e Engels denunciavam o que estava sendo feito no progresso dilacerador do capitalismo e do imperialismo; insistiam em que era necessário que os homens lutassem no sentido de suplantá-los e nos indicaram alguns caminhos. No entanto, nessa denúncia estava implícito um outro conjunto de julgamentos de valor: a burguesia havia "salvado uma parte considerável da população da idiotice da vida rural"; as nações subjugadas eram "bárbaras e semibárbaras": as potências dominantes eram "civilizadas".[3] Assim, com base nesse tipo de confiança nos valores singulares de modernização e da civilização foi criada uma distorção fundamental na história do comunismo. O proletariado urbano empobrecido aprenderia e criaria novas formas de sociedade, superiores à existente: se a mensagem fosse apenas isso, tudo teria sido muito diferente. Mas, se as formas de desenvolvimento burguês continham, apesar de suas contradições, valores superiores à "idiotice rural" e à "barbárie", então praticamente qualquer programa, em nome do proletariado urbano, podia ser justificado e imposto. A ironia terrível disso tudo é que os processos concretos da prioridade absoluta dada à cidade e à indústria, bem como a consequente prioridade dada às nações avançadas e civilizadas, tiveram o efeito de prejudicar não apenas os "idiotas rurais" e "bárbaros e semibárbaros" coloniais, mas também os próprios proletários urbanos, bem como as sociedades avançadas e civilizadas sobre as quais, por sua vez, as prioridades exerceram sua dominação, numa estranha distorção dialética. Ver que a pobreza gerava a revolução era uma coisa; achar que mais pobreza geraria algo completamente diferente era, na melhor das hipóteses, uma esperança apocalíptica.

Essa dificuldade se resolveu de modo surpreendente no século XX. As revoluções ocorreram não nos países "desenvolvidos", e sim nos "subdesenvolvidos". A Revolução Chinesa, derrotada nas cidades, foi para o campo e lá ganhou a força que a levou à vitória. A Revolução Cubana foi da cidade para o campo, onde sua força se formou. Numa era de lutas de libertação nacional e social, as populações exploradas rurais e coloniais tornaram-se as principais fontes de revolta constante. Na famosa frase chinesa a respeito da revolução mundial, o "campo" cercava as "cidades". Assim os "idiotas rurais" e os "bárbaros e semibárbaros" vêm sendo, há quarenta anos, a principal força revolucionária do mundo.

Podemos então olhar para trás, com base na perspectiva dada por essa experiência histórica, e reexaminar uma das formas subjacentes da ideia de revolução. Em alguns dos pensadores fundamentais da tradição socialista, inclusive em Marx e Engels, encontra-se uma formação que é ao mesmo tempo a mais empolgante, a mais relevante e, no entanto, a menos desenvolvida em toda a história da argumentação revolucionária. Engels escreveu que o socialismo viria "abolir o contraste entre cidade e campo, que foi levado ao grau extremo pela sociedade capitalista atual". Marx e Engels escreveram que a questão habitacional jamais poderia ser resolvida enquanto as "cidades grandes modernas" fossem conservadas e que somente com o socialismo seria possível restabelecer "a íntima conexão entre produção industrial e produção agrícola". Os socialistas utópicos haviam formulado inúmeras propostas de novas formas de comunidades e sociedades equilibradas; William Morris, conforme já vimos, continuava defendendo uma posição assim. Mas devido a muitas pressões, no século XX, desde o impulso desenvolvimentista do capitalismo e do imperialismo até os hábitos mentais de classe dos intelectuais socialistas das metrópoles, essa ênfase extraordinária praticamente morreu. Suas palavras de ordem ainda eram lembradas, porém como um velho sonho, idealista e infantil. Agora, contudo, essa ênfase está voltando à baila. A Revolução Chinesa a afirmou como linha política a ser adotada. E, entre os socialistas revolucionários ocidentais, a ideia foi retomada como reação à crise da civilização industrial e ao surgimento da noção de megalópole.

Podemos reformular a proposta em termos teóricos. A divisão e oposição entre cidade e campo, indústria e agricultura, em suas formas modernas, representa a culminação crítica do processo de divisão e especialização do trabalho que, embora não tivesse início com o capitalismo, foi desenvolvido dentro do capitalismo a um grau extraordinário e transformador. Essa divisão fundamental se manifesta sob outras formas: a separação entre trabalho mental e trabalho braçal, entre administração e execução, entre política e vida social. Os sintomas dessa divisão podem ser encontrados em todos os setores da vida que, agora, é comum a todos nós: na ideia e na prática das classes sociais; nas definições convencionais de trabalho e educação; na distribuição física de comunidades; e na organização temporal do dia, da semana, do ano e da existência. Boa parte do pensamento criativo de nossa época representa uma tentativa de reexaminar cada um desses conceitos e práticas. Baseia-se na convicção de que o sistema que os gera e deles se compõe é intolerável e não sobreviverá. Em diversos casos, esse pensamento constitui uma atitude não apenas analítica mas também programática, incluindo propostas de novas formas de processos decisórios, novas formas de educação, novas definições e práticas de trabalho, novos tipos de comunidades e de utilização da terra.

Lembro que, uma geração atrás, nos anos imediatamente depois da guerra, eu tinha a impressão de que, fora algumas formas simples de retrospecção idealizante, não havia mais nenhuma corrente de pensamento importante no mundo que não tivesse sido incorporada às formas fundamentais do sistema capitalista e imperialista. Mesmo o comunismo ortodoxo e a social-democracia ortodoxa — os adversários tradicionais do capitalismo e do imperialismo — continham muitas características desse sistema em suas formulações mais poderosas, o que era particularmente perigoso na medida em que essas características vinham fundidas com as antigas aspirações de libertação e desenvolvimento social. Mas ter essa impressão era ser pressionado em direção aos extremos de subjetivismo e fatalismo que dominavam nosso pensamento, um domínio que durou toda uma geração. Muitas visões de nossa crise atual eram, e ainda são, baseadas nessas formas subjetivistas e fatalistas.

Agora, no entanto, uma transformação mais profunda tornou-se evidente. Todas as prioridades convencionais voltam a ser questionadas. Outros tipos de propostas e análises sociais são elaboradas, até apresentarem uma certa iniciativa, se bem que muitas vezes sob formas confusas e ainda inacabadas. A confiança teórica — ainda que não prática — dos defensores do atual sistema já desapareceu. A posição em termos de ideias voltou a ser bem aberta — ironicamente — numa época em que as pressões práticas são quase esmagadoras.

Essa mudança de ideias e questionamentos básicos, especialmente nos movimentos socialistas e revolucionários, constitui para mim a conexão que venho procurando há tanto tempo, através das formas específicas de crises individuais e pessoais, e por meio de uma investigação extensa que assumiu diversas formas, mas culminou neste estudo sobre o campo e a cidade. Trata-se de uma série de questões que antes reduziam-se a uma, que antes moviam-se com a velocidade da luz: uma experiência pessoal, pelos motivos que apontei, mas agora também uma experiência social, a qual, cada vez mais vem me vincular a muitas outras pessoas. É essa a posição, a consciência de forma, pela qual venho trabalhando. No entanto, mesmo agora ela ainda está começando a se formar. É o que está sendo feito e está por fazer, e não algo que esteja já feito.

Pois no momento nada é mais urgente do que tomar a ideia fundamental, o problema de ultrapassar a divisão de trabalho, e testá-la através de análises rigorosas, propostas rigorosas e práticas rigorosas. Isso só pode ser feito sob as novas formas do esforço cooperativo. Se queremos de fato realizar o que já se delineia como um novo movimento, com o entendimento e a força necessários, teremos de explicitar em detalhe o que pode ser feito na prática, desde uma ampla gama de planejamentos regionais e de investimentos até mil e um processos de trabalho, educação e comunidade. Os efeitos negativos continuarão a se manifestar, numa pressão poderosa e aparentemente irresistível: efeitos físicos sobre o meio ambiente; uma crise simultânea das cidades superpovoadas e de um interior despovoado, não apenas no nível nacional mas também no internacional; tensões físicas e nervosas associadas a certos tipos característicos de trabalho e de carreira; o abismo crescente entre os ricos e os pobres do mundo, no contexto de uma crise de população e de recursos; o abismo semelhante entre as preocupações das pessoas e as decisões dos governos, num mundo em que as consequências militares, técnicas e sociais são todas, mais cedo ou mais tarde, inevitáveis. E ver os efeitos negativos, com menor ou maior urgência, pode ter o efeito de paralisar a vontade. O último refúgio da divisão de trabalho está dentro de nós, na divisão aparentemente intransponível entre o que queremos e o que nos julgamos capazes de fazer.

Só podemos vencer a divisão nos recusando a ser divididos. Essa é uma decisão pessoal, mas em seguida é uma ação social. Só posso registrar o que eu próprio aprendi. Outros haverão de aprender de modo bem diferente. Porém, como já disse, fui criado num lugar em que a divisão era visível, numa terra e numa família. Mudei-me do campo para a cidade, e agora moro e trabalho em ambos. Aprendi, sob muitas formas, os aspectos dessa história, as ideias e as imagens, na sociedade e na literatura que foram as primeiras a experimentar, mais a fundo, uma mudança que depois se tornaria universal, ou pelo menos seria proposta como modelo de desenvolvimento universal. Isso deixou em minha mente toda espécie de questionamento e complexidade, e precisei recriar essa experiência lentamente, em mim mesmo e na literatura, a fim de recuperar o presente e o futuro através de uma compreensão diferente de um passado que nos deu forma e nos fascina.

A investigação foi sempre limitada: o campo e a cidade dentro de uma única tradição. Porém ela me levou a um ponto em que posso propor a outras pessoas seus significados, suas implicações e suas interligações, para fins de discussão e revisão, de muitas formas de trabalho cooperativo — mas, acima de tudo, para enfatizar uma experiência e as maneiras de transformá-la, nos muitos campos e cidades em que vivemos.

APÊNDICE

A palavra *country* [campo, país] vem do termo latino *contra*, e seu sentido original é o de uma terra que se estende contra o observador, defronte dele. No século XIII ela assumiu suas acepções modernas de extensão de terreno ou região, e de terra ou nação. Em Tindale, em 1526, o termo é contrastado com *city* [cidade grande]: "*tolde it in the cyte, and in the countre*" [deram (a notícia) na cidade e no campo] (Marcos 5: 14). Por essa época, *city* já se tornara o termo normalmente usado para designar uma cidade grande, embora se originasse de *civitas*, que por sua vez vinha de *civis* (cidadão, no sentido de cidadão de uma nação). O significado original de *civitas* era "comunidade", e foi nessa acepção que o termo foi aplicado para se referir às tribos da Gália; posteriormente passou a referir-se a um distrito eclesiástico. Em anglo-saxão, tornou-se sinônimo de *burh*, e nesse sentido era mais empregado do que *urbs*, que se aproximava mais do sentido moderno. Em inglês médio, a palavra tornou-se mais comum, e no reinado de Henrique VIII passou a ser equivalente à sede de uma catedral, acepção que depois caiu em desuso.

A partir do final do século XVI, como seria de esperar, começam a surgir contrastes mais marcados entre *city* e *country*. Os termos *countryman* e *country people*, no sentido de "habitante(s) do campo", vão surgir nessa época, como também *country-house* [mansão senhorial] e *country-seat* [propriedade rural]. *Countryfied* [rústico] aparece em meados do século XVII; *bumpkin* e *country bumpkin* [caipira, matuto] são também dessa época. *Countryside* [roça, interior] vai aparecer no sentido moderno entre os séculos XVIII e XIX. *Rural* [rural] e *rustic* [rústico] surgem como termos descritivos no século XV, mas ganham conotações sociais, principalmente nas formas *rustic* e *rusticity* [rusticidade], no final do século XVI. Do mesmo modo, *urbane* [urbano] surge no século XVI como termo puramente descritivo, porém vai adquirindo conotações sociais posteriormente, a partir do início do século XVII.

Metropolis [metrópole] designava a principal cidade ou sede de uma diocese desde o século XVI; *metropolitan* [metropolitano] permanece como termo basicamente descritivo até o século XVIII, quando começa a ganhar suas implicações sociais modernas. *Suburban* [suburbano] também tem um significado descritivo desde o início do século XVII e adquire a conotação social a partir do começo do século XIX.

Farm [fazenda] originariamente significava "pagamento fixo"; a partir do século XVI, por extensão, passou a designar uma terra arrendada, e daí passou para a acepção moderna. *Commuter* ("aquele que viaja uma certa distância diariamente da casa para o trabalho e vice-versa") vai surgir no final do século XIX, referindo-se aos passageiros de trem que pagavam uma passagem reduzida (*commuted rate*). *Conurbation* [conurbação] só aparece em meados do século XX. *Pastoral* [pastoral, pastoril, bucólico], cuja raiz tem o sentido básico de "alimentação", que também aparece em *pasture* [pasto, pastagem], já era usado com referência aos pastores desde o século XIV e, quase desde essa época, também já tinha o sentido figurado, com referência aos sacerdotes. Nos sentidos sociais e literários, *pastoral* remonta ao final do século XVI, que pode ser encarado como o período decisivo da formação da estrutura de significados das palavras que se referem à minha temática básica.

NOTAS

1. CAMPO E CIDADE [pp. 11-21]

1. "Composed upon Westminster Bridge, Sept. 3, 1803", in *The Poetical works of William Wordsworth*; org. E. de Selincourt e H. Darbishire; Oxford, 1940-9; vol. III.
2. *Tour through the whole island of Great Britain*; Daniel Defoe; org. G. D. H. Cole e D. C. Browning; Everyman Revised Edition (1962); 83.
3. Cit. em *Sheep and turnips; being the life and times of Arthur Young*; A. Defries; 1938; 150-1.
4. *Tour*: 87.
5. *Op. cit.*, 177-8.
6. *Rural rides*; William Cobbett; org. G. D. H. e M. Cole; 3 vols.; Oxford, 1930; 76.

2. UM PROBLEMA DE PERSPECTIVA [pp. 22-8]

1. *The pattern under the plough*; G. Ewart Evans; Londres, 1966; 17.
2. *Culture and environment*; F. R. Leavis e Denys Thompson; Londres, 1933; 87.
3. *Change in the village*; George Sturt (George Bourne); Londres, 1912; 7.
4. "Helpstone"; John Clare; in *Poems*, org. J. W. Tibble; 2 vols.; Londres, 1935.
5. "The village"; George Crabbe; in *Poetical works of George Crabbe*; org. A. J. e R. M. Carlyle; Oxford, 1914.
6. "The deserted village"; Oliver Goldsmith; in *Complete poetical works*; org. A. Dobson; Oxford, 1906.
7. *The city madam*; Philip Massinger; ato IV, cena iv.
8. *Utopia*; org. J. H. Lupton; Oxford, 1985; 39-40.
9. *Selected letters of Innocent III*; org. Cheney e Semple; Edimburgo, 1953.

3. BUCÓLICO E ANTIBUCÓLICO [pp. 29-64]

1. "The village"; *op. cit.*
2. Essa emenda é mencionada em *Life of Samuel Johnson*, de James Boswell; org. J. W. Crocker; Londres, 1831; vol. V, 55.

3. *Works*; Hesíodo; org. e trad. H. G. Evelyn White; Londres, 1914 (reimpr. 1954); 11.

4. *The Greek bucolic poets*; org. e trad. A. S. F. Gow; Cambridge, 1953; 30.

5. *Ib.*, 39-40.

6. *Ib.*, 47.

7. *Oxford book of Greek verse translation*; T. F. Higham e C. M. Bowra; Oxford, 1938; 144-5.

8. *A book of Greek verse*; W. Headlam; Cambridge, 1907; 213.

9. *The eclogues of Virgil*; trad. C. Day Lewis; Londres, 1963; 11.

10. *Ib.*, 11.

11. *Ib.*, 41.

12. *Georgics*, II, 459-501 *passim*.

13. *Eclogues*, *op. cit.*, 23-4.

14. *Odes of Horace*; trad. A. D. Godley; Londres, 1898.

15. Há algumas exceções a essa regra geral de excisão. Elizabeth Duthie me fez atentar em alguns exemplos, em *Poems on several occasions*, de Jonathan Smedley (1730), e em *Poems*, de William Somerville (1727).

16. *Select poetry and prose of S. T. Coleridge*; org. S. Potter; Londres, 1950; 58.

17. Pope: edição Twickenham, vol. I; 27.

18. "The village"; *op. cit.*

19. *Ib.*

20. *Op. cit.*, 26.

21. *The arte of English poesie*; G. Puttenham; org. G. D. Willcock e A. Walker; Cambridge, 1936; 38.

22. "The ploughman's song"; in *Oxford book of 16th century verse*; org. E. K. Chambers; Oxford, 1932; 410.

23. "The passionate shepherd to his love"; in *Poems*; Marlowe; org. M. Maclean; Londres, 1968; 257.

24. "The nymph's reply to the shepherd"; in *Poems of Sir Walter Raleigh*; org. Agnes M. C. Latham; Londres, 1929; 40.

25. *The works of Michael Drayton*; org. J. William Hebel; Oxford, 1931; vol. II, 363.

26. In *Oxford book of 17th century verse*; org. H. J. C. Grierson e G. Bullough; Oxford, 1934; 954.

27. *Poems of Abraham Cowley*; org. A. R. Waller; Cambridge, 1905, 88.

28. In *Oxford book of 17th century verse*; *op. cit.*, 798.

29. *Poems of Richard Lovelace*; org. C. H. Wilkinson; Oxford, 1930; 58.

30. "The choice", in *Poems*; Londres, 1792.

31. "Ode on solitude"; Pope, *op. cit.*, vol. VI.

32. "A cure for the spleen"; in *Oxford book*, *op. cit.*, 286.

33. In *Oxford book of 17th century verse*; *op, cit.*, 713.

34. "Ode upon occasion of His Majesty's Proclamotion in the year 1630.

Commanding the Gentry to reside upon their estates in the Countrey". In *Oxford book*, *op. cit.*, 448.

35. "The readie and easie way to establish a free commonwealth"; John Milton; Londres, 1660 (segunda edição, revista); reimpr. *Prose of Milton*; org. R. Garnett; Londres, 1921; 156.

36. *To Sir Robert Wroth* e *To Penshurst* foram publicados pela primeira vez em *The forrest* (1616) e aparecem em *Ben Jonson, Works*; org. C. H. Herford e P. e E. Simpson; Oxford, 1925-52; vol. VII.

37. *Ib.*

38. In *Poems of Thomas Carew*; org. R. Dunlop; Oxford, 1949.

39. *Op. cit.*, vv. 27-30.

40. *Op. cit.*, vv. 23-8.

41. *Op. cit.*, vv. 65-9.

42. Luxemburg: socialism and the churches; cit. in A. Cunningham: *Catholics and the Left*; Londres, 1966; pp. 83-4.

43. *Ib.*, *The failure of the Christian revolution.*

44. *Op. cit.*, vv. 41-5.

45. "The garden"; in *Poems and letters of Andrew Marvell*; org. H. M. Margoliouth; ed. rev., P. Legouis e E. E. Duncan-Jones; Oxford, 1971; vol. I.

46. "The thresher's labour"; in *Poems on several occasions*; Stephen Duck; Londres, 1736.

47. *Op. cit.*, vv. 1-2 e 5-10.

48. In *The poetical works of Robert Herrick*; org. F. W. Moorman; Oxford, 1921; 100.

4. IDADES DO OURO [pp. 65-80]

1. Herrick, *op. cit.*

2. *Manifesto of the Communist Party*, K. Marx e F. Engels; Londres, 1934; 14.

3. Cit. in *Studies in the development of capitalism*; M. H. Dobb; Londres, 1946; 44.

4. *Little Saxham parish registers, 1559-1850*; Woodbridge, 1907.

5. *Volpone*, ato I, cena i.

6. Cit. in *A people's history of England*; A. L. Morton; Londres, 1938; 119.

7. Traduzido em Wilkinson, L. P.; *The Georgics of Virgil*; Cambridge, 1969.

8. In *Works of Edmund Spenser*; org. Osgood e Lotspeich; Baltimore, 1932-49; *Minor poems*, vol. II, 110.

9. G. Chapman: *Dramatic works*, vol. III; Londres, 1873; 117.

10. *Utopia*; *op. cit.*, 35-6.

11. *Ib.*, 39-40.

12. *Ib.*, 42.

13. *Ib.*, 43.

5. CIDADE E CAMPO [pp. 81-94]

1. *Juvenal: the sixteen satires*; trad. P. Green; Londres, 1967; 88.

2. *Ib.*, 269.

3. *Ib.*, 75.

4. *Ib.*, 127.

5. *Ib.*, 127.

6. *Ib.*, 87.

7. *Ib.*, 286-7.

8. *Description of England*; William Harrison; org. F. Furnivall; Londres, 1887; 131.

9. *Select works of Robert Crowley* (*Crole*), org. J. M. Cowper; Londres, 1871.

10. *The Devil is an ass*; ato II, cena i.

11. *The man of mode*; Ceorge Etherege; Londres, 1676; ato V, cena ii, vv. 217-8.

12. *Ib.*, vv. 492-3.

13. *The relapse*; John Vanbrugh; Londres, 1696; ato III, cena iii, vv. 1-10.

14. *The man of mode*, ato IV, cena ii, vv. 217-8.

15. *The way of the world*; William Congreve; Londres, 1700; ato V, cena i, vv. 550-2.

16. *The plain dealer*; William Wycherley; Londres, 1676; ato V, cena iii, vv. 183-6.

6. ASSIM ESCOLHEM SEU PRÓPRIO DESTINO [pp. 95-103]

1. "Upon Appleton House", in Marvell, *ed. cit.*

2. "Horatian ode", in Marvell, *ed. cit.*

3. "Epistle to Bathurst"; in ed. Twickenham, vol. III, ii; 111.

4. "Epistle to Burlington"; *ib.*, 154-5.

5. "To Bathurst"; *ib.*, 118-9.

6. "To Burlington"; *ib.*, 142.

7. A ÉTICA DO MELHORAMENTO [pp. 104-14]

1. *Tom Jones*, liv. VI, cap. vii.

2. *Ib.*, liv. VI, cap. iii.

3. *Ib.*

4. *Ib.*, liv. XVIII, cap. xiii.
5. *Clarissa*, vol. I, cartas 13 e 17.
6. *Tom Jones*, liv. VI, cap. vii.
7. *Annals of Agriculture*, XXVI, 214.

8. OS FIOS DA NATUREZA [pp. 115-47]

1. "The deserted village", *op. cit.*, vv. 397-8.
2. "The seasons"; in *Complete poetical works of James Thomson*; org. J. Robertson; Oxford, 1908; 48-9.
3. *Ib.*, 13n.
4. *Ib.*, "Autumn", vv. 1235-8.
5. *Ib.*, "Winter", vv. 663-5.
6. *Ib.*, "Castle of Indolence", I, vi; 255.
7. *Ib.*, II, XXVII; 288.
8. *Ib.*, "Spring", vv. 67 e 74-7.
9. *Ib.*, "Summer", vv. 1442 e 1448-56, cf. 106n.
10. *Ib.*, 119n.
11. *Ib.*, vv. 1764-7.
12. *Ib.*, "Autumn", vv. 162-4.
13. *Ib.*, vv. 169-74.
14. *Ib.*, vv. 350-2.
15. *Ib.*, "Summer", vv. 516-7 e 522.
16. *Ib.*, "Autumn", vv. 970-3.
17. *Ib.*, vv. 1003-5 e 1031.
18. "Yardley Oak", vv. 80-5; in *The late Augustans: longer poems of the later eighteenth century*; org. D. Davie; Londres, 1958; 95.
19. "A thanksgiving"; in Herrick, *op. cit.*
20. "The school mistress", vv. 1-2; in *Poetical works of William Shenstone*; org. G. Gilfillan; Edimburgo, 1854.
21. "Rural elegance"; in Shenstone, *op. cit.*
22. "Elegy written in a country churchyard", estrofes 9, 19 e 13, in Davie, *op. cit.*
23. "The deserted village", *op, cit.*, vv. 57-8.
24. *Ib.*, vv. 63-4.
25. "Dedication to The deserted village"; cit. in *New essays by Oliver Goldsmith*; org. R. S. Crane; Chicago, 1927; 120n.
26. Cf. Crane, *op. cit.*
27. Reimpr. sob o título *The revolution in low life*; in Crane, *op. cit.*, 120.
28. "The deserted village"; vv. 39 e 275-8.
29. *Ib.*, vv. 305-8.
30. *Ib.*, vv. 309-10.

31. *Ib.*, v. 342.
32. *Ib.*, vv. 1-4.
33. *Ib.*, vv. 5-6.
34. *Ib.*, vv. 9-14
35. *Ib.*, vv. 17-8.
36. *Ib.*, vv. 31-2.
37. *Ib.*, vv. 105-6.
38. *Ib.*, vv. 95-6.
39. *Ib.*, vv. 407-14.
40. *Ib.*, vv. 39-46.
41. *Ib.*, vv. 421-2.
42. *Ib.*, vv. 427-30.
43. "The country justice", parte I, vv. 17-20; in Davie, *op. cit.*, 71-92.
44. *Ib.*, part I, vv. 31-54 *passim* e v. 80.
45. *Ib.*, vv. 61-4.
46. *Ib.*, vv. 73-4.
47. *Ib.*, vv. 167-8.
48. *Ib.*, parte II, vv. 35-60.
49. *Ib.*, vv. 95-6 e 99-100.
50. *Ib.*, vv. 123-34 *passim*.
51. *Ib.*, v. 115.
52. *Notes towards the definition of culture*; T. S. Eliot; Londres, 1948; 52.
53. "The village", *op. cit.*

9. CRIADO PARA SER LAVRADOR [pp. 148-64]

1. "The village", *op. cit.*, liv. II.
2. *Ib.*, liv. I.
3. "The thresher's labour", *op. cit.*
4. *Ib.*
5. "On poverty", *op. cit.*
6. "Gratitude", *op. cit.*
7. "On Richmond Park", *op. cit.*
8. "The village", *op. cit.*
9. *Ib.*

10. CERCAMENTOS, TERRAS COMUNAIS E COMUNIDADES [pp. 165-82]

1. "The agricultural revolution in English history: a reconsideration", in *Essays in agrarian history*, org. Minchinton; vol. 2; Newton Abbot, 1968.

2. *Opinions of William Cobbett*; org, G. D. H. Cole; Londres, 1944; 86.

3. *Memoir of Thomas Bewick*; Londres, 1961; 27-8.

4. *Ib.*, 28 e 29.

5. *Ib.*, 32.

6. Cf. *Village life in the 18th century*, G. E. Fussell; Worcester, 1948; cap. ii.

7. *Joseph Ashby of Tysoe*; M. K. Ashby; Cambridge, 1961; cap. xix.

8. *Culture and anarchy*, cap. iii.

11. TRÊS ESCRITORES DA REGIÃO DE FARNHAM [pp. 183-200]

1. *Rural rides*, *op. cit.*, 13 e 15.

2. *Ib.*, 17.

3. *Ib.*, 233.

4. *Ib.*, 207.

5. *Ib.*, 221.

6. *Ib.*, 34.

7. *Ib.*, 311.

8. *Ib.*, 313.

9. *Ib.*, 313-4.

10. *Ib.*, 65-6.

11. *Ib.*, 67.

12. *Ib.*, 313.

13. *Persuasion*, caps. i, iii e v.

14. "Economic function of English landowners in the 17th and 18th centuries", in *Essays in agrarian history*, org. Minchinton; vol. I; Newton Abbot, 1968.

15. The great society, cit. in Morton, *op. cit.*, 119; Stephen Duck; e cit. in *The making of the English working class*; E. P. Thompson; Londres, 1963; cap. vii.

16. In *Writtings of Gilbert White of Selborne*; org. H. J. Massingham; Londres, 1938; 63-4.

17. *Ib.*, 300-1.

12. VISTAS AGRADÁVEIS [pp. 201-12]

1. *The civilization of the Renaissance in Italy*; J. Burckhardt; trad. Middlemore; Londres, 1929; 296.

2. *Paradise lost*, liv. IV.

3. "Upon Appleton House", *op. cit.*

4. Pope; cit. in *English landscaping and literature*; E. Malins; Londres, 1966.

5. *Poems of Charles Cotton*; org. Buxton; Londres, 1958.

6. *Mansfield Park*, cap. xxv.
7. *Clandestine marriage*, ato II, cena ii.
8. *Headlong Hall*, cap. vi.
9. "The fleece", liv. II; *Poems of John Dyer*; org. E. Thomas; Londres, 1903.
10. "Grongar Hill", *op. cit.*
11. "Spring", *op. cit.*, vv. 950-1.
12. "The task", liv. I.
13. "Frost at midnight"; *op. cit.*

13. A LINGUAGEM VERDE [pp. 213-40]

1. Cit. in *The picturesque*; C. Hussey; Londres, 1927; 128.
2. *Prelude*, liv. II (1850).
3. Cit. in *Hussey*, *op. cit.*, 86, 87.
4. *Correspondence of Thomas Gray*; org. Paget Toynbee e L. Whibble; Oxford, 1935; rev. 1971; vol. I, 128.
5. *Hymn before sunrise, in the Vale of Chamouni*, 1802, in Coleridge, *op. cit.*
6. Johnson, cit. in Hussey, *op. cit.*, 112.
7. *Prelude*, liv. XII (1850).
8. Johnson, cit. in Hussey, *op. cit.*, 113.
9. *Prelude*, liv. XIV (1850).
10. *Ib.*
11. *Michael*; in Wordsworth, *op. cit.*, vol. II.
12. *Ib.*
13. *The old Cumberland beggar*; *op. cit.*, vol. IV.
14. *Prelude*, liv. VIII (1805).
15. *Ib.*, liv. VII (1805).
16. *Ib.*, liv. VIII (1805).
17. *Ib.*, liv. VIII (1805).
18. "Frost at midnight", *op. cit.*
19. "Dejection", *op. cit.*
20. "Pastoral poesy"; in *Poems of John Clare*; org. J. W. Tibble, 2 vols., Londres, 1935; vol. II.
21. *Lines written a few miles above Tintern Abbey*; *op. cit.*, vol. II.
22. *Prelude*, liv. XIV.
23. "Spring", *op. cit.*
24. Cit. in *Selected poems of John Clare*; introd. G. Grigson, 1950; 11.
25. Cit. *The rural muse*; R. Unwin; Londres, 1954; 78.
26. *The poetical works of Robert Bloomfield and Henry Kirke White*; Londres, 1871; 27-8.
27. Cit. Unwin, *op. cit.*, 48 e 105.
28. "The farmer's boy: spring"; *op. cit.*; 28.

29. *Ib.*, "Autumn"; 66.

30. *The shepherd's calendar*; org. E. Robinson e G. Summerfield; Londres, 1964.

31. "The village minstrel"; *op. cit.*

32. "The revolution in low life"; *op. cit.*, 123.

33. "Helpstone"; *op. cit.*

34. *Ib.*

35. *Ib.*

36. "The village minstrel", CVI; *op. cit.*

37. "Joys of childhood"; *op. cit.*

38. *Pastoral poesy*; *op. cit.*

39. *I am*; *op. cit.*

14. TRANSFORMAÇÕES NA CIDADE [pp. 241-59]

1. *Town eclogues*; C. Jenner; Londres, 1772; Eclogue IV, "The poet"; 27-8.

2. Thompson, *op. cit.*, 180.

3. *Ib.*, 209.

4. *Ib.*, 106.

5. *Ib.*, 137-8.

6. *Ib.*, 178-9.

7. "Verses on the death of Adrienne Lecouvreur (La mort de Mlle. Lecouvreur, célèbre actrice)"; trad. in *Voltaire*, H. N. Brailsford; Oxford, 1935; 54.

8. Cf. *The crowd in history*; G. Rudé; Nova York, 1964.

9. *Inquiry into the cause of the late increase of robbers*; Londres, 1751; 76.

10. *Four letters to the Earl of Shelburne*; Londres, 2ª ed., 1783; 44.

11. *The farmer's letters to the people of England*; 2ª ed., 1771; 353-4.

12. Cit. in *London life in the XVIIIth century*; M. D. George; Londres, 1925; 323.

13. "London"; in *Poems of Blake*; org. Binyon; Londres, 1931; 59.

14. *Ib.*

15. *The Prelude, a parallel text*; org. J. C. Maxwell; Londres, 1971; 256.

16. *Ib.*, 339.

17. *Ib.*, 499.

18. *Ib.*, 260-1.

19. Thompson, *op. cit.*, "Autumn", v. 1301.

20. *Prelude*; *ed. cit.*, 259, 261.

21. *Ib.*, 286.

22. *Ib.*, 292.

23. *Ib.*, 343.

24. "Composed upon Westminster Bridge"; *op. cit.*, vol. III.

15. GENTE DA CIDADE [pp. 260-77]

1. *Hard times*; Livro Primeiro; cap. v.
2. *Dombey and Son*; cap. xlvii.
3. *Little Dorrit*; Livro Primeiro, cap. xxi.
4. *Ib.*, cap. xv.
5. *Ib.*, cap. xxvil.
6. *Dombey and Son*, cap. xiii.
7. *Ib.*, cap. iii.
8. *Ib.*, cap. xxxiii.
9. *Ib.*, xlviii.
10. *Ib.*
11. *Little Dorrit*; Livro Segundo; cap. xxxiv.
12. *Dombey and Son*; cap. i.
13. *Ib.*, cap. vi.
14. *Ib.*, cap. xv.
15. *Ib.*, cap. xx.
16. *Ib.*, cap. xv.

16. COMUNIDADES COGNOSCÍVEIS [pp. 278-302]

1. *George Eliot's life*; org. J. W. Cross; Edimburgo e Londres, 1885; 254.
2. *Adam Bede*; cap. xxxii.
3. *Ib.*, cap. vii.
4. *Ib.*, cap. xii.
5. *The mill on the Floss*; liv. IV, cap. iii.
6. *Adam Bede*; cap. xvil
7. *Ib.*, cap. liii.
8. *Doctor Thorne*, cap. i.
9. *Adam Bede*; cap. lii.
10. *Felix Holt the radical*: *introduction.*

17. O CAMPO EM SEGUNDO PLANO [pp. 303-26]

1. Cf. *Captain Swing*; E. J. Hobsbawm e G. Rudé; Londres, 1969; cap. ii.
2. "To Penshurst"; *op. cit.*
3. Cit. in Hobsbawm e Rudé, *op. cit.*, 138.
4. *Ib.*, 298.
5. *The agricultural revolution*; G. E. Mingay e J. D. Chambers; Londres, 1966; 166-7.

6. "The land market in the 19th century", in *Essays in agrarian history*, org. Minchinton; vol. 2; Newton Abbot, 1968.

7. *The whistler at the plough*; Alexander Somerville; Manchester, 1852; 383-4.

8. *Ib.*, 387.

9. *Ib.*, 388.

10. *Autobiography of Joseph Arch*; Londres, 1966; 43.

11. *The Times*, 14.11.1872.

12. Cit. in *Richard Jefferies, man of the fields*; org. S. J. Looker e C. Porteous; Londres, 1965; 4 e 6.

13. Prefácio de *Hodge and his masters.*

14. *One of the new voters*; reimpr. in *The open air*; Londres, 1885.

15. "Thoughts on the labour question"; *Pall Mall Gazette*, 10.11.1891.

16. In *The hills and the vale*; Londres, 1909.

17. "Primrose gold in our villages"; *Pall Mall Gazette*. 8.6.1887; reimpr. *Field and farm*; org. S. J. Looker; Londres, 1957.

18. WESSEX E A FRONTEIRA [pp. 327-53]

1. In *Preface, Cakes and ale*; 1970.

2. *Tess of the D'Urbervilles*; cap. iii.

3. *The return of the native*; Livro Terceiro, cap. ii.

4. *Ib.*

5. *Ib.*

6. *Tess of the D'Urbervilles*; cap. xx.

7. *Ib.*

8. *Ib.*, cap. xxv.

9. *Ib.*

10. Reimpr. in *Hardy's personal writings*; org. H. Orel; Londres, 1967; 181.

11. Do prefácio de *Far from the madding crowd.*

12. *Tess of the D'Urbervilles*; cap. li.

13. *Ib.*, cap. xxx.

14. *Ib.*, cap. xlvii.

15. *Ib.*, cap. xlviii.

16. *The woodlanders*; cap. xliv.

17. *Tess of the D'Urbervilles*, cap. vliii.

19. CIDADES DE TREVAS E DE LUZ [pp. 354-81]

1. *The early life of Thomas Hardy*; F. E. Hardy; Londres, 1928; 271.

2. Diário de 1831, cit. in *Thomas Carlyle*; J. A. Froude; Londres, 1882; vol. II, cap. ix.

3. Cit. Froude, *op . cit.*, vol. II, cap. ix.

4. *The condition of the working class in England in 1844*; F. Engels; trad. F. K. Wischnewetzky; Londres, 1934; 24.

5. *Early life*; 179.

6. *Ib.*, 129.

7. Reimpr. in *Mayhew's characters*; org. P. Quennell; Londres, 1969; 96.

8. *Ib.*, 176.

9. Cit. in *The unknown Mayhew*; org. Thompson e Yeo; Londres, 1971.

10. Cit. in *Elizabeth Gaskell*; A. B. Hopkins; Londres, 1952; 77.

11. *Taxes and contributions*; cit. in George, *op. cit.*, 64.

12. *A picture of England*; W. Archenholz; Dublin, 1791.

13. *The nether world*; Londres, 1889; 23-4.

14. *Ib.*, 58-9.

15. *Introduction to Oliver Twist*; Gissing, G.: edição Rochester, 1900; xvii.

16. *Introduction to Bleak House*; edição Rochester, 1900; xiv.

17. *Ib.*, xx.

18. *Demos*; Londres, 1886; 178.

19. *Working class stories of the 1890s*; org. P. J. Keating; Londres, 1971; 29.

20. Archenholtz, *op. cit.*

21. Cit. in *Greater London*; C. Trent; Londres, 1965; 200.

22. *European life and manners*; Colman; Boston, 1849; vol. I, 155.

23. "The geographical distribution of British intellect"; A. Conan Doyle, in *The nineteenth century*, agosto de 1888.

24. Cit. in *Victorian cities*; Asa Briggs; Londres, 1963; 17, 358.

25. *Tono-Bungay*, Livro Primeiro, cap. i.

26. *Ib.*, Livro Segundo, cap. i.

27. Engels, *op. cit.*, xviii, *Preface*, 11.1.1892.

20. A FIGURA HUMANA NA CIDADE [pp. 382-406]

1. *London*, op. cit., 59.

2. *Prelude, op. cit.*, 286. Cf. "Tis solitude in cities, crowds all move like living death"; Clare, *Child Harold*, Canto Terceiro, xxvi.

3. *Dombey and son*, cap. xlviii.

4. *Mary Barton*; cap. vi.

5. *Short poems in prose*; in *The essence of laughter*; org. P. Quennell; Nova York, 1956; 139.

6. *Ib.*, 140.

7. Cf. *Baudelaire*; M. Turnell; Londres, 1953; 193.

8. *Introduction to Bleak House*; *ed, cit.*, xx.

9. *Demos*; 178.

10. *The nether world*; 59.

11. *Poems and some letters of James Thomson*; org. A. Ridler; Londres, 1963; 12.

12. *Ib.*, 13.

13. *Ib.*, 25.

14. *Ib.*, 21.

15. *Ib.*, 23.

16. *Ib.*, 25.

17. *Ib.*, 31.

18. *Ib.*, 39.

19. *Ib.*, 52.

20. *Ib.*, 180.

21. *Ib.*, 184-5.

22. *Ib.*, 191.

23. *Ib.*, 192.

24. *Ib.*, 195.

25. *Ib.*, 196-7.

26. "The waste land"; in *Collected poems*, 1909-35; Londres, 1944; 63.

27. *Prelude*; *op. cit.*, 22.

28. "Morning at the window"; *op. cit.*, 27.

29. *Choruses from "The rock"*; *op. cit.*, 166-7.

30. *Four quartets*; Londres, 1944; 38.

31. *Orlando*; Londres (1942); 176-7.

32. *Prelude*; *op. cit.*, 286.

33. *Ulysses*; Londres (1947); 50.

34. *Ib.*, 50-1.

35. *Ib.*, 144 e 153.

36. *Early life*; 271.

21. O HOMEM DO CAMPO DE HOJE [pp. 407-33]

1. "The natural history of German life"; *Westminster Review*, 1856.

2. *Poetical works ot George Meredith*; org. G. M. Trevelyan; Londres, 1912; 176-7.

3. *Ib.*, 154.

4. *Ib.*, "Hard weather"; 320.

5. Sorley, cit. in *George Meredith*; J. Lindsay; Londres, 1956; 373.

6. *Op. cit.*, "Jump-to-Glory-Jane"; 372.

7. *Ib.*, "The flourish in February"; 328.

8. *Oxford book of modern verse*; org. W. B. Yeats; Oxford, 1936; 208.

9. *Ib.*, 215-6.

10. *The heart of England*; Londres, 1906; 73-4.

11. *The country*; Londres, 1913; 21.

12. *Collected poems of Edward Thomas*; Londres, 1961; 54.
13. *Ib.*, 55.
14. "In time of the 'breaking of the nations'", *Selected poems of Thomas Hardy*, org. G. M. Young; 1940; 67.
15. *Daily Chronicle*, 14.1.1913.
16. *The childhood of Edward Thomas*; Londres, 1938; 53.
17. *World without end*; Helen Thomas; Londres, 1956; 107.
18. *The heart of England*; Londres, 1906; 62-3.
19. *Poems, op. cit.*, 25.
20. *Ib.*, 27.
21. *New bearings in English poetry*; F. R. Leavis; Londres, 1936; 69.
22. Cit. in *Edward Thomas*; W. Cooke; Londres, 1970; 106.
23. *Collected poems*, 69.
24. *Ib.*, 71-2.
25. *Ib.*, 30.
26. *Ib.*, 108.
27. *Ib.*, 100.
28. Cit. Cooke *op. cit.*, 224-5.
29. Cf. *Alfred Williams, his life and world*; L. Clark; Newton Abbot, 1969.
30. *Brother to the ox*; F. Kitchen; Londres 1940; 125.

22. DE NOVO A FRONTEIRA [pp. 434-45]

1. *Phoenix*; Londres, 1936; 135.
2. *The rainbow*; Londres (1949); 7-8.
3. *Ib.*, 8-9.
4. *Ib.*, 10.
5. *Ib.*, 496.
6. *Phoenix*; 139.
7. *Letters to Bertrand Russell*; org. H. Moore; Londres, 1948; 80.
8. *Phoenix*; 137.
9. *Ib.*, 139.
10. *Ib.*, 139.
11. *Ib.*, 140.
12. *Ib.*, 829.
13. *A Scots Quair*; Londres, 1950; 17.
14. *Ib.*, 300.
15. *Ib.*, 193.
16. *Ib.*, 496.

23. A CIDADE E O FUTURO [pp. 446-55]

1. *News from nowhere*, in Morris Centenary Edition; org. G. D. H. Cole; Londres, 1946; 8.
2. *Ib.*, 39.
3. *Ib.*, 64.
4. *Experiment in autobiography*; Londres, 1969; vol. II; 645.
5. *Complete short stories of H. G. Wells*; Londres, 1948; 786.
6. Thomson, *op. cit.*, 199.
7. *Cities of wonder*; org. D. Knight: Londres, 1970; 92.
8. *Ib.*, 64.
9. *Ib.*, 186.
10. *Ib.*, 15-6.

24. A NOVA METRÓPOLE [pp. 456-70]

1. *Collected essays, journalism and letters of George Orwell*; Londres, 1968; vol. I; 397.

25. CIDADES E CAMPOS [pp. 471-98]

1. Cf. *The prophet unarmed*; I. Deutscher; Londres, 1959.
2. *Manifesto*; *ed. cit.*, 13-4.
3. *Ib.*, 14.

BIBLIOGRAFIA SELETA

A: *Literatura* (I) Caps. 1-8; (II) Caps. 9-17; (III) Caps. 18-25
B: *História e estudos correlatos*
C: *Estudos sobre literatura, arte e ideias*
Nota: O local de publicação é Londres, salvo indicação do contrário. Os nomes de organizadores de edições e coletâneas aparecem grifados.

A: LITERATURA

I

HESIOD (HESÍODO). *Works and days*, org. Sinclair, T. A., 1932.
THEOCRITUS (TEÓCRITO). *Works*, org. Gow, A. S. F., Cambridge, 1952.
Edmonds, J. M. The Greek bucolic poets, 1912.
Gow, A. S. F. The Greek bucolic poets, Cambridge, 1953.
Headlam, W. A book of Greek verse, Cambridgc, 1907.
Higham, T. F. e *Bowra, C. M. Oxford book of Greek verse in translation*, Oxford, 1938.
VIRGIL (VIRGÍLIO). *Eclogues*, trad. Day Lewis, C., 1963.
VIRGIL (VIRGÍLIO). *Georgics*, trad. Day Lewis, C., 1940.
HORACE (HORÁCIO). *Odes*, trad. Godley, A. D., 1898.
JUVENAL. *Sixteen satires*, trad. Green, P., 1967.
Knott, T. A. e *Fowler, D. C. Piers the plowman*, Baltimore, 1952.
Pollard, A. W. English miracle plays, moralities and interludes, Oxford, rev. 1927.
MORE, T. *Utopia*, org. Sampson, G. e Guthkelch, A., 1910.
SANNAZARO, G. *Arcadia*, Nápoles (1966).
TASSO, T. *Aminta*, org. Sozzi, B. T., Pádua (1957).
POLITIANUS, A. (POLIZIANO). *Rusticus*, 1672.
ALAMANNI, L. *La coltivazione*, 1780.
SIDNEY, P. *Arcadia*, org. Baker, E. A., 1907.
BASTARD, T. *Chrestoleros*, reimpr. Grossart, A. B., 1880.
CROLE, R. (Crowley) *Select works*, org. Cowper, J. M., 1872.
JONSON, B. *Works*, org. Herford, C. H. e Simpson, P. E., Oxford, 1925-52.
MARLOWE, C. *Works*, org. Case, R. H., 1933.

MIDDLETON, T. *Plays*, org. Swinburne, A. C. e Ellis, H., 1887-90.
SPENSER, E. *The shepheardes calendar*, org. Herford, C. H., 1895.
RAPIN, R. *Dissertatio de carmine pastorali eclogae sacrae*, Paris, 1659.
Creech, T. The idylliums of Theocritus with Rapin's Discourse of pastorals, 1684.
FONTENELLE, B. *Discours sur la nature de l'égloque*, Paris, 1688.
MOTTEUX, P. A. *Of pastorals*, 1695.
CAREW, T. *Poems*, org. Dunlap, R., Oxford, 1949.
HERRICK, R. *Poetical works*, org. Moorman, F. W., Oxford, 1921.
MARVELL, A. *Poems and letters*, org. Margoliouth, H. M., Oxford, 1952.
MASSINGER, P. *Plays*, org. Symons, A., 1887-9.
MILTON, J. *The readie and easie way to establish a free commonwealth*, 2ª ed., rev., 1660.
MILTON, J. *Complete poetry and selected prose*, org. Visiak, E. H., Nova York, 1938.
POMFRET, J. *Poems*, 1792.
Chambers, E. K. Oxford book of 16th century verse, Oxford, 1932.
Kermode, J. F. English pastoral poetry, from the beginnings to Marvell, 1952.
Grierson, H. J. C. e Bullough, G. Oxford book of 17th century verse, Oxford, 1934.
Smith, D. N. Oxford book of 18th century verse, Oxford, 1926.
Fausset, H. I'A. Minor poets of the 18th century, 1930.
Davie, D. The late Augustans, longer poems of the later 18th century, 1958.
CONGREVE, W. Works, org. Bateson, F. W., Oxford, 1930.
ETHEREGE, G. *Works*, org. Brett-Smith, H. F. B., Oxford, 1927.
VANBURGH, J. *Complete works*, org. Dobrée, B. e Webb, G., 1927.
WYCHERLEY, W. *Plays*, org. Ward, W. C., 1888.
Nettleton, G. H. e *Case, A. British dramatists from Dryden to Sheridan*, 1939.
POPE, A. *Poems*, org. Butt, J., vols. I, III ii, IV; 1961, 1951, 1953.
DEFOE, D. *Novels and selected writings*, Oxford, 1927-8.
FIELDING, H. *Novels*, Oxford, 1926.
RICHARDSON, S. *Novels*, Oxford, 1930.
Cole, G. D. H. Defoe's Tour thro' the whole island of Great Britain, 1927.
COWPER, W. *Poems*, org. Fausset, H. I'A., 1931.
DUCK, S. *Poems on several occasions*, 1736.
DYER, J. *Poems*, org. Thomas, E., 1903.
GOLDSMITH, O. *Complete poetical works*, org. Dobson, A., Oxford, 1906.
GARY, T., e COLLINS, W. *Poetical works*, org. Poole, A. L., rev. Whibley, L., Oxford, 1937.
LANGHORNE, J. *Poetical works*, org. Langhorne, J. T., 1804.
PHILIPS, A. *Poems*, org. Segar, M. G., Oxford, 1937.
SHENSTONE, W. *Poetical works*, org. Gilfillan, W., Edimburgo, 1854.
YOUNG, A. *A farmer's letter to the people of England*, 1768.
YOUNG, A. *Autobiography*, org. Bentham-Edwards, M., 1898.

II

ADDISON, J. *Essays*, org. Frazer, J. G., 1915.

AUSTEN, J. *Novels*, org. Chapman, R. W., 1923-54.

BEWICK, T. *Memoir written by himself*, 1882-8, reimpr. 1961.

BLAKE, W. *Complete poetry*, org. Hillyer, R. S., Nova York, 1941.

BLOOMFIELD, R. *Poetical works (of Robert Bloomfield and Henry Kirke-White)*, 1871.

CLARE, J. *Poems*, org. Tibble, J. W., 1935.

COBBETT, W. *Rural rides*, org. Cole, G. D. H. e M., Oxford, 1930.

COLERIDGE, S. T. *Poetical works*, org. Coleridge, E. H., Oxford, 1912.

COLERIDGE, S. T. *Select poetry and prose*, org. Potter, S., 1933.

CONSTABLE, J. *Lectures on the Royal Institution*, 1836.

CRABBE, G. *Poetical works*, org. Carlyle, A. J. e R. M., Oxford, 1914.

EVELYN, J. *Diary*, org. Beer, E. de S., Oxford, 1955.

GALT, J. *Annals of the parish*, org. Gordon, G. S., 1908.

GILPIN, W. *Observations*, 6 vols., 1782-98; *Three essays*, 1792.

JENNER, C. *Town eclogues*, 1772.

JOHNSON, S. *Prose and poetry*, org. Chapman, R. W., 1922.

BOSWELL, J. *Life of Samuel Johnson*, org. Hill, G. B., rev. Powell, L. F., Oxford, 1934-50.

KENT, N. *Hints to gentlemen of landed property*, 1775.

LILLO, J. *The London merchant*, org. Ward, A. W., Oxford, 1906.

PEACOCK, T. L. *Novels*, org. Garnett, D., 1948.

REPTON, H. *An enquiry into the changes in landscape gardening*, 1806.

WHITE, G. *Writings*, org. Massingham, H. J., 1938.

WORDSWORTH, W. *Poetical works*, org. Selincourt, E. de e Darbishire, H., Oxford, 1940-9.

Maxwell, J. C. *The prelude: a parallel text*, 1971.

ARCH, J. *Life*, 1898.

BRONTË, C. *Shirley*, 1849.

BRONTË, E. *Wuthering Heights*, 1847.

DICKENS, C. *Old curiosity shop*, 1841; *Nicholas Nickelby*, 1839; *Dombey and Son*, 1848; *Hard times*, 1854; *Little Dorrit*, 1857; *Our mutual friend*, 1865.

DISRAELI, B. *Coningsby*, 1844; *Sybil*, 1845.

DOLBY, T. *Floreston*, 1839.

ELIOT, G. *Adam Bede*, Edimburgo, 1859; *Mill on the Floss*, Edimburgo, 1860; *Felix Holt*, 1866; *Middlemarch*, Edimburgo, 1871-3; *Daniel Deronda*, Edimburgo, 1876.

Cross, J. W. Life of George Eliot, Edimburgo, 1885.

GASKELL, E. *Mary Barton*, 1848; *Cranford*, 1853; *North and south*, 1855; *Wives and daughters*, 1866.

JEFFERIES, R. *Hodge and his masters*, 1880; *The dewy morn*, 1884; *The life of the*

fields, 1884; *After London*, 1885; *The open air*, 1885; *Amaryllis at the fair*, 1887; *Toilers of the field*, 1892.
Looker, S. J. Richard Jefferies: field and farm, 1957.
Thomas, E. Hills and the vales: Richard Jefferies, 1909.
KINGSLEY C. *Yeast*, 1851; *Alton Locke*, 1852.
SOMERVILLE, A. *Autobiography of a working man*, 1848; *The whistler at the plough*, Manchester, 1852.
SURTEES, R. S. *Jaunts and jollities*, 1338.
TROLLOPE, A. *Doctor Thorne*, 1853.
TROLLOPE, A. *The Barsetshire novels*, org. Harrison, F., 1906-28.
WATSON, J. *Confessions of a poacher*, 1890; *Poachers and poaching*, 1891.

III

BARNES, W. *Poems of rural life, in the Dorset dialect*, 1844.
BESANT, W. *Children of Gibeon*, 1886.
BOOTH, W. *In darkest England*, 1890.
CARLYLE, T. *Collected works*, 1857-8.
CONAN-DOYLE, A. *Memoirs of Sherlock Holmes*, 1894.
EGAN, P. *Life in London*, 1821.
GISSING, G. *Workers in the dawn*, 1880; *The unclassed*, 1884; *Demos*, 1886; *The nether world*, 1889; *New Grub Street*, 1891; *Born in exile*, 1892; *In the year of Jubilee*, 1894.
GALLIENNE, R. le, *English poems*, 1892.
GREENWOOD, J. *A night in a workhouse*, 1866.
HARDY, T. *Under the greenwood tree*, 1872; *Far from the madding crowd*, 1874; *The return of the native*, 1878; *The mayor of Casterbridge*, 1886; *The woodlanders*, 1887; *Tess of the D'Urbervilles*, 1891; *Jude the obscure*, 1896.
Orel, H. Thomas Hardy: personal writings, 1967.
Hardy, F. E. The early life of Thomas Hardy, 1928.
HOLLINGSHEAD, J. *Ragged London in 1861*, 1961.
Keating, P. J. Working-class stories of the 1890s, 1971.
MAYHEW, A. *Kitty Lamere*, 1855; *Paved with gold*, 1858.
MAYHEW, A. e H. *The greatest plague of life*, 1847; *Living for appearances*, 1855.
MORRIS, W. *News from nowhere*, 1891.
MORRISON, A. *Tales of mean streets*, 1894; *A child of the Jago*, 1896.
Pall Mall Gazette, 1885.
RUTHERFORD, M. *The revolution in Tanner's Lane*, 1887.
SIMS, H. *How the poor live*, 1883.
WELLS, H. G. *The time machine*, 1895; *The war of the worlds*, 1898; *Tono-Bungay*, 1909; *Experiment in autobiography*, 1934; *Complete short stories*, 1927.
BORROW, G. *Wild Wales*, 1862.

KILVERT, F. *Diary, 1870-9* (1938-40).
STEVENSON, R. L. *Inland voyage*, 1878; *Travels with a donkey in the Cevennes*, 1879.
BAUDELAIRE, C. P. *Œuvres*, Paris, 1954.
DOSTOIÉVSKI, F. *Crime and punishment*, 1886.
KAFKA, F., *The trial*, 1956; *The castle*, 1953.
MERCIER, L.-S. *Tableau de Paris*, 1929; *L'An 2440, Neuchâtel*, 1772.
THOMSON. J. *Poems and some letters*, 1963.
ABERCOMBRIE, L. *Collected poems*, 1930.
BARRIE, J. M. *A window in Thrums*, 1889.
BOURNE, G. *Memoirs of a Surrey labourer*, 1907; *Change in the village*, 1912; *The wheelwright's shop*, Cambridge, 1923.
BELL, A. *Corduroy*, 1930; *Silver ley*, 1931; *Cherry tree*, 1932.
Bell, A. The open air, 1936.
BLYTHE, R. *Akenfield*, 1969.
CARPENTER, E. *Towards democracy*, 1885; *Civilization, its cause and cure*, 1889.
CHRISTIE, A. *The body in the library*, 1942.
DRINKWATER, J. *Collected poems*, 1923.
ELIOT, T. S. *Collected poems*, 1936; *Idea of a Christian society*, 1939; *Four quartets*, 1944; *Notes towards the definition of culture*, 1948.
EVANS, G. E. *The pattern under the plough*, 1966.
FORSTER, E. M. *The longest journey*, 1907; *Howard's End*, 1910; *A passage to India*, 1924.
GIBBON, L. G. *A Scots Quair*, 1950.
GIBBONS, S. *Cold Comfort Farm*, 1938.
GRAHAME, K. *The wind in the willows*, 1908.
HOLME, C. *The lonely plough*, 1914.
HUDSON, W. H. *A shepherd's life*, 1910; *Far away and long ago*, 1918.
JAMES, H. *Portrait of a lady*, 1881; *The spoils of Poynton*, 1897; *The golden bowl*, 1904.
JOYCE, J. *Dubliners*, 1914; *Portrait of the artist as a young man*, 1916; *Ulysses*, 1922; *Finnegans wake*, 1939.
KITCHEN, F. *Brother to the ox*, 1939.
LAWRENCE, D. H, *Sons and lovers*, 1913; *The rainbow*, 1915; *Women in love*, 1921; *Lady Chatterley's lover* (1961); *Phoenix*, 1936; *Phoenix II*, 1968.
Marsh, E. Georgian poetry, 1911-22.
MARTIN, E. W. *The secret people*, 1954.
MASSINGHAM, H. *The English countryman*, 1942.
MEREDITH, G. *The ordeal of Richard Feverel*, 1859; *Rhoda Fleming*, 1865; *Poems and lyrics of the joy of earth*, 1883; *A reading of the earth*, 1888.
PHILLPOTTS, E. *Dartmoor omnibus*, 1933.
POWYS, J. C. *A Glastonbury romance*, 1933.
POWYS, T. F. *Fables*, 1929; *Mr. Weston's good wine*, 1927.

SAYERS, D. L. *The nine tailors*, 1934.
Scott, J. R. The countryman book, 1948.
THOMAS, E. *Collected poems*, 1936.
THOMPSON, F. *Lark Rise to Candleford*, 1945.
TOLKIEN, J. R. *Lord of the rings*, 1966.
WHITE, T. H. *The sword in the stone*, 1938.
WILLIAMSON, H. *Collected nature stories*, 1970.
WOOLF, V. *Mrs. Dalloway*, 1925; *To the lighthouse*, 1927; *Orlando*, 1929; *The waves*, 1931; *Between the acts*, 1941.
YOUNG, F. B. *Mr. Lucton's freedom*, 1940.
ALDISS, B. *Omnibus*, 1969.
CLARKE, A. C. *The city and the stars*, 1957.
HAN SUYIN. *And the rain my drink*, 1956.
HUXLEY, A. *Brave new world*, 1932.
Knight, D. Cities of wonder, 1970.
ORWELL, G. *Down and out in Paris and London*, 1933; *Burmese days*, 1934; *A clergyman's daughter*, 1935; *Keep the aspidistra flying*, 1936; *The road to Wigan Pier*, 1937; *Coming up for air*, 1939; *Animal farm*, 1945; *Nineteen eighty-four*, 1949; *Collected essays, journalism and letters*, 1969.
TRESSALL, R. *The ragged trousered philanthropists*, 1927.
ACHEBE, C. *Things fall apart*, 1958; *Arrow of God*, 1964; *No longer at ease*, 1960; *Man of the people*, 1966.
AMADI, E. *The concubine*, 1966.
ANAND, M. R. *Two leaves and a bud*, 1937; *The village*, 1939.
CARY, J. *Aissa saved*, 1932; *The African witch*, 1936; *Mister Johnson*, 1939.
HARRIS, W. *The far journey of Oudin*, 1961.
KEMAL, Y. *The wind from the plain*, 1964; *Anatolian tales*, 1968.
LAMMING, G. *In the castle of my skin*, 1953.
MPHAHLELE, E. *Man must live*, Cidade do Cabo, 1946.
NARAYAN, R. K. *Swami and friends*, 1935.
NGUGI, J. *Weep not, child*, 1964; *A grain of wheat*, 1967; *The river between*, 1965.
NWANKWO, N. *Danda*, 1964.
REID, V. S. *New day*, 1950.

B: HISTÓRIA E ESTUDOS CORRELATOS

ARCHENHOLZ, J. W. von. *A picture of England*, Dublin, 1790.
ASHLEY, M. R. *Joseph Ashley of Tysoe*, 1961.
BENNETT, H. S. *Life on the English manor, 1150-1400*, 1937.
BLOCH, M. *La societé féodale*, Paris, 1940.
BRIGGS, A. *Victorian cities*, 1963.
BERESFORD, M. W. *New town of the Middle Ages*, 1967.

BONSER, K. J. *The drovers*, 1970.
BOOTH, C. *Life and labour of the people in London*, 1889-1903.
CAIRD, J. *English agriculture in 1850-1*, 1852; *The British land question*, 1881.
CHAMBERS, J. D. e MINGAY, G. E. *The agricultural revolution, 1750-1880*, 1966.
CLAPHAM, J. H. *Economic history of modern Britain*, Cambridge, 1927.
COULTON, G. C. *Social life in Britain from the Conquest to the Reformation*, 1918.
DEANE, P. M. e COLE, W. A. *British economic growth, 1688-1959*, Cambridge, 1962.
DEFRIES, A. *Sheep and turnips, being the life and times of Arthur Young*, 1938.
DICKINSON, R. E. *The West European city*, 1951.
DOBB, M. H. *Studies in the development of capitalism*, 1946.
ENGELS, *The condition of the working class in England, 1844*, 1892.
FAIRBROTHER, N. *New lives, new landscapes*, 1970.
FUSSELL, G. E. *Village life in the 18th century*, 1948; *The English rural labourer*, 1949.
FUSSELL, G. E. e K. R. *The English countryman*, 1955.
HAMMOND, J. L. e B. *The village labourer*, 1911; *The skilled labourer*, 1919.
HASBACH, W. *A history of English agricultural labourer*, 1908.
HANDLIN, O. e BURCHARD, J. *The historian and the city*, Cambridge, Massachusetts, 1966.
HOBSBAWM, E. J. *The age of revolution*, 1962; *Industry and empire*, 1968.
HOBSBAWM, E. J. e RUDÉ, G. *Captain Swing*, 1969.
HABAKKUK, H. J. *American and British technology in the 19th century*, 1962.
Harden, D. B. Dark Age England, 1956.
HOSKINS, W. G. *The making of the English landscape*, 1957.
HOWITT, W. *The rural life of England*, 1838.
JONES, E. *Towns and cities*, 1966.
MARSHALL, W. *Rural economy*, 1787-98.
MARX, K. *Capital*, 1887.
MAYHEW, H. *London labour and the London poor*, 1861.
MINCHINTON, W. E., org., *Essays in agrarian history*, 2 vols., Newton Abbot, 1968.
MINGYA, G. E. *English landed society in the 18th century*, 1963.
MUMFORD, L. *The culture of cities*, 1938; *Technics and civilization*, 1938.
ORWIN, C. S. e WHETHAM, E. H. *History of British agriculture, 1846-1914*, 1964.
PEACOCK, A. J. *Bread or blood*, 1965.
PIRENNE, N. *Medieval cities*, Nova York, 1925.
PROTHERO, R. (ERNLE) *English farming past and present*, 6ª ed., rev. Hall D., e introd. Fussell, G. E. e McGregor, O. R., 1961.
ROSENAU, H. *The ideal city*, 1959.
RUBINSTEIN, S. *Historians of London*, 1968.
SAVILLE, J. *Rural depopulation in England and Wales, 1851-1951*, 1957.
SHEPPARD, F. *London, 1808-70; the infernal wen*, 1971.

SLATER, G. *The English peasantry and the enclosure of common fields*, 1907.
TAWNEY, R. H. *The agrarian problem in the 16th century*, 1912.
Thirsk, J. The agrarian history of England and Wales, vol. IV, 1967.
THOMPSON, E. P. *The making of the English working class*, 1963.
THOMPSON, F. M. L. *English landed society in the 19th century*, 1963.
TRENT, C. *Greater London*, 1965.
VAUGHAN, R. *The age of great cities*, 1848.
VINOGRADOFF, P. *Villeinage in England*, 1968.
VOLTAIRE, *Œuvres*, vol. X, Paris, 1877.
WHITELOCK, D. *The beginnings of English society*, 1963.
YOUNG, A. *A farmer's letters to the people of England*, 1768; *Annals of agriculture*, contrib.

C: ESTUDOS SOBRE LITERATURA, ARTE E IDEIAS

ARNOLD, M. *Culture and anarchy*, 1869.
BARRELL, J. *The idea of landscape and the sense of place*, 1972.
BURCKHARDT, J. *The civilization of the Renaissance in Italy*, trad. Middlemore, 1929.
CONGLETON, J. E. *Theories of pastoral poetry in England, 1684-1798*, 1952.
COOPER, E. H. *The medieval background of English Renaissance pastoral literature*, tese de doutorado. Cambridge, 1972.
DUCKWORTH, A. M. *The improvement of the estate*, 1972.
EMPSON, W. *Some versions of pastoral*, 1935.
HIBBARB, G. H. *Journal of the Warburg Institute*, XIX, 1-2 (1954).
HILL, C. *Puritanism and revolution*, 1958.
HOPKINS, A. B. *Elizabeth Gaskell: her life and work*, 1952.
HUSSEY, C. *The picturesque: studies in a point of view*, 1927.
LEAVIS, F. R. *The great tradition*, 1948.
LEAVIS, F. R. e THOMPSON, D. *Culture and environment*, 1933.
KNIGHTS, L. C. *Drama and society in the age of Jonson*, 1937.
LEAVIS, Q. D. *Fiction and the reading public*, 1932.
LINDSAY, J. *George Meredith*, 1956.
MACK, M. *The garden and the city*, Londres, 1969.
MALINS, E. *English landscaping and literature*, 1966.
ROSTVIG, M. S. *The happy man*; 2 vols., Oslo, 1954 e 1958.
SMITH, G. *Dickens, money and society*; Berkcley, 1968.
UNWIN, R. *The rural muse*, 1954.
WELSH, A. *The city of Dickens*, 1971.
WILKINSON, L. P. *The Georgics of Virgil*, 1969.
WILLIAMS, M. *Thomas Hardy and rural England*, 1972.

ÍNDICE ONOMÁSTICO

Raymond Williams, um dos mais respeitados críticos literários ingleses, foi professor nas universidades de Oxford e Cambridge, na Inglaterra, e Stanford, nos Estados Unidos. Publicou, entre outros, *Drama from Ibsen to Brecht* (1968) e *Television: technology and cultural form* (1980). No Brasil, já foram editados, de sua autoria, *Cultura e sociedade, 1780-1950* (Nacional, 1969) e *Marxismo e literatura* (Zahar, 1979).

COMPANHIA DE BOLSO

Jorge AMADO
Capitães da Areia
Hannah ARENDT
Homens em tempos sombrios
Philippe ARIÈS, Roger CHARTIER (Orgs.)
História da vida privada 3 — Da Renascença ao Século das Luzes
Karen ARMSTRONG
Em nome de Deus
Uma história de Deus
Jerusalém
Paul AUSTER
O caderno vermelho
Marshall BERMAN
Tudo que é sólido desmancha no ar
Jean-Claude BERNARDET
Cinema brasileiro: propostas para uma história
David Eliot BRODY, Arnold R. BRODY
As sete maiores descobertas científicas da história
Bill BUFORD
Entre os vândalos
Jacob BURCKHARDT
A cultura do Renascimento na Itália
Peter BURKE
Cultura popular na Idade Moderna
Italo CALVINO
O barão nas árvores
O cavaleiro inexistente
Fábulas italianas
Um general na biblioteca
Por que ler os clássicos
Elias CANETTI
O jogo dos olhos
A língua absolvida
Uma luz em meu ouvido
Bernardo CARVALHO
Nove noites
Jorge G. CASTAÑEDA
Che Guevara: a vida em vermelho
Ruy CASTRO
Chega de saudade
Mau humor
Louis-Ferdinand CÉLINE
Viagem ao fim da noite
Jung CHANG
Cisnes selvagens
Catherine CLÉMENT
A viagem de Théo
J. M. COETZEE
Infância
Joseph CONRAD
Coração das trevas
Nostromo
Robert DARNTON
O beijo de Lamourette
Charles DARWIN
A expressão das emoções no homem e nos animais
Jean DELUMEAU
História do medo no Ocidente
Georges DUBY (Org.)
História da vida privada 2 — Da Europa feudal à Renascença
Mário FAUSTINO
O homem e sua hora
Rubem FONSECA
Agosto
A grande arte
Meyer FRIEDMAN, Gerald W. FRIEDLAND
As dez maiores descobertas da medicina
Jostein GAARDER
O dia do Curinga
Vita brevis
Jostein GAARDER, Victor HELLERN, Henry NOTAKER
O livro das religiões
Fernando GABEIRA
O que é isso, companheiro?
Luiz Alfredo GARCIA-ROZA
O silêncio da chuva
Eduardo GIANNETTI
Auto-engano
Vícios privados, benefícios públicos?
Edward GIBBON
Declínio e queda do Império Romano
Carlo GINZBURG
Os andarilhos do bem
O queijo e os vermes

Marcelo GLEISER

A dança do Universo

Tomás Antônio GONZAGA

Cartas chilenas

Philip GOUREVITCH

Gostaríamos de informá-lo de que amanhã seremos mortos com nossas famílias

Milton HATOUM

Cinzas do Norte

Dois irmãos

Relato de um certo Oriente

Eric HOBSBAWM

O novo século

Albert HOURANI

Uma história dos povos árabes

Henry JAMES

Os espólios de Poynton

Retrato de uma senhora

Ismail KADARÉ

Abril despedaçado

Franz KAFKA

O castelo

O processo

John KEEGAN

Uma história da guerra

Amyr KLINK

Cem dias entre céu e mar

Jon KRAKAUER

No ar rarefeito

Milan KUNDERA

A arte do romance

A identidade

A insustentável leveza do ser

O livro do riso e do esquecimento

A valsa dos adeuses

Primo LEVI

A trégua

Danuza LEÃO

Na sala com Danuza

Paulo LINS

Cidade de Deus

Gilles LIPOVETSKY

O império do efêmero

Claudio MAGRIS

Danúbio

Naghib MAHFOUZ

Noites das mil e uma noites

Javier MARÍAS

Coração tão branco

Ian McEWAN

O jardim de cimento

Heitor MEGALE (Org.)

A demanda do Santo Graal

Evaldo Cabral de MELLO

O nome e o sangue

Patrícia MELO

O matador

Luiz Alberto MENDES

Memórias de um sobrevivente

Jack MILES

Deus: uma biografia

Ana MIRANDA

Boca do Inferno

Vinicius de MORAES

Livro de sonetos

Antologia poética

Fernando MORAIS

Olga

Toni MORRISON

Jazz

Vladimir NABOKOV

Lolita

V. S. NAIPAUL

Uma casa para o sr. Biswas

Friedrich NIETZSCHE

Além do bem e do mal

Ecce homo

Genealogia da moral

Humano, demasiado humano

O nascimento da tragédia

Adauto NOVAES (Org.)

Ética

Os sentidos da paixão

Michael ONDAATJE

O paciente inglês

Malika OUFKIR, Michèle FITOUSSI

Eu, Malika Oufkir, prisioneira do rei

Amós OZ

A caixa-preta

José Paulo PAES (Org.)

Poesia erótica em tradução

Georges PEREC

A vida: modo de usar

Michelle PERROT (Org.)

História da vida privada 4 — Da Revolução Francesa à Primeira Guerra

Fernando PESSOA

Livro do desassossego

Poesia completa de Alberto Caeiro

Poesia completa de Álvaro de Campos

Poesia completa de Ricardo Reis

Ricardo PIGLIA

Respiração artificial

Décio PIGNATARI (Org.)

Retrato do amor quando jovem

Edgar Allan POE

Histórias extraordinárias

Antoine PROST, Gérard VINCENT (Orgs.)

História da vida privada 5 — Da Primeira Guerra a nossos dias

Darcy RIBEIRO

O povo brasileiro

Edward RICE

Sir Richard Francis Burton

João do RIO

A alma encantadora das ruas

Philip ROTH

Adeus, Columbus

O avesso da vida

Elizabeth ROUDINESCO

Jacques Lacan

Arundhati ROY

O deus das pequenas coisas

Murilo RUBIÃO

Murilo Rubião — Obra completa

Salman RUSHDIE

Haroun e o Mar de Histórias

Os versos satânicos

Oliver SACKS

Um antropólogo em Marte

Vendo vozes

Carl SAGAN

Bilhões e bilhões

Contato

O mundo assombrado pelos demônios

Edward W. SAID

Orientalismo

José SARAMAGO

O Evangelho segundo Jesus Cristo

O homem duplicado

A jangada de pedra

Arthur SCHNITZLER

Breve romance de sonho

Moacyr SCLIAR

A majestade do Xingu

A mulher que escreveu a Bíblia

Amartya SEN

Desenvolvimento como liberdade

Dava SOBEL

Longitude

Susan SONTAG

Doença como metáfora / AIDS e suas metáforas

I. F. STONE

O julgamento de Sócrates

Keith THOMAS

O homem e o mundo natural

Drauzio VARELLA

Estação Carandiru

John UPDIKE

As bruxas de Eastwick

Caetano VELOSO

Verdade tropical

Erico VERISSIMO

Clarissa

Incidente em Antares

Paul VEYNE (Org.)

História da vida privada 1 — Do Império Romano ao ano mil

XINRAN

As boas mulheres da China

Ian WATT

A ascensão do romance

Raymond WILLIAMS

O campo e a cidade

Edmund WILSON

Os manuscritos do mar Morto

Rumo à estação Finlândia

Simon WINCHESTER

O professor e o louco

Esta obra foi composta pela Verba Editorial em Janson Text e impressa em processo sob demanda pela Um Livro sobre papel offwhite para a Editora Schwarcz a partir de 2025

FSC
www.fsc.org
MISTO
Apoiando o manejo florestal responsável
FSC® C128038

A marca FSC® é a garantia de que a madeira utilizada na fabricação do papel deste livro provém de florestas que foram gerenciadas de maneira ambientalmente correta, socialmente justa e economicamente viável, além de outras fontes de origem controlada.